스마트한
청소년심리와 상담

조옥귀 · 문지혜 · 하수경 · 이임숙

창지사

머리말

21세기가 시작되는 즈음부터 '하이터치 직업군'에 대한 사람들의 관심이 크게 증가하였다. 하이터치 직업군이란, 다른 사람을 돌보고 가르치고 치료하고 돕는 직무를 수행하는 직업을 총칭하는 용어다. 이 직업군 중 심리상담 및 중재, 심리치료 등에 대한 일반인의 관심이 늘어나면서 상담 관련 직업이 가장 눈에 띄게 증가하였다. 청소년과 관련된 상담 직업은 전문상담사, 전문상담교사, 청소년상담사, 청소년지도사, 청소년상담복지센터 상담사 등이 있다.

우리 저자들은 몇 가지 목적으로 『스마트한 청소년심리와 상담』을 집필하였다.

첫째, 하이터치 직업군 중 청소년에 관심이 있어 상담 관련 직업을 갖기 위해 공부하는 분들을 위함이다. 이들은 심리학, 상담심리학, 교육학, 사회복지학, 가족학, 청소년학 등을 전공하거나 혹은 따로 심리상담 및 치료 공부를 하고 있거나 앞으로 할 계획이 있는 분들이다.

둘째, 청소년 관련 국가 자격증인 청소년상담사, 청소년지도사, 전문상담교사 시험을 준비하고 있는 분들이 청소년심리와 상담을 쉽게 이해하도록 돕기 위함이다.

셋째, 저자들은 경남대학교에 근무하는 교수들로 상담 및 임상 관련 과목들을 오랜 시간 가르치면서 느낀 교재의 한계점을 극복하기 위해 의기투합하여 이 책을 집필하게 되었다. 대학생과 교육대학원생들을 교육하고 상담 실제를 지도하면서 학생들이 상담 이론 및 실제를 익히는 데 어떤 어려움을 느끼는지 잘 알고 있다. 이런 점을 반영하여 책의 구성과 내용을 조직화하였다.

심리상담에서 상담자가 갖추어야 할 지식은 3가지 영역으로 나눌 수 있다. 첫째, 인간에 대한 이해, 둘째, 상담 이론에 대한 지식, 셋째, 상담 실제에 대한 능력이다. 청소년상담에서 인간에 대한 이해는 청소년기의 심리적, 발달적 이론과 그 특징에 근거해야 할 것이다. 청소년기는 아동기와 성인기의 과도기로서 이전의 발달 단계와는 다르다. 더욱이 현재 청소년들은 온라인 미디어의 발달, 조기 사춘기로 인한 신체적 특징, 또래와의 관계 양상이 이전의 청소년들과는 다른 특성을 보이고 있기에 특히 청소년의 심리적, 사회적 특징에 대한 이해가 중요하다.

따라서 『스마트한 청소년심리와 상담』의 초반에는 청소년의 심리사회적 및 인지 영역을 조사한 연구 결과들과 이를 통합적으로 다룬 발달 이론들을 제시하였다. 다음으로 지식을 실제에 적용하는 데 도움을 주고자 상담 실제에 대한 내용을 자세하게 소개하였다. 마지막으로 심리상담에서 내담자의 문제 정의 및 상담의 목표를 정하는 의사 결정 과정에서 필수 지식인 6개의 심리상담 이론들을 소개하였다.

이 책은 모두 10개의 장으로 구성되어 있다. 1장 청소년심리(문지혜)와 2장 청소년 발달 이론(하수경)은 청소년의 심리적, 발달적 특징에 관한 내용이다. 3장 청소년상담의 기초(조옥귀)와 4장 청소년상담의 과정과 기술(이임숙)은 청소년상담의 기본 원리 및 상담의 진행 과정에 관한 내용이다. 5장 정신분석학적 상담(문지혜), 6장 개인심리학적 상담(문지혜), 7장 인간중심상담(하수경), 8장 게슈탈트상담(이임숙), 9장 현실치료(조옥귀), 10장 인지행동치료(하수경)는 청소년상담에서 가장 많이 사용되고 있는 상담 이론이다.

이 책이 청소년심리와 상담에 관심 있고 공부가 필요한 분들에게 많은 도움이 되고 길라잡이가 되기를 바란다. 저자들을 응원해 주는 가족과 동료들, 그리고 청소년상담사, 청소년지도사, 전문상담교사 등의 꿈을 마음에 담고 지금도 열심히 공부하고 있는 분들에게 감사의 마음을 전한다.

2020년 5월

맑고 푸른 경남대학교 캠퍼스에서

저자 일동

차 례

머리말 • 2

1장 … 청소년심리 • 9

1. 서론 • 11

2. 청소년의 특징 • 13
  1) 신체 및 뇌 • 14
  2) 기질 및 성격 • 17
  3) 인지 • 18
  4) 자기 • 21

3. 청소년기 문제 • 27
  1) 개인 내적 문제 • 28
  2) 개인 외적 문제 • 35

2장 … 청소년 발달 이론 • 41

1. 서론 • 43

2. 성격 발달 • 45
  1) 에릭슨의 심리사회적 발달 • 46
  2) 프로이트의 심리성적 발달 • 50
  3) 마르샤의 정체감 이론 • 52

3. 인지 발달 • 57
  1) 피아제의 인지 발달 단계 • 57
  2) 피아제 이론에 대한 비판 • 63
  3) 신 피아제 이론 및 학파 • 64

4. 사회인지 발달 • 66
  1) 청소년기의 사회인지 • 66
  2) 셀만의 조망수용 능력 단계 • 67

5. 도덕성 발달 • 69
  1) 피아제의 도덕 발달 단계 • 69
  2) 콜버그의 도덕적 추론 단계 • 72

3장 … 청소년상담의 기초 • 75

1. 청소년상담이란 무엇인가 • 77
  1) 청소년상담의 정의 • 77
  2) 청소년상담의 필요성 • 79
  3) 청소년상담의 목표 • 81
  4) 청소년상담에서 다루는 문제 • 82

2. 청소년상담의 기본 원리 • 84
  1) 개별화의 원리 • 84
  2) 의도적 감정 표현의 원리 • 85
  3) 통제된 정서 관여의 원리 • 85
  4) 수용의 원리 • 86
  5) 비심판적 태도의 원리 • 86
  6) 자기 결정의 원리 • 87
  7) 비밀 보장의 원리 • 88

3. 청소년상담의 특징 • 88
  1) 청소년 상담자의 자질 • 89
  2) 청소년 상담자의 역할 • 95
  3) 청소년 내담자의 특징 • 96

4. 청소년상담의 영역 • 97
1) 학습상담 • 97
2) 진로상담 • 98
3) 성상담 • 99
4) 학교폭력상담 • 103
5) 인터넷 중독상담 • 104

5. 청소년상담의 윤리 • 105

4장 … 청소년상담의 과정과 기술 • 107

1. 초기 단계 • 109
1) 촉진적 상담 관계 형성 • 110
2) 상담의 구조화 • 111
3) 내담자 문제 탐색 및 사례 개념화 • 117
4) 상담 목표의 설정 • 120

2. 중기 단계 • 121

3. 종결 단계 • 122

4. 초기 단계의 기술 • 125
1) 관심 기울이기 • 125
2) 경청 • 127
3) 재진술 • 128
4) 반영 • 129
5) 명료화 • 131
6) 요약 • 133
7) 질문 • 134

5. 중기 단계의 기술 • 137
1) 해석 • 137
2) 직면 • 139
3) 즉시성 • 141
4) 자기 공개 • 143

6. 종결 단계의 기술 • 145
1) 정보 제공 • 145
2) 피드백 • 147

5장 … 정신분석학적 상담 • 149

1. 도입 • 151
1) 주요 인물 • 151
2) 인간관 • 152

2. 주요 개념 • 154
1) 행동 동기 • 154
2) 의식 구조 • 155
3) 성격 구조 • 156
4) 불안 • 161
5) 자아 방어기제 • 162
6) 성격 발달 • 166

3. 상담 과정과 기법 • 169
1) 상담 목표 • 169
2) 상담 과정 • 170
3) 상담 기법 • 171

4. 평가 • 175
1) 공헌점 • 176
2) 제한점 • 177

6장 … 개인심리학적 상담 • 181

1. 도입 • 183
1) 주요 인물 • 183
2) 인간관 • 185

2. 주요 개념 • 186
1) 행동 동기 • 186
2) 열등감과 우월의 추구 • 187
3) 사회적 관심 • 189
4) 생활 양식 • 190
5) 가상적 최종 목표 • 193
6) 형제 순위 • 194

3. 상담 과정과 기법 • 197
1) 상담 목표 • 198
2) 상담 과정 • 198
3) 상담 기법 • 201

4. 평가 • 207
1) 공헌점 • 207
2) 제한점 • 208

7장 … 인간중심상담 • 209

1. 도입 • 211
1) 주요 인물 • 212
2) 인간관 • 213
3) 심리적 문제의 발생 과정 • 216

2. 주요 개념 • 217
1) 자기 • 217
2) 자기실현 경향성 • 218
3) 가치의 조건화 • 221
4) 현상학적 장 • 221
5) 공감 • 222
6) 완전히 기능하는 인간관 • 223
7) 지금-여기 • 224

3. 상담 과정과 기법 • 224
1) 상담 목표 • 224
2) 상담 과정 • 227
3) 상담 기법 • 228

4. 평가 • 232
1) 공헌점 • 233
2) 제한점 • 234

8장 … 게슈탈트상담 • 235

1. 도입 • 238
1) 주요 인물 • 238
2) 인간관 • 239

2. 주요 개념 • 240
1) 게슈탈트 • 240
2) 전경과 배경 • 241
3) 미해결 과제 • 242
4) 지금-여기 • 243
5) 게슈탈트 경험 순환 • 244
6) 알아차림 • 246
7) 접촉 • 247
8) 성격 변화 단계: 신경증 층 • 248
9) 접촉경계장애 • 250

3. 상담 과정과 기법 • 252
1) 상담 목표 • 253
2) 상담 과정 • 254
3) 상담 기법 • 256

4. 평가 • 264
1) 공헌점 • 264
2) 제한점 • 265

9장 … 현실치료 • 267

1. 도입 • 269
1) 주요 인물 • 270
2) 역사 • 271
3) 인간관 • 273

2. 주요 개념 • 274
1) 선택이론 • 274
2) 정신건강의 의미 • 280
3) 관계 • 281

3. 상담 과정과 기법 • 283
1) 상담 목표 • 283
2) 상담 과정: 환경의 조성 • 283
3) 상담 과정: 상담 절차 • 289

4. 평가 • 301
1) 공헌점 • 301
2) 제한점 • 302

10장 … 인지행동치료 • 305

1. 도입 • 307
1) 주요 인물 • 311
2) 인간관 • 313

2. 주요 개념 • 316
1) 엘리스의 합리·정서·행동치료(REBT) • 316
2) 벡의 인지치료(CT) • 320
3) 마이켄바움의 인지행동수정(CBM) • 323

3. 상담 과정과 기법 • 324
1) 엘리스의 합리·정서·행동치료(REBT) • 324
2) 벡의 인지치료(CT) • 327
3) 마이켄바움의 인지행동수정(CBM) • 329

4. 평가 • 330
1) 공헌점 • 331
2) 제한점 • 332

참고 문헌 • 336

1장

청소년심리

1. 서론

2. 청소년의 특징

1) 신체 및 뇌
2) 기질 및 성격
3) 인지
4) 자기

3. 청소년기 문제

1) 개인 내적 문제
2) 개인 외적 문제

12세 소년들이 시험을 준비하고 시험 결과에 낙담하면서 자신의 가장 아름다운
시절을 낭비하지 않도록 이들을 격려해야 하는 의무가 우리에게 있다.

- 프리만 다이슨 -

본 장에서는 아동·청소년기의 발달적 특징, 심리상담과 치료에서 주로 다루는 쟁점들을 다룰 것이다. 일반적으로 아동기는 2세에서 11~12세까지, 청소년기는 12세에서 22세까지로 보며(성현란 외, 2019) 아동·청소년기에 속하는 이들의 대부분은 공식 교육 체계에서 교육을 받는 학생들이다.

사춘기와 거의 비슷하게 시작하는 청소년기의 학생은 이전 아동기의 학생과 비교해 특히 심리적으로 다른 측면을 나타낸다. 이런 청소년을 대하는 대부분의 성인들은 상황에 따라서 아동과 비교하기도 하고 성인과 비교하기도 한다. 아동과 비교하면 청소년은 성숙한 사람이 되고 성인과 비교하면 미성숙한 사람이 된다. 대부분의 청소년은 자신이 성인에 더 가깝다고 지각할 것이다.

1. 서론

동북아 문화권에서 연령에 따른 발달 과업을 제시한 최초의 학자는 공자(孔子)일 것이다. 공자는 자신의 경험에 근거해 10대 때 성취해야 하는 인생 과업은 지학(志學), 즉 학문적 성취의 목표를 세우는 것으로 보았다. 다음으로 제시한 인생 과업은 이립(而立)으로 30대 과업이다. 30대에는 학문적으로 자신만의 고유한 견해를 가지면서 스승으로부터 독립해야 한다고 보았다. 그러나 공자가 제시한 삶의 과업은 보편적인 것으로 볼 수 없다. 그 이후로는 인생 과업에 대한 학문적 관심을 표현한 학자는 없었던 것 같다. 이는 사회문화적 환경이 개인의 발달 과업에 관심을 둘 필요가 없었기 때문일 수 있다.

우리는 사람 인생의 발달 단계를 백일–돌–성년식(관례/계례)–결혼식–회갑연 등으로 구분하는 것 같다. 이를 현대의 발달심리학적 관점에서 보면, 영아기–유아기–성인기–노인기 등에 해당되지 않을까? 어린 사람으로 지내다 소년이 15세가 되면 관례를 치르며 이어서 결혼으로 성인이 된다. 아동에 대한 관심은 일제강점기, 소파 방정환으로부터 시작되었다. 이 시기, 서양식 교육 체계가 도입되면서 아동에서 성인으로의 이행 기간이 상대적으로 늘어났으며 이 기간을 가리키는 용어, 청소년이 등장하였다(박진규, 2015).

서양 문화권에서는 고대부터 청소년이라는 독특한 발달 단계의 사람들에 대해 학문적 관심을 갖고 있었다. 고대 그리스 철학자들은 청소년의 특성을 기술한 문헌을 남겼으며 근대 교육학자 및 철학자들도 이 연령대의 사람들을 더 집중적으로 분석하였다. 서양 문화권의 이런 관심은 'adolescence'가 라틴어 'adolescere'에서 또는 중세 프랑스어 'alescere'에서 유래된 것에서도 드러난다. 중세 프랑스어 사전에서 'alescere'는 '젊은이, 어린 사람, 성장하고 있는 사람'으로 풀이되어 있다. 청소년의 영어 단어 'adolescent'의 어원을 분석하면, 'ad'는 '~에서부터'라는 의미를, 'alescere'는 '자라는, 증가하는'이라는 뜻으로 해석된다(https://www.etymonline.com/word/adolescent). 그러나 현대 사회과학자들은 청소년(adolescent)이 성숙(maturity)을 향한 성장이라는 의미를 담고 있다는 것에 동의하지 않는다(Forisha-Kovach, 1983).

청소년기는 단순히 생물학적 성숙을 향한 성장으로만 볼 수 없으며, 심리적, 인지적, 정서적 등의 다양한 영역에서 아동 및 성인과 다르다는 것을 근대 학자들은 인식하였다. 예를 들면, 유명한 근대 철학자이자 교육학자인 루소(Rousseau)가 저서 『에밀(*Emile*)』(1762)에서 청소년의 특징을 매우 구체적으로 제시하였다. 그로부터 약 200년 후 미국 심리학자 홀(Hall)이 2권으로 된 『청년기의 연구(*Adolescence*)』(1904)라는 책을 출간하였다. 이 책은 청소년기에 대한 당시의 이론들을 정리한 것이었다(Goodwin, 2005). 이 책은 진화론적 관점에서 서술되었는데, 여기서 청소년기는 '질풍노도(storm and stress)'의 시기로 표현되었다. 그리고 문화인류학자인 미드(Mead)도 청소년의 특징에 대해 본성론과 대비되는 문화의 영향을 주장하는 연구 결과들을 제시하였다. 미드는 원시 부족의 관찰을 통해 청소년기에 보이는 행동들이 문화에 의한 것임을 주장하였다. 현재의 입장은 청소년기의 독특한 양상은 본성과 양육, 둘 다의 영향으로 나타나는 것으로 본다(Schlegel & Barry, 1991).

많은 문화권에서 청소년기를 사춘기와 비슷한 시기에 시작되는 것으로 보지만 모든 문화권에서 이에 대해 일치된 견해를 갖는 것은 아니다. 그리고 성인에 대한 기준도 문화권마다 다르다. 그럼에도 대부분의 문화권에서 성인은 부모로부터의 경제적 독립에서 시작되는 것으로 본다. 청소년은 신체적으로 성인이 되어 가고 있지만 사회적으로는 성인으로 인정받지 못한다. 신체적 수준과 사회적 기준 간 불일치 상황에 처한 청소년은 개인적 영역 및 대인 간 영역에서 여러 문제들을 겪을 가능성이 높을 것이다. 그러므로 청소년기는 생물학적 및 특정 연령대에서 기인한 것이 아니라 사회문화적 맥락에 근거한 발달 단계의 개념으로서, 구성 개념으로 볼 수 있다.

아동기에서 청소년기로 들어가는 과정에서 제일 먼저 등장하는 그리고 가장 극적인 변화는 신체 변화다. 즉 사춘기에 돌입하는 것이다. 사춘기라는 용어는 생물학적 토대에 근거하고 있다. 특정 연령대에 속하는 모든 인류에게서 발생하는 단계다. 그러나 청소년기는 앞서 기술한 것처럼 구성 개념이므로 추상적이고 문화 및 사회에 따라 청소년기를 발달 단계로 고려할 수도 아닐 수도 있다. 그리고 청소년기에 해당하는 연령대도 문화마다 다를 수 있다. 현재 청소년기에 대한 연구는 생물학적, 사회적, 심리학적 조망에서 이루어지고 있으며 발달심리학에서는 이 3가지 조망의 통합적 관점에서 청소년기에 대한 연구들이 진행되고 있다.

본 장에서는 청소년의 성격, 인지, 정서 및 사회적 특징들에 대해 알아보고자 한다. 이 영역들은 서로 연관되어 있어 특정 영역에서의 변화는 다른 영역에서의 변화와 관련된다.

2. 청소년의 특징

사춘기에 접어든 사람의 가장 도드라진 변화는 신체 변화와 함께 자기 자신, 사람들, 사회, 이상(理想) 등에 대한 생각이 증가하는 것이다. 이런 생각들은 청소년기에 습득해야 하는 발달 과업을 수행하는 데 있어 매우 중요한 원천일 수 있다.

하비거스트(Havighurst, 1972)에 의하면, 인생의 특정 시기에서 성공해야 하는 발달 과업을 성공하면 사람은 행복해지고 이 성공은 그 이후의 인생 단계에서의 과업도 성공으로 이끌 수 있다. 그러나 실패를 하게 되면, 불행해지며 이로 인한 낙담은 인생 후반의 과업을 성공적으로 수행하는 것을 방해한다(Forisha-Kovach, 1983). 이 주장에서 보면 하비거스트가 본 발달 과업은 사람이 행복해지기 위해 또는 행복하게 보이기 위해 익혀야 하는 일이다. 하비거스트가 제시한 청소년기에 익혀야 하는 발달 과업 중 일부를 소개하면 다음과 같다.

- 자신의 신체·외모를 인정하면서 이를 효과적으로 사용하기
- 동성 및 이성의 또래들과 새롭고 더 성숙한 관계 형성하기
- 성(sex) 역할 수행하기
- 진로 준비하기
- 결혼과 가족 구성을 위해 준비하기
- 적절한 사회적 책임을 선택하여 수행하기
- 행동의 지침이 될 가치관과 윤리 체계를 습득하고 가치관 발전시키기

이 과업들 중 어떤 과업은 지금의 사회문화적 환경에서 보면 동의하기 어려운 것도 있지만 여전히 유효한 과업들도 있다.

1) 신체 및 뇌

아동·청소년기의 가장 극적 변화는 사춘기 호르몬의 변화에서 시작되는 신체 변화일 것이다. 이 변화는 성호르몬의 변화를 가리킨다. 남성에게서는 안드로겐(androgen)의 일종인 테스토스테론(testosterone)의 분비가 증가되고 여성에게서는 에스트로겐(estrogen)의 일종인 에스트라디올(estradiol)의 분비가 증가된다(Shirtcliff, Dahl, & Pollak, 2009). 안드로겐과 에스트로겐 호르몬은 사춘기 이전에는 남녀 간 수치에서 차이가 매우 적으나 사춘기에 들어가면서 극적으로 커

진다. 성호르몬은 이차 성징인 다양한 신체적 변화들을 발생시킨다. 이차 성징으로는 남녀 공통적으로 목소리 변화(주로 소년)와 체모가 나타나며, 여성의 경우 유방 확장 및 골반 팽대 등이 나타난다.

아동기의 신체 및 뇌는 원만하게 발달하여 머리 크기 대 머리를 제외한 신체 크기의 비율이 성인의 신체 비율과 비슷해질 정도가 되면 그 비율은 평생 유지된다. 출생 후 몇 개월 동안 거의 모든 영역에서 시냅스들이 빠르게 형성되며 이는 3세경까지 지속된다. 이 무렵 시냅스 밀도는 성인 뇌와 비교해 50% 이상 높다. 사춘기가 되면서부터 이 시냅스 밀도는 감소되기 시작하여 성인 수준에 도달한다. 3세경에 시냅스 밀도가 최고도에 도달하였다가 서서히 감소되는 것은 필요 없는 뉴런과 시냅스가 제거되기 때문이다(Breuer, 1998). 필요 없는 뉴런과 시냅스가 사라지는 것을 시냅스 가지치기라 한다. 이 과정에서 얼마나 많은 뉴런과 시냅스가 가지치기되는가는 아동의 경험과 환경 속에 존재하는 수많은 요인들의 영향을 받는가에 근거한다.

뇌 변화에 대한 구체적 정보는 사춘기 무렵부터 나타나는 10대들의 독특한 행동들에 대한 이해의 폭을 확장시키는 데 도움이 될 것이다. 앞서 언급한 것처럼, 사춘기 무렵 뇌 구조에서 관찰되는 가지치기를 통해 과잉 형성된 뉴런들 간 연결 및 여러 뇌 영역들 간 연결이 제거된다. 이런 변화 속에서 여러 자극들에 대한 10대의 뇌 반응은 성인의 뇌 반응과는 다르다. 예를 들면, 청소년은 성인보다 행동 억제를 담당하는 이마겉질(전두엽, frontal lobe) 영역의 반응들이 더 약하다(Geier, Terwillger, Teslovich, Velanova, & Luna, 2010). 이런 증거들은 청소년의 충동성이 발달 중인 뇌의 영향 때문이라는 주장들에 힘을 실어 주었다.

그러나 이 증거들로 청소년의 발달 중인 뇌가 청소년기 충동성 원인이라고 확신할 수는 없다. 그 이유는 뇌겉질(뇌피질) 구조와 사춘기의 관련성을 조사한 연구 결과들이 일관성이 부족하기 때문이다(Goddings, Beltz, Peper, Crone, & Braams, 2019). 청소년기의 충동적 행동이 이마앞겉질(prefrontal lobe)의 미성숙과 관련된 것이라면 청소년기 후반으로 갈수록 감소되어야 한다. 그러나 실제로는 충동적 행동이 10대 말기로 갈수록 심해져 20~23세까지 최고조를 유지하다가 감소된다(Shulman & Cauffman, 2014). 그리고 충동 억제력을 조사한 실험실 연구에서 대부분의 청소년이 성인과 거의 비슷한 충동 억제력을 가진 것으로 나타난 경우도 있다(Kalat, 2018). 그러나 이는 실험실 상황과 현실 상황이 매우 다르기 때문일 수 있다. 최근 실험실 과제를 현실적 과제와 비슷하게 만든 실험실 연구에서는 청소년이 성인보다 더 위험 추구 결정을 하였다(Tymula, Belmaker, Roy, Ruderman, Manson, Glimcher, & Levy, 2012). 이는 청소년의 위험 추구 또는 충동성은 뇌 구조의 발달과 함께 심리사회적 요인의 영향을 모두 받는 것으로 보인다(Casey, 2018; Steinberg, Albert, Cauffman, Banich, Graham, & Woolard, 2008). 하지만 뇌 발달과 더 관련되어 있다는 증거들도 있다. 청소년의 충동성 또는 위험 추구 결정에서 즉각적 보상 기대에 대한 뇌 반응이 10대 동안 크게 증가하였고(Braams, van Duijvenvoorde, Peper, & Crone, 2015) 위험에 대한 내성이 부족하였다(Tymula et al., 2012).

정서 표현에 대한 지각에서는 10대와 성인의 뇌 활성 영역의 차이가 반복 검증되고 있다. 공포를 표현한 얼굴 자극에 대해 10대, 10대 이하 아동 및 성인의 뇌 활동을 fMRI(기능적 자기공명영상)로 촬영한 영상을 비교한 연구가 있다. 연구 참여자들이 정서 인식 과제를 수행하는 동안 활성화된 뇌 영역에 따른 연령 차이가 나타났다. 이마겉질에서는 10대보다 성인이 더 강한 활성화를, 편도체에서는 10대가 성인보다 더 강한 활성화를 나타냈다(Yurgelun-Todd & Killgore, 2006). 특히 공포와 같은 정서 해석 과제에서 청소년은 성인보다 과제 수행 수준이 낮았다. 이 결과는 청소년이 이 유형의 정서를 인식하는 능력이 부족하다는 것을 반영한다. 성인보다 10대가 타인의 정서 인식 능력이 부족한 이유는 여전히 뇌가 성장하고 있기 때문이다.

2) 기질 및 성격

아동·청소년기의 성격 형성과 발달에 대한 이론적 관점들은 다음 장에서 자세하게 다룰 것이다. 여기서는 기질 및 성향, 애착, 양육 방식 등의 주요 개념을 중심으로 살펴보겠다.

어느 영역에서든 개인차는 기본적으로 생물학적·유전적 소인에 어느 정도 근거할 것이다. 기질은 자극에 대한 생애 전체에 걸친 안정적이고 일관성 있는 생물학적·유전적 토대에 기반한 반응 양식이다(Rothbart & Bates, 1998). 기질에 대한 이해가 중요한 것은 기질이 영유아기의 반응 양식뿐만 아니라 그 이후 삶에도 영향을 미치기 때문이다. 체스와 토마스(Chess & Thomas, 1990)는 다양한 영역에서 유아의 반응들을 관찰한 결과를 바탕으로 '까다로운(difficult)', '순한(easy)', '느린(slow to warm)' 등으로 기질 유형을 구분하였다. 유아기 무렵, 정서 조절이 어려운 유아는 아동·청소년기에도 사람과 잘 지내는 것을 어려워하며(Capsi, Henry, McGee, Moffitt, & Silva, 1995) 사회 불안에 취약하였다(Biederman et al., 1990). 사회화가 진행되면서 생물학적 토대를 둔 기질은 사회적 및 물리적 환경, 경험 등과 영향을 주고받으면서 성격의 토대가 된다.

성격이라는 단어가 일상에서 사용될 때는 다른 사람이 우리를 어떻게 보는지 그리고 우리가 우리 자신을 어떻게 경험하는지와 관련이 있다. 예를 들면, "나는 성격이 무난한 편이지.", "그 사람은 성격만 좋아." 등을 통해 성격에 대한 우리의 견해가 표현된다. 성격을 연구하는 심리학자들은 일반인보다 성격에 대해 더 광범위하게 접근을 한다. 학자들이 성격 이론에 대해 언급할 때는 인간 발달을 포괄하는 개념으로 성격을 다룬다. 이때 성격은 한 개인의 행동, 사고 및 감정, 동기, 환상, 방어, 자기 개념 등으로 정의된다(Symonds, 1960).

학령기에 속하는 청소년의 성격에서 개인차는 아마도 학업 성취와 관련된 성격 특성과 가장 관련이 많을 것이다. 이와 관련된 개념 중 하나가 자기 조절이다. 자기 조절이란 미래의 성공 경험을 얻기 위해 당장의 즐거움을 추구하지 않는 힘이다(Mischel, 1983; Mischel, Shoda, & Rodriguez, 1989). 아쉽게도 많은 10대들은 성인보다 여러 상황에서 즉각적 보상을 더 많이 추구하는 편이다(Steinberg et al., 2008). 그리고 자전거 타고 계단 내려가기 등과 같은 위험한 행동에 대한 선호도 다른 연령대에 비해 높다(Shulman & Cauffman, 2014).

청소년은 자신의 가치에 대한 관심이 많고 자신에 대한 다른 사람의 평가에 대해서도 걱정을 많이 한다. 이런 특징은 청소년기 사고와 연관되어 나타나는 것으로 볼 수 있다. 이 특징이 중요한 것은 사춘기에 동반하는 생물학적 변화가 자신에 대한 새로운 견해를 가지게 만들기 때문이다. 즉 사춘기의 인지적 변화가 청소년이 자신에 대한 새로운 견해를 가지게 만드는 방법의 토대다.

3) 인지

3세 무렵부터 언어 능력의 폭발적 발달과 함께 정신적 표상 및 상징의 사용 능력도 그만큼 증가한다. 정보 저장 능력은 10대 초반까지는 연령과 나란하게 증가한다. 단기 기억(청각) 용량은 나이와 비슷한 용량을 갖는다. 가령 2세는 항목 2개, 5세는 항목 4개 등으로 나이와 비례해 증가하다가 12세 무렵에는 성인의 단기 기억 용량과 비슷한 수준에 도달한다. 즉 6.5개의 항목들을 기억할 수 있다(Dempster, 1981).

(1) 형식적 사고

초등학교 입학 전까지는 직관적 사고 유형을 주로 사용하지만 점차 구체적 대상에 대해서는 논리적 사고를 연습하면서 초등학교 고학년 무렵이 되면 추상적 사고를 한다. 가상적 상황에 대해서도 연역적 및 귀납적 사고를 어느 정도 사용할 수 있다. 그러나 모든 사람이 저절로 형식적 사고(formal thought)를 할 수 있는 것은 아니다. 이 능력은 교육 및 훈련을 통해 습득되어야 한다. 형식적 사고 능력이 중요한 것은 이 능력이 10대의 신체 변화와 함께 자기, 타인, 사회 등에 대한 새로운 관념을 형성·발전시키는 데 중요한 요인 중 하나이기 때문이다.

형식 논리의 사용이 가능하다는 징후는 아마도 주변 성인들의 입장에서는 말대꾸처럼 보이는 "왜"라는 말로 시작되는 질문의 재등장일 수 있다. 이 질문이 등장하기 전까지 아동은 부모 및 어른이 제시하는 규범이나 규칙을 준수한다. 어느 날부터 아동은 의문을 제기한다. 이 질문의 등장은 부모 및 교사에게는 심각한 스트레스가 시작될 수 있음을 알리는 신호이지만 아동의 입장에서는 이전과는 다른 질적 변화가 사고 과정에서 일어나고 있음을 의미한다.

청소년기 동안 발생하는 사고의 변화는 성격, 행동, 정서 등에 대한 생각도 변화시킬 수 있다. 사고 구조가 변하는 과정에서, 청소년은 자신과 세상을 이전과는 다른 방식으로 보게 되며 이전과는 다른 사람이 된다. 인지적 변화가 성격을 변화시키는지를 조사한 연구들이 많다. 피아제(Piaget)는 쉽게 사랑에 빠지는 청소년의 능력을 인지 발달과 관련된 것으로 보았다. 청소년이 사랑에 잘 빠지는 것은 새로운 성적 추동 때문이 아니라 이들이 다른 사람을 이상화하는 능력을 가지기 시작했기 때문이며 낭만적 이야기를 만들어 내고 정교화하는 능력이 커졌기 때문이고 자신을 이 낭만에서 주인공으로 선택했기 때문이다(Piaget, 1968).

낭만적 이야기를 만드는 청소년의 능력은 추상적 체계를 만들 수 있는 일반적 능력이 있음을 보여 주는 증거다. 추상적 체계를 만드는 능력은 아동과 청소년을 구분하는 중요한 요인 중 하나다(Inhelder & Piaget, 1958). 청소년은 다양한 아이디어들을 선택하여 체계적 방식으로 이들을 연결한다. 이 능력으로 청소년은 사랑에 빠질 뿐만 아니라 새로운 이데올로기, 새로운 원인, 새로운 견해들에 집착할 수 있다. 특히 청소년은 사고하는 것, 그 자체를 즐긴다.

청소년이 사고를 즐기는 체계는 객관적이기도 주관적이기도 하다. 즉 청소년은 자기 분석 및 내성(introspection)에 몰입하거나 외부 세상으로 관심을 돌려 사회적 및 정치적 체계를 그리기도 한다. 이들은 현실의 사회적 및 정치적 체계를 자신이 향상시킬 수 있다고 믿는다. 이런 점에서 형식 논리의 습득으로 일어나는 인지적 변화로 청소년은 삶에 대한 완전히 새로운 참조틀을 갖게 된다.

(2) 창의성 및 지능

창의성은 형식적 사고와 함께 발달하는 능력이다. 그리고 특별한 사람만이 가진 능력이 아니라 모든 사람이 갖고 있는 특성이며 교육을 통해 개발될 수 있다(Torrance, 1959).

창의성에 대한 개념은 다양하다(Guilford, 1959; Koestler, 1964; Torrance, 1963: 한상철, 이수연, 임순선, 류수현, 김우철, 2012에서 재인용). 창의성에 대한 정의는 다양하지만 심리학 분야에서 창의성에 대한 현대적 관심은 길포드(Guilford)에 의해 시작되었다고 볼 수 있다(Kurtzberg & Amabile, 2000). 길포드(Guilford, 1950)에 따르면 창의성은 유창성, 유연성, 신기성, 통합성, 분석, 재조직화, 재정의, 복잡성, 정교성 등으로 구성되어 있다(Kurtzberg & Amabile, 2001에서 재인용). 그 이후, 창의성은 문제 해결에서 중요한 요인으로 간주되고 있다.

청소년의 창의성에 대한 연구들은 주로 창의적 청소년의 성격 특질을 조사하였다. 이 연구들에서는 창의성이 높거나 지능이 높은 사람을 조사하거나 이 두 차원의 다양한 조합들을 조사하였다.

웰크와 고강(Wallach & Kogan, 1971)은 창의성과 지능이 모두 높은 청소년, 모두 낮은 청소년, 어느 하나만 높은 청소년이 성격 특성에서 어떻게 다른지를 조사하였다. 그 결과, 창의성과 지능 모두 높은 청소년은 자신에 대해 자부심, 독립, 자기 통제, 자유 등을 높게 지각하였고 과제 수행에 대한 자신감이 높았으며 어른스러우면서도 아이다운 면을 갖고 있었다. 이와 다르게, 창의성 수준은 높고 지능 수준은 낮은 청소년은 타인과 갈등을 겪고 있으면서 학교 환경과도 갈등을 겪고 있었다. 이들은 무가치감과 부적절하다는 느낌에 휩싸여 있다고 보고하였다. 그러나 스트레스가 없는 상황에서는 자신의 능력을 펼칠 수 있었다. 지능 수준은 높으나 창의성 수준은 낮은 이들은 보수적이고 의심이 많으며, 옳은 것에 대한 자신의 견해에 일치하지 않는 비관습적 일은 하지 않으려 하였다. 마지막 유형으로 창의성과 지능 수준이 모두 낮은 이들은 다양한 방어 책략을 과하게 사용하였다.

창의성과 성격 관련성을 조사한 다른 연구에서도 창의성이 높은 청소년은 낮은 청소년에 비해 자율성 및 자기-확신 수준, 통제감에 대한 거부감 등이 높았고 (Parloff, Datta, Kleman, & Handlon, 1968; Torrance & Dauw, 1966), 특히 지적 및 문화적 활동에 대한 관심이 많으며 이에 대한 열정을 오래 유지하는 편이다(Cropley, 2001). 또한 자존감(정옥분, 김경은, 박연정, 2006; Cropley, 2001), 효능감(성은현, 2005; 정옥분, 김경은, 박연정, 2006) 등의 수준도 높았다.

끝으로 발달 수준에서 창의성과 지능의 관련성을 살펴보면, 미취학 아동에게서 지능과 창의성은 밀접하게 관련되어 있으나 청소년기 및 이후 발달 단계에서는 관련성이 거의 나타나지 않는다(Kuhn, 1978).

4) 자기

(1) 자기중심성

내성과 자기 분석은 10대의 특징이라 할 수 있다. "나만의 방식으로 미래를 생각하며, 내 미래에 대해서 내가 그렇게 생각하는 이유에 대해 생각하는 이유를 생각하기 시작했어." 청소년의 내성은 그 한계가 없다고 볼 수 있다.

① 자기에 대한 관점

피아제 학파의 심리학자인 엘킨드(Elkind)가 청소년의 주관성을 이해하는 개념 틀을 제공하였다(Elikind, 1967, 1978). 엘킨드는 청소년의 많은 행동과 이와 관련이 있는 주관성(subjectivity)을 청소년기 자아중심성(adolescent egocentrism)이라는 개념으로 설명하였다. 엘킨드(Elikind, 1967)에 의하면, 청소년기 자아중심성은 인지적 구조에 대한 연구와 성격 역동에 대한 탐색 사이를 연결하는 개념일 수 있다. 정신 발달의 각 단계에서 분화 결여는 특정한 형식을 취하며 독특한 행동 양상으로 드러난다. 분화의 결여가 자아중심성이다.

어떤 점에서 10대들은 세상을 자기 자신에서 분리시키지 못한다. 청소년기 주요 과업은 자신의 생각과 다른 사람의 생각을 구분하는 것이다. 청소년은 자신의 관심에서 초점이 되는 것과 다른 사람의 사고가 지향하는 바를 구분하는 데 어려움을 겪는다(Elkid, 1967). 그래서 청소년은 자신의 행동에 대한 자신의 관심만큼 다른 사람도 관심을 가지고 있을 것이라 믿는다. 이 자아중심성은 청소년기의 2가지 특징으로 나타난다. 하나는 가상적 청중의 구성이고 다른 하나는 개인적 우화의 창조다(Elkid, 1978; Elkid & Bowen, 1979).

청소년은 대부분의 시간 동안 자신이 무대 위에 있다고 생각한다. 그래서 가상적 관객이 청소년 자신이 자신에게 관심을 두는 만큼의 관심을 갖고서 청소년 자신을 보고 있다고 생각한다. 즉 청소년은 자기-의식적(self-conscious)이며 세상의 눈이 자신을 향해 있다고 믿는다. 더 나아가, 청소년은 관객들이 청소년 자신의 약점과 취약성을 알고 있다고 믿는다.

청소년은 (가상적) 사람들 앞에서 행동하므로 죄책감보다는 수치심을 더 흔히 경험하며 다른 사람에게 자신의 굴욕 및 수치를 감추려 한다. 그러나 청소년들끼리 만나면, 서로를 지켜본다는 의미는 다른 사람보다 자신에게 더 몰입한다는 것을 가리킨다. 청소년들만의 모임에서 청소년은 자신을 배우이면서 동시에 관객으로 본다(Elkind, 1967).

엘킨드는 청소년이 자신의 가상적 관객을 위해 만드는 이야기를 개인적 우화로 명명하였다. 개인적 우화에서 청소년은 관객이 자신의 감정을 매우 독특하고 특별하게 본다고 생각하며 자신 스스로도 특별한 존재라고 믿는다. 청소년 자신의 경험은 독특하며 따라서 어느 누구도 경험하지 못했을 것이라고 생각한다. 그리고 청소년은 그 순간의 기분에 따라 한 대상을 경배와 경멸, 이 두 감정으로 바라볼 수 있다.

청소년은 자신의 생각과 다른 사람의 생각을 혼동하는 편이며 자신의 생각이 우주에까지 도달할 것이라 믿는다. 자신의 생각이 세상에 영향력을 미칠 수 있는 방식에 대해 궁리하면서 생각만으로 그렇게 될 것이라 상상한다.

자아중심성의 감소는 형식적 사고와 현실 간 재조화가 이루어지면서 시작된다(Piaget, 1957). 이제 청소년은 관심의 초점을 자신 외부에 두기 시작한다. 상상적 관객은 현실적 관객으로 대체되며 개인적 우화는 자신 밖 중요한 영역에 있는 사람들의 인식에 의해 무너진다. 이 과정은 사회적 상호 작용과 생산적 일에 참여함으로써 촉진된다(Looft, 1971). 현실을 더 잘 파악함으로써 청소년기 자아중심성이 감소되면서 성인기가 시작된다.

② 세상에 대한 관점

청소년은 자신이 가진 세상보다 더 나은 세상을 꿈꾼다. 즉 인류애와 이타심을 더 풍부하게 만들 수 있는 계획에 대한 열망으로 가득 차 있다. 더 나아가, 청소년은 자신이 더 나은 세상을 위한 변화를 이끄는 구세주로 여기기도 한다.

청소년은 이상적 세상을 만들 수 있다는 생각으로 지금의 세상을 비웃는다. 이들은 완벽함을 지향하면서 불완전함을 경멸한다. 청소년은 자신의 이상에 맞도록 사회를 끊임없이 조정하려 하지만 아직 자신의 이상을 현실에 녹일 위치에 있지는 않다. 그래서 청소년은 이상을 실현할 수 없다는 사실에 절망한다.

한편으로는 세상에 대한 사고 과정에서 청소년은 자신의 미래를 결정짓는 '삶의 계획'을 세우기 시작한다. 삶에 대한 계획은 의지와 협동의 원천으로 작동한다(Piaget, 1968). 사회에 대한 순응은 청소년이 자신의 생각을 현실에서 작동하게 만들면서 발생한다. 직업과 일은 이상주의에 대한 치료제다. 청소년의 이상향은 사람이 현실이 주는 교훈을 배우기 전 반드시 가져야 하는 청소년기의 시작 요소다(Forish-Kovach, 1983). 꿈이 없는 사람은 현실을 너무 빨리 인정하여 현실에 순응하기만 하는 사람이 된다. 그러나 현실을 고려하지 않는 꿈은 꿈으로 끝나게 된다. 청소년기의 이상주의와 성인의 현실주의 간 접촉은 창의성을 위한 토대다.

(2) 자기 개념

자기 개념(self-concept)은 자기 자신을 평가하는 지침으로, 이 지침은 사회 규범 및 기대로 사용된다. 여기서 자기 개념이란, 사람이 자신을 어떻게 기술하는가를 나타내는 용어다. 추상적 사고를 할 수 있다면, 사람은 자기와 관련된 작은 정보 조각들을 모아 위계적으로 조직화하고 상위 범주에 속하는 자기 조각들을 정리하여 '자기에 대한 이론'을 구성할 수 있다(Epstein, 1973; Markus, 1977; Okun & Sasfy, 1977). 이 입장에서, 청소년기에 형성된 자기 개념은 그 이후의 삶에서도 실용적 이론으로 유지된다.

자기 기술(self-description)에는 평가적 측면이 담겨 있다. 한 소녀가 자신의 외양에 대해 '나는 평범하다.' 또는 '나는 귀엽다.'로 자신을 표현할 수 있다. 이 문장은 기술적이다. 그러나 우리 사회에서 '귀여운' 외모를 '평범한' 외모보다 높게 평가한다. 그러므로 자기 개념은 기술적이지만 평가 요인이 포함되어 있다고 볼 수밖에 없다. 평가적 기술들의 총합에서 사람은 자기 자신, 세상, 삶에 대한 능력 등에 대해 어떤 태도를 갖고 있다. 사람은 자신이 가진 이미지에 대해 좋아하거나 실망할 수 있다. 이것이 바로 자존감(self-esteem)의 근거다. 자기 개념이 자신에 대해 어떻게 생각하고 있는가를 나타내는 것이라면 자존감은 자기에 대한 생각에 대해 어떻게 느끼고 있는가를 가리킨다. 이 두 용어는 서로 밀접하게 관련되어 있으나 이에 대한 연구는 일반적으로 별개로 이루어지는 편이다.

대부분의 심리학자들은 자기 개념이 새로운 경험을 통해 변할 수 있다는 것에 동의한다. 나에 대한 나의 견해는 내 삶의 시간 동안 겪은 경험의 결과로 자기 개념이라는 연속선에 위치한다. 자기 개념은 현재 상황에 적응하는 데 도움이 될 수 있으며 새로운 환경 또는 상황에 처하게 되면 여기에 적응하기 위해 달라지기도 한다. 그러므로 자기 개념은 대부분의 사람들에게서 연속적이면서도 비연속적이다. 간단히 말해, 자기 개념은 안정성과 변화 가능성, 이 두 요소들을 모두 담고 있다.

① 시간에 따른 변화

자기 개념에서 청소년은 아동과 다르다. 아동은 자신에 대해 구체적으로 생각한다. 그래서 아동은 자신을 매우 구체적 용어로 진술한다. 아동에게 누구인지 물어보면, 대부분은 이름, 주소, 어떻게 생겼는지, 그 외 확인이 가능한 상징으로 자신을 표현한다(Montemayer & Eisen, 1977). 이와 다르게 청소년은 더 추상적이고 주관적 용어로 자신을 표현한다. 자신이 누구인가에 대한 질문에 대해 청소년은 신념을 기술하거나 동기, 대인 관계적 특징으로 자신을 드러낸다(Mohr, 1978; Motemayor & Eisen, 1977). 이런 추상적 기술과 더 세세한 진술의 특징은 청소년의 나이가 증가하면서 함께 증가한다(Leahy, 1976).

② 관심 대상의 변화

청소년기 자기 개념에서 나타나는 다른 변화는 관심 대상의 이동에 있다. 일반적으로 청소년기 중반의 사람은 기본적으로 "나는 누구인가?"에 대한 질문에 묶여 있다. 요셀슨(Josselson, 1980)에 의하면, 10대들은 독립성에 대한 자신의 수준을 걱정하고 가족 안에서 독특한 사람이라는 자신의 존재감을 염려한다. 자기 진술문에서 이런 염려들이 드러나는데 일반적으로 자기와 다른 가족 구성원의 다름이 자주 언급된다. 청소년기 후반에 이른 10대들은 자신을 가족으로부터 분리시켜 더 넓은 범위의 사회에서 자기 역할에 대해 더 많이 고민한다. 이들은 성인의 세상에서 10대인 자신의 능력 위치를 탐색하는 것에 관심이 더 많다. 즉 직업과 미래의 자기 역할이 자기 개념의 참조틀로 가족 구성원을 대신하게 된다. 가족으로부터 벗어나려는 이들은 또래들에게 깊은 인상을 남기기 위해 위험한 행동을 추구한다(Casey & Caudle, 2013). 성인 세상에서 자신의 위치를 탐하는 시기와 위험 추구 행동이 최고조에 달하는 시기가 일치한다.

간단히 정리하면, 청소년기 중반의 10대는 자신이 누구인가에 대해, 후반의 10대는 어떤 사람이 되어야 하는가에 대해 더 많이 고민한다. 10대들의 자기 개념이 추상적일수록 더 큰 사회 참조틀에서 자신을 볼 수 있다.

③ 자기 개념과 행동의 관계

나를 어떤 유형의 사람이라고 기술할 수 있지만 이를 항상 행동으로 행하지는 않는다. 많은 심리학자들이 자기 개념과 행동의 불일치에 관심을 갖고 있다. 개념과 행동 간 불일치를 이해하기 위해 심리학자들은 자기 개념을 더 세분화시켰다(Higgins, 1998; Rogers, 1965). 즉 이상적 자기(내가 되고 싶은 나), 실제 또는 지각된 자기(내가 실제로 그럴 것이라 믿는 나), 진술된 자기(내가 어떤 사람인가를 진술한 나) 등으로 구분하였다. 진술된 자기는 이상적 자기와 현실적 자기의 중간에 위치한다.

어릴수록 진술된 자기와 행동하는 방식 간 불일치가 크다. 그 이유는 어릴수록 자신의 판단에 대한 확신이 부족하여 다른 사람의 의견에 동조하는 경향이 더 크기 때문이다. 11세에서 13세의 아동은 나이가 더 많은 아동에 비해 상대적으로 동조 압력에 더 취약하였다(Landsbaum & Willis, 1971).

자기 개념과 행동 간 불일치를 이해하려는 시도 중 다른 하나는 자기 개념의 두 측면, 지속적 자기(the abiding self)와 일시적 자기(transient self)를 구분하는 것이다(Elkid & Bowen, 1979). 지속적 자기는 특성과 특질로 자기의 영속적 측면을 가리키며, 일시적 자기는 진정한 자기를 반영하는 것으로 볼 수 없는 행동으로 구성된 것이다. 10대에게 청중 앞에서 무언가를 하도록 강요하는 경우, 이들이 어릴수록 자기-의식적 수준이 증가한다. 엘킨드에 따르면, 10대 초반의 사람은 일시적이든 영구적이든 관객에게 자신을 드러내고자 하는 의지가 가장 적으며 대부분의 청소년은 이를 거부한다.

10대는 자기-의식 수준이 너무 높아서 다른 사람이 자신을 지켜보고 있다고 믿으며(Goossens, Beyers, Emmen, & van Aken, 2002), 자신에 대해 많은 생각을 하면서 시간을 보내기 때문에 이들은 다른 사람도 자신을 생각한다고 믿는다(Rycek, Stuhr, McDermott, Benker, & Swartz, 1998). 그래서 10대들이 공공 장소에서 부모가 하는 행동으로 당황하거나 자신의 외모에 놀라는 것이 놀라운 일은 아니다.

청소년기 초반의 이들은 자기에 대한 다양한 관점을 통합하는 데 어려움을 겪는다. 이는 생물학적 성장이 너무 빠르기 때문일 수 있다. 다른 원인으로는 집단에 대한 높은 취약성 때문일 수 있다. 다시 말해, 동조에 대한 강한 경향성은 변화로 인한 불안전함에 대한 반응으로 볼 수 있다. 청소년 초기의 불안전과 불안은 자존감을 깎아내린다(Forisha, 1981).

④ 자기 개념과 자존감

아동과 청소년을 대상으로 자존감의 변화를 조사한 연구들에서 청소년의 연령대에 따라 자존감이 달랐다(Coopersmith, 1967; Forish, 1981; Robins, Trzesniewski, Tracy, Gosling, & Potter, 2002). 자존감은 아동기에서 10대 중반까지는 감소하다가 16세 이후부터 성인기까지 안정적으로 증가하였다.

자존감과 자기 개념의 관계를 살펴보면, 자존감이 높은 청소년이 어려운 과업을 더 잘하는 것으로, 사람에게 더 개방적인 것으로 나타났다. 그리고 자존감이 높은 10대들이 낮은 10대들에 비해 학교를 더 좋아하고 교과 외 활동에 더 많이 참여하면서 주변인들을 더 많이 도왔다(Coopersmith, 1967). 특히 청소년기 초반 자존감이 낮은 사람이 청소년기 후반의 자존감이 낮은 사람에 비해 다양한 영역의 활동에서 어려움을 더 많이 느꼈다. 요약하면, 청소년기 자존감 수준은 자기상(self-image) 및 실제 행동을 통해 드러난다.

3. 청소년기 문제

심리적 문제와 사회적 어려움은 사람이 현재 상황을 효율적으로 다루지 못할 때 생긴다. 과거에 발생한 갈등에 여전히 매몰되어 있어 현재 상황에 적절하게 반응할 수 없는 경우도 있다. 다시 말하면, 상황에 대처할 자원을 확보하지 못했기 때문에 적응에서 문제가 발생한 것이다. 사람을 신뢰하는 방법을 배우지 못한 아동은 자라서 청소년이 되어서도 사람과 상호 작용을 제대로 할 수 없을 수 있다. 독립성에 대한 첫 단추를 제대로 끼우지 못한 아동은 10대가 되었을 때 자신만의 길을 선택하라는 요구를 위협으로 느낄 수 있다. 그러나 청소년기에 도달하면 과거의 미해결 문제를 해결할 수 있는 기회를 가질 수 있다. 다시 말해, 청소년기에는 과거의 문제를 어느 정도 해결할 수 있다. 예를 들면, 사람을 믿는 것 또는 독립적 사람이 되는 것 등을 철저하게 확립하지 못했어도 청소년기에 이를 다시 습득할 수 있다. 10대들에게 청소년기는 어려움 속에서도 성인기를 향해 새롭게 성장하거나 긍정적 길을 창조할 수 있는 투쟁의 시기다.

청소년기는 강력한 변화의 시기로, 사람은 이전에 학습한 거의 모든 것들을 테스트한다. 대부분의 10대들은 이 시기에 부모와 학교, 사회 등이 자신에게 바라는 요구의 증가에 적응해야 한다. 10대들 중 일부는 좋은 운과 용기로 증가된 요구에 적응하나 일부는 이를 거부하고 반역을 꾀하는 방식으로 요구에 대응한다. 또 다른 경우는 요구의 증가가 없는 것처럼 이를 무시하면서 방황을 계속한다. 어느 누구도 청소년기의 도전을 피할 수 없기에 도전을 거부하거나 피한 10대들은 사회 주류에서 벗어나게 된다.

문화가 제시한 가치를 채택하는 것에 실패한 10대들은 다양한 수준의 소외를 겪는다. 소외감이 발달적 어려움과 엮이게 되면 지각 왜곡부터 부적절한 행동까지 다양한 수준의 병리적 문제가 발생할 수 있다. 모든 10대들이 사회가 제시하는 도전에서 승리자가 될 수는 없다. 승리하지 못한 10대들은 집 또는 공동체에서 이탈하거나 비행을 저지른 후 자신과 같은 처지의 또래들과 함께한다. 그렇지 않은 경우 자신만의 삶의 방식을 선택하기도 한다. 바로 게임 중독이나 약물 중독, 사이비 종교 등의 탐닉 행위에 몰두할 수 있다.

1) 개인 내적 문제

(1) 소외

소외는 자신의 문화에 소속되어 있지 않다는 느낌이다. 소외라는 용어는 1950년대 사용되기 시작하였다. 케인스톤(Keniston, 1960)에 의하면, 무언가가 잘못되고 있으며 이전의 바람직한 인간관계를 잃는 것이 소외다. 손실된 인간관계는 사회와 나의 연결을 잃었다는 것으로 외재적일 수도 내재적일 수도 있다.

자기 자신으로부터 소외는 광범위하게 발견되며 이런 소외는 '실존적 추방'(Keniston, 1960)이다. 이 유형의 소외는 성인 사회에 진입하고자 하는 열정이 부족해서 나타날 수도 있고 사생활 중심주의로 물러나면서 나타날 수도 있다. 즉 10대들 중 어떤 이는 청소년기를 경험하기도 전에 이를 포기한다. 외재적 소외는 청소년 자신이 사회로부터 소외되었음을 행동으로 표현한 것이다. 이 행동들을 묶어 소외 증후군이라 한다. 다음은 소외 증후군의 다양한 양상들이다.

- 불신
- 비관주의
- 분개
- 자아중심성
- 불안
- 대인 간 소외
- 사회적 소외
- 자기 경멸
- 문화적 소외
- 우유부단
- 의심·회의적임
- 아웃사이더

소외는 기본적으로 불신, 무의미한 삶에 대한 인식, 비난에 대한 분노, 열정과 느낌에 대한 강조 등으로 구성된다. 삶의 방식으로써 소외는 지적 열정, 참여자보다는 관찰자 역할에 대한 선호, 스스로 멀어지려는 요구, 직접적 분노 표현의 어려움, 타자에 대한 양가적 태도 등으로 표현된다.

이는 에릭슨(Erikson, 1968)의 정체감 혼란과 비슷하다. 여러 이유에서 소외감은 어떤 시점이 되면 외현적 병리로 나타난다. 소외 증상은 젊은이가 미성숙하고 불안전하고 미숙하며 문제가 많다는 증거일 수 있다(Dempsy, 1970). 예를 들면, 미성취한 사람, 탈선인, 알코올·약물 중독자, 미신 또는 사이비 종교에 빠진 사람들의 공통점은 소외를 경험하고 있다는 것이다. 그러나 어디에도 속하지 않거나 또는 외부인이라는 것이 재능을 발견하게 만들기도 하고 우리 모두에게 영향을 주는 전염병 같은 사회적 문제나 심리적 문제에 대한 창의적 해결을 발견하게 만들기도 한다(Mantell, 1974).

(2) 우울증

우울증은 매우 심각한 정신적 문제로 지속되는 슬픔과 모든 활동에 대한 흥미 상실이 특징이다. 우울증은 살면서 누구라도, 어느 때라도 발생할 수 있으며 성인과 10대 우울증이 다른 것은 아니다. 우울증은 감정, 사고 및 행동 등에 영향을 미치고 결국에는 개인적 기능 및 사회적 기능에도 손상을 입힌다. 가장 심각한 점은 자살 시도의 주요 원인이라는 점이다. 그러나 성인의 우울증과 10대 우울증 증상은 다를 수 있다. 그 이유는 10대가 발달 단계에서 만나는 도전이 다르고 사회적 규준이 다르기 때문일 수 있다. 우울증의 발병 시기가 빠를수록 예후가 나쁘고 재발 가능성이 높기 때문에(최정윤, 박경, 서혜희, 2006), 청소년의 우울증에 관심을 기울여야 한다.

우울증의 증상은 삶의 여러 영역들에서 나타나며, 이전 태도와 행동 변화로 관찰될 수 있다. 예를 들면, 슬퍼 보이고, 안달복달하거나 눈물 증가, 식욕이나 몸무게의 변화, 즐거움을 느낄 수 있는 활동에 대한 흥미 감소, 에너지 감소, 주의 집중 감소, 강해진 죄책감, 무가치감과 무망감 호소 증가, 수면 습관의 변화, 지겨움에 대한 일상적 불평 증가, 자살에 대한 관심, 친구 교류 및 방과 후 활동 중단, 학교 성적 저하, 과거 실패에 대한 집착 또는 과도한 자기 비난이나 비판, 거부 또는 실패에 대한 과도한 예민성 그리고 과도한 확신에 대한 재확인, 사고·집중·의사 결정·기억 등에서의 어려움, 현재와 미래에 대해 지속되는 막막하고 쓸쓸함에 대한 호소 등을 들 수 있다. 10대의 우울증 증상에는 짜증 및 분노 폭발, 파괴적 또는 위험 행동, 자해 행동 등도 나타난다.

10대 우울증은 부모 및 성인이 알아차리기가 쉽지 않다. 그 이유는 10대 우울증은 사춘기의 감정 변화와 10대 적응의 문제와 변별하기가 어렵기 때문이다.

국민건강관리보험공단 자료에 따르면, 2016년부터 2018년까지 정신 질환으로 진단받은 10대 청소년들 중 우울증 진료를 받은 인원수가 37,233명으로, 2016년 22,538명에 비해 무려 65.2% 증가하였다(마인드포스트, 2019. 10. 15.). 이와 관련해 국내 자살현황 분석(2019)에서, 10대의 자살 비율이 2017년 인구 10만 명당 4.7명에서 2018년 5.8명으로 증가하여 23% 증가하였다. 이는 전체 연령대에서 가장 높은 증가율이다(중앙자살예방센터, 2019).

(3) 불안

아동과 청소년은 불안감, 염려 및 공포를 일상적으로 경험한다고 볼 수 있다. 많은 아동은 시험이 다가오거나 천둥이 치는 상황 등 여러 상황에서 일상적 수준의 걱정을 한다. 그런데 일부 아동 및 청소년은 공포와 두려움에 압도당하는 상황을 경험한다. 이 상황에 대한 사고와 동반되는 공포를 멈출 수 없는 아동도 있다. 이렇게 되면 자신의 염려에 묶이고 일상적 활동을 하는 것이 불가능해진다. 이런 경우는 전문적 중재를 반드시 받아야 한다.

불안장애는 불안과 공포를 유발하는 자극이 외현적 또는 현실적으로 확인되지 않는 상황에서 지속적으로 느끼는 불안과 공포다. 사람은 누구나 불안이나 공포를 느끼지만 병리적 불안 및 공포는 정상적 불안 및 공포와 다르다. 병리적 불안은 다음과 같은 조건이 충족되어야 한다. 첫째, 현실적 위험이 없는 상황 또는 대상에 대해 경험하는 불안 및 공포이다. 둘째, 현실적 위험의 수준에 비해 과도하게 느끼는 불안이다. 셋째, 불안을 느끼는 본인이 자신의 감정이 합리적이지 않음을 인식하고 있다(권석만, 2014).

불안장애는 다양한 하위 유형들이 있으나 공통된 증상들이 있다. 신경이 예민해지거나 벼랑 끝에 서 있다는 느낌, 비현실적 또는 확인되지 않는 공포, 부모와 떨어지는 것의 어려움, 수면 곤란, 떨기, 땀 흘리기, 짧은 호흡, 위통, 두통, 근육 긴장을 비롯한 신체적 증상 등이 나타난다. 이를 경험하는 사람은 이 증상들을 자신이 어떻게 할 수 없다고 생각한다.

불안 관련 장애는 아동에게서 흔한 장애 중 하나다. 여학생보다 남학생에게서 더 흔하며 여학생은 남학생보다 발병 시기가 늦은 편이다(권석만, 2014). 외국에서 진행된 연구이긴 하지만 불안장애로 진단받은 3세에서 17세 사이의 아동과 청소년들을 대상으로 정신건강 관련 입원 비율, 자해에 대한 치료, 응급실 방문 등에 대해 2년 간 추후 조사를 실시한 연구가 있다(Bushnell, Gaynes, Compton, & et al. 2019). 이 연구에서, 불안장애를 가진 아동의 나이 중앙치는 12세, 여아가 55%였다. 입원한 비율은 2%, 자살 사고 1%, 불안 관련 응급실 방문 1.4%로 나타났다. 우울증 진단을 받은 아동의 경우와 비교했을 때, 비율이 높은 편이었고 일반 아동의 경우는 더 낮은 비율을 보였다. 불안 관련 장애가 10대들에게 끼치는 부정적 영향이 다른 장애에 비해 상대적으로 크다.

2016년부터 2018년까지 국민건강보험공단 10대 청소년 정신건강 질환 자료 현황을 보면, 2018년 불안장애로 진료를 받은 10대는 18,220명으로 2016년에 비해 29% 증가한 것으로 나타났다. 공황장애가 2,928명, 심한 스트레스 반응 및 적응장애 10,370명 등이었다. 이 수는 2016년에 비해 모두 증가한 수치다(마인드포스트, 2019. 10. 03.).

(4) 조현병

조현병(schizophrenia)의 예전 명칭은 정신 분열증이다. 2011년 이 진단명이 병에 대한 거부감과 오해를 유발한다는 이유로 조현병으로 수정되었다. 새로운 명칭인 조현병에서 '조현(調鉉)'의 사전적 의미는 현악기 줄의 조율을 나타낸다. 이런 의미에서 보면, 조현병이란 현악기의 줄들이 제대로 조율되지 못한 상태에서는 악기 음이 혼란스러운 것처럼, 사람의 심리적·행동적 상태가 그렇다는 것을 뜻한다.

조현병은 청소년기 후반 또는 성인기 초기에 주로 발병한다. 13세 이전에 발병하는 조현병은 이른 조기 발병 조현병(very early onset schizophrenia: VEOS)이라 한다. 아동기 조현병 발병은 드물며 일반적으로 발병이 시작되는 나이는 청소년기에서 성인기 초기(15~30세)다.

조현병 초기 증상은 일탈 현상으로 볼 정도의 수준에서 행동 문제 및 적응 문제가 나타난다. 예를 들면, 위생 관념이 사라진 모습, 학업에 대한 무관심, 성적 저하, 집중력 감소, 수면 시간의 변화, 과도한 예민함, 극단적 분노 표현, 사회적 관계에 대한 관심 감소, 혼자 있는 시간 증가 등이 있다. 이 증상들이 조현병의 중요 양상은 아니다.

조현병은 세상을 지각하고 생각하고 행동하는 방식에 영향을 주는 뇌 질환이다. 조현병은 현실과 현실이 아닌 것을 구분하는 뇌 영역에 손상이 발생하여 인지 영역에서의 문제(망상)와 지각 영역에서의 문제(환각)가 여러 증상들과 함께 나타난다. 조현병은 갑자기 그 증상이 나타나는 질환이 아니며 서서히 증상들이 심각도를 더해 가면서 진행되는 특징을 갖고 있다. 그래서 조현병의 초기 증상들은 환자 본인뿐만 아니라 주변 사람들도 쉽게 알아차리기 어렵다. 조현병의 주된 특징(망상과 환각) 외 다른 증상들은 너무나 다양하다.

한 신문 기사에 따르면, 2014년 국민건강보험공단 자료에서 조현병으로 진단받은 10대들의 비율은 전체 발병 환자 중 1.8%로 매우 적었지만 20대 발병률은 10대의 5배 정도로 급속하게 증가한 것으로 나타났다(뉴시스, 2017. 04. 05.). 이 신문 기사에서 이런 20대의 급격한 증가는 10대들을 조기에 진단하지 못한 것을 그 원인으로 보고 있었다. 조기 진단이 어려운 이유로 조현병 증상이 사춘기 특징과 유사한 행동적·심리적 양상을 보인다는 점과 조현병에 대한 사회적 인식을 그 원인으로 들 수 있다.

(5) 자해

여기서 다루는 자해는 자살 의도가 없는 자해(nonsuicidal self injury)다. 자살 의도가 없는 자해는 감정의 변화를 일으키기 위해 정교한 신체 조직에 해를 입히는 행위다(APA, 2013). 우리가 예상하는 것보다 자해는 청소년과 성인에게서 흔하게 나타난다(Peterson, Freedenthal, Sheldon, & Andersen, 2008). 자살 의도가 없는 자해는 자조를 위한 병(a morbid for self help)이다(Favazza, 2006).

자해의 원인과 심각도는 다양하다. 일반적으로 자해는 스트레스를 주는 분노, 우울, 복합적 감정 등의 부정적 감정에 대처하고자 하는 행동이다. 자해 행동의 유형으로는 칼 등으로 긋기(carving), 할퀴기(scratching), 낙인 찍기(branding), 표시하기(marking), 피부 뜯기와 머리카락 뽑기(picking and pulling skin and hair), 태우기/벗겨 내기(burning/abrasions), 자르기(cutting), 물기(biting), 머리 찧기(head banging), 때리기(hitting), 과도한 피어싱(excessive body piercing), 문신(tattoo) 등이 있다. 가장 흔한 자해는 긋기와 화상 입히기다.

청소년들 중에는 반발하기, 부모의 가치 거부하기, 자신의 개인성 주장하기, 단순하게 인정을 받기 위해 자신의 사지를 절단하는 이도 있다. 또는 절망이나 분노에서 벗어나려고, 자신의 무망감이나 무가치를 보여 주고자 자살을 생각하고 있어 자신에게 상처를 입히는 이도 있다. 우울증, 정신증, 외상 후 스트레스 장애, 양극성장애 등과 같은 심각한 정신적 문제를 겪고 있을 것으로 보는 병리적 접근이 주를 이루었으나, 최근에는 다양한 유형의 내재화 및 외재화된 조건(conditions)과 연합된 것으로 보는 입장이 등장하였다(Peterson et al., 2008). 자해 행동을 보고한 청소년이 성장하면서 더 이상 자해를 하지 않는 경우도 있다.

자해는 다양한 요인들로 인해 발생하는 복잡한 행동이고 증상이다. 자신의 감정을 받아들이는 데 어려움을 겪는 청소년은 자해 행동과 함께 정서적 긴장, 신체적 불편, 고통 및 낮은 자존감을 갖고 있다. 10대들 중에는 자해 행위 후 압력 밥솥 스팀이 방출되는 것 같은 기분을 느낀다고 보고하는 이도 있다. 그러나 이를 보는 다른 사람들은 마음의 상처를 입고 분노하며 때로는 이들을 두려워하거나 미워할 수 있다. 또래의 압력과 전염(contagion)은 자해 행동에 영향을 줄 수 있다. 일시적 유행(fad)일 수 있지만 피부 상처 대부분은 영원히 남을 수 있다. 대부분은 자신의 흉터에 대한 사람들의 당황이나 거부감, 비난 등의 반응을 회피하려 이 흉터를 숨긴다.

2018년 청소년복지상담센터 보고서에 따르면, 전국 230개 청소년복지상담센터의 청소년 자해 관련 상담 건수는 27,976건으로, 2017년 8,352건보다 3배 이상 증가하였다. 2005년 이후 자해 관련 상담 건수는 해마다 늘고 있다. 이 보고서에서 우리나라 청소년의 자해 유형은 '자신을 깨물었다(48.4%)', '자신의 머리카락을 뽑았다(35.5%)', '고의로 자신을 때렸다(28.4%)', '상처가 날 정도로 피부를 긁었다(24.5%)' 등으로 나타났다. 특히 우리나라 청소년의 자해 경험은 22.8%로, 중국 17%, 미국 14%, 대만 11.3%, 영국 10%의 다른 나라와 비교해도 심각하게 높은 수준이다(조선일보, 2019. 05. 29.).

(6) 인터넷 과다 사용

2019년 청소년 통계에 따르면, 10대 청소년의 2018년 인터넷 사용 시간은 한 주 평균 17시간 18분, 하루 평균 2시간 32분이다. 이 시간은 2017년에 비해 54분 증가한 것으로 인터넷 사용 시간은 6년 동안 계속 증가하고 있다(통계청, 2019). 그리고 청소년의 온라인 게임 시간도 평균 한 주 8.3시간이고 게임 이용자의 58.3%가 평균 주 6시간 이상 게임을 하는 것으로 나타났다.

여성가족부 자료에 의하면, 청소년들의 스마트폰 과의존 위험군 비율은 성인과 비교하면 상당히 높다. 2018년 조사에서 전국 10,000가구, 28,575명에 적용한 결과, 고위험군과 잠재적 위험군 모두에서 성인보다 상당히 높았다. 특히 잠재적 위험군에서는 10대 25.7%, 성인 15.4%로 10% 이상 많은 것으로 나타났다(교육통계서비스, 2019. 08. 28.).

2) 개인 외적 문제

(1) 학교폭력 및 차별

청소년은 자신이 하고자 하는 일이 제대로 이루어지지 않으면 공격성과 일탈 행동 등으로 반응하는 경향이 상대적으로 높은 편이다(Agnew, 1992). 앞서 언급한 것처럼 이는 청소년의 자아중심성, 보상에 대한 강한 기대 등으로 발생하는 것일 수 있다. 그 원인이 무엇이든 청소년의 학교폭력은 상당히 심각한 상황이다.

'학교 폭력은 학교 내외에서 학생을 대상으로 발생하는 상해, 폭행, 감금, 협박, 약취, 유인, 명예훼손, 모욕, 공갈, 강요, 강제적 심부름 및 성폭력, 따돌림, 사이버 따돌림, 정보통신망을 이용한 음란, 폭력, 정보 등에 의해 신체·정신 또는 재산상의 피해를 수반하는 행위'를 가리킨다(「학교폭력예방 및 대책에 관한 법률」 제2조 제1호). 2019년 제1차 학교폭력 실태조사 결과를 보면, 2013년부터 2019년까지 매년 조사된 자료에서 언어폭력, 스토킹, 사이버 괴롭힘 등은 감소 추세를 보이나 집단 따돌림은 증가 추세에 있다. 이런 전반적 추세에도 불구하고 학교폭력 최초 발생 연령이 점점 어려지고 있으며 가해자와 피해자 구분이 불분명해지고 정신적 폭력의 증가, 폭력의 지속성 확대 등은 빈도 감소의 긍정적 측면을 상쇄하는 부정적 측면이다. 특히 학교폭력의 최초 피해 경험이 초등학교 시기라고 보고한 학생이 조사 대상자의 53.6.%, 가해 경험은 58.6%로 나타났다. 그리고 학교폭력대책자치위원회 심의 건수 중 중학생인 경우가 69%, 국민신문고에 신고된 학교폭력 관련 게시글에서도 중학생이 초등학생 대비 7배, 고등학생 대비 2배나 많았다(찾기쉬운 생활법령정보, 2019. 02. 19.).

학교폭력은 교실 안(30.6%)에서 가장 많이 발생하였고, 시간은 쉬는 시간(34.4%)이 가장 많았다([표 1-1] 참조). 이는 학생들을 관리·감독하는 교사의 부재 시 또래들이 지켜보는 동안에 폭력이 발생한다는 것을 의미한다. 이는 폭력을 행사하는 사람이 혼자가 아님을 가리킨다. 학교폭력 피해학생의 66.2%가 2명 이상의 집단에게 폭력을 당했다. 폭력을 행사하는 학생은 혼자가 아니기에 목격자들의 존재에 대해 신경을 쓰지 않음을 나타낸다.

[표 1-1] 학교폭력 장소 및 피해 시간별 발생 비율

구분	구체적 장소와 시간	발생 비율(%)
장소	교실 안	30.6
	복도	14.5
	운동장	9.9
시간	수업 시간	8.1
	쉬는 시간	34.4
	점심 시간	17.7
	하교 이후	14.1

출처: 찾기쉬운 생활법령정보(2019).

차별 행위는 폭행의 원인 중 하나로 볼 수 있다(김희진, 2017). 특히 10대들은 외모, 신체 조건, 사회·경제적 지위 등을 이유로 또래들을 놀리거나 소외시키는 차별 행위를 한다(김승경, 2016; 정규형, 2016). 차별 행위는 특정한 대상에 대해 갖는 부정적 태도에 근거한 부적 행동을 가리킨다.

10대들의 차별은 집단 차별의 성격을 가진다는 결과도 있으며(김연지 외, 2013; 오세현, 강현아, 2018) 거의 모든 청소년이 차별 경험을 하는 것으로 보는 것이 타당하다는 조사 결과도 있다(한국아동청소년 인권실태 연구, 2014: 정규형, 2016에서 재인용). 한국아동청소년 인권실태 연구에서 학업 성적에 따른 차별이 가장 높은 빈도로 나타난 것은 거의 모든 청소년이 차별 경험을 한다는 것을 뜻한다. 이렇게 10대들 중 많은 이들이 차별 당함을 경험하는 것이 문제가 되는 것은 차별 당함이 개인 내적 문제일-낙담, 우울감, 통제감 훼손-뿐만 아니라(김재엽, 성신명, 김준범, 2015) 개인 간 문제로 이어지기 때문이다. 즉 이들이 다시 차별 행위를 하는 경우가 많다(정규형, 2016; 황아리영, 2020). 이렇게 차별의 악순환이 발생한다.

(2) 괴롭힘

괴롭힘(bullying)은 불균형한 대인 관계에서 권력을 가진 사람이 상대적으로 권력이 약한 사람을 향해 잘못된 방식의 행동을 반복적으로 하는 것을 가리킨다(Olweus, 1994). 잘못된 방식의 행동이란 심리적, 신체적, 사회적 피해를 주기 위한 언어적, 신체적, 사회적 행동이다. 이때 상대적으로 권력이 약한 사람이 상대방의 행동을 멈추게 할 수 없으며 이로 인해 불편감을 느낀다. 괴롭힘의 주체는 개인일 수도 집단일 수도 있고, 권력이 실제 권력일 수도 또는 지각된 권력일 수도 있다. 괴롭힘은 사람에게 실제적으로 일어날 수도 있고, 온라인에서 발생할 수도 있다. 괴롭힘이 외현적으로 분명하게 드러나는 경우도 있고 은밀하게 진행되는 경우도 있다.

괴롭힘은 아동기 동안 증가하다가 청소년 초기에 가장 정점을 이루고 점점 감소한다(반재천, 김수구, 전상국, 2010; Olweus, 2010). 놀랍게도 괴롭힘 가해 경험은 이 추세를 따르나 피해 경험은 상대적으로 안정적으로 지속되는 것으로 나타났다(김은정, 김인경, 정태연, 2001; Hodge, Malone, & Perry, 1997). 그리고 괴롭힘에는 가해자와 피해자 외에도 이 상황에 적극적 또는 소극적으로 개입되어 있는 또래들이 있다. 이들은 주변인(bystander)이다. 주변인들이 이 상황에서 어떤 역할을 하는지에 근거해 지원자(assistant), 강화자(reinforcer), 방관자(outsider), 방어자(defender) 등으로 나뉜다(Salmivalli, Lagerspetz, Börkqvist, Österman, & Kaukianen, 1996). 국내에서는 지원자와 강화자를 함께 묶어 동조자, 방관자, 방어자 등 세 유형으로 구분하기도 한다(서미정, 2008).

괴롭힘은 다양한 유형이 있다. 괴롭힘은 신체적 괴롭힘, 언어적 괴롭힘, 사회적 괴롭힘, 사이버 괴롭힘 등으로 나누어 볼 수 있다. 신체적 괴롭힘으로는 때리기, 차기, 밀치기, 손상 입히기 등이 있다. 언어적 괴롭힘은 이름 부르기, 모욕하기, 귀찮게 굴기, 흉내 내기, 인종 차별 표시, 언어적 학대 등이 있다. 언어적 괴롭힘은 무해한 것으로 시작하지만 표적이 되는 사람에게 해를 미치는 수준으로 악화될 수 있다. 사회적 괴롭힘은 때로 암묵적·내현적 괴롭힘을 말하며 일반적으로 인식하기 어려우며 사회적 평판을 깎아내리거나 모욕을 주는 방식으로 이루어진다. 여기에는 거짓말 하기, 소문 퍼뜨리기, 부정적 표정 짓기 및 제스처, 당황하게 만들기, 경멸이 담긴 농담하기, 누군가를 배제하도록 부추기기 등이 있다.

특히 사이버 괴롭힘은 컴퓨터, 전화, 다른 전기 장치를 사용하며, 사회적 매체, 메시지, 문장, 웹사이트와 그 외 온라인 플랫폼 등과 같은 소프트웨어 등을 사용해 의도적이고 반복적으로 위해를 가하는 것이다. 사이버 괴롭힘은 시간을 가리지 않고 발생할 수 있다. 이는 공개적일 수도 비공개적일 수도 있고 때로는 괴롭힘을 당하는 사람만 알 수 있다. 사이버 괴롭힘에는 욕설 문장 또는 상처 주는 문장, 편지, 포스트, 이미지 및 동영상, 추잡한 소문 또는 담화, 온라인에서 다른 사람인 척하기 또는 다른 사람 이름으로 로그인하기 등이 있다.

괴롭힘을 당하는 아동이 도움을 요청하기 힘든 여러 이유들이 있다. 첫째, 괴롭힘을 당하는 아동은 이 상황을 스스로 해결하여 통제감을 회복하기 바라는 마음에서 도움을 청하지 않을 수도 있다. 스스로 약하거나 힘이 없는 존재가 되는 것이 두렵기 때문이다. 둘째, 괴롭히는 아동이 보복할 수 있다는 두려움으로 도움 요청을 꺼린다. 셋째, 괴롭힘은 모욕감을 느끼게 하며 당하는 아동은 부모나 교사가 이런 사실을 아는 것을 두려워한다. 그 이유는 부모나 교사가 당하고 있는 자신이 약해서 그런 일을 당하고 있다고 비난할까 봐 무섭기 때문이다. 넷째, 이들은 이미 사회적으로 고립되어 있어 어느 누구도 자신을 이해하거나 도울 거라는 기대를 하지 않는다. 다섯째, 또래의 거부에 대한 두려움이 있다(http://www.stopbullying.gov/bullying/warning-signs).

괴롭힘에 대한 연구들을 메타분석한 연구들에서 실제 괴롭힘이든 또는 온라인 괴롭힘이든 피해자들은 다양한 유형의 어려움을 단기적 및 장기적으로 겪는 것으로 나타났다(Fisher, Gardella, & Teurbe-Tolon, 2016; Gini, Card, & Pozzoli, 2018). 자존감 손상 및 자해(Heer & Hemphill, 2019), 우울(김민주, 2018; Moore, Norman, Suetani, Thomas, Sly, & Scott, 2017), 자살 사고(김민주, 2018; Katasras, Vouloumanou, Kourlaba, Kyritsi, Evagelou, & Bakoula,

2018), 불안(Moore et al., 2017) 등 다양한 유형의 어려움을 겪는다. 특히 이 어려움은 괴롭힘을 당하는 그 당시뿐만 아니라 장기적으로도 사회적 및 경제적 영역에 부정적 영향을 미쳤다(장은영, 손은정, 2019; Takizawa, Maughan, & Arseneault, 2014; Ttofi, Farrington, Lösel & Loeber, 2011). 괴롭힘을 목격한 주변인들도 정신건강에 문제를 겪는다(Evans, Smokowski, Rose, Mercado, & Marshall, 2019).

[글상자 1-1] 괴롭힘 가해 및 피해의 징후들

- 괴롭힘을 당하고 있다는 징후 자신의 상처에 대해 설명을 하지 않는 경우, 옷이나 책, 전자제품 등의 분실이나 손상, 빈번한 두통이나 배아픔, 꾀병이나 아프다는 호소, 식습관 변화(끼니를 건너뛰거나 엄청 많이 먹는 등), 수면 곤란이나 빈번한 악몽, 성적 저하 또는 학교생활에 대한 흥미 감소, 등교 거부, 친구가 갑자기 없다고 하거나 학교생활 회피, 무망감 또는 저하된 자존감, 가출, 자해, 자살 이야기 등의 자기 파괴적 행동 등이 있다.
- 괴롭히고 있다는 징후 빈번한 신체적 싸움이나 언어적 싸움, 친구 중에 괴롭힘을 하는 친구가 있는 경우, 공격성의 증가, 상담실 방문, 출처를 알 수 없는 돈이나 새 옷과 물건들, 자신의 문제에 대해 다른 사람 비난하기, 행동에 대한 책임지기 거부, 자신의 명성이나 인기에 대해 경쟁하고 있거나 걱정함 등이 자신보다 약한 또래를 괴롭히고 있다는 신호일 수 있다.

피해 신호이건 가해 신호이건 괴롭힘과 관련된 징후에 주변 어른들은 민감해야 하며 이를 확인했다면 적극적으로 이 상황을 중단시킬 수 있는 방안을 찾아야 한다. 최근에는 범죄까지 이르지 않은 괴롭힘 상황을 해결하는 방안으로 회복적 정의 서클이 제안되고 있다.

출처: http://www.stopbullying.gov/bullying/warning-signs.

2장

청소년 발달 이론

1. 서론

2. 성격 발달

1) 에릭슨의 심리사회적 발달
2) 프로이트의 심리성적 발달
3) 마르샤의 정체감 이론

3. 인지 발달

1) 피아제의 인지 발달 단계
2) 피아제 이론에 대한 비판
3) 신 피아제 이론 및 학파

4. 사회인지 발달

1) 청소년기의 사회인지
2) 셀만의 조망수용 능력 단계

5. 도덕성 발달

1) 피아제의 도덕 발달 단계
2) 콜버그의 도덕적 추론 단계

소년기의 이상(理想) 속에서야말로 인간은 진리를 인식하게 되며,

소년기의 이상이야말로 무엇과도 바꿀 수 없는 인간의 부(富)다.

- 알베르트 슈바이처 -

본 장에서 살펴볼 주제는 청소년의 발달에 대한 특징이다. 발달의 영역은 대체로 신체, 인지 그리고 심리사회적 발달로 구분할 수 있다. 신체 발달은 키와 체중의 변화와 같은 신체 성장 및 운동 등을 포함한 신체적 특징을 말한다. 인지 발달은 사고, 지능 그리고 언어의 능력과 관련되며 심리사회적 발달은 기질이나 성향, 애착, 정서, 타인과의 관계 형성 및 도덕성을 포함하고 있다. 여기서는 성격 발달, 인지 발달, 사회인지 및 도덕성의 발달을 살펴봄으로써 청소년기 발달에 영향을 미치는 요인을 이해할 수 있다.

1. 서론

발달(development)이란 전 생애에 걸쳐, 즉 수정에서 죽음에 이르기까지 이루어지는 체계적이고 연속적인 변화를 가리킨다. 출산 이후 아기는 연령이 증가하면서 신생아(출생~1개월) 및 영아기(1개월~2세)를 거쳐, 유아기(2~6세), 아동기(7~12세), 청소년기(12~20세), 성인기(20~65세), 노년기(65세 이후)까지 발달이 이루어진다. '체계적'이라는 말은 발달 과정에 일정한 순서와 패턴이 있음을 말하고 '연속적'이라 함은 초기의 변화가 후기의 변화에 영향을 미쳐, 후기의 변화는 초기의 변화와 관련 있음을 설명하고 있다.

과거의 발달 연구는 청소년기까지 제한되었으나 전 생애 발달 이론이 대두되면서 발달은 청소년기 이후부터 성인기와 노년기까지 포함하고 있다. 신생아는 나이가 들면서 체중과 신장이 증가하고 지각 및 인지 능력이 발달하며 청소년기까지 상승적 발달이 일어난다. 그러나 청소년기 이후부터 발달은 유지되거나 감퇴하기 시작하여 성인 및 노년기에는 신체 발달에 있어 노화 현상이 일어나고 인지 능력도 떨어지기 시작한다. 이처럼 발달은 전 생애에 걸쳐 상승적 변화와 함께 감소적 변화도 일어난다.

청소년기는 아동과 성인기의 과도기로서 다른 연령 단계에 비해 급격한 변화를 경험한다. 청소년기는 사춘기(puberty)와 함께 시작되는데, 호르몬의 활발한 분비로 인해 성적 성숙이 이루어져 이차 성징(secondary sex characteristics)이 나타난다. 또한 신장과 체중이 급격하게 증가하며 골격과 뇌의 성장이 이루어지는 성장 급등(growth spurt)을 경험한다. 이러한 신체 변화와 함께 청소년기에는 인지적, 심리사회적 발달에도 변화가 생긴다. 이 시기 청소년은 자기(self)를 인식하고 자신이 누구인지, 앞으로 무엇을 할 것인지 등 정체감(identity)을 형성해 나가며 부모로부터 심리적, 경제적으로 분리하려는 경향이 나타난다. 청소년 자신은 물론 부모나 친구, 교사 등 타인과의 관계 형성뿐 아니라 인지적 발달도 이전과 다른 특징을 보인다. 긍정적인 자기 개념을 가진 청소년은 적극적이고 타인과의 관계에도 이타적 행동을 보일 수 있으며 이로 인해 발달에도 긍정적 영향을 미치게 된다. 이처럼 청소년의 신체, 인지 및 심리사회적 발달의 영역은 독립적이기보다 상호 관련되어 있다.

본 장은 청소년기의 성격 발달, 인지 발달, 사회인지 및 도덕성 발달에 관한 내용으로 구성되어 있다. 성격 발달은 인간이 주변의 물리적, 사회적 환경과 상호작용하는 방법에 영향을 주는 지속적인 심리적 특성의 성장을 의미한다. 청소년의 성격 발달에 영향을 미치는 환경 요인으로 부모나 다른 성인, 그리고 또래가 있다. 인지 발달은 사고방식과 정보처리 방식의 변화를 말하며 청소년의 인지 발달은 학습이나 경험 그리고 성숙에 의해 영향을 받는다. 사회인지는 사회적 관계를 이해하는 능력으로 청소년들은 아동기에 비해 성숙한 대인 관계 및 타인의 의도를 잘 파악할 수 있다. 도덕성 발달은 인지와 언어 발달이 지속적이고 사회적 관계가 형성되면서 도덕적 사고와 판단에도 영향을 미친다.

2. 성격 발달

인간은 연령이 증가하고 신체 변화 및 사고가 발달하면서 자기 개념, 타인과의 관계 그리고 주변 세상에 대한 태도도 변화하게 된다. 이러한 성격 및 사회성 발달의 특징을 이해하는 것은 아동과 청소년들의 교육이나 지도에도 많은 영향을 미칠 수 있다.

성격 발달은 자신을 둘러싼 환경과의 상호 작용에 영향을 주는 지속적인 심리적 특성을 말하며 주요 요인으로 부모를 들 수 있다. 아동기나 청소년기의 부모 양육 태도는 영유아기 때 부모 역할과는 다르다. 영유아기 시절에는 부모의 역할이 많은 영향을 미쳤지만 아동·청소년기에는 또래와의 관계가 더 중요하다. 또한 청소년기는 사춘기의 시작과 함께 급격한 신체 변화, 형식적 조작기로 인한 사고 체계의 변화, 그리고 기타 다양한 이유로 인해 정서적 불안정을 경험하기도 한다. 개인차가 있지만 정서적인 불안정으로 심리적 또는 사회적 부적응을 초래하기도 한다. 이는 발달 전환기에 나타날 수 있는 일시적인 현상이며 연령이 증가할수록 서서히 정서적 안정을 찾는다. 이처럼 아동기와 달리 청소년에게 나타나는 사회적 변화 중의 하나는 부모에게서 서서히 분리하기 시작하여 자율성(autonomy)을 획득하게 되며 이는 청소년의 긍정적인 심리사회적 적응과도 관련성이 높다(허혜경, 김혜수, 2015)고 한다.

성격 및 사회성 발달은 단계로 나눠 설명할 수 있으며 대표적 예로 에릭슨(Erikson)의 심리사회적 발달과 프로이트(Freud)의 심리성적 발달이 있다. 에릭슨은 프로이트가 주장하고 있는 성격 형성의 대부분이 6~7세에 완성된다는 입장과는 다르게 오히려 심리적인 갈등과 적응은 평생을 두고 발생한다고 보았다. 또한 프로이트는 아동의 성격이 부모와 무의식적인 힘에 의해 결정된다고 보았지만 에릭슨은 주변 사람, 사회와 문화 등의 환경적 역할에 중점을 두었다. 그래서 에릭슨이 제안한 성격 및 사회성 발달 이론은 심리사회적(psycho social) 발달 이론이라고 불린다(Erikson, 1968).

에릭슨은 살아 있는 모든 것은 심리 발달의 설계 계획 혹은 청사진에 따라 성장한다고 믿으며 자신의 이론을 점성적 원리(epigenetic principle)라고 지칭하였다. 점성적 원리는 생물학적 용어로 발생 후의 분화, 발달을 뜻한다. '이후(以後)'라는 의미를 지닌 'epi'와 '발생(發生)'이라는 의미의 'genesis'의 합성어로, 인간의 발달은 기존의 발달적 기초 위에서 이루어진다는 것이다(노안영, 강영신, 2003).

[글상자 2-1] 청소년 발달 이론의 기초

고대 그리스의 철학자들은 인간 발달의 본질과 함께 청소년기에 대한 관심이 많았다가, 1900년대 들어서면서 과학적인 방법으로 청소년 발달을 연구하기 시작하였다. 플라톤(Platon)은 『국가론(*The Republic*)』에서 아동과 청소년에 대해 언급하며, 그들의 행동을 어떻게 통제할 것인지에 대해 조언하고 있다. 청소년기는 이성적 사고와 비판적 사고가 가능하므로 이 시기에 수학과 과학을 공부하도록 권유하였다. 플라톤과 그의 제자 아리스토텔레스(Aristoteles)는 청소년기의 특징으로 열정과 가변성을 들었다.

아리스토텔레스는 인간의 발달을 유년기(0~7세), 소년기(8~14세), 청소년기(15~21세)로 구분하였으며 청소년기의 가장 중요한 특징은 선택할 수 있는 능력, 즉 자기 결정(self determination)이라고 보았다. 고대 철학자 플라톤과 아리스토텔레스가 언급한 청소년기의 특징은 지금까지도 청소년기를 대변하고 있다. 그러나 이들은 청소년기의 특징과 교육에 관심을 가졌을 뿐 청소년 발달에 대한 체계적인 연구를 수행한 것은 아니었다.

출처: 허혜경, 김혜수(2015).

1) 에릭슨의 심리사회적 발달

에릭슨은 처음에 정신분석에 대한 훈련을 받았으나 심리성적인 요소가 개인의 성격 형성에 지배적이고 또 개인의 성격 발달은 남근기 이전에 발생한다는 정신분석학적 이론을 비판하였다. 그는 심리사회적 발달 이론에서 사회적 존재인 인간은 성장 과정에서 생물학적 요인과 개인적 요인뿐 아니라 문화적 및 사회적 경험으로 인해 성격이 변할 수 있다고 주장하였다. 에릭슨에 의하면 인간들은 일생에 걸쳐 8단계의 심리사회적 단계를 거치며 각 단계에서는 해결해야만 하는 발달 과업 혹은 중요한 이슈가 있다고 보았다. 각 단계마다 긍정적인 양상과 부정적인 양상의 발달 과업을 '대(對, versus)'의 개념으로 설명하였다. 대부분의 사람들은 각 심리사회적 위기(psychosocial crisis)를 만족스럽게 해결하지만, 어떤 사람들은 위기를 극복하지 못하는 경우도 있다.

(1) 1단계: 신뢰감 대 불신감

에릭슨에 의하면 1단계(출생~18개월)에서 영아는 사회적 관계인 어머니를 통해 신뢰감을 형성한다. 즉 영아는 세상에 대한 기본적인 신뢰를 형성하기 위해 어머니나 주 양육자의 역할을 하는 사람이 가장 중요하다. 어머니는 음식이나 애정을 통해 영아의 욕구를 충족시키는 것이 바람직하다. 어머니가 일관성 있게 욕구를 충족시키면 아기에게 즐거움의 근원이 되지만 그렇지 않을 경우 좌절의 근원이 된다. 이러한 특징은 아동기에서 성인기까지 지속될 수 있다.

(2) 2단계: 자율성 대 의심(혹은 수치심)

이 시기 영아(18개월~3세)는 걸음마를 할 수 있으며 의사소통을 할 수 있을 정도의 말을 한다. 그들은 스스로 어떤 일을 할 수 있는 자율성을 획득하고 독립하고자 하지만 부모의 욕구와 충돌하게 된다. 부모는 자녀가 스스로 할 수 있는 기회를 부여하고 허용하며 자율성을 형성할 수 있도록 격려한다. 그러나 지나치게 엄격하고 통제적이면 자녀는 오히려 무력감과 무능감을 형성하여 자신의 능력에 대한 의심을 하고 비난을 받게 되면 수치심을 느끼게 된다.

(3) 3단계: 주도성 대 죄의식

이 시기 아동(3~6세)은 운동 기술과 언어 기술이 발달하여 적극적으로 활발하게 환경을 탐색한다. 부모는 자녀가 스스로 하도록 격려함으로써 주도성이 더 발달하도록 조력할 필요가 있다. 그러나 아동의 주도적인 활동에 대해 엄하게 벌을 주면 이후에 오히려 죄의식을 갖게 된다.

(4) 4단계: 근면성 대 열등감

초등학교에 입학한 아동(6~12세)은 교사 그리고 또래와의 관계가 더 확대되고 중요한 반면, 부모의 영향력은 감소하게 된다. 아동들은 무엇인가를 이루어 내고 싶어 하고 이는 학교생활에 긍정적인 역할을 하게 되며 곧 자신과 자신의 능력에 대해 긍정적 자아상을 갖게 한다. 그러나 자신의 기준이나 부모, 혹은 교사의 기대에 못 미치게 되면 오히려 실패하여 부정적인 자아상을 갖게 되어 학습에 방해가 되기도 한다.

(5) 5단계: 정체감 대 역할 혼미

이 시기 청소년들(12~18세)은 '나는 누구인가?'에 의문을 가지며 답을 얻기 위해 부모를 떠나 또래와의 관계에 합류한다. 청소년들은 생리적으로 급격한 변화를 겪으며 미래의 교육과 진로에 대해 결정을 해야 하는 압박을 느낀다. 청소년기는 변화의 시기이며 자신이 누구인지, 앞으로 어떤 사람이 될 것인가를 찾기 위해 다양한 경험을 한다.

(6) 6단계: 친밀감 대 고립감

자신이 누구인지 그리고 앞으로 어떤 사람이 될 것인지 고민하고 나면 그 이후에는 자신의 삶을 다른 사람과 공유하게 된다. 성인 초기가 되면 다른 사람들과 새로운 관계를 형성하여 신뢰감과 친밀감을 갖게 된다. 그러나 친밀감을 갖지 않거나 찾지 않으면 실패하여 오히려 고립감에 빠질 수 있다.

(7) 7단계: 생산성 대 침체감

성인 중기가 되면 다음 세대를 생산하고 지도하는 것에 대한 관심을 가지게 된다. 전형적으로 사람들은 자녀를 기르면서 생산성을 획득하지만 다른 유형의 생산성이나 창의성을 통해 위기를 해결하기도 한다. 이 단계에서 성장을 지속하지 못하게 되면 오히려 침체되거나 대인 관계가 나빠지기도 하여 오히려 침체감에 빠질 수 있다.

(8) 8단계: 통합감 대 절망감

성인 후기는 사람들이 자신의 삶을 뒤돌아보고 자신의 정체성 위기를 해결한다. 자신의 삶에 대한 책임이 자신에게 있다는 것을 깨닫게 되면 성취, 실패 그리고 궁극적 한계 등을 수용하는 통합감을 가지게 된다. 그러나 자신의 삶의 방식에 대해 후회나 비판을 하게 되면 절망감에 빠지게 된다.

에릭슨은 발달 단계에서 특히 청소년기에 관심이 많았으며 이 시기가 가장 중요하다고 보았다. 청소년기는 정체감이 형성되는 결정적인 시기로 정체감 확립을 위해 자신의 미래에 대한 결정을 잠시 보류하고 진정한 자아를 찾기 위해 심리적 유예 기간(psychosocial moratorium)을 가지는 것도 바람직하다고 본다. 에릭슨이 말하는 사회적 위기는 모든 사람들이 겪어야 할 경험은 아니며 그 시기에 나타난 나이의 범위는 사회적 위기를 해결할 수 있는 최적의 시기를 의미한다. 만약 초등학교 시절 학교에서 열등감을 경험한 사람은 이후 직장 생활을 통해 자신의 능력을 발휘함으로써 열등감의 위기를 해결할 수도 있다.

[글상자 2-2] 정체감

'나는 누구인가?'는 모든 인간의 기본적인 관심이자 물음이다. 자기에 대한 의문을 제기하거나 정체감(identity)을 위한 탐색은 청소년기에만 국한되는 현상은 아니다. 그러나 청소년기는 인생의 어느 시기보다 자아 발달이 중요한 시기이며 이러한 자아 발달을 인지적으로 가능하게 해 주는 요인이 바로 형식적 조작 사고의 발달이다. 청소년들은 정체감을 확립하기 이전 아동기부터 자신이 누구인지에 대한 생각을 가지고 있다.

정체감이란 용어는 에릭슨이 제안한 청소년기의 심리사회적 위기인 '정체감 대 역할 혼미'에 처음 사용하였다. 에릭슨의 정체감 이론은 자신의 인생 경험을 통한 정체감 위기를 반영한 결과라 볼 수 있다. 에릭슨은 자신의 개인적 문제로 인해 갈등과 고민이 많았고 청소년기 때 자신이 누구이며, 무엇을 할 수 있고, 자기에게 의미 있는 것이 무엇인지에 대해 자기 정의(self-definition)를 내리는 위기의 시간을 가졌다. 자신이 이런 위기의 시간을 가지며 자기 선택을 보류한 상태를 심리적 유예 기간이라고 하였다. 그는 개인적인 경험을 통해 심리적 유예 기간이 아동기에서 벗어나 자신의 의미와 목적을 찾는 유익한 시간이었다고 주장하였다.

정체감은 자신이 타인과는 구별되는 독립적이고 고유한 존재라고 인식하고자 하는 욕구가 있는 동시에 외적인 자극, 환경, 감정적 변화에도 불구하고 일관되게 자신을 인식하여 안정적 느낌을 가지는 것을 의미한다. 청소년기의 주요 발달 과업은 정체감의 확립이며 이 시기가 정체감을 형성하는 결정적 시기이다(Erikson, 1968).

2) 프로이트의 심리성적 발달

프로이트는 인간의 행동이 비합리적인 힘, 무의식적 동기, 생물학적 추동 그리고 생의 초기 6년 동안의 주요한 심리성적 사상에 의해 결정된다고 하였다. 프로이트는 성적 에너지와 삶의 본능적 에너지를 리비도(libido)라고 불렀으며 성인의 무의식적으로 잠재되어 있는 기억을 기초해서 심리성적 발달 이론을 구성하였다. 성인기 행동의 근원은 아동 초기의 발달 경험에 영향을 받는다고 보았다. 즉 주위의 사회적 환경과의 상호 작용 특성이 성인기 이후에 결정적 영향을 미친다고 보았다. 심리성적(psychosexual) 발달 단계는 연령이 변화함에 따라 리비도가 집중되는 신체 부위가 달라지는데 이러한 변화에 따라 5단계로 나누어진다.

(1) 1단계: 구강기

구강기(oral stage, 0~1세)에는 리비도가 입, 입술, 혀 등의 신체 부위에 집중된다. 영아는 빨거나 씹거나 깨무는 경험을 통해서 만족이나 쾌감 또는 고통을 알게 된다. 영아는 자기중심적이고 자신의 욕구 중심적이다. 다른 대상에 대한 개념이 없어서 자기애와 자아도취가 특징적이다. 이 시기에 충분한 욕구가 충족되지 못하거나 과잉 충족되면 고착 현상이 나타나고 결과적으로 구강기적 성격이 된다. 프로이트는 성격 발달에 있어 초기의 경험을 중요시하며 특히 어머니의 수유를 통한 영아의 욕구 충족을 강조하였다.

(2) 2단계: 항문기

항문기(anal stage, 1~3세)는 리비도가 항문에 집중되는 시기이다. 영아는 배설 경험을 통해 충족이 이루어지며 배변 훈련을 통해 자신의 욕구를 통제하고 훈련을 받게 된다. 배변 훈련을 통해 욕구가 좌절되면 심하게 낭비하거나 어지르는 등 강박적 성격을 형성하게 된다.

(3) 3단계: 남근기

남근기(phallic stage, 3~5, 6세)는 아동이 자신의 성기에 관심을 갖기 시작하고 손이 닿을 때 쾌감을 준다는 것을 알게 된다. 이 시기 남아는 오이디푸스 콤플렉스(oedipus complex), 여아는 엘렉트라 콤플렉스(electra complex)를 경험한다. 프로이트에 의하면 남아는 어머니에게 성적인 감정을 발달시키지만 아버지에 의한 거세를 두려워하고 이를 해결하기 위해 아버지를 이상적인 모습으로 채택하며 초자아를 발달시킨다. 여아는 아버지를 향한 감정을 발달시키며 이에 대한 어머니의 징벌을 두려워하지만 이를 해결하기 위해 어머니가 제공하는 이상적인 모습을 채택하며 초자아가 발달한다.

(4) 4단계: 잠복기

잠복기(latent stage, 7~11, 12세)는 성에 대한 관심이 나타나지 않는 시기이다. 아동과 청소년은 이 시기에 사회적 놀이, 게임 및 학교생활에 에너지를 쏟으며 지내게 된다. 따라서 이 시기에는 성적인 것보다는 지적 탐색과 사회성 등이 고조된다.

(5) 5단계: 생식기

생식기(genital stage, 사춘기 이후)는 성적 성숙이 이루어져 성 충동이 시작되고 이성에게 관심이 증대된다. 즉 성적인 감정이 명확하고 절박해지지만 성적 갈망에 대처하고 애쓴다.

프로이트의 심리성적 발달 이론은 20세기 심리학 발전에 영향을 미쳤음에도 불구하고 비판을 받았다. 프로이트의 이론을 뒷받침할 과학적 연구가 부족하고, 인간의 심리성적인 욕구를 지나치게 강조했으며 일반인이 아닌 신경증 환자를 대상으로 연구한 점 때문이다.

3) 마르샤의 정체감 이론

마르샤(Marcia)는 대학생들을 대상으로 반구조적 면접을 통해 직업 선택, 종교, 정치 이념에 대한 위기(crisis)와 관여(commitment, 강한 참여) 경험 여부를 조사하여 정체감 수준을 4가지로 구분하였다. '위기'는 정체감 도달에 있어 의미 있는 대안 중에서 선택을 놓고 능동적으로 의문을 제기하며 고민하는 기간을 말한다. '관여'는 계획, 가치관 등에 대해 의미 있는 선택을 이룬 단계로 흔들림 없이 결정한 활동에 적극적으로 전념하는 상태를 뜻한다. 그는 의사 결정을 한 상태에서 관여 경험이 있는 정체감 성취와 정체감 상실이 정체감을 획득한 상태로 보았다. 에릭슨은 정체감을 정체감 획득 대 역할 혼미로 구분하였으나 마르샤(Marcia, 1980)는 에릭슨의 이론을 중심으로 정체감의 유형과 특징을 보다 심층적으로 연구하였다.

(1) 정체감 성취

정체감 성취(identity achievement, 확립)는 위기와 관여를 모두 경험한 경우로 자신이 직접 위기를 성공적으로 극복하여 정치적 및 개인적 이념 체계, 직업 등에 대해 스스로 의사 결정을 내려 자신의 역할을 수행하고 있다. 정체감을 성취한 청소년은 정체감 상실이나 정체감 혼돈 상태의 청소년에 비해 인성 발달 측면에서 성숙하고 자기 주도적이며 확신감이 강하였다. 그리고 자신의 문제를 해결할 때 관련 정보를 수집하고 이후 사태까지도 고려해서 결정을 내리는 편이었다. 정체감 성취와 정체감 유예 상태의 청소년들이 지닌 공통점은 다른 정체감 유형보다 사회적 환경에 잘 적응하고 타인들보다 잘 배려하고 협동적이며, 긍정적인 대인 관계를 형성하였다.

(2) 정체감 유예

정체감 유예(identity moratorium)는 현재 위기를 경험하면서 여러 가지 대안 중에서 선택적으로 참여하는 시기이다. 정체감 유예 상태의 청소년들은 관여 측면에서 여러 가지 실험을 하고 있는 상태이지만 어떤 영역에 참여하더라도 아직 의사 결정에 도달한 상태는 아니다. 그래서 정체감 성취 유형보다는 참여의 안정성과 만족도가 떨어지고 스스로의 선택과 타인의 견해 사이에서 동요를 보이며 아직 갈등을 겪고 있는 중이다. 현재는 위기 상황이지만 이를 성공적으로 극복하고자 노력한다. 정체감 유예는 사회문화적 영향을 받고 있으며 직업적 탐색과 진로로 인해 유예 기간이 길어질 수 있다.

(3) 정체감 상실

정체감 상실(identity foreclosure, 유실)은 자신의 가치관이나 진로에 대해 의문을 제기하거나 가능한 대안을 탐색하는 등의 위기를 경험하지는 않았지만 부모와 같은 의미 있는 타인의 기대나 가치를 수용하여 진로, 취업 또는 이념에 헌신한 상태다. 정체감 상실 유형은 위기는 경험하지 않았지만 의사 결정은 내린 상태이므로 정체감 조기 완료라 불리며 대체로 자신의 소신보다 부모님의 의견을 수용하는 것이다. 청소년들이 자신의 신념, 진로 등에 대해 고민하고 갈등하는 위기 없이 타인의 선택을 따르고 이에 따라 활동하다 보면 다른 유형에 비해 의존적이고 자신감이 낮으며 자신에 대한 사려가 부족할 수 있다. 만약 타인의 의견에 동조한 선택이 본인의 선택과 일치한다면 비교적 정체감에 대한 갈등이 적지만 불일치할 경우 성인기에 뒤늦은 위기의 경험을 겪을 수 있다.

(4) 정체감 혼돈

정체감 혼돈(identity diffusion, 혼란)은 정체감 위기 상태를 경험하지 않았으며 자신의 신념이나 직업에 대한 의사 결정도 하지 않거나 아예 관심도 없는 상태이다. 개인적인 직업 계획이나 이념에 대한 갈등이 없으며 자기 발전을 위한 노력이나 무엇을 해야 하는지에 대한 고민도 없다. 동시에 자신에 대한 안정되고 통합된 견해를 가지는 데 실패하여 어떤 선택이나 활동에 관여하고 있지 않은 상태이다. 의사 결정을 내리지 못한 점에서 정체감 유예와 비슷하다. 그러나 정체감 유예는 위기 상태를 경험하고 이를 해결하고자 하지만 정체감 혼돈은 위기를 경험하지 않았다는 점에 뚜렷한 차이가 있다. 정체감 혼돈의 청소년들은 다른 유형에 비해 자아존중감과 자기 주도성, 자기 통제력 면에서 뒤떨어지는 경향이 있고 높은 수준의 불안감은 없지만 삶에 대한 관심도 없는 편이다.

이상의 정체감 유형에서 정체감 성취와 유예 상태에 있는 청소년들은 새로운 정보에 관심이 많고 정체감 상실의 청소년들은 권위자가 제시하는 정보를 의문 없이 수용하는 반면, 정체감 혼돈을 보이는 청소년들은 어떤 정보든 기피하는 경향을 보인다. 정체감 상실의 청소년들은 부모와 유대 관계가 너무 밀착되어 있다면, 정체감 혼돈의 청소년들은 부모에게 너무 독립적이거나 유대감이 낮은 것으로 볼 수 있다.

마르샤는 정체감의 4가지 유형 외에 부정적 정체감(negative identity)을 언급하였다. 부정적 정체감은 정체감 상실의 변종이며 정체감 조기 완료의 특수한 형태라고 보았다. 즉 부모나 사회의 가치관과 반대되는 정체감을 정립하는 것으로, 예를 들어 교사의 자녀가 비행을 일삼는다든지, 목사의 자녀가 하느님을 욕하는 등의 경우라 볼 수 있다(허혜경, 김혜수, 2015).

[글상자 2-3] 반두라의 사회인지학습 이론

사회인지학습 이론가들은 청소년의 발달 특성을 이해하기 위해 직접 관찰하고 측정 가능한 행동을 연구하며 환경의 중요성을 강조하였다. 대표적인 사회인지학습 이론가인 반두라(Bandura)는 학습 이론을 확대하여 인간의 사회적 행동을 설명하였다. 인간은 자신의 행동과 그 행동의 결과에 대해 생각하는 인지적 존재라고 주장하였다.

반두라는 관찰학습을 통해 학습이 이루어지며 관찰학습 과정은 관찰 대상이 되는 모델의 행동과 관찰자의 인지적 의사 결정 과정의 두 요인으로 구성된다고 하였다. 예를 들어, 한 남학생이 친구의 폭력 행동으로 다른 친구가 꼼짝 못하는 장면을 관찰하고 이후 귀찮게 하는 동생을 꼼짝 못하게 하도록 친구가 했던 비슷한 행동을 하게 될 수도 있다. 이를 대리적 경험이라 하며 직접 경험 못지않게 영향을 미친다고 강조하였다.

학습과 발달에 관한 반두라의 최근 모형은 행동(B: Behavior), 인간과 인지(P: Person & Cognition), 환경(E: Environment)을 모두 포함한다. 각 요인은 서로 상호작용하면서 행동이 인간과 인지 요인(지능, 사회적 기술, 자기 통제 능력 등)에, 인간과 인지 요인이 행동에 서로 영향을 주며(P↔B), 청소년의 인지 요인이 환경에 영향을 미치고, 그 환경이 다시 청소년의 사고 과정에 영향을 미친다(P↔E). 그리고 환경의 영향을 받지만 이 환경은 청소년의 반응에 따라 각기 다르게 구성된다(B↔E).

출처: 김춘경 외(2016).

[글상자 2-4] 브로펜브레너의 생태학적 이론

브로펜브레너(Bronfenbrenner)는 인간을 사회라는 구조 속에서 생물학적·심리적·사회적으로 적응하고 발달하는 존재로 규정하였다. 그는 발달을 생태학적 모델로 이해하는 생태학적 이론을 정립하였으며 발달을 인간과 환경과의 함수 관계[D=f(P·E): D 발달, P 인간, E 환경, f 함수]라고 주장하였다. 생태학적 접근은 인간의 전 생애를 다루며 특히 청소년 발달에 중요한 시사점을 제공한다. 청소년 발달 역시 가족, 이웃, 친구, 학교, 국가 등의 환경과 사회적 영향의 산물이라 볼 수 있다. 브로펜브레너는 맥락 속의 발달, 즉 인간 발달의 생태학을 연구해야 한다고 주장하며 인간 발달은 미시 체계, 중간 체계, 외부 체계, 거시 체계, 시간 체계와 같은 5가지의 환경 체계가 있다고 보았다(신명희 외, 2013).

미시 체계는 청소년을 둘러싸고 있는 직접적인 환경을 의미한다. 청소년의 가족, 학교, 또래, 이웃 또는 그 환경과의 경험이나 관계 등이다. 청소년들에게 또래집단은 정서적 안정감을 주기도 하지만 음주나 흡연과 같이 부정적 영향을 미치기도 한다.

중간 체계는 미시 체계 사이의 연결망으로 환경과의 상호 관계를 의미한다. 가족 경험과 학교 경험 간의 관계, 친구 경험과 교회 경험 간의 관계, 가족과 또래와의 관계 등이다. 부모에게 사랑을 받지 못한 청소년은 교사와의 긍정적인 관계를 형성하는 데 어려움을 가질 수 있다.

외부 체계는 청소년이 살고 있는 더 큰 지역사회를 의미하며 청소년 발달에 직접적인 영향을 미치지는 않는다. 부모의 직업은 청소년이 직접 경험하는 체계는 아니지만 부모의 행동과 부모-자녀 관계에 영향을 미칠 수 있다.

거시 체계는 개인이 생활하는 문화라고 볼 수 있다. 개인의 삶에 직접적으로 개입하지 않으나 미시 체계, 중간 체계, 외부 체계에 포함된 모든 요소 그리고 개인이 살고 있는 문화적 환경까지 포함하는 포괄적인 것으로 간접적이지만 강력한 영향 체계라 볼 수 있다. 문화 특유의 이념, 제도, 정치 등을 들 수 있으며 한국과 미국 청소년의 문화권 차이는 거시 체계의 영향이라 볼 수 있다.

시간 체계는 전 생애에 걸쳐 일어나는 변화와 사회·역사적 환경을 모두 포함하는 체계이다. 부모의 이혼이 아동에게 미치는 영향에 관한 연구를 살펴보면 이혼한 첫 해에 부정적인 영향이 가장 높고 딸보다 아들에게 더 부정적이며 이혼 후 2년쯤 지나면 가족 간의 상호 작용도 점차 안정을 찾는다고 하였다.

3. 인지 발달

청소년기(adolescence)는 발달 단계상 아동기 이후부터 성인기 이전까지를 말하며 대략 10~12세에 시작하여 18~25세에 끝난다. 청소년기는 신체적인 성장 급등이 일어나는 사춘기의 변화로 시작되어 진로나 직업 및 결혼과 같은 성인 역할을 습득함으로써 종결된다. 이 시기에 청소년들은 이차 성징과 같은 신체적 변화가 일어나고 형식적 조작기의 사고로 인해 논리적, 추상적, 이상적 사고를 보이며 성격 및 자아가 발달하면서 부모로부터의 분리 개별화를 위한 심리적 독립을 추구한다.

발달 이론 관점에서 학습 이론이나 정신분석학적 접근에 의하면 인간은 외부 환경의 영향을 받는 수동적 존재임을 강조한다. 그러나 인지적 접근은 같은 환경에 대해서도 사고 수준과 방식에 따라 개인의 해석이 달라지므로 환경에 대한 이해는 개인에 따라 다르다고 본다. 즉 발달 단계에 따른 인지의 질적 차이가 있음을 강조하고 환경을 이해하고 적응해 가는 과정에서 인간의 능동적인 측면을 강조한다. 여기서는 인지 발달의 대표적 주요 이론인 피아제(Piaget)의 인지 발달 단계, 신 피아제 이론 및 학파와 사회인지 발달을 설명하고 있는 셀만(Selman)의 조망수용 능력에 대해 살펴보고자 한다.

1) 피아제의 인지 발달 단계

피아제는 원래 생물학을 전공한 학자로 인간의 지식 자체가 생물학적 현상이라고 생각하였고 지식의 기원이라는 인식론의 문제를 해결하기 위해 아동 발달의 연구를 시작하였다. 이후 피아제는 스위스의 발달 심리학자이자 철학자로 그의 인지 발달 이론과 인식론적 견해를 발달시켰다. 피아제는 정신 능력이 시간이 경과함에 따라 어떻게 변화하는지 아동을 대상으로 연구하여 인지 능력이 발달한다고 보았다. 피아제의 연구 결과, 같은 나이의 아동들은 비슷한 오답을 하였고 나이가 많은 아동이 어린 아동에 비해 오류를 범할 가능성이 낮으며 정답을 말하였는데 그 이유는 연령에 따른 사고 체계가 다르기 때문이라고 하였다.

피아제의 인지적 활동을 설명하기 위해 도식의 개념과 조직화와 적응의 원리를 살펴볼 필요가 있다. 도식(schema)은 특정한 대상과 사물에 대한 인지적 구조라고 볼 수 있다. 도식은 행동과 정신적 표상의 구조화를 위한 기초를 형성하는 과정이며 환경에 대한 행동을 취할 수 있게 한다고 하였다. 예를 들어, 영아는 무엇이든 입에 가져다 대면 빨기 시작하고 손에 닿는 것을 잡는데, 이를 '빨기 도식'과 '잡기 도식'이라고 한다.

감각운동기의 영아들은 감각운동 도식과 도식들의 결합을 통해 세상에 대한 지식을 쌓아 간다. 공의 감각운동 도식을 가진 영아들은 공을 '굴리거나 발로 차는 것'으로 이해한다. 피아제에게 있어 도식은 지식의 최소 단위이며 지적 행동의 기초가 되는 것이다. 이처럼 아이들은 도식을 통해 대상이나 상황, 추상적인 개념들을 조직화하고 도식들을 연결하여 복잡한 행동을 하거나 더 복잡한 개념을 이해하게 된다.

인지 발달 과정은 조직화와 적응의 원리에 의해 진행된다. 조직화(organization)는 기존에 가지고 있던 도식들을 더 복잡한 형태로 통합시키는 과정이다. 잡기와 빨기의 두 도식이 결합하여 '잡아서 빨기'라는 하나의 복잡한 도식으로 조직화된다. 적응(adaption)은 환경의 요구에 부합하려는 과정으로 동화와 조절에 의해 이루어진다. 동화(assimilation)는 이미 가지고 있는 도식을 새로운 정보에 통합하는 과정이다. 조절(accommodation)은 새로운 경험의 결과로 자신이 이미 가지고 있는 도식을 변화시키는 과정이다. 예를 들어, 공은 손으로 굴리거나 서로 주고받는 놀이라고 알고 있는 유아는 처음 본 축구공도 역시 손으로 굴리거나 던질 수 있다(동화). 그러나 축구공은 발로 차거나 던질 수 있다(조절)는 것을 알게 된다. 이처럼 피아제는 동화와 조절이라는 생물학적 개념을 인지 발달의 과정에 적용하여 인지 발달이 일어나는 과정에서 동화와 조절이 끊임없이 동일하게 반복된다고 보았다.

피아제에 의하면 인간의 지적 활동은 사고 과정과 주변 환경 사이의 균형, 즉 인지적 평형(cognitive equilibrium)을 이루려는 목표가 있다. 그런데 주변에서 일어나는 사건이나 사물을 자신의 사고 과정으로 이해하지 못하는 경우에는 인지적 불균형이 생기고 이 불균형을 평형 상태로 돌리기 위해 인지적 활동이 촉발된다. 인지 발달(cognitive development)은 사고나 정신 과정의 변화를 말한다. 피아제 이론은 인지 발달에 있어 질적인 변화를 구체화하는 단계적 발달로 감각운동기, 전조작기, 구체적 조작기, 형식적 조작기로 구분하고 있다. 그는 인지 발달에 있어 다소 차이가 있더라도 이러한 4단계를 모두 거친다고 보았고, 각 단계는 전 단계와는 질적으로 다른 새로운 관점을 가지고 있다고 보았다.

(1) 1단계: 감각운동기

인지 발달의 1단계는 감각운동기(sensorimotor stage, 0~2세)로 영아들은 감각과 운동 기술을 사용하여 세상을 탐색하고 바라본다. 영아들은 반사(reflex) 작용이라는 선천적 행동을 가지고 있으며 대표적 예로 빨기 반사와 잡기 반사 등이 있다. 반사 행동은 시간이 지나면 의도적이고 목표 지향적인 행동으로 변화된다.

감각운동기 말기가 되면 영아들은 시행착오를 거쳐 대상과 사건을 정신적으로 표상할 수 있으며 우리가 사고(thinking)라고 부르는 활동을 하게 된다. 정신적 표상이 가능하면서 지연 모방(deferred imitation)이 가능해진다. 지연 모방이란 특정 행동을 목격한 후 일정 시간이 지난 후에 그 행동을 재현하는 것을 말한다. 예를 들어, 병원에서 의사 선생님의 치료를 경험한 영아가 다음날 인형을 통해 의사 놀이를 하는 것과 같은 경우이다.

또한 감각운동기에는 영아들이 대상 영속성(object permanence)의 개념을 획득한다. 대상 영속성이란 자신의 눈앞에 대상이 보이지 않아도 어딘가에 존재하고 있음을 알게 된다. 즉 눈에 보이지 않은 사물의 존재를 인식하게 되면 마음속에 사물을 표상하여 그것에 대한 사고가 가능하게 된다. 대상 영속성의 대표적인 놀이로 까꿍 놀이가 있다. 이 시기에 영아들은 부모와의 까꿍 놀이를 통해 정서적 유대감을 느끼고 대상 영속성 개념을 습득하게 된다.

(2) 2단계: 전조작기

인지 발달의 2단계는 전조작기(preoperational stage, 2~7세)라 불리며 유아기의 가장 큰 특징은 사고가 비논리적이라는 점이다. 아동기가 되면 유아기에 비해 논리적 사고가 가능하다. 유아는 사물에 관해 사고하는 능력이 더욱 발달하여 대상을 정신적으로 표상하기 위해 상징을 사용하는 표상적 사고(representational thought)를 시작한다. 유아의 언어와 개념 사용은 아주 놀라운 상태로 발달하지만 아직까지 그들의 사고는 미발달 상태라 볼 수 있다.

전조작기의 특징으로 자아중심성(ego-centrism)을 들 수 있다. 유아들은 모든 사람들이 자기들처럼 세상을 본다고 믿고 있으며 이는 타인의 관점에서 조망하지 못함을 의미한다. 피아제에 의하면 탁자 위에 있는 3가지 산의 모형을 보면서 유아는 자신의 위치에서 보는 산의 모형과 건너편에서 바라보는 산의 모형이 같다고 말한다. 이는 전조작기 단계인 유아가 자신의 조망과 타인의 조망을 구별하지 못하며 타인의 위치에서 사물의 모습을 추론하지 못한다는 것이다. 자아중심성은 언어에서도 나타나는데, 유아는 또래와의 대화에서 자신이 하고 싶은 말을 자기중심적 언어(egocentric speech)로 이야기하며, 이를 집단적 독백(collective monologue)이라고 한다.

이 시기 유아들의 다른 특징을 살펴보면, 보존성(conservation)의 원리에 대한 이해가 부족하다. 보존성이란 사물의 형태가 변해도 그것의 길이나 무게, 면적, 부피 등은 변하지 않는다는 사실을 아는 것이다. 이 시기에 유아는 길고 폭이 좁은 컵에서 얕고 폭이 넓은 컵으로 우유를 옮겨 부으면 긴 컵에 더 많은 우유가 있다고 확신한다. 이런 현상을 일컬어 아직 보존성의 개념이 발달되지 않았다고 하며, 이처럼 유아들이 보존성의 개념을 이해 못하는 이유는 중심화(centration)의 특징 때문이라 볼 수 있다. 중심화란 사물을 지각할 때 한 가지 측면에만 주의를 기울여 다른 측면을 볼 수 없는 것을 말한다. 즉 길고 폭이 좁은 컵에 담긴 우유가 얕고 폭이 넓은 컵에 있는 우유보다 높지만 그만큼 폭이 좁다는 것을 인지할 수 없기 때문에 보존성의 원리를 이해할 수 없는 것이다.

(3) 3단계: 구체적 조작기

아동기는 전조작기에 비해 사고 능력에 있어 큰 변화가 있다. 그러나 성인의 사고방식에 비하면 사고에 대한 어려움을 갖고 있기 때문에 추상적 사고를 하는 게 힘들다. 구체적 조작기(concrete operational stage, 7~11세)라는 용어는 개념을 형성하고 관련성을 찾아 문제를 해결할 수 있으나 친숙한 상황과 객관적 사실에 근거하여 논리적 사고가 가능한 것이지, 친숙하지 않거나 객관적이지 않고 추상적인 경우에는 논리적 사고에 한계가 있다.

구체적 조작기의 아동은 계열성(seriation) 혹은 논리적 연속성의 개념을 학습한다. 이는 사물의 크기, 길이, 무게 등과 같이 사물을 배열하는 능력이며 이는 곧 이행성(transtivity)이라는 능력으로 발달한다. 이행성이란, 제3의 대상과의 연관성에 의한 지식을 기초로 두 대상 간의 관련성을 추론하는 능력을 말한다. 구체적 조작기의 아동은 이행성과 관련된 질문에 답하기 위해 그림을 그리거나 구체적이고 실체적인 사물을 통해 사고가 가능하다. 그러나 구체적이고 실체가 아닌 장면에서, 즉 머릿속으로 상상하고 생각하면서 답을 찾기에는 아직 어려움을 갖고 있다.

또한 구체적 조작기가 되면 아동은 보존성의 개념과 원리를 이해하고 자기중심성을 벗어나 탈중심적이고 객관적인 사고가 가능하다. 탈중심적 사고는 다른 사람들은 자신과 다른 지각을 할 수 있음을 알게 되는 현상이다. 이로 인해 아동은 자신의 생각과 다른 관점에서 타인의 생각을 객관적으로 바라볼 수 있게 된다.

(4) 4단계: 형식적 조작기

인지 발달의 마지막 단계는 형식적 조작기(formal operational stage, 11세~성인기)이다. 이 단계가 되면 청소년기의 사고는 성인들의 특성과 유사한 형태로 논리적이며 추상적인 사고가 가능해진다. 피아제에 따르면 청소년들의 사고는 어떤 면에서 구체적 조작기에 있는 아동들의 사고와 유사하기도 하다. 그래서 구체적 조작기에 있는 아동들과 같이 청소년들은 합리적이고 논리적으로 생각할 수 있다. 뿐만 아니라, 청소년들은 자신의 아이디어를 표상하고 심적 조작을 할 수 있으며 더 나아가 새로운 정보를 실질적으로 관찰하지 않고도 주어진 정보에 기초하여 새로운 정보를 추론하기 위해 논리적 규칙을 사용할 수 있다. 이런 점에서 청소년들의 사고는 구체적 조작기의 아동들과는 다르며 다음과 같은 사고의 특징이 있다.

첫째, 추상적으로 사고할 수 있다. 청소년기에는 구체적 사물, 관찰 가능한 사건 및 현상뿐 아니라 추상적 사고가 가능하다. 예를 들면, 구체적 조작기의 아동은 수, 길이, 용액, 질량, 부피 보존 과제를 하기 위한 특정 조작이 필요한 반면, 청소년들은 보존 과제들에 하나의 규칙을 적용할 수 있다. 또한 이행성과 관련하여 형식적 조작기의 청소년은 구체적이고 실체적인 사물 없이 머릿속으로 생각을 하고 답을 찾을 수 있다.

둘째, 가설 연역적 추론이 가능하다. 청소년들은 어떤 현상을 설명하려고 할 때 이론을 생각해 내고 이론에 기초해 가설을 생성하며, 이런 가설을 검증할 검사를 체계적으로 고안해 낼 수 있다. 더불어 창의적으로 사고하고 현재의 시점을 넘어 미래의 가능성을 예측할 수 있는 능력이 발달하기 시작한다. 이처럼 형식적 조작기는 잠재적이거나 가설적인 상황을 다루는 능력이 발달된다.

셋째, 조합적 사고(combinational thinking)가 가능하다. 조합적 사고는 어떤 문제에 직면했을 때 여러 가지 가능한 모든 해결책을 논리적으로 사고하는 문제해결 능력을 말한다. 예를 들어, 진자의 속도에 영향을 미치는 것이 추의 무게와 실의 길이 중에서 어느 것인지 해결하기 위해 이들의 관계를 논리적으로 접근할 수 있는 사고가 가능하다.

넷째, 메타인지(meta cognition)의 발달이다. 메타인지는 사고 과정에 대한 사고를 의미하며 결국, 자신의 인지적 과정이나 사고에 대해 생각하는 것이다. 청소년들은 아동기에 비해 자신의 사고를 보다 잘 통제하며 자신의 인지적 과정을 타인에게 쉽게 설명할 수 있다.

그 밖에 정의, 진리, 도덕성과 같은 추상적 개념을 이해하고 자신이 속한 사회의 체제나 법, 질서 유지의 방법들이 다양한 가능한 방법 중의 하나임을 알게 된다. 가능한 정보로부터 추상적 관계를 발견하고, 서로가 갖는 추상적 관련성을 비교하는 것이 청소년기에 발달되어야 할 일반적인 기술이다. 하지만 일부 청소년들은 이상과 현실 간의 괴리를 비판하며 기성세대와 사회의 고정 관념을 부정적으로 대하기도 한다. 형식적 조작기 사고의 특징은 주로 11세와 15세 사이에 나타난다. 그러나 이 단계에 도달하지 못하는 아동 및 청소년도 많이 있다. 사람에 따라 어떤 상황에서는 형식적 조작기적 사고를 이용하며, 어떤 경우에는 이용하지 않는 경우도 많으며 이러한 경향성은 성인기까지 남아 있다.

2) 피아제 이론에 대한 비판

피아제는 아동의 사고가 어떻게 발달하는지를 연구하였고 아동은 성인의 사고와 다르다는 것을 보여 주었다. 그는 아동의 인지 발달 연구를 통해 관련 연구를 촉진시켰으며 아동은 세상의 지식을 능동적으로 구성하는 존재라는 관점에서 많은 학자들이 동의하고 있다. 그러나 피아제 이론에 대한 많은 후속 연구가 실시됨에 따라 반론 이론도 제기되고 있다. 예를 들면, 피아제가 아동의 인지 능력을 과소평가, 혹은 과대평가하였고 단계에 따른 아동의 인지 발달이 너무 경직되어 있으며 사회적 요소를 간과했다는 비판을 받았다. 하지만 이러한 비판은 피아제 이후의 새로운 인지 발달 이론을 형성하는 촉진제가 되었다.

최근 연구 결과에 의하면, 어떤 과제를 해결하기 위해 아동들은 개념을 이해하는 것과 같은 능력 이외에 많은 요인(예: 기억 능력, 맥락 이해)이 필요하다는 것을 알았다. 따라서 아동들이 피아제의 과제를 해내지 못하는 것은 능력이 부족해서가 아니라 수행에 필요한 요구 때문에 자신의 능력을 드러내는 데 실패했을 수 있다고 본다. 이러한 결과는 피아제가 인지 발달을 조성하는 데 있어 문화와 사회적 상호 작용의 역할을 중요시 여기지 않았다는 것이다.

학교교육의 효과는 환경에 작용하여 지식을 구조화하는 것에 의해 학습이 주로 형성된다고 보고 있다. 그러나 교육에 있어 더 중요한 것은 아동들이 교사와 성인들의 도움으로 상황의 중요한 문제나 측면으로 주의를 집중하게 스캐폴딩(scaffolding)할 필요가 있다.

최근 연구자들에 의하면, 피아제는 특정 단계의 개념과 기술을 공고히 한 다음에 지식의 영역이나 특정 문제와 무관하게 인지적으로 그 단계에서 기능을 해야 한다고 본다. 그러나 아동이 한 과제에서는 구체적 조작적 사고를 하다가도 다른 과제에서는 전조작적 사고를 사용할 수 있다고 제안하였다. 즉 광범위하고 보편적인 발달의 단계가 존재한다는 피아제의 생각과 다른 관점에 도전하는 연구자들에 의해 발달이 실제로 얼마나 일반적인지 혹은 특정적인지에 대해서는 아직도 이견이 분분하다.

3) 신 피아제 이론 및 학파

피아제의 인지 발달 틀을 유지하면서 그의 이론을 수정하여 접근한 이론을 신 피아제 이론(Neo-Piagetian Theories)이라 하고 피아제의 인지적 접근에 약간의 수정이 필요하다는 학자들을 신 피아제 학파(Neo-Piagetian Theorists)라고 부른다. 신 피아제 학파들은 같은 방법론이나 이론적 배경을 서로 공유하지는 않지만 피아제의 인지 발달 이론에 근거해 인지 발달을 이해하고 그에 더해 몇 가지 수정을 하고 있다.

신 피아제 학파로 케이스(Case), 레온(Leone), 피셔(Fischer)를 들 수 있다(변창진, 송명자, 1995). 그들은 피아제 이론의 개념과 과제를 그대로 사용하고 있으며 모두 정보처리 이론의 개념과 관점을 적용하여 특정 영역에서 아동이 과제를 해결해 가는 구체적인 문제 해결 과정을 분석하고 있다. 신 피아제 이론가들의 업적은 피아제 이론의 한계를 극복하고 확장시켜서 인지 발달을 이해하는 데 많은 도움을 주었다.

케이스는 실행통제구조 이론(Theory of Executive Control Structure)을 주장

한 대표적 신 피아제 학파이다. 인지 발달상의 주요 변화는 문제 해결 장면에서 사용되는 실행통제 구조의 변화를 의미하는 것이다. 그는 피아제의 단계적 인지 발달과 환경과 적극적으로 상호 작용하면서 발달을 이루어 나가는 아동의 능동성에 대해 동의하고 있다. 그러나 피아제가 주장한 평형(equilibration)보다는 자동화를 통한 기억 역량의 향상을 핵심적인 역할로 보았다. 그에 따르면 작업 기억은 조작 공간과 저장 공간으로 분류되는데, 반복적인 연습을 통해 자동화가 이루어지면 무의식적인 정보처리 능력이 향상된다. 이는 조작 공간이 차지하는 비중을 감소시키고 저장 공간의 증가를 가져와 인지 처리의 효율성을 증진시킨다. 즉 발달에 있어 중요한 것은 자신의 인지 용량을 얼마나 효율적으로 사용할 수 있는지의 여부이다.

레온은 아동이 구체적 조작기 동안 한 번에 사용할 수 있는 스키마(scheme)를 증가시켜 나가는 것이 인지 발달에서 중요한 역할을 한다고 주장하였다. 예를 들어, 서로 다른 도형을 유사한 것끼리 분류하는 과정에서 크기가 다른 사각형과 원형의 도형만이 제시되는 경우 아동은 크기와 모양이라는 2개의 스키마만 활용하면 되지만, 여기에 서로 다른 색깔과 개수가 추가될 경우 아동은 크기, 모양, 색깔, 개수라는 4개의 스키마를 사용해야 한다. 이처럼 하나의 과제를 해결하기 위해 사용할 수 있는 스키마가 확장되는 과정을 통해 아동은 인지 발달을 경험하게 된다.

아동의 인지 발달에 나타나는 영역 특수성에 관심을 가진 피셔는 인지 발달을 사회문화적 맥락에서 설명하고자 하였다. 아동이 각각의 인지 과제에서 보이는 성취 결과는 그 아동이 접하는 문화 맥락의 지지에 따라 달라진다고 보았다. 그에 의하면 문화와 맥락은 개인에게 다양한 영향을 미치기 때문에 개인차는 당연한 것이며, 그러한 의미에서 그의 접근은 역동기술 이론(dynamic skill theory)이라고 한다. 인지 발달은 아동의 수준과 환경 수준 간의 상호 작용을 통해 이루어지며, 여기서 인지 발달의 개인차가 발생한다는 것이다. 따라서 인지 발달에서 사회적 영향력을 강조한 피셔의 관점은 피아제보다는 오히려 비고츠키(Vygotsky)의 관점과 유사하다고 볼 수 있다.

이 밖에 알린(Arlin)은 피아제가 주장한 4단계의 인지 발달 단계를 넘어 후형식적 사고(Post-formal thinking)가 가능함을 제안하면서 5단계로서 문제 발견(problem finding) 단계를 강조하였다.

신 피아제 학파의 공헌점은 피아제의 고전적 이론이 제대로 설명하지 못했던 개인차에 대한 설명과 그의 단계 이론을 더 심화시켰다는 점이다. 반면, 그들이 제시한 피아제의 인지 발달 이론에 대한 다양한 관점은 실제 아동의 인지 발달은 더 비일관적이고 무질서하게 진행되는 것 같다는 점에서 비판받았다. 또한 최근 창의성(creativity)이나 다중 지능, 정서 지능과 같은 개념의 발달에 대해 설명하기에는 신 피아제 이론에 근거한 설명의 틀이 부족한 상황이라고 보고 있다.

4. 사회인지 발달

최근 발달심리학의 관심사는 인지 발달을 넘어 사회인지의 영역으로 확대되고 있다. 사회인지(social cognition)란 사회적 관계를 이해할 수 있는 능력으로 대인관계의 기초가 되며 다른 사람을 이해하고 원만히 지내는 데 필요한 능력이다. 사회적 관계를 맺기 위해서는 타인과의 상호 작용이 필요하다. 상호 작용이 이루어지려면 다른 사람이 어떤 감정과 생각을 지니고 있는지, 혹은 그 사람의 의도나 관점 등을 이해해야 한다.

1) 청소년기의 사회인지

아동들은 타인의 외현적인 행동 특성을 이해하다가 성격과 같은 심리적 속성까지 알게 되는 대인 지각의 발달 특성을 보인다. 대인 지각은 사람들의 특성을 이해하는 것이며 타인의 감정과 행동, 그리고 타인의 의도와 관점까지 이해하는 능력을 사회인지라 한다. 청소년들은 아동기에 비해 보다 성숙한 대인 관계 및 상호 작용을 할 수 있고 타인의 의도를 보다 정확하게 추론할 수 있으며 복잡한 사회적 문제나 특징을 이해할 수 있다. 사회인지는 청소년의 중요한 발달 과업인 정체감, 자율성, 친밀감 등을 획득하는 데 매우 중요한 요인이라 볼 수 있다.

2) 셀만의 조망수용 능력 단계

사회인지에 관한 이론으로 셀만의 조망수용 능력을 들 수 있다. 셀만(selman, 1980)은 인간이 자신의 마음, 나아가 타인의 마음을 이해하는 능력이 어떻게 발달하는지를 조망수용(perspective taking) 능력 또는 사회역할 수용(social role taking)의 발달이라고 본다. 즉 타인이 생각하고 느끼는 것을 그 사람의 관점에서 이해하는 능력을 조망수용이라 한다. 만약 조망수용이 발달하지 못하면 상대방이 자신의 관점과는 다른 관점에서 생각하는 것을 이해하지 못하기 때문에 서로 간에 상호 작용은 힘들 것이다. 그러므로 조망수용은 사회적 상호 작용에 필요한 요소라 볼 수 있다.

피아제는 전조작기 단계에 있는 유아들은 자기중심적이어서 타인의 관점을 알 수 없으나 구체적 조작기에 있는 아동들은 조망수용이 가능하다고 보았다. 그러나 마음 이론(Theory of Mind)에 의하면 유아들도 조망수용이 어느 정도 가능하다는 연구에 의해 피아제가 유아의 조망수용 능력을 과소평가하였음을 보여 주고 있다. 다른 사람의 마음을 이해하고 다른 사람의 관점으로 세상을 바라보는 조망수용 능력은 성인이 될 때까지 장기간에 걸쳐 발달한다.

(1) 단계 0: 자기중심적 미분화 단계

이 단계에서의 유아(3~6세)는 상황에 대한 자신의 해석과 타인의 관점을 명확하게 구분할 수 없으며 따라서 자신의 지각이 잘못될 수도 있다는 것을 이해하지 못한다. 유아는 자신이 느끼거나 행동하는 대로 다른 사람도 비슷하게 느끼거나 행동할 것이라고 생각한다.

(2) 단계 1: 차별적 또는 주관적 조망수용, 사회 정보적 단계

이 단계의 아동(6~8세)은 타인들이 서로 다른 사회적 조망을 가질 수 있다는 것은 인식하나 관점이 다른 이유를 잘 이해하지는 못한다. 사람들이 다른 관점이 생길 수 있다는 것은 이해하는데, 이는 사람들이 다른 정보를 가지고 있기 때문이라고 생각한다. 아동은 비의도적 행동과 의도적 행동을 구별하기 시작한다. 행동의 원인, 의도, 감정, 사고 등을 고려하기 시작하나 이는 주로 구체적 상황이나 물리적 관찰에 근거한다.

(3) 단계 2: 자기반성적 조망수용, 상호 조망수용 단계

이 시기의 아동(8~10세)은 타인의 입장에 대한 추론이 가능하며 자신의 행동과 동기를 다른 사람의 관점에서 볼 수 있다. 하지만 타인의 입장에 대한 추론이 제2자 참조틀에 국한된다. 제2자 참조틀이란 자신의 조망과 상대방의 조망 등 두 사람의 입장에서만 조망을 수용하며 일반적으로 제3자의 관점을 취하기는 아직 어렵다.

(4) 단계 3: 제3자 조망수용, 공동 조망수용 단계

이 시기(10~12세)에는 자신의 입장, 상대방의 입장, 그리고 제3자의 입장에서의 조망을 모두 취할 수 있다. 두 사람의 상황을 떠나 제3자의 중립적인 관찰자 입장으로서 자신의 행위를 볼 수 있을 뿐만 아니라 다른 사람의 입장을 보다 객관적으로 이해할 수 있다.

(5) 단계 4: 심층적 조망수용, 사회적 조망수용 단계

이 수준(청년기~성인기)에서는 자신과 타인의 주관적 조망을 보다 깊고, 보다 넓고 다차원적인 입장에서 상호 교환할 수 있다. 두 사람 간의 조망은 표면적인 정보의 수준에서, 공통적인 관심사의 수준에서, 그리고 심층적이고 언어화되지 않은 수준에서 상호 공유할 수 있다. 개인은 자신이 속한 사회적 가치 체계에 의해 영향을 받을 수 있음을 이해할 수 있다.

5. 도덕성 발달

인간은 살아가면서 수많은 갈등과 선택에 놓이게 된다. 그때마다 자신의 가치와 판단에 따라 행동을 하는데 그 기준은 인간마다 다르다고 볼 수 있으며 이 기준에 영향을 미치는 특징 중의 하나가 도덕성이라 볼 수 있다. 도덕성 발달은 유아기에 형성되기 시작하여 성인이나 주변 사람들에 의해 통제를 받으면서 점차 자신의 내적 기준에 의해 옳고 그름을 판단하게 된다.

한편, 아동들은 규칙에 대해 엄격하고 모든 것을 옳은 것과 옳지 않은 것으로 나눠서 생각할 뿐 그 중간은 없다. 또한 중학교나 고등학교 시절의 청소년들은 가끔 고의적으로 규칙을 위반하기도 한다. 아동과 청소년들은 한 규칙이 어떤 사람에게는 적용되고 어떤 사람에게는 적용되지 않는 것을 보고 혼란스럽기도 하다. 이런 경험이 이후에 자신의 규칙에 대한 개념을 바꿀 수도 있다. 이처럼 도덕성 발달은 옳고 그름에 대한 판단을 배우는 과정이다. 아동과 성인이 인지와 성격 발달에 있어 차이가 있는 것처럼 유아와 아동 및 청소년기의 도덕적 개념과 추론에도 차이가 있다. 청소년들은 형식적 조작 사고가 발달하면서 도덕적 사고나 추론, 판단 능력이 현저하게 발달한다. 여기서 살펴볼 주요 학자 및 이론은 피아제의 도덕 발달 단계와 콜버그(Kohlberg)의 도덕적 추론 단계이다.

1) 피아제의 도덕 발달 단계

피아제는 인지 발달과 도덕적 추론 능력 간에 관련성이 있다며 인지 능력이 사회적 상황에 대한 추론 능력을 결정한다고 본다. 즉 유아의 사고방식이 발달하면서 도덕적 발달이 이루어진다고 보고 도덕의 인지적 측면 또는 도덕적 추론을 강조하였다.

피아제(Piaget, 1965)는 5~13세의 스위스 아동들을 대상으로 2가지 사례를 제시하며 '누가 더 나쁜지?' 임상 실험을 실시하여 도덕성 발달에도 단계가 있다고 보았다. 1단계는 전도덕적 단계, 2단계는 타율적 도덕성 단계, 3단계는 자율적 도덕성 단계로 구분하였다.

도덕적 추론

[사례 1]
존이 제 방에 있는데 어머니가 저녁을 먹으라는 말을 듣고 내려와 식당 문을 열다가 그만 컵 10개를 깨고 말았다. 존이 문을 열자마자 문이 쟁반에 부딪히면서 컵이 모두 깨져 버렸다.

[사례 2]
헨리는 어머니가 외출하고 없을 때 어머니의 허락 없이 선반에 있는 과자를 몰래 꺼내다가 그만 컵을 1개를 깼다. 의자에 올라가 과자 통에 손을 대다가 그 옆에 있는 컵을 깨버렸다.

(1) 1단계: 전도덕적 단계

전도덕적 단계(premoral stage)는 0~4세로 5세 이전의 시기에 해당된다. 이 시기의 영유아는 규칙을 전혀 이해하지 못하고 규칙을 따라야 한다는 생각도 거의 없다. 단순히 재미있는 활동이나 흥미로운 대상으로 놀이를 한다. 따라서 규칙에 따른 체계적인 놀이보다 단순히 이기려는 경향성을 보인다. 옳고 그름을 판단하는 데 있어서 일관된 반응을 보이지 않으며 옳고 그름의 근거에 대해서도 설명을 제대로 하지 않는다.

(2) 2단계: 타율적 도덕성 단계

타율적 도덕성 단계(heteronomous morality stage)는 4~7세 정도의 유아동에 해당된다. 타율적이라는 것은 타인에 의해 규칙이 설정되는 것을 의미한다. 이 시기 유아동은 부모나 다른 성인들이 자신에게 해야 할 것과 하지 말아야 할 것을 지속적으로 이야기해 줌으로써 성인이 규정한 규칙을 위반하면 자동적으로 벌을 받고 나쁜 사람은 결국 벌을 받게 된다고 믿는다.

또한 이 단계의 유아동은 어떤 행동의 결과를 근거로 하여 행동에 대한 도덕적 판단을 한다. 타율적 도덕성은 '도덕적 실재론(moral realism)' 단계라고 불린다. 이 단계에서 규칙은 불변하고 필수적이고 그 근원과 권위는 외재적이고 협상의 여지가 없다고 본다.

(3) 3단계: 자율적 도덕성 단계

자율적 도덕성(autonomous morality)은 8~12세 정도의 아동 및 청소년 시기를 말한다. 이 시기 아동 및 청소년은 도덕적 행위에 있어 행동의 결과보다 행위자의 의도에 근거를 둔 도덕적 판단을 하려는 경향이 있다.

아동의 사회적 체계가 확장되면서 더 많은 또래와 관계를 맺고 그러면서 자율적 도덕성이 발달하게 된다. 즉 다른 아동 및 청소년들과 상호 작용하고 협동하면서 규칙에 대한 생각이 바뀌고 그에 따라 도덕성도 변하기 시작하며 이 단계를 '협동적 도덕성(morality of cooperation)'이라 부른다. 규칙은 어떻게 만드느냐에 따라 정해지고 범죄는 처벌에 중점을 두기보다 범죄자의 의도성과 정상을 참작하여 처벌해야 한다고 생각한다. 도덕성 발달은 자기중심적인 도덕적 추론에서 협동과 상호 작용에 근거한 정의 체계를 중심으로 하는 도덕적 추론 단계로 발달한다.

2) 콜버그의 도덕적 추론 단계

콜버그(Kohlberg, 1963)의 도덕적 추론 단계는 피아제의 도덕 발달 단계를 기본으로 정교화시킨 이론이다. 콜버그는 아동뿐 아니라 성인들을 대상으로 도덕적 딜레마(moral dilemma)에 대한 반응을 분석하여 도덕적 추론을 연구하였다.

도덕적 딜레마

유럽에서 한 부인이 희귀암으로 죽어 가고 있었다. 의사들이 보기에 그녀를 구할 수 있는 약은 한 가지 뿐이었다. 그것은 최근에 이 마을의 약제사가 발견한 일종의 라듐이었다. 그 약은 제조 비용도 비쌌지만 약제사가 약값을 제조 비용의 10배로 책정해, 라듐값은 400달러가 들었는데 그 약은 소량에 4,000달러였다. 부인의 남편인 하인즈(Heinz)는 아는 사람에게 모두 찾아가 돈을 빌려 보았지만 2,000달러밖에 구할 수 없었다. 그는 약제사에게 그 약을 좀 싸게 팔든지 아니면 모자라는 돈은 다음에 갚도록 해 달라고 간청했지만 약제사는 거절했다. 합법적인 방법으로는 약을 구하기가 도저히 어렵다고 느낀 하인즈는 마침내 죽어 가는 아내를 살리기 위해 약국에 침입하여 약을 훔쳐 올 생각을 하게 되었다.

콜버그의 연구 결과, 사람들은 도덕적 판단 혹은 추론의 6단계를 거친다고 보았으며 도덕적 추론의 6단계를 전인습 수준, 인습 수준, 후인습 수준의 3가지 수준으로 나누었다. 이 3가지 수준은 아동이나 성인이 옳다고 생각하거나 도덕적 행동이라는 것을 정의하는 방식에 따라 구분하였다. 각 단계는 이전 단계보다 더 세련되고 복잡하며, 대부분의 사람들은 같은 순서로 발달한다. 콜버그가 관심을 가진 것은 각 개인이 그의 판단에 어떤 이유를 제시하는가에 있어 사람들의 대답보다 그 대답의 이면에 있는 추론을 중요하게 생각하였다.

(1) 수준 1: 전인습적 도덕 수준

전인습적 도덕 수준(preconventional level of morality)은 1단계와 2단계를 포함하고 있으며 기본적으로 자기중심적 사고에 근거한 도덕적 추론이다. 외부의 보상과 처벌 가능성에 대한 인식을 기초로 약 7~10세 아동이 해당된다.

1단계는 벌과 복종의 지향 단계로 아동은 단순하게 벌을 피하기 위하여 권위적인 인물에 복종한다. 2단계는 도구적 상대주의 지향 단계로 아동 자신의 욕구를 중요하게 생각하지만 다른 사람들의 욕구도 인식한다. 모든 사람들의 이익을 고려하지만 여전히 자신의 욕구가 우선이다.

(2) 수준 2: 인습적 도덕 수준

인습적 도덕 수준(conventional level of morality)은 3단계와 4단계를 포함하며 사회적 규칙의 내면화를 반영하고 있다. 즉 타인의 입장을 이해하고 다른 사람의 인정을 받거나 사회 질서를 유지하기 위해 규칙을 준수한다. 대부분의 청소년이 해당되고 성인들도 이 수준에 포함되는 사람들이 많다.

3단계는 착한 소년 소녀 지향의 단계로 인지적으로 타인의 입장에서 생각할 수 있고 도덕적 결정을 할 때 타인의 감정을 고려할 수 있다. 4단계는 법과 질서 준수로의 단계로 사회적 인정을 받기 위한 욕구로 도덕적 판단을 결정하지 않는다. 법이란 무조건 지켜야 하고 법을 어기는 것은 결코 정당화될 수 없으며 대부분의 성인들은 이 단계에 속한다.

(3) 수준 3: 후인습적 도덕 수준

후인습적 도덕 수준(postconventional level of morality)은 5단계와 6단계를 포함하며 내면화된 도덕적 절대성에 근거하여 추론한다. 사회 규범은 중요하지만 법이나 권위보다 개인의 도덕적 가치와 원리를 더 중요시하여 옳고 그름을 판단한다. 이 단계의 사람들은 도덕적으로 옳다는 것과 법적으로 합당하다는 것이 일치하지 않을 수 있다.

5단계는 사회 계약 지향의 단계로 콜버그에 의하면 25% 이하의 성인들이 이 수준에 속한다고 한다. 법은 사회적 질서를 유지하고 기본적인 삶의 권리와 자유를 보장하기 위해 필요한 것이라고 생각한다. 6단계는 보편적인 윤리 원칙 지향의 단계이다. 개인이 스스로 윤리적 원칙을 선택하며 그 원칙은 정의, 인권의 평등성과 가치와 같은 추상적인 개념을 기초로 한다.

콜버그는 도덕적 딜레마를 사용하여 아동의 도덕적인 추론 수준을 발달시킬 수 있다고 보았으며 아동들은 자신의 도덕적 추론보다 높은 사람들과의 상호 작용을 통해 그다음 단계로 나아갈 수 있다고 하였다. 콜버그 연구의 특징은, 피아제가 아동을 대상으로 도덕의 인지적 측면을 다룬 것에 비해, 여러 문화권에 있는 아동과 성인을 대상으로 도덕적 갈등 상황을 제시하여 보다 상세한 도덕적 발달 이론을 제시하였다는 점이다. 또한 콜버그는 도덕적 발달의 흐름이 자신이 제시한 단계와 일치한다는 점에서 여러 학자들의 주목을 받았으나 사람들은 상황에 따라 도덕 발달 수준이 달라질 수 있다는 것을 확인하였다.

그러나 콜버그의 연구는 대부분 소년들을 대상으로 실시했다는 점, 도덕의 실제 행동이 아니라 도덕적 추론을 다루었다는 점, 그리고 사람들의 도덕적 사고와 행동이 일치하지 않다는 점이 제한점이라 볼 수 있다.

3장

청소년상담의 기초

1. 청소년상담이란 무엇인가

1) 청소년상담의 정의
2) 청소년상담의 필요성
3) 청소년상담의 목표
4) 청소년상담에서 다루는 문제

2. 청소년상담의 기본 원리

1) 개별화의 원리
2) 의도적 감정 표현의 원리
3) 통제된 정서 관여의 원리
4) 수용의 원리
5) 비심판적 태도의 원리
6) 자기 결정의 원리
7) 비밀 보장의 원리

3. 청소년상담의 특징

1) 청소년 상담자의 자질
2) 청소년 상담자의 역할
3) 청소년 내담자의 특징

4. 청소년상담의 영역

1) 학습상담
2) 진로상담
3) 성상담
4) 학교폭력상담
5) 인터넷 중독상담

5. 청소년상담의 윤리

고통은 인간을 생각하게 만든다. 사고는 인간을 현명하게 만든다.
지혜는 인생을 견딜 만한 것으로 만든다.
- 존 패트릭 -

청소년기는 아동기에서 성인기로 가는 과도기이다. 청소년기는 사춘기의 호르몬 변화와 성인과 같은 성욕의 출현과 함께, 영아기를 제외하고는 신체적 변화가 다른 어떤 발달 기간보다 더 빠르게 진행된다. 사회는 청소년에게 가족에 의존하는 것에서 벗어나서 성인기의 두 가지 중요한 과제인 사랑과 일에 관해서 스스로 결정하는 책임을 가질 것을 요구한다.

청소년기의 혼란이 소수의 불안한 청소년들에게 주로 해당된다는 관점도 있기는 하지만 기분의 변화가 심하고 우울하며 자기 비하가 청소년기에 최고에 달한다. 자살이나 자살 기도, 알코올 중독, 약물 남용, 조현병, 식욕 부진증, 우울과 같은 정신병리는 청소년기에 급증한다. 이런 과정에서 청소년은 주변의 가족, 교사, 친구들의 관심과 지지는 물론이고 전문가의 상담이 필요할 수 있다. 본 장에서는 청소년상담의 정의와 필요성, 청소년상담의 기본 원리, 청소년상담의 특징과 영역, 그리고 청소년상담의 윤리를 알아보고자 한다.

1. 청소년상담이란 무엇인가

1) 청소년상담의 정의

기본적으로 상담의 정의는 다음과 같다. 도움을 필요로 하는 사람, 즉 내담자가 전문적 훈련을 받은 사람, 즉 상담자와의 대면 관계에서 생활 과제의 해결과 사고, 행동 및 감정 측면의 인간적 성장을 위해 노력하는 학습 과정이다(이장호, 1982). 위 정의에서 볼 수 있듯이 상담은 도움을 필요로 하는 내담자와 전문가인 상담자, 그리고 대면 관계 등의 3가지 요소를 갖춰야 한다. 또한 상담의 목표는 단기적으로는 당면한 생활 과제를 해결하는 것이지만 장기적인 관점에서는 사고, 행동 및 감정을 변화시켜 성장을 이루게 하는 것이다. 마지막으로 상담은 일회적인 것이 아니고 상당 기간 동안 이루어지는 학습 과정이다.

청소년상담은 위의 상담의 정의와 크게 다르지 않다. 청소년상담은 성장기에 있는 청소년이 사회에 잘 적응하고 자신의 잠재 가능성을 최대한으로 실현할 수 있도록 도와주기 위한 전문적인 활동이며, 넓은 의미에서 청소년상담은 교육 활동의 일환이라고 볼 수 있다(박재황 외, 1993; 이성진, 1996). 또 다른 정의를 보면, 청소년상담은 청소년이 원하는 것을 청소년에게 알맞은 방법으로 제공하여 그들이 행복하게 살아갈 수 있도록 돕는 활동이다(구본용, 2002). 이러한 정의에서 청소년상담은 다음과 같은 몇 가지 의미를 포함하고 있다.

첫째, 청소년상담의 대상은 청소년 자신과 청소년과 관련된 사람(부모, 교사, 청소년지도사, 또래)과 청소년 관련 기관(가정, 학교, 청소년 고용 업체, 청소년 수용 기관, 청소년 봉사 기관 등)을 포함한다. 다시 말해 청소년 문제는 청소년 발달 과정상의 문제도 있지만, 환경과의 관계에서 발생하는 경우가 많다. 따라서 청소년상담의 대상은 청소년 자신뿐 아니라 청소년 관련인 및 관련 기관도 그 대상이 될 수 있다(이형득, 1992).

둘째, 청소년상담은 청소년이 현재 당면하는 정신적 질병의 치료 및 문제 해결뿐만 아니라 정신적 질병의 예방 및 건전한 발달 과업을 충실히 달성하여 개인적 성장과 발달을 도모한다(박재황 외, 1993).

셋째, 청소년상담은 방법적인 측면에서 성인상담보다 다양한 방법을 사용할 필요가 있는데, 개인상담은 물론이고 집단상담이나 가족상담으로 진행되는 경우가 많다. 그리고 교육과 훈련, 자문, 매체 활용 등이 요구된다.

따라서 청소년상담은 다음과 같이 정의할 수 있다. '청소년상담이란 도움을 필요로 하는 청소년이나 청소년과 관련된 사람, 기관을 대상으로 전문적 훈련을 받은 상담자가 대면 관계를 통해 각종 매체를 활용하여 청소년이 직면하고 있는 생활 과제의 해결과 사고, 정서, 행동의 변화를 이끌어 바람직한 발달과 인간적 성장을 경험하는 일련의 과정이다.'

2) 청소년상담의 필요성

청소년기는 신체적, 심리적, 사회적으로 급격한 변화와 발달을 경험하는 시기이다. 아동기와 질풍노도의 사춘기를 지나면서 성장통을 경험하고 성인이 될 여러 가지 준비를 한다. 인간의 전반적 측면에서의 변화와 함께 학업 스트레스와 진로 결정에 대한 스트레스를 받고 있으며 이러한 개인적 변화와 아울러 급변하는 사회문화적, 정치적 환경은 청소년을 위협할 수 있다.

청소년에게 영향을 미치는 주변 환경 중에 가족 환경을 보면, 가정이 안전지대가 아닌 경우가 종종 있다. 가정폭력, 아동학대, 부모의 이혼으로 인한 가정 해체가 늘어나면서 조손 가족, 한부모 가족, 재혼 가족이 증가하는 추세이다. 또한 맞벌이 가구나 주말 부부 가구가 늘면서 청소년들이 귀가했을 때 집이 비어 있는 경우도 많다. 가족들과 함께한다고 해도 가족 간의 의사소통의 결여 또는 높은 성적만 강조하는 부모의 빗나간 교육열 등의 문제로 청소년들은 심리적, 사회적으로 안식처를 잃어 가고 있는 실정이다.

청소년들에게 가정만큼이나 중요한 학교 역시 청소년의 배움의 욕구를 채워 주고, 잠재력을 실현시키고, 삶의 과제를 해결할 수 있는 문제 해결력을 신장시키는 긍정적인 영향 못지않게 청소년들을 압박하고 스트레스를 주는 장소가 되고 있다. 학교는 대학 입시에 매달려 학생들을 평가하고 줄 세우는 일을 주요 업무로 함으로써 학교 내 왕따, 따돌림, 사이버 집단 괴롭힘, 폭력과 비행의 온상이 되어 가고, 자살 시도와 자해가 증가하는 부정적 영향을 주는 곳이 되고 있다(이미리 외, 2019).

이외에도 성인 사회의 가치관 부재와 향략주의와 쾌락주의에 따른 과소비와 부도덕한 기성 사회의 퇴폐문화가 정체감을 형성하는 과정에 있고 모방심이 강한 청소년들의 심리적, 사회적, 정서적 건강에 부정적 영향을 미쳐서 성 문제, 각종 비행, 그리고 문제 행동으로 이어지고 있다(신동업, 2017). 또한 정보통신의 발달로 스마트폰이나 인터넷, 게임의 과몰입이 증가하고 있고, 흡연, 각성제, 카

페인, 흡입제와 같은 향정신성 약물의 남용이나 오용이 확산되고 있다(김은실, 2017).

이와 같이 청소년들은 개인 내적으로 또는 외적으로 경험하는 위협적 환경 속에서 그들을 안전하게 지켜 주고, 그들이 받은 상처와 아픔, 고민과 절망을 극복하고 건강한 사회 구성원이 되도록 돕기 위해 청소년들을 위한 상담이 매우 필요하다.

[글상자 3-1] 청소년기의 발달 과업

청소년기에 달성해야 할 여러 과업들이 있는데 이 과업을 적절하게 해내지 못했을 때 청소년은 자기정체감 형성에 더 많은 어려움을 겪을 수 있다. 청소년 상담자는 이런 상태에 있는 청소년을 찾아내어 각 개인에 맞는 적합한 상담과 사회 네트워크를 통한 지원을 해야 할 것이다. 하비거스트(Havighurst, 1972)는 청소년기에 이루어야 할 주요 발달 과업을 아래와 같이 제시하고 있다.

- 자신의 신체를 수용하고 신체를 효율적으로 사용하는 것 성적으로 성숙함에 따라 자신의 신체에 관한 자의식이 생긴다. 따라서 자신의 신체와 신체 성장의 양상을 수용하고 다른 사람의 신체를 보살피는 방법, 그리고 운동, 여가 활동, 일 그리고 일상 과제에서 자신의 신체를 효율적으로 사용하는 방법을 배워야 한다.
- 동성과 이성의 동년배와 새롭고 보다 성숙한 관계를 형성하는 것 동성 친구와의 관계에서 더 나아가 이성 간의 친구 관계를 형성해야 한다.
- 남성과 여성의 성 역할 형성 성과 관련된 사회적 역할은 각 문화에 따라 다르다. 그런데 서구 문화에서 남성-여성 역할이 급격하게 변하고 있으므로, 청소년의 성숙 과정의 일부로 개인은 자신의 문화에서 변하고 있는 성 역할을 재고찰하고 어떤 측면들을 채택해야 할지 결정해야 한다.
- 부모와 다른 성인들로부터의 정서적 독립 정서적 의존 없이 타인을 이해하고 좋아하고 존중할 줄 알아야 한다. 반항적이고 대항하는 청소년들은 자신과 성인들 그리고 자신이 겪는 갈등의 이유를 보다 잘 이해할 필요가 있다.

- **경제적 직업의 준비** 직업을 결정하고 준비하고 자기 생활을 스스로 꾸려 독립하는 것을 준비해야 한다. 자신이 원하는 것을 찾아내는 일이 필요하다.
- **결혼과 가정생활에 대한 준비** 사회 변화에 따라 결혼, 가족 양상도 바뀌고 있다. 원만한 결혼을 위한 이해와 긍정적 태도, 사회적 기술, 정서적 성숙을 발달시켜야 한다.
- **사회적으로 바람직한 행동을 바라고 실천하는 것** 지역 주민과 국민으로서의 성인 생활에 참여하는 것이 필요하다. 청소년들은 자신의 삶에 의미를 주는 방식으로 사회에서 자신의 역할을 찾으려고 노력해야 한다.

3) 청소년상담의 목표

청소년상담의 목표는 여러 가지로 설정할 수 있는데, 하비거스트(Havighurst, 1972)가 제시한 청소년의 과업을 성취하는 것이 목표가 될 수 있다. 여기에서는 청소년상담의 목표를 다음 4가지로 선정하였다(구본용, 2002; 박옥임 외, 2013).

(1) 행동 변화 촉진

청소년 내담자로 하여금 좀 더 생산적이고 만족스러운 삶을 살 수 있도록 청소년 내담자의 행동 변화를 촉진시키는 것이다.

(2) 적응 기술 증진

청소년 내담자는 학교 및 학교 밖에서 적응하는 데 여러 가지 어려움을 갖게 된다. 청소년은 발달 단계의 어떤 내담자보다 적응 문제가 심각하다. 많은 청소년 내담자는 변화가 많은 학령기의 적응에 어려움을 느낀다. 따라서 청소년 내담자로 하여금 새로운 환경과 변화무쌍한 자신에게 적응할 수 있는 기술을 갖도록 도와줄 필요가 있다.

(3) 자기정체감 확립

자기정체감의 확립은 청소년기의 가장 중요한 발달 과업이다. 자기정체감을 형성하지 못하게 되면 역할에 대한 갈등과 함께 정체감 위기를 경험하게 되고, 진로 미결정 상태가 되면서 심리적 어려움을 겪을 수 있다. 따라서 청소년에게는 다양한 직접, 간접 경험을 통해 자기정체감을 확립할 수 있도록 돕는 것이 필요하다.

(4) 인간관계 개선

청소년은 성인으로 가는 길목에서 성인들이 설정해 놓은 목표나 가치, 기준 등의 불일치로 부모나 교사와의 갈등도 많다. 성인들보다는 또래들과 어울리면서 그들의 규범을 따르고 또래로부터 인정받기를 원하면서 또래 관계에서도 왕따나 외톨이 등으로 많은 어려움을 경험한다. 따라서 인간관계를 원만하게 할 수 있도록 돕는 것이 필요하다.

청소년상담의 목표는 위의 4가지 이외에도 합리적 의사 결정 기술의 증진, 잠재력 계발, 긍정적 자기 개념의 형성, 건전한 가치관 정립, 정신건강 증진 등을 목표로 할 수 있다.

4) 청소년상담에서 다루는 문제

청소년상담에서 다루는 문제는 심리사회적 문제, 대인 관계 문제, 학교생활 문제, 사회 적응 문제 등이 있다(이미리 외, 2019). 이외에도 우울, 불안, 조현병, 중독 등의 각종 정신건강 문제와 청소년의 문제를 부추기는 사회 환경의 문제 등도 있다.

(1) 심리사회적 문제

청소년기는 자기정체감을 형성하는 시기이다. 이 과정에서 자신에게 몰두하게 되어 자신의 성격이나 행동 습관, 신체적 외모에 대해 과도한 관심을 가지며 자신에 대해 부적절감을 느낄 수 있다. 성격 문제는 소심하거나 내성적인 성격, 과격하거나 충동적, 혹은 변덕스러운 성격 등이 있고, 행동 습관과 관련된 문제로는 늦은 귀가, 거짓말, 잦은 다툼, 등교 문제, 스마트폰이나 게임, 인터넷 중독, 약물 남용이나 술, 담배의 과용, 연예인에 대한 지나친 관심 등을 들 수 있다. 특히 정체감 위기를 겪는 청소년은 여러 가지 역할을 시험하면서 실패 경험이 반복될 수 있다.

(2) 대인 관계 문제

청소년기는 심리적으로 부모로부터 독립하여 자유로운 자기를 추구하고자 하는데 이러한 경향성은 또래집단 형성과 상호 작용을 강화하는 모습으로 나타난다. 따라서 아동기에 주로 상호 작용하는 부모보다는 또래와의 상호 작용이 증가하고 대인 관계는 점차 복잡해진다. 따라서 대인 관계에서 갈등과 의사소통의 문제가 드러나기 시작하는데 이는 부모와의 갈등은 물론이고 친구와의 갈등, 집단 따돌림, 교사와의 갈등, 형제 간의 갈등으로 나타난다.

(3) 학교생활 문제

청소년기는 미래의 진로와 직업의 선택을 고민하면서 정체감의 위기가 증가되는 시기이다. 따라서 학업, 진로의 문제가 중요하게 부각된다. 대부분의 청소년은 학생에 해당되기 때문에 학업 문제를 가지고 있는 것으로 볼 수 있다. 학업 문제에서는 학습 방법, 성적 저하, 집중력 부족, 시험 불안, 학업에 대한 무관심 등이 포함된다. 또한 청소년들은 미래에 대한 다양한 가능성 속에서 성인기 생활을 계획하고 준비해야 하는 시점에 있기 때문에 진로 문제 역시 중요하다. 진로 문제에는 진학 결정, 취업, 적성 찾기, 학과 선택 등의 문제가 포함된다.

(4) 사회 적응 문제

청소년들은 성공적인 학교생활에 관한 정보나 직업교육에 관한 정보를 필요로 한다. 청소년은 효율적인 학습 방법, 주장적 행동, 경청 기술이나 친구 사귀는 방법 같은 구체적 기술에 대해 학습할 필요가 있다.

2. 청소년상담의 기본 원리

일반적인 상담과 동일하게 청소년상담에서 상담자가 고려해야 할 상담의 7가지 기본 원리는 다음과 같다(박민석, 이미연, 2011; 오윤선, 김미숙, 2019)

1) 개별화의 원리

상담자는 내담자 각자의 개성과 개인차를 고려하여 상담에 임하여야 한다. 청소년상담에서 개별화의 원리는 개개인의 욕구와 발달 특성 및 상황 등을 고려하여 각 개인을 이해하고 보다 나은 적응을 위해 조력하는 것을 말한다. 이는 상담 방법 또한 개인의 차이에 따라 달라져야 한다는 것을 의미한다. 개별화의 원리를 적용하기 위해서 상담자는 다음과 같은 자세를 가져야 한다.

- 청소년 상담자는 내담자에 대한 편견이나 선입관에서 벗어나야 한다.
- 청소년 내담자의 행동 유형과 원리에 대한 전문적 지식을 활용할 수 있어야 한다.
- 청소년 내담자의 말을 경청하고 세밀하게 관찰해야 한다.
- 청소년 내담자의 보조에 맞추어 상담을 진행해야 한다.
- 청소년의 감정 변화를 민감하게 알아차릴 수 있어야 한다.
- 청소년 내담자와 견해차가 있을 경우 예견력과 통찰력을 가지고 적절한 선택을 해야 한다.

2) 의도적 감정 표현의 원리

의도적 감정 표현의 원리란 상담자가 내담자로 하여금 감정을 솔직하게 표현할 수 있도록 모든 노력을 기울여야 한다는 것을 의미한다. 내담자가 자신의 긍정적, 부정적 감정을 자유롭게 표현할 수 있을 때 상담이 성공할 가능성이 높아진다. 이런 분위기를 만들기 위해서 상담자는 주의를 집중하여 내담자의 언어적, 비언어적 표현을 인내심을 가지고 경청하고 내담자의 감정 표현을 비난하거나 질책, 혹은 무시해서는 안 되고 격려해야 한다. 의도적 감정 표현의 원리를 적용하기 위해서 상담자는 다음과 같은 자세를 가져야 한다.

- 스트레스나 긴장에서 벗어날 수 있도록 편안한 분위기를 만든다.
- 적극적 경청과 지지를 통해 내담자 스스로 자신의 문제점을 이해할 수 있도록 돕는다.
- 허용적 태도를 조성하여 부정적 감정을 자유롭게 표현하도록 돕는다.
- 내담자의 감정 표현을 적극적으로 지지하고 격려한다.
- 비현실적인 위로, 성급한 충고나 해결책 제시, 그리고 직면이나 해석을 삼가한다.

3) 통제된 정서 관여의 원리

통제된 정서 관여의 원리란 내담자가 자기 문제에 대한 공감을 얻고 싶어 할 때 상담자가 통제된 정서를 유지한 채 내담자의 정서 표현에 민감하게 반응하고 적극적으로 관여하는 자세를 말한다. 청소년상담은 대부분 정서적인 면과 관련되므로 상담자는 내담자에게 자기의 감정을 언어적으로 표현할 수 있도록 지지하여야 한다. 그리고 청소년 내담자의 정서 변화에 민감하게 반응하고, 내담자의 주관적 경험과 감정을 인지한 후 그 의미를 정확히 이해할 수 있어야 하며, 적절한 대응책을 준비하고 적극적 태도로 관여해야 한다. 즉 정서적 관여의 구성 요소는 민감성, 이해성, 반응성이다.

4) 수용의 원리

수용의 원리란 가치 있는 한 개인으로 인정받고 싶어 하는 내담자의 욕구를 받아들이고 이해하는 것이다. 즉 청소년 내담자의 존엄성과 인격의 가치를 존중하며 그들의 강점과 약점, 바람직한 성격과 그렇지 않은 성격, 긍정적 감정과 부정적 감정, 건설적 또는 파괴적 행동 등을 그대로 이해하고 따뜻하게 받아들이는 태도를 의미한다.

이것은 내담자의 말을 모두 다 동의하고 받아들이는 것과는 분명히 다르다. 상담자가 내담자의 의견에 동의하지 않는 것과 내담자를 수용하지 않는 것을 구분할 수 있어야 한다. 내담자의 의견에 동의하지 않지만 내담자를 인격체로 존중하고 수용할 수는 있다. 상담자가 내담자의 의견에 동의하지 않을 때는 그러한 사실을 분명히 전달하되 온화한 음성과 자세로 표현하여 내담자를 무시하지 않고 온전히 받아들이고 있음을 전달할 수 있어야 한다.

청소년 상담자가 권위적이거나 강압적 태도를 취하면 내담자와 상담 관계를 유지하기 어렵다. 따라서 청소년 상담자는 내담자의 관점에서 내담자에게 따뜻하고 친절하게 대하면서 수용의 원리를 따르는 자세를 지녀야 한다.

5) 비심판적 태도의 원리

비심판적 태도의 원리란 내담자가 자신의 마음과 행동을 심판받지 않으려는 욕구를 수용하여 내담자의 태도, 행동, 기준 등에 대해 객관적이고 비심판적 태도를 갖는 것을 말한다. 청소년 상담자는 내담자의 다양한 측면을 평가할 때 내담자에게 잘잘못이나 책임성 유무를 따지는 등의 심판적 태도를 가지지 않고 가치중립적 태도를 취해야 한다.

문제를 가진 청소년 내담자는 죄책감, 열등감, 불만감, 고독감 등을 가지고 있기 때문에 타인의 비판에 예민하며 자신을 방어하려고 한다. 따라서 상담자는 객관적으로 청소년 내담자의 행동, 태도, 가치관 등을 평가해야 한다. 이때 어떠한 문제에 대하여 나쁘다거나 책임져야 한다는 등의 과격한 표현을 해서는 안 된다. 비심판적 태도의 원리가 지켜지려면 다음과 같은 자세가 필요하다.

- 청소년 상담자가 선입견을 가져서는 안 된다.
- 청소년 내담자의 보조에 맞추어 상담을 진행해야 하며, 내담자의 발언을 자주 가로막고 성급한 결론으로 이끌어서는 안 된다.
- 청소년 내담자를 어떠한 유형의 틀로 맞추려는 태도를 지양한다.
- 청소년 내담자가 상담자에 대해 적의를 가지거나 부정적 감정 표현을 할 수 있다는 것을 주지해야 한다.
- 내담자의 보조에 맞추어 상담을 진행한다.
- 내담자가 전이 현상을 상담자에게 나타낼 수 있는데 그것을 통해 내담자를 이해하고 문제를 해결하는 데 도움이 된다는 자세를 가져야 한다.

6) 자기 결정의 원리

자기 결정의 원리란 어떤 경우이든 상담에서 내담자 스스로 선택하고 결정한다는 것을 의미한다. 청소년 상담자는 내담자가 자신의 가치와 존엄성을 인지하고 스스로 자기 결정권을 가지며 문제 해결책을 선택하여 의사 결정을 할 수 있도록 도와야 한다. 이를 위해 상담자는 다음과 같은 자세를 가져야 한다.

- 청소년 내담자가 자기 수용을 할 수 있도록 도와야 한다.
- 청소년 내담자의 잠재 능력과 강점을 발견하고 활용할 수 있도록 도와야 한다.
- 청소년 내담자가 자기 결정을 할 수 있도록 수용적 태도나 심리적 지지를 보내는 등의 적절한 분위기를 조성해 주어야 한다.
- 청소년 내담자가 자신의 문제를 해결해 나갈 수 있도록 돕는 역할을 해야 한다.

- 청소년 상담자는 다양한 인적, 물적, 사회적 자원을 연계해 줌으로써 내담자의 문제 해결을 도와야 한다.
- 청소년 상담자는 내담자를 강제로 설득해서는 안 된다.

7) 비밀 보장의 원리

비밀 보장의 원리란 상담 과정에서 있었던 모든 사항에 대해 비밀을 보장해 주는 것을 말한다. 청소년 상담자는 상담 과정에서 얻은 정보를 공개해서는 안 된다는 직업적, 윤리적 규정과 의무를 수행해야 한다. 상담 과정에서 상담자는 내담자의 사생활과 개인적 문제 보호를 위해 내담자와의 대화 내용뿐 아니라 상담을 받았다는 사실도 비밀로 유지해야 한다. 비밀 보장이 되지 않는다면 내담자는 솔직하게 자기 개방을 하지 않을 것이다. 내담자가 청소년 상담자를 신뢰하고 상담을 성공적으로 이끌기 위해서는 비밀 보장이 반드시 필요하다.

그러나 비밀 보장의 권리가 제한될 수 있다. 내담자가 자신이나 타인을 해칠 위험이 있는 경우, 아동학대나 성폭력 등 범죄에 대한 내용을 알게 된 경우, 아동 내담자의 보호자 요청이 있는 경우, 내담자가 용인한 경우, 법원이 공개를 명한 경우, 상담자가 수련 기간에 슈퍼바이저의 지도를 받고 있는 경우 등은 예외적으로 공개할 수도 있다.

3. 청소년상담의 특징

청소년상담은 청소년 내담자의 심리정서 행동의 문제 해결을 돕고 대처 능력을 향상시킨다는 측면에서는 성인상담과 유사하지만, 청소년의 특수성을 고려해 보면 성인상담과는 다른 특징이 있다. 청소년상담의 특징은 다음과 같다(이미리 외, 2019).

청소년상담의 영역은 상당히 넓다 상담에서 다루는 문제는 개인의 생활 지도에서부터 학교 적응, 정신병리, 청소년 범죄까지 그 범위가 매우 포괄적이다.

청소년은 성인에 비해 회복 탄력성과 변화 가능성이 높다 청소년은 정체성을 형성하고 발달하는 과정에 있기 때문에 그 특성이 고착되어 있지 않고 유동적이며 변화 가능성이 더 높다. 청소년이 호소하는 문제가 심각하다고 해도 그들의 문제를 고정되어 있는 것으로 보지 않고, 첫발을 잘못 디뎌 어려움에 처했다는 관점에서 보고 변화의 가능성이 많다는 점을 상담자 본인은 물론이고, 자신의 문제로 혼란과 당황함 속에 있는 청소년에게도 강조해야 할 것이다.

청소년의 특성을 고려한 상담 기법이나 전략이 필요하다 자발적으로 상담을 받으러 오는 청소년은 많지 않은 편이고, 상담실에 온 청소년 내담자도 반항적이고 저항감이나 적대감이 있어서 상담하기가 쉽지 않다. 청소년이 쉽게 마음을 열고 소통할 수 있는 효과적인 상담 기법을 개발하는 것이 중요하다. 인터넷 매체를 활용한 사이버상담이나 언어적 표현뿐 아니라 그림이나 음악, 문학, 게임, 놀이 등의 매체를 이용한 상담 전략으로 청소년의 자발적 참여를 이끌어 낼 수 있어야 한다.

청소년상담은 사회 환경적 맥락이 중요하다 청소년은 부모나 가족, 또래, 교사 등 주위 환경의 영향을 많이 받기 때문에 청소년 자신뿐 아니라 사회문화적 맥락을 함께 고려해야 한다. 따라서 청소년상담에는 부모교육 및 부모상담, 또래상담, 교사상담, 지역사회 자문 등의 내용도 포함시켜야 한다.

1) 청소년 상담자의 자질

유능한 상담자는 기본적으로 다음과 같은 인간적 특성을 갖는다. 이 같은 특성들은 완전히 구현할 수는 없지만 그러한 사람이 되려고 끊임없이 노력하는 것이 핵심 요인이다(Corey, 2013).

- 유능한 상담자는 정체감을 갖고 있다. 자신이 누군지, 어떤 사람이 될 수 있는지, 삶에서 원하는 것이 무엇이며, 무엇이 본질적인 것인지 알고 있다.
- 유능한 상담자는 자신을 존중하고 인정한다. 자신이 가진 자기 가치감과 힘으로 도움과 사랑을 줄 수 있고, 받을 수 있다. 상대와 동등한 관계를 좋아하며, 상대가 힘을 낼 수 있도록 한다.
- 유능한 상담자는 변화에 개방적이다. 자신의 모습에 만족하지 않을 때 모험을 할 수 있는 의지와 힘을 갖게 된다. 변화를 두려워하지 않고 원하는 모습이 되기 위해 노력한다.
- 유능한 상담자는 생명 지향적 선택을 한다. 자기, 타인, 세계에 대해 자신이 초기에 결정한 것을 인식하고 있다. 이들은 필요하다면 기꺼이 개선할 수 있기 때문에 초기 결정의 희생자가 아니다. 또한 이들은 활기가 있으며, 단순히 존재하는 데 안주하지 않고 충만하게 생활하기 위해 노력한다.
- 유능한 상담자는 진실하고, 성실하고, 정직하다. 가면, 방어, 헛된 역할, 허울 속에 숨지 않는다. 일상생활 속의 모습과 직업에서의 모습이 조화롭다.
- 유능한 상담자는 유머 감각이 있다. 생활을 관조할 줄 알며, 자신의 약점과 모순에 대해 웃을 줄 안다.
- 유능한 상담자는 실수를 기꺼이 수용한다. 자신의 과오를 가볍게 넘기지는 않아도 그 과오에 매달려 괴로워하지도 않는다.
- 유능한 상담자는 주로 현재에 산다. 과거에 집착하지 않고 미래만 바라보지도 않는다. 현재를 경험하고, 현재에 있는 사람과 현재에 산다.
- 유능한 상담자는 문화의 영향을 인식하고 있다. 문화가 자신에게 어떤 영향을 미치는지 알고 있으며, 여러 문화의 다양한 가치관을 존중한다. 또한 사회계층, 인종, 성에 따른 차이에 대해서도 잘 알고 있다.
- 유능한 상담자는 타인의 복지에 진정한 관심을 갖고 있다. 타인에 대한 존중, 배려, 신뢰, 타인의 가치를 인정하는 것에서 진정한 관심이 나온다.

- 유능한 상담자는 효과적 대인 관계 기술을 갖고 있다. 자신의 세계를 잃지 않고 타인의 세계를 공감할 수 있으며, 타인과 협조적 관계를 형성하기 위해 노력한다. 자신을 완벽한 사람으로 보이려고 하지 않으며, 다른 사람의 입장을 즉각적으로 수용하고 공동 목표를 향해 함께 노력한다.
- 유능한 상담자는 일을 열심히 하며, 일에서 의미를 찾는다. 일에서 보상이 주어진다는 것을 인정하지만 일의 노예는 아니다.
- 유능한 상담자는 열정적이다. 꿈을 추구하는 용기가 있으며 열정이 있다.
- 유능한 상담자는 건전한 경계선을 유지한다. 내담자와 온전히 함께 존재하지만 여가 시간에 내담자의 문제를 가져오지는 않는다. 자신의 삶을 균형 있게 유지하기 위해서 '아니요'라고 말할 줄 안다.

(1) 인간적 자질

청소년 상담자의 인간적 자질은 위에서 제시한 유능한 상담자의 특성(Corey, 2013)을 기본 바탕으로 하면서 청소년에 대한 사랑과 관심, 청소년 문제에 대한 민감성, 그리고 청소년과의 활동을 선호하며 청소년 상담자로서의 사명의식과 긍정적인 청소년관을 갖추는 것이 필요하다. 또한 불안정한 상태에 있는 청소년 발달 단계를 고려해 볼 때 상담자는 자기 이해와 수용 능력, 정서적 안정감, 진실함과 용기, 인내심과 인간의 발전 가능성에 대한 믿음, 상담에 대한 열의, 철저한 자기 관리, 타인에 대한 열린 마음, 삶에 대한 진지함과 좋은 대인 관계 등이 필요할 것이다.

올바르지 않은 동기를 가지고 상담자가 되고 싶어 하는 경우도 있다. 미해결된 개인적 외상이 있거나, 자신의 삶보다는 다른 사람을 통해 대리적으로 의미 있는 삶을 영위하려고 하거나, 내담자를 통해 친밀한 관계를 경험하려고 하거나, 상담을 통해 다른 사람을 통제하려는 무의식적 동기를 가진 사람들이다(Guy, 1987). 상담자는 청소년 내담자에게 영향을 미칠 수 있는 위치에 있으므로 끊임없는 자기 점검을 해야 할 것이다.

(2) 전문가적 자질

청소년 상담자는 청소년의 신체적, 심리적 발달 단계의 특징과 그 시기에 이루어야 하는 과업이나 발달 위기에 대해 이해할 수 있어야 하며, 청소년을 둘러싼 환경, 즉 가족과 학교, 지역사회, 직업 환경, 유해 환경 등에 대한 청소년 관련 전문 지식이 필요하다. 좀 더 전문적으로는 사회학이나 문화인류학적 지식, 시대 감각 및 사회 환경에 대한 지식이 충분조건이 될 수 있다.

청소년 상담 이론과 실제에 대한 지식과 능력 청소년 상담자의 주 업무는 청소년을 대상으로 하는 상담이다. 따라서 청소년 상담자는 심리학적 지식에 바탕을 둔 상담 이론과 기법에 대한 전문성을 갖추는 것은 필수이다. 상담 이론과 기법에 대한 충분한 지식을 바탕으로 실제 내담자를 대상으로 상담 실습을 하고 전문가의 슈퍼비전을 받는 것이 필요하다. 상담뿐 아니라 내담자에 대한 정확한 진단과 평가를 위해 심리검사 실시와 그 해석에 대한 기술도 훈련받아야 한다.

이러한 과정은 상담 사례에 대한 개별 슈퍼비전, 집단 슈퍼비전, 그리고 공개 사례 발표와 슈퍼비전을 거치면서 상담자가 전문성을 갖도록 도와준다. 또한 상담자는 상담의 전문적 지식과 기술을 발전시키는 것과 동시에 자기 성장을 이루어야 하는데 이는 교육상담이나 집단상담의 참여나 지도를 통해 이루어질 수 있다. 청소년 상담자는 궁극적으로 슈퍼바이저가 될 수 있는데 이들은 수련감독자로서 초심 청소년 상담자를 양성하고 이들이 실시한 상담 사례를 분석하고 지도해 줄 수 있는 능력과 집단 프로그램을 설계하고 지도할 수 있는 능력을 갖추게 된다.

마지막으로 청소년 상담자는 청소년상담에 관련된 연구를 수행하고 이를 연구 보고서나 논문으로 출간할 수 있는 능력이 필요하다. 상담 이론과 기법에 대한 지식, 치료적 상담자로서의 자기 성장, 슈퍼바이저의 역할, 연구 등의 전문적 자질을 향상시키고 유지하기 위해서는 학회에서 진행하는 자격 연수 프로그램이나 사례 발표회 등에 꾸준하게 참여하는 것이 필요하다.

상담 이외 행정 능력 청소년상담은 개인 상담실에 이루어지기도 하지만 주로 학교와 청소년상담 기관이나 복지센터에서 이루어지는 경우가 많다. 따라서 청소년 상담자는 관련 기관의 조직에 대한 이해와 관련 법령과 윤리에 대한 지식, 그리고 기관의 사례 관리 체계를 숙지할 필요가 있다. 이와 함께 상담실에서 일어날 수 있는 돌발 사태에 대한 대처나 위기 대응, 그리고 사례 기록의 보관 등 상담에 관련된 행정 능력이 필요하다.

상담과 관련된 행정 기관의 상담 업무는 단순히 청소년 내담자만을 다루는 곳이 아니다. 청소년상담은 중앙 정부나 지방 정부의 지원과 관리를 받는 경우가 많으므로 조직에 협조하면서 합당한 행정 절차를 밟아야 하는 경우가 많다. 또한 어려움에 처한 청소년을 심리적 지원뿐 아니라 사회적, 물질적 지원을 해 주기 위해 각종 사회복지 기관이나 단체와 네트워킹을 하여 문제해결을 할 수 있어야 한다.

(3) 청소년 상담자의 자격 취득

현재 우리나라에서 청소년과 관련된 국가 자격증은 청소년상담사와 청소년지도사 2가지이다. 상담과 관련된 자격증으로는 한국상담심리학회나 한국상담학회에서 발급하는 상담심리사와 전문상담사 자격증이 있다.

청소년상담사 청소년상담사는 「청소년 기본법」에 의거하여 청소년상담 관련 분야의 상담실무 경력과 기타 자격을 갖춘 자로서 자격 시험에 합격하고, 자격 연수 100시간을 이수한 자에게 여성가족부 장관이 부여하는 국가 자격을 말한다. 청소년상담사의 주요 업무는 성격, 지능, 진로 및 신체적, 정서적, 행동적 증상 등에 대해 문제를 호소하거나, 변화를 모색하는 청소년에게 심리검사, 상담 프로그램 등을 활용하여 문제 해결을 돕고 지원한다.

청소년상담사 국가 자격 제도의 목적은 다음 3가지로 정리할 수 있다.

첫째, 청소년 전문 상담자의 양성에 목적이 있다.

둘째, 청소년 상담자의 자질 향상이다. 청소년 상담자로서의 위상 강화와 전문성 제고를 위해 청소년 상담자를 전문화하고 자질을 향상시키는 데 목적을 둔다.

셋째, 높은 자질을 지닌 인력을 선발하는 데 있다. 청소년 문제에 대한 높은 열의와 사명감을 통해 청소년을 위한 좋은 자질을 지닌 인력 선발을 목적으로 한다.

청소년상담사의 등급별 자격 검정 응시 자격(「청소년 기본법」 제23조 제3항)은 1급, 2급, 3급 청소년상담사로 구분되어 있다.

청소년지도사 청소년지도사 역시 「청소년 기본법」에 의거하여 자격 검정을 한다. 청소년지도사는 다음과 같은 업무를 맡는다.

- 국가 청소년 육성에 적합한 정책 의제를 개발하고 현장에 적용한다.
- 청소년의 사회 적응 능력 개발과 건전 여가 활용에 필요한 각종 수련 활동 프로그램을 기획하고 운영한다.
- 청소년들의 특기적성교육 및 재량 활동에 필요한 프로그램을 제공하고 지도 업무를 지원한다.
- 청소년의 생활 적응과 사회적 고민 해소를 위해 상담하고 보호 활동을 수행한다.
- 청소년의 봉사 활동, 문화 활동, 수련 활동의 인증을 위한 프로그램을 개발하고 지도한다.
- 위험 및 소외 청소년의 방과 후 활동, 체험학습 활동, 신체단련 활동 등을 지도한다.
- 쉼터, 요보호 시설 등의 생활 적응에 필요한 각종 지원을 수행한다.

- 사회 부적응 청소년을 위한 전문적 프로그램을 개발하고 활동을 지원한다.
- 청소년 수련 활동의 안전성을 확보하기 위한 시설안전 대책 수립, 관리 방안, 평가 대책을 수립한다.
- 청소년 활동 시설의 운영에 필요한 제반 행정 업무를 수행하고 지원한다.

2) 청소년 상담자의 역할

청소년의 문제는 매우 다양하므로 상담자의 역할 역시 다양하다. 문제의 종류에 따라 청소년 상담자는 위기 개입, 예방 개입, 상담 및 치료 개입을 해야 하는데, 이때 청소년 상담자는 상담은 물론이고 교육과 자문, 주변의 갈등을 겪고 있는 사람들 사이에서 조정자 역할도 해야 한다. 청소년 상담자가 해야 할 역할에는 다음과 같은 것들이 있다(이미리 외, 2019).

상담 개인상담, 집단상담, 상담 프로그램 개발 및 진행, 심리 측정 및 평가 등의 일을 해야 한다.

교육 성교육, 진로교육, 시간 관리, 대인 관계 능력 향상, 의사소통 훈련, 자기주장 훈련 등 청소년의 주요 관심 주제를 교육시키는 프로그램을 제공해야 한다. 청소년 상담자는 청소년뿐 아니라 그 부모와 교사를 대상으로 하는 교육 프로그램도 제공해야 한다.

자문 지역사회 청소년 문제 관련 기관 및 학교 행정 담당자, 부모 등에게 청소년들의 문제 해결과 복지에 대해 상담자로서 자문을 해 줄 수 있어야 한다.

조정 청소년 상담자는 청소년으로 인해 생긴 문제를 해결하는 과정에서 청소년들 사이에서, 또는 피해자와 가해자 사이에서, 청소년과 성인 사이에서, 청소년과 기관 및 단체 사이에서의 갈등과 문제를 조정하는 역할을 해야 한다.

3) 청소년 내담자의 특징

청소년 내담자는 급격한 변화를 겪는 청소년기로 인해 성인과 비교하여 몇 가지 특징을 가지고 있다(김청송, 2019).

청소년은 언어 표현력이 부족하다 청소년은 자기 요구를 주장하는 것은 잘 하지만, 자기의 마음, 즉 감정 상태나 내면의 정서 경험을 표현하는 것이 부족하다. 어떤 행동의 이유를 물으면 마음으로는 하고 싶은 말이 많지만 밖으로 드러내서 조리 있게 표현하는 것이 어렵고, 본인도 그 이유를 잘 모르는 경우도 많다. 이러한 자신을 답답해하기도 하고, 분노로 표현할 수도 있다. 이는 정서나 경험의 분화 정도가 충분히 성숙하지 못해서이므로 상담자는 언어 사용이나 표현 방법에 있어 청소년의 발달 단계에 맞는 쉽고 간단한 대화를 할 필요가 있다.

청소년은 인지 능력이 부족하다 청소년상담에서는 통찰을 통한 행동의 변화보다는 대안적 사고와 감정, 행동의 확립 및 지속적 유지 체제를 마련하는 것이 필요하다.

청소년은 지구력이 부족한 편이다 상담 시간에 한 가지 주제를 깊이 있게 오래 다루기가 어려울 뿐 아니라 상담 시간들이 큰 변화나 재미없이 계속되는 경우 청소년들이 꾸준하게 자발적으로 참여하는 것은 매우 어려운 일이다. 따라서 상담은 언어적 상담뿐 아니라 각종 매체를 이용한 상담, 즉 미술치료, 동작치료, 연극치료, 모래 놀이치료 등을 활용하는 것이 필요하다.

청소년은 동시다발적 관심을 갖는다 한 가지에 관심을 지속적으로 유지하기보다는 여러 가지에 관심을 가지며, 어느 한 가지 일에 집중하기보다는 여러 가지 일을 동시에 하려는 경향을 보인다. 이와 동시에 청소년은 감각적 흥미와 재미를 추구하는 경향이 있다. 즉흥적이고 충동적이며 즐거움을 찾아서 움직이는 편이다.

청소년은 환경의 영향을 잘 받는다 사회적 환경은 물론이고 매스 미디어, 주변의 물리적 환경, 가족 환경, 또래 환경 등에 쉽게 영향을 받는다.

4. 청소년상담의 영역

1) 학습상담

(1) 학습상담의 목표

학업 수행도가 높은 청소년은 학업에 대한 만족감을 가질 뿐 아니라 주위 사람들로부터 칭찬과 인정을 받지만, 그렇지 못한 청소년은 다양한 어려움을 나타내게 된다. 학습상담의 목표는 단순히 성적을 높여 주는 것은 아니다. 학습 문제 상담은 학생의 역할을 수행하는 데 필요한 태도와 능력을 신장시켜 주고, 현재의 적응 능력과 미래의 성공 가능성을 높여 주는 쪽으로 이루어져야 한다. 청소년기 학습상담의 목표는 공부의 목적에 대하여 스스로 의미를 부여하고 자신의 진로에 대한 희망이나 인생관과 연결시킬 수 있도록 돕는 것이다.

(2) 학습상담의 과정

학습상담의 과정은 일반적으로 다음의 5단계를 거치는데, 어떤 전략과 개인 방법을 선택하고 사용할 것인지는 학습 문제의 영역에 따라 결정된다(김청송, 2019).

- 1단계: 상담 관계의 형성 및 상담의 구조화
- 2단계: 학습 문제의 원인 분석과 진단
- 3단계: 상담 목표의 설정
- 4단계: 상담 개입 전략 설정
- 5단계: 종결 및 사례 관리

2) 진로상담

(1) 진로상담의 목표

진로상담의 목표는 '내담자의 직업 선택과 직업 적응을 도와주는 것'으로 정의한다(Sharf, 2006). 진로상담의 목표를 5가지로 제시하면 다음과 같다(김봉환, 2006).

- 자신에 관한 보다 정확한 이해를 증진시키는 것이다.
- 직업 세계에 대한 이해를 증진시키는 것이다.
- 합리적 의사 결정 능력을 증진시키는 것이다.
- 정보 탐색 및 활용 능력을 증진시키는 것이다.
- 일과 직업 세계에 대한 올바른 가치관 및 태도를 형성시켜 주는 것이다.

(2) 진로상담의 과정

진로상담의 전개 과정은 일반 상담과 크게 다르지 않다. 대부분 다음의 5단계를 거친다(김동일, 2014; 김봉환, 2013).

- 1단계: 접수 면접
- 2단계: 관계 수립 및 내담자 분류
- 3단계: 문제 평가 및 목표 설정
- 4단계: 행동 계획 수립 및 행동 실천을 위한 조력
- 5단계: 종결 및 추수 지도

진로상담 과정에서의 기본 지침은 다음과 같다(이장호, 2010).

내담자에 대한 평가 상담의 초기 과정에서 내담자의 정보를 얻기 위해 면접, 설문지, 생활 기록 및 검사 도구를 사용한다. 상담자는 이렇게 얻은 자료를

평가하고 해석하기 위해 적절한 통계적 방법, 컴퓨터 및 자신의 경험 등을 활용한다. 상담자는 수집된 자료를 종합 평가한 후 그 결과와 의미를 해석해 주고 내담자와 함께 논의한다.

직업 정보의 수집 및 전달 상담자가 적극적으로 직업 정보와 선택 지침을 제시해 주고 격려한다면 내담자 스스로 합리적 목표를 선택할 수 있다. 상담자는 내담자의 가치관, 인생 경험, 기대를 충분히 고려하여 내담자의 생활 양식에 맞는 직업 계획을 수립하는 데 도움이 되는 정보를 주어야 한다.

상담 기법상 고려할 점 상담 과정에서 직업 정보를 제시할 때는 적당한 시기를 선택하여 제시해야 한다. 보통 내담자가 상담자로부터 검사 결과에 대한 평가와 해석을 듣고 나서 이것을 자신의 직업 선택에 활용하고자 할 때 직업 정보를 제시해 주는 것이 좋다. 내담자가 정보를 요구할 때는 충분히 이해했을 때 제공하는 것이 좋다. 상담을 종료할 때는 내담자에게 진로 계획과 교육 계획, 검사 결과에 대한 기록들을 제공하는 것이 좋다. 그런 경우 내담자는 자신에 대한 평가 자료를 좀 더 참고할 수 있고 진로 계획에 대한 책임감도 크게 느끼게 된다.

3) 성상담

(1) 성상담의 목표

성상담의 주요 목표는 성 관련 주제에서 시작하여 청소년이 건강한 성적 주체로서 그리고 한 인격체로서 몸과 마음의 소중함을 알고 자기 존재를 자각할 수 있도록 도와주는 것이다. 또한 자기 자신과 인생에 대한 책임감을 갖도록 하고, 진로 문제까지 바람직하게 설계할 수 있도록 도와주는 것이 성상담의 목표라고 볼 수 있다.

(2) 성상담의 과정

성상담에서 초기 과정이 가장 중요하다. 상담 과정은 성 문제 유형에 따라 차이가 있기는 하지만 일반적으로 3단계로 구분할 수 있다(김청송, 2019).

초기 단계에서는 내담자에 대한 신뢰감과 친밀감을 형성한다. 내담자와의 신뢰 관계가 형성되면 본격적으로 성과 관련된 문제를 탐색하고 문제의 본질을 정확히 파악한 후 상담 계획 및 목표를 설정한다. 중기 단계에서는 내담자의 문제 해결을 위한 다양한 상담 기법의 적용이 이루어진다. 마지막으로 종결 단계에서는 설정한 상담 목표가 해결되고 내담자가 더 이상 상담자의 도움을 필요로 하지 않게 되면 상담 관계가 종결된다.

[글상자 3-2] 성상담의 유형

성상담의 유형은 다양하다. 성 매체 접촉, 자위 행위, 성관계, 임신, 성폭력 피해자와 가해자에 대한 상담 등 그 유형에 따라 상담의 방향과 지침이 달라질 수 있다. 이를 유형별로 살펴보면 다음과 같다(김동일 외, 2014).

- 성 매체 접촉 관련 상담의 지침 성 관련 매체에 대한 상담을 할 때는 우선 청소년들이 갖고 있는 성에 대한 왜곡된 정보가 어떤 것인지를 파악하고, 성 관련 매체를 접한 경로와 빈도, 그리고 관련 매체를 접한 후 변화된 점은 무엇인지를 살펴봐야 한다. 이를 토대로 상담자는 성인 교육자의 입장만을 강요하기보다는 상담자의 태도로서 내담자가 스스로 포르노 등 성 관련 매체에 대한 올바른 인식과 주체성을 갖도록 상담을 진행해야 한다.

- 자위 행위에 대한 상담의 지침 자위 행위로 인한 영향은 행위 자체가 아니라 행위에 대한 집착에서 오는 죄책감, 두려움, 불안 등의 심리적 문제가 더 심각하다. 대부분의 청소년들은 자위 행위를 수치스러운 것으로 여기며 잘못된 인식도 많다. 따라서 상담자는 자위 행위에 대한 내담자의 인식과 지식은 어떠한지, 고민의 핵심이 무엇인지, 자위 행위로 인해 파생되는 다른 문제는 무엇인지, 일상생활에서 지장은 없는지 등을 탐색한다. 이후 정확한 정보를 제공하고 자위 행위의 부정적 영향에서 벗어날 수 있도록 상담을 진행해 나가야 한다.

● **성관계에 대한 상담의 지침** 두 사람 중 어느 한 쪽이라도 성관계에 대한 의사가 없다면 그것은 성폭력이 된다. 따라서 성관계는 반드시 상대방의 의사를 존중하고 동의한 후 이루어져야 한다. 상담자의 역할은 내담자가 스스로 자신의 욕구가 무엇인지를 통찰하고 성관계에 대해 판단하고 선택하는 주체가 자신이 될 수 있도록 도와주어야 한다. 성적 자기 결정권을 강조하면서 성관계에 대한 책임 소재를 분명히 해야 한다. 합의에 의한 관계라도 항상 쌍방이 책임이 있다는 것을 인식시켜야 한다.

● **임신에 대한 상담의 지침** 청소년 임신은 예상치 못한 경우가 대부분일 것이다. 임신한 내담자나 관련 내담자를 상담할 경우 상담자는 성적 행동에 대한 훈계, 비난, 편견을 갖지 않아야 한다. 준비되지 않은 임신으로 인한 충격과 정서적 고통을 다루는 것으로 상담을 시작해야 한다. 청소년의 부모를 상담할 경우 그 심정을 충분히 공감하고 보호자가 청소년 내담자를 비난하거나 포기하지 않고 현실적으로 상황에 대처하도록 도와야 한다.

상담자는 성관계와 관련된 사실 확인은 물론이고 현재의 마음 상태, 상대의 인지 여부나 입장 등을 알아보고 출산 여부와 그에 따르는 문제 등에 대해서도 논의하여야 한다. 만일 성폭력에 의한 임신이 의심된다면 전문 지원센터에 연계하여 후속 조치를 하도록 상담을 진행하여야 한다.

● **자녀의 성 문제로 인한 부모상담의 지침** 상담자는 자녀의 성 문제에 대해 부모의 염려와 불안, 좌절감을 공감하여 부모의 입장에서 상담을 진행해 나간다. 부모로서 자기 자녀에 대한 성교육의 목표는 성적 자율권을 인정해 주며 스스로 책임지도록 하는 데 있다. 즉 자녀가 스스로 성적인 존재임을 인식하도록 돕고 이를 수용하도록 하는 것이 부모 성상담의 목표다.

상담자는 부모가 자녀에 대한 불안감의 원인이 무엇인지를 다루어야 한다. 부모의 성에 대한 가치관, 감정, 인식 등을 탐색하는 과정에서 부모 자신의 성에 대한 부정적 인식이 드러난다면 그 원인을 살펴보고 긍정적 인식을 갖도록 돕는다.

● **성폭력 피해자에 대한 상담의 지침** 성폭력 피해자를 상담할 때 상담자는 다음 4가지 원리를 지켜야 한다(이장호, 정남운, 조성호, 2005).

- 상담자 자신의 성폭력 피해에 관한 사고 검토: 상담자가 성이나 성폭력에 대한 편견이 있다면 내담자에게 큰 상처를 줄 수 있다.
- 지지적 관계 형성: 상담자는 내담자가 받은 심리적 타격을 이해해 주고 충분히 공감하고 지지해 주어야 한다.
- 피해자의 욕구 파악 및 적절한 지원: 성폭력 피해자에게 필요한 의료적, 법률적 조치를 알려 주고, 현실적으로 은신처를 제공받을 수 있는 기관도 연결해 주어야 한다.
- 조급하게 서두르지 않기: 피해자의 부정적 감정을 충분히 표현할 수 있도록 용기를 주어야 정신적인 상처가 서서히 줄어들 수 있다. 장기적인 상담이 필요한 경우 상담자의 자기 평가를 통해 다른 전문가에게 의뢰하는 것을 주저하지 않아야 한다.

● **성폭력 가해자에 대한 상담의 지침** 성폭력 가해자 상담은 사건 발생의 원인 탐색, 성 행동에 대한 태도나 패턴이 일방적이거나 충동적, 공격적이 아닌지를 탐색하는 것에서 시작된다. 사건이 발생한 후에 가해자는 성폭행범이라는 사회적 낙인이 찍히고, 이로 인해 다양한 심리적 고통을 경험한다.

가해자 상담에서의 핵심은 가해자가 자기의 일에 책임의식을 갖도록 하는 것이다. 동시에 가해 당시의 자신의 감정, 사건 이후 현재의 죄책감, 수치심, 불안, 분노 등의 감정을 다루어야 한다. 이런 과정에서 가해자는 자신의 상황을 객관적으로 바라보고, 자신의 행위에 대해 평가를 하게 되며 피해자의 입장을 생각할 수 있게 될 것이다. 피해자에 대한 공감을 할 수 있게 되면 가해 내담자는 자신의 행동의 심각성을 인지하게 되고 진심으로 뉘우치며 상대에게 용서를 구하고 다시는 성범죄를 저지르지 않겠다는 결심을 하게 되어 성공적인 상담이 된다.

4) 학교폭력상담

(1) 학교폭력상담의 목표

학교폭력상담의 궁극적 목표는 다음과 같다. 피해학생에 대해서는 보호와 치유를 통해 대인 관계에서 어려움 없이 학교에 잘 적응하며 성숙해 나가도록 돕는 것이다. 가해학생에게는 가해 요인에 대한 상담과 적절한 처벌을 통해 가해 행동을 다시 하지 않도록 하고, 주변학생들은 학교폭력에 대한 올바른 인식과 예방교육으로 주변의 폭력 상황과 위기들을 함께 극복해 나갈 수 있도록 돕는 것이다(송재홍 외, 2016).

(2) 학교폭력상담의 과정

학교폭력상담은 학생들 간 폭력이 발생한 후 진행되는 위기상담이다. 현재 일어난 폭력 상황의 해결을 위한 개입과 장기적 재발 방지의 측면에서 원인이 되는 요인을 상담하고 지원해 주는 전반적 개입이 이루어져야 한다. 피해학생의 신변 보호에서부터 피해, 가해자에 대한 원활한 합의 유도는 물론이고 피해학생과 가해학생에 대한 지속적 치료 및 상담까지 모두를 포함한다. 학교폭력상담의 과정은 다음과 같다(송재홍 외, 2016; 최진아, 2018)

상담의 시작　라포를 형성하고, 위기 상황에 있는 학생의 경우 안전을 우선 확보한다.

문제에 관한 정보 수집　피해학생과 피해 상황을 파악하고, 가해학생을 파악한다. 또한 학교폭력 발생과 관련된 주변 상황도 파악해야 한다.

해결 방안을 위한 실마리 찾기 내담자의 바람과 대처에 초점을 맞춘다. 학교 폭력 증거 자료 확보 및 제작, 문제 해결을 위해 내담자가 원하는 것 파악, 피해학생의 현 상태에 대한 이해, 피해학생 측의 현재까지의 대처 상황 확인, 가해학생 측의 대응 방법에 대한 파악, 학교의 인지 여부 및 해결을 위한 시도와 과정을 확인한다.

해결을 위한 상담자의 방안 공유 및 제시 피해자는 당당한 마음과 자기주장 훈련을 통해 대처하도록 돕고, 가해자 측과 학교에 문제를 제기하며, 필요시 경찰 신고 및 법적 소송을 돕는다.

상담 종결 피해자의 실제 대처 및 문제 해결 실현에 관해 검증한다. 연락처 등 신상 파악을 위한 질문, 지속적 상담, 면접상담, 집단 프로그램 등으로 연결하고, 지원할 수 있는 전문 기관 연계 및 지원을 요청한다.

5) 인터넷 중독상담

(1) 인터넷 중독상담의 목표

인터넷 중독상담 목표는 인터넷에 대한 내성, 금단 증상, 강박적 사용이라는 악순환을 풀어 주어 내담자의 건강한 삶을 회복시켜 주는 것이다. 즉 인터넷 사용이 내담자를 조정하는 것이 아니라 내담자가 인터넷 사용을 조정할 수 있도록 해 주는 것이 상담의 궁극적 목표라고 할 수 있다.

(2) 인터넷 중독상담의 과정

인터넷 중독에 대한 상담은 그 유형이나 대상에 따라 달라질 수 있고 중독의 구체적 수준에 따라 상담의 목표도 달라질 수 있다. 일반적으로 인터넷 중독상담의 일반적 과정은 다음과 같다(한국정보문화센터, 2002; 백사인 외, 2013).

초기 단계 내담자와 관계 형성하기, 상담 구조화하기, 상담 목표 설정하기, 상담 동기 유발하기 등이 이루어진다.

중기 단계 인터넷 사용에 대한 자기 인식력 증진시키기, 자신의 생활과 시간 관리하기, 스트레스 관리하기, 위축된 내담자에게 자신감 심어 주기, 대안 활동 탐색하기 등이 진행된다.

종결 단계 설정한 상담 목표가 해결되고 내담자가 더 이상 상담자의 도움을 필요로 하지 않게 되면 상담 관계가 종결된다. 인터넷 중독은 재발이 쉽게 될 수 있으므로 종결 단계에서 재발의 문제도 함께 다룬다.

5. 청소년상담의 윤리

상담에서 윤리는 더 이상 강조할 수 없을 정도로 중요하다. 우리나라에는 청소년상담사의 전문성 확보와 윤리의식의 제고를 위한 윤리강령이 제정되어 있는데 한국청소년상담복지개발원에서 2018년에 개정한 청소년상담사 윤리강령의 전문을 참고할 필요가 있다. 이러한 자세하고 구체적인 윤리강령에도 불구하고 청소년 상담자는 청소년 내담자의 부모나 교사, 그리고 주변 관련자들과의 이해 상충으로 윤리적 쟁점이 생길 수 있다. 즉 상담자의 요구와 내담자의 요구 간에 균형 잡기, 건전한 방식으로 윤리적 결정하기, 내담자의 권리에 대해 교육하기, 비밀 유지의 한계, 진단 관련 윤리적 쟁점, 이중 관계와 다중 관계, 청소년 내담자의 요구와 부모나 관련인의 요구 불일치 등의 문제가 생길 수 있다. 이러한 딜레마의 상태에서 상담자는 윤리적 결정을 내리기 위해 다음과 같은 사항들을 점검하고 적용해야 할 것이다(Corey, 2013).

- 문제점이나 딜레마를 확인하고, 문제의 속성을 밝혀 줄 정보를 모은다. 이는 문제점이 주로 윤리적인지, 전문적인지, 임상적인지, 법적인지, 도덕적인지를 결정하는 데 도움을 준다.
- 잠재적 쟁점을 확인하고, 상황에 연루된 모든 사람들의 권리와 책임 능력, 복리를 평가한다.
- 문제의 일반적 지침을 위해 관련된 윤리 규정을 살펴본다. 상담자 자신의 가치와 윤리가 관련된 지침과 일치하는지, 상충하는지를 고려해 본다.
- 적용할 수 있는 법과 규정에 대해 알아보고 그것을 윤리적 딜레마와 연관 지을 방법을 결정한다.
- 딜레마에 관한 다양한 관점을 얻기 위해 한 곳 이상의 기관에 자문하고 이들 기관으로부터 얻은 제안을 내담자 자료에 기록한다.
- 있을 수 있는 다양한 행동의 진로에 대해 의견을 모은다. 가능한 한 선택에 관한 논의를 다른 전문가와 계속하고, 행동 선택을 고려하는 과정에 내담자도 참여시킨다. 내담자와 함께한 논의 내용은 기록으로 남긴다.
- 다양한 결정 결과를 열거하고, 내담자를 위한 각 행동 진로의 함의를 반영한다.
- 무엇이 최고의 행동 방침인지를 결정한다. 일련의 처리 절차가 완료되면 그 결과를 평가하고 추가로 필요한 절차를 결정한다. 평가 결과뿐 아니라 앞으로 취할 행동에 대한 근거도 기록한다.

4장

청소년상담의 과정과 기술

1. 초기 단계

1) 촉진적 상담 관계 형성
2) 상담의 구조화
3) 내담자 문제 탐색 및 사례 개념화
4) 상담 목표의 설정

2. 중기 단계

3. 종결 단계

4. 초기 단계의 기술

1) 관심 기울이기
2) 경청
3) 재진술
4) 반영
5) 명료화
6) 요약
7) 질문

5. 중기 단계의 기술

1) 해석
2) 직면
3) 즉시성
4) 자기 공개

6. 종결 단계의 기술

1) 정보 제공
2) 피드백

옳은 것을 배워 나가는 것보다 옳은 일을 몸소 행하는 것이 낫다.

- 탈무드 -

상담에서 다루는 문제나 내담자의 특성 등에 따라 상담 회기는 달라질 수 있다. 반면, 상담의 회기 수는 모두 다를지라도, 상담의 과정은 일반적으로 몇 개의 단계로 구성된다. 물론 어떤 면에서는 상담의 과정을 분명하게 구분하기 힘들 수도 있고, 특정 단계를 반복하기도 한다. 상담자는 내담자의 주요 호소 문제, 내담자의 특성과 상황 등에 따라 적절한 상담 회기와 상담의 과정을 계획하여 효과적인 상담을 할 수 있어야 한다.

상담의 과정(process of counseling)을 어떤 기준으로, 몇 단계로 나누어 구성하느냐에 따라 몇 가지 모델이 있다. 본 장에서는 상담의 과정을 통상적인 초기, 중기, 종결의 3단계로 나누어 설명하고자 한다.

상담 기술(counseling skills)이란 "과학적 이론을 토대로 내담자의 성장과 발달을 촉진하기 위해 개발된 일련의 소통 방법 또는 능력이라고 할 수 있다."(강진령, 2017, p. 17). 상담자는 효과적인 상담이 되기 위하여 상담의 각 단계에서 요구되는 상담 기술을 숙련하여 자유롭게 사용할 수 있어야 한다. 즉 상담의 초기에는 촉진적 관계 형성과 내담자의 문제 이해에 중점을 두고 이에 필요한 상담 기술을 사용할 수 있어야 한다. 중기 단계에는 문제 해결 및 실행을 돕는 데 필요한 상담 기술을, 그리고 종결 단계에서는 성과 확인 및 종결을 다루고 추수상담 안내에 필요한 기술이 요구된다.

본 장에서는 먼저 청소년 상담의 과정과 각 단계에서 다루어야 할 내용에 대해 알아보고, 다음으로 각 상담 단계에서 사용하는 상담 기술에 대해 소개한다.

1. 초기 단계

상담의 과정 중 초기 단계는 상담자와 내담자의 물리적·심리적인 '만남의 장'이 열리는 단계이므로 상담의 전 과정에 지대한 영향을 미칠 수 있다. 왜냐하면, 첫 만남의 질에 따라 상담이 조기 종결될 수도 있고 내담자의 적극적 참여로 우리가 설정한 목표를 달성할 수도 있기 때문이다.

초기 단계에서 상담자는 내담자와 내담자 문제에 대해 탐색하고 상담의 과정을 설계해야 한다. 반면 내담자는 상담자를 보면서 상담자에 대해 인간적·전문적인 신뢰를 할 수 있는지를 결정하고 그에 따라 상담에 계속 참여할 것인지에 대한 여부를 결정하게 된다. 따라서 초기 단계는 상담자와 내담자 모두가 매우 긴장할 수도 있는 중요한 단계라 하겠다. 그러므로 상담의 초기 단계에서 상담자는 내담자가 상담자를 충분히 신뢰하고 자유롭게 자신을 드러낼 수 있도록 '편안하고 수용적인 분위기 조성'이라는 과제를 가진다. 이러한 분위기 조성과 함께 상담자는 내담자의 문제를 명료화하고 문제의 배경 요인을 탐색한 후 적절한 상담 계획을 수립해야 한다. 상담의 초기 단계에서 다루어야 할 내용에 대해 구체적으로 알아보기로 한다.

1) 촉진적 상담 관계 형성

상담의 초기 단계에서 상담자는 내담자가 상담의 과정에서 안전감을 느낄 수 있게 도와야 한다. 즉 상담 장면에서 내담자가 어떤 말을 하더라도 상담자가 비난이나 질책을 하지 않을 것이라는 믿음을 주어 평소 말하기 어려웠던 말들을 안전하게 드러낼 수 있도록 한다. 내담자가 상담자에 대한 인간적 신뢰가 형성되면 내담자는 안전감을 가지고 상담에 몰입하여 생산적인 상담이 진행될 수 있다. 따라서 상담자는 내담자와 신뢰롭고 친밀한 상담 관계 형성을 위한 노력이 필요하다.

대개 상담 초기 단계에 내담자는 처음 만나는 잘 모르는 상담자에 대한 막연한 불안과 함께 상담의 효과, 비밀 보장, 상담을 통해 문제를 해결할 수 있을지에 대한 불안 등을 가진다. 비록 자발적 신청을 하였지만, 선뜻 자신의 이야기를 꺼내기 어려운 이유도 이런 불안 때문이다. 더구나 청소년상담에서는 교사나 부모의 의뢰에 의한 비자발적 내담자로 상담실을 방문하는 경우가 많아서 특히 내담자의 동기가 낮을 수 있다.

비자발적이고 동기가 낮은 청소년 내담자와의 상담 관계 형성을 위해서는 상담자의 더 많은 준비와 노력이 요구된다. 즉 얘기해 봤자 이해받지 못할 것이라는 부정적 기대와 누구도 자신을 좋아하지 않을 것이라는 생각을 가진 내담자가 상담자를 믿고 편안하게 자신을 드러낼 수 있게 수용적 분위기를 조성하고, 내담자가 자신의 문제를 상담자와 함께 해결할 수 있을 것이라는 믿음을 가질 수 있게 끊임없이 격려할 수 있어야 한다. 이 과정에서 내담자가 지속적으로 상담에 참여하기를 결정하고 문제 해결의 동기가 강화될 것이다.

로저스(Rogers, 1957)가 주장하는 촉진적 상담 관계 형성을 위해 상담자가 갖추어야 할 기본적 태도는 일치성, 무조건적 긍정적 존중, 공감적 이해이다. 이는 상담의 전 과정에서 요구되는 태도이지만 특히 상담 초기에는 더욱 중요하다. 3가지 태도에 대해서는 7장의 인간중심상담 부분을 참고하기 바란다.

이 밖에도 상담자가 내담자의 문제 해결을 도울 수 있는 전문성에 대한 내담자의 신뢰도는 촉진적 관계 형성에 영향을 미친다. 상담자의 전문성은 내담자의 호소 문제를 정확히 파악하고 내담자가 자신의 문제를 스스로 해결할 수 있도록 필요한 도움을 적절히 제공하는 데 필수적이다. 즉 내담자는 상담자가 전문적 능력으로 자신을 도와줄 것이라는 믿음을 가지게 되어 상담에 대한 동기가 높아지고 더욱 적극적으로 참여하게 된다.

2) 상담의 구조화

상담은 전문성을 갖춘 상담자에 의해 미리 계획된 상담 과정과 방식으로 진행되었을 때 우리가 설정한 목표에 이를 수 있다. 상담 구조화(structuring)는 상담자와 내담자가 각각 수행해야 할 역할과 상담의 목표 등에 대해 서로 뜻을 맞추어 가는 과정이다(김계현, 2002; 이장호, 1989). 즉 구조화는 내담자의 상담에 대한 올바른 인식과 이해를 돕고 상담에 대한 기대를 높이게 한다. 또한 앞으로 상담 과정이 어떻게 진행될 것인지, 각 과정에서 중요하게 다룰 것들은 무엇인지를 명확하게 안내함으로써 상담의 진행 과정에 대한 불안이나 걱정을 줄여 상담에 적극적으로 참여할 수 있게 한다.

최근에는 상담 구조화를 상담자가 직접 실시하는 방법 외에 서면 자료나 비디오 등의 보조 도구로 제작하여 접수 면접 시에 사용하기도 한다. 상담 구조화의 주요 내용, 구조화의 시기와 재구조화, 명시적·암묵적 구조화, 상담 구조화를 할 때 주의점 등에 대해 구체적으로 알아보기로 한다.

(1) 상담 구조화의 주요 내용

김인규(2004)가 상담 구조화의 주요 내용을 기존의 문헌을 조사하여 3가지 범주로 정리한 것을 간단히 소개해 보면 다음과 같다(pp. 122-125).

상담의 실제에 대한 명확한 정보의 제공 구조화에서 다루어야 할 기본적인 내용은 상담의 실제와 관련된 것들이다. 즉 상담이란 무엇인가, 상담 과정에서 상담자와 내담자 역할과 책임, 상담에 대한 내담자의 기대, 상담의 목표는 어떻게 세우는가, 상담 시간·빈도·총상담 횟수·상담 장소·상담 비용·연락 방법·취소 방법 등 상담 실제의 세부적 내용, 상담자와 내담자의 협력적 관계, 비밀보장 및 한계 등에 대해 구체적이고 명확하게 설명 또는 안내한다.

내담자의 정서적 안정과 희망 고취 내담자가 상담 과정에서 맞이할 새로운 상황과 상담 과정에 대해 알려 줌으로써 부정적 정서에서 벗어나게 돕는다. 특히 내담자들은 자신에 대한 부정적 감정을 많이 느끼고, 자신의 부끄러운 모습을 보이는 것에 대한 걱정과 부담을 가질 수도 있으며, 상담의 진행 과정과 상담이 문제를 해결해 줄 것인지에 대한 의심도 한다. 이런 내담자가 상담 구조화를 통해 불안에서 벗어나 상담자가 자신의 어떤 모습이든 판단 없이 수용하고 지지해 줄 것이라는 기대와 상담에 대한 기대도 커져서 상담에 지속적 참여를 할 수 있게 된다.

적극적이고 책임감 있는 태도의 형성 내담자 중에는 수동적이고 의존적인 특성을 가진 경우가 많아서 상담자가 모든 문제를 감쪽같이 없애 주거나 정답을 제시해 줄 것이라는 기대가 클 수 있다. 이러한 내담자에게 상담 구조화는 성공적인 상담을 위해 필요한 내담자의 역할과 태도를 가르친다. 상담 구조화는 내담자의 그릇된 기대를 버리게 하고 상담에 적극적으로 참여하도록 이끈다.

(2) 상담 구조화의 시기 및 재구조화

상담 구조화는 대부분 상담의 초기 단계에 다루는 것이 효과적이다. 상담의 초기에는 일종의 교육이나 오리엔테이션의 역할로 상담 과정에 대한 안내와 상담자-내담자의 협력적 관계를 설명함으로써 내담자가 상담에 대해 안정감을 가지고 지속적으로 상담에 참여할 수 있도록 돕기 때문이다. 상담 초기의 구조화는 내담자가 의존성에서 벗어나 명확한 목표 설정을 하도록 돕는다.

상담 구조화는 상담 진행 중 전 과정에서 다루어지며, 암묵적 구조화는 매 회기 상담 과정에서도 다루어진다. 상담이 진행되는 과정에서 재구조화가 필요한 상황도 있다. 재구조화가 필요한 경우는 다음과 같다.

첫째, 상담 구조화에서 설명한 내용 중 내담자가 지켜야 할 것들을 지키지 않는 경우다. 즉 상담 시간을 지키지 않거나 상담자에게 조언만 계속 요구하는 등의 의존적 행동과 상담에 적극적인 참여를 하지 않는 행동 등에 대한 것이다.

둘째, 내담자가 상담에 계속 참여했는데도 자신의 문제가 해결되거나 증상이 호전된다는 생각이 들지 않아서 상담을 조기 종결하고자 하는 경우이다.

셋째, 상담의 목표 변경이 필요한 때이다. 내담자의 상황이 달라졌거나, 기존의 상담 목표를 달성했거나, 설정했던 목표가 잘못되어 수정이 필요할 경우 등이다.

넷째, 상담자나 상담 환경의 변화가 생겼을 때이다. 상담자의 개인적 사유가 발생하여 상담을 계속할 수 없게 되었거나, 상담 기관에 어떤 사정이 생겨 장소나 시간 등을 변경해야 하는 경우 등이다.

재구조화는 내담자의 행동에 대한 변화를 요구하거나 상담이 원만하게 이루어지지 않는 상황인 경우들이 많아서 자칫 내담자를 질책하는 것처럼 느껴질 수 있으므로 특히 주의가 필요하다. 상담의 구조화는 크게 명시적 구조화와 암묵적 구조화로 나눌 수 있다.

(3) 명시적 구조화

명시적 구조화는 상담자가 상담의 진행 과정에 대한 세부 사항들을 언어적으로 명확하게 설명하고 내담자와의 협의를 이루는 구조화 방식이다. 명시적 구조화의 주요 내용은 앞에서 설명한 '상담 구조화의 주요 내용'에서 대부분 언급되었기에 여기서는 더 세부적인 부분과 보완할 내용을 중심으로 살펴보겠다.

비밀 보장의 문제 구조화의 내용은 크게 상담자와 내담자가 마땅히 해야 할 것과 상담 과정에서 서로 논의하고 협의해 가는 것으로 나눌 수 있다. 즉 대개 상담의 목표는 내담자가 원하는 것으로 설정하기를 권한다. 특히 비밀 보장과 관련하여 상담자와 내담자가 상담 중에 나누었던 사적인 내용을 다른 사람들에게 누설하지 않는 것이 원칙이고 상담자의 윤리이지만, 내담자가 자신이나 타인에게 해를 가하겠다거나 가하고 있는 경우, 내담자가 심각한 위험에 노출되어 있다고 판단되는 경우에는 내담자의 안전을 위하여 외부에 알릴 수 있음을 설명하는 것은 매우 중요하다.

상담의 실제 대개 상담의 간격은 일주일에 한 번으로 한 회기의 상담 시간은 약 50분 정도인데 내담자 문제를 효과적으로 다루기 위해서는 내담자의 연령과 문제, 상황, 주변 여건에 따라서 달라져야 한다. 보통 청소년의 경우 40분에서 50분 사이가 적절하다. 상담을 얼마나 오랜 기간 진행할 것인가 하는 상담의 기간은 내담자의 주 호소 문제의 특성, 내담자의 특성, 내담자의 주변 환경, 상담자나 상담 기관의 여건 등에 따라 달라질 수 있다. 또한 무료상담 기관의 정해진 상담 횟수로 인해 임상적 목적까지 달성하기는 어려울 수 있다. 청소년상담에서는 보호자와의 면담을 통해 내담자에 대한 정보를 수집하고 보호자의 특성과 여건을 고려하여 상담 과정을 계획하는 것도 필요하다. 아동의 경우는 대개 행동의 제한과 관련된 내용이 포함되며 한 회기 상담 시간은 훨씬 더 짧아야 하지만 아동의 특성과 상황에 따라 적절하게 변동하여 적용할 수 있다.

상담 종결의 권리 내담자는 언제든지 상담의 종결을 제안할 수 있는 권리를 가지고 있음을 안내하여 내담자가 상담자의 눈치를 살피며 원하지 않는 상담을 계속하지 않도록 도와야 한다. 그러나 청소년이 교정의 대안으로 상담 시간을 배정받은 경우는 상담에 참여해야만 하는 이유를 명확히 설명하고 불성실한 경우 문제가 발생할 수 있음을 고지해야 한다. 이런 비자발적 내담자는 참여 동기를 강화하는 방법에 대한 고민이 필요하다. 또한 상담자는 상담 일시, 장소, 상담을 취소하는 경우의 절차, 상담 비용에 대한 안내 등을 내담자에게 구체적이고 정확히 안내함으로써 내담자에게 불이익이 가지 않도록 해야 한다.

내담자의 태도 탐색 상담실에 찾아오는 많은 내담자는 '상담자가 모든 문제를 해결해 줄 것'이라는 잘못된 기대를 하고 오는 경우가 많다. 그러나 효과적인 상담이 되려면 상담자의 역할 못지않게 내담자의 역할이 중요하다. 그중에서 내담자의 자발성은 상담을 촉진시키는 매우 중요한 요인이다. 즉 상담 과정 중에 자신이 느끼는 감정과 욕구를 솔직하게 표출하고, 자신의 문제를 적극적으로 탐색하며, 상담 시간을 준수하고, 지킬 수 없는 경우는 미리 알려 줌으로써 상담자의 시간을 낭비하지 않게 하는 것 등이다.

상담자의 윤리적 문제 최근 상담자의 윤리적 문제는 매우 중요하게 다루어지고 있다. 상담은 내담자의 복지를 최우선으로 해야 한다. 상담자의 윤리 중 중요한 3가지를 살펴본다.

- 상담자는 전문성을 갖추어야 하며 한계를 분명히 해야 한다. 따라서 상담자의 교육과 훈련 사항에 대해 내담자에게 공개하여야 한다. 자신이 다룰 수 없는 기법을 함부로 사용함으로써 내담자에게 피해를 주는 일이 없어야 한다.
- 비밀 보장이 되는 범위를 설정하고 한계를 분명히 해야 한다. 청소년상담에서 내담자의 비자발성 때문에 상담이 조기 종결될까 두려워 비밀 보장의 한계를 정확히 안내하지 못하는 실수를 범하지 않도록 해야 한다. 특히 초보 상담자들이 이런 불안으로 인해 윤리적 문제가 발생하지 않도록 수련 과정에서 중요하게 다루어야 한다.
- 내담자의 상담 종결의 권리를 존중하고 내담자와의 이중 관계를 형성해서는 안 된다. 이중 관계란 상담자가 내담자와의 상담 관계 외에 또 다른 관계가 있는 경우를 말한다. 이중 관계는 상담의 효과성 문제와 내담자에게 피해를 초래할 수 있으므로 피해야 한다.

(4) 암묵적 구조화

암묵적 구조화는 상담 구조에 대한 언어적 설명은 없지만, 상담의 과정에서 암묵적으로 행해지고 있는 구조화 방식을 말한다. 즉 상담 과정에서 지속적으로 행해지는 상담자의 일관되고 진실한 태도, 상담자가 상담의 원리에 맞는 상담 개입을 하는 것, 한 회기 내의 진행 절차 등이다.

(5) 상담 구조화에서 주의할 점

상담 구조화는 일방적 교육보다는 내담자에게 상담에서 무엇을 원하는지, 어떤 방향으로 나가길 바라는지, 그것을 이루려면 어떻게 해야 할지 등을 공감적으로 탐색하면서 자연스럽게 협의하는 방식으로 이루어져야 한다. 상담 구조화를 실시할 때 주의할 점은 다음과 같다(Day & Saracio, 1980).

- 구조화는 내담자의 인지적·정서적 행동 특성에 맞게 해야 한다.
- 구조화하는 이유에 대해서 내담자에게 설명해야 한다.
- 구조화의 시기는 내담자가 준비된 정도와 상담 관계 등을 고려하여 정해야 한다.
- 구조화는 처벌의 형식이 아니어야 하고, 특히 한계를 긋는 행동에는 더욱 주의가 필요하다.
- 구조화는 특정 상담자와 내담자가 상호 협력해 나갈 것을 전제로 하는 것이다.

3) 내담자 문제 탐색 및 사례 개념화

(1) 내담자 문제 탐색 및 명료화

상담의 초기 단계에서 상담자는 내담자와의 촉진적 관계 형성과 더불어 내담자의 고민거리, 상담실을 찾아오게 된 이유와 가져온 문제, 내담자의 기대 등 문제에 대한 전반적인 상황 판단을 위한 탐색이 필요하다. 이때 상담자는 내담자의 언어적 진술에 주의를 기울이는 동시에 비언어적인 행동을 주의 깊게 관찰해야 한다.

특히 내담자가 도움을 요청한 직접적 이유를 확인하는 것은 중요하다. 만약 그 문제가 최근에 발생한 일이 아니라 이미 오래전부터 시작되었다면 왜 지금, 이 시점에 찾아왔는가, 그리고 그 문제를 내담자가 어떻게 경험하고 있는지를 이해하는 것이 중요하다. 이때, 내담자가 진술하는 언어적 내용과 비언어적 행동 간의 불일치 등은 중요한 의미를 내포하는 것으로 주의를 기울여야 한다.

상담이 진행되면서 내담자가 초기 단계에서 제시했던 문제가 실제적 문제가 아님을 알게 되기도 한다. 이때 상담자는 내담자와 함께 내담자의 가족을 비롯한 대인 관계 양식, 학업, 성격, 강점과 성장점, 문제 대처 방식, 문제 해결의 자원, 최근에 발생한 걱정거리 등 다양한 측면에서 깊이 있게 탐색한다. 이러한 과정에서 현재 문제의 발생 원인과 문제 발생 이전의 내담자는 어땠는지를 알게 되고 제시된 내담자의 문제를 명확하게 파악할 수 있다. 내담자의 진술과 행동 관찰만으로 내담자의 문제를 파악할 수 없을 때는 검사 도구를 활용할 수 있지만, 검사 도구를 무분별하게 사용하지 않도록 해야 한다.

상담자는 내담자의 문제를 탐색하고 명료화하는 과정에서 내담자가 표현하는 진술의 내용, 사고, 감정, 의미 등에 반영적 경청을 하면서 내담자의 자기 탐색을 촉진하기 위한 상담 기술을 사용한다. 즉 내담자가 쉽게 드러내지 못하는 자신을 드러내고 경험할 수 있도록 돕는다.

그 외에도 상담을 통한 문제 해결에 대한 동기와 의지의 정도를 평가한다. 내담자의 동기와 의지의 증진을 위해서는 상담자의 적극적인 격려와 지지가 필요하며 비자발적 내담자인 경우는 더욱 그러하다. 내담자에 대한 정보를 바탕으로 문제를 명료화하고 목표를 설정하는 과정에서 사례 개념화가 필요하다.

(2) 사례 개념화의 정의

사례 개념화(case conceptualization)는 내담자의 주 호소 문제 및 증상과 관련 있는 다양한 정보를 바탕으로 지금까지 유지되고 있는 원인과 과정에 대해 가설을 설정하고 문제를 해결하기 위한 목표와 전략을 수립하는 과정이다. 사례 개념화는 내담자의 심리적, 대인 관계적, 행동적 문제의 원인과 촉발 요인 및 유지 요인에 대한 핵심 가설로 상담자가 어떤 이론을 적용하느냐에 따라 가설은 달라질 수 있다. 예를 들어, 상담자가 인지 이론 또는 합리적 정서행동 이론의 관점에서 내담자 문제의 가설을 세운다면, 내담자가 자신과 타인, 세상과 미래에 대해 가질 수 있는 역기능적인 사고와 비합리적 신념에 초점을 두게 될 것이다. 그리고 상담 전략으로 역기능적 사고를 수정하기 위해 인지 오류를 파악하거나 비합리적 신념을 수정하기 위한 논박 등의 기법을 사용할 것이다. 사례 개념화를 할 때에는 다음과 같은 부분에서 주의가 필요하다.

- 사례 개념화는 상담 초기에 최대한 많은 정보를 바탕으로 하여 포괄성을 확보해야 한다.
- 상담자가 완벽히 객관적일 수는 없지만 어느 정도의 객관성을 확보해야 하며, 정확한 관찰에 의한 정보 통합과 함께 적절한 추론이 이루어져야 한다.
- 사례 개념화는 개인의 진술에 따라 극히 사적인 특성에 초점을 두는 개별성과 유사한 사례들의 공통적 특성과 일반적 지식을 고려해야 한다.

상담자는 이러한 부분들에 대해 깊이 고민하고 반영한 정확한 사례 개념화가 될 수 있도록 주의를 기울여야 한다.

(3) 사례 개념화의 과정과 이점

일반적으로 사례 개념화에 포함되는 요소와 실시하는 과정은 다음과 같다.

첫째, 내담자 관찰과 심리검사 결과, 부모나 친구, 교사 등 가까운 사람들이 제공한 정보를 종합하고, 내담자의 호소 문제와 증상, 내담자의 현재 상황, 상담에 대한 기대 등의 진술을 통해 확보한 정보 등을 조직화하여 내담자 문제를 명료화하고 문제의 성격과 핵심이 무엇인지 파악한다.

둘째, 그 문제가 언제, 어떻게 발생하여 지금까지 계속되고 있는지 등의 발생 경로와 원인을 탐색한다. 이때 내담자의 가족 발달사나 개인사, 병력 등을 통해 문제의 원인에 대한 구체적 탐색이 필요하다. 원인에는 내담자 문제 발생에 큰 영향을 미친 주요인, 그 나머지인 부 요인이 있는데 일반적으로 주요인을 중심으로 파악한다.

셋째, 문제가 어떻게 지금까지 지속해 왔는지 내·외적 역동을 살펴본다. 이를 위해 내·외적 요인을 살펴본다. 내적 요인은 문제를 유발하거나 지속시키는 내담자의 역기능적인 사고, 신념, 감정, 욕구, 관계 패턴 등이며, 내담자의 문제 행동이나 증상을 강화 또는 지속시키는 내담자의 가족, 또래, 물리적 환경 등은 외적 요인이 된다.

넷째, 문제 해결을 위해 내담자에게 필요한 것은 무엇인가, 문제를 해결하거나 증상을 감소시키기 위해 요구되는 내담자의 변화, 내담자가 길러야 할 기술이나 능력은 무엇이며, 문제 해결 촉진에 필요한 상담자와 내담자 관계의 특성은 무엇인가에 대한 가설을 세운다.

특히 사례 개념화 과정에서 중요하게 다루어야 할 것은 다음과 같다. 즉 내담자가 진술하는 내용에서 반복적으로 나타나거나 공통되는 주제(recurrent theme), 패턴의 존재 여부, 내담자의 문제 행동과 증상의 역기능적·기능적인 측면의 파악, 내담자의 문제와 관련해서 내담자의 개인적 특성을 비롯한 가족과의 관계, 주변 사람들과의 관계 특성 및 환경적 특성 등 포괄적 정보를 수집하여 가설 수립에 활용한다.

사례 개념화의 이점은 다음과 같다. 내담자에 대한 다양한 정보의 효율적 조직, 적절한 목표 설정에 도움, 내담자 이해와 공감 증진, 상담 과정에서 발생할 수 있는 방해 요인을 예측 가능하게 하는 것 등이다.

4) 상담 목표의 설정

상담의 목표는 '내담자의 목표'여야 한다. 청소년상담에서는 부모나 교사가 학생 문제로 인한 어려움을 의뢰하는 경우가 많다. 이때는 부모나 교사가 내담자가 되고 이들의 목표가 된다. 이러한 부분을 염두에 두고 어떤 상담 목표가 효과적인지, 어떻게 설정해야 하는지에 대해 알아 본다.

(1) 일반적인 상담 목표

상담에서 일반적으로 목표는 내담자가 가지고 온 문제 해결, 증상 제거, 행동 또는 환경의 개선, 간단한 정보 제공 등이라 할 수 있다. 상담 장면에서 목표가 성공적으로 다루어지게 되면, 내담자는 상담 장면이 아닌 자신의 일상이나 이와 유사한 문제나 상황이 발생하게 되더라도 상담 과정에서처럼 내담자 스스로 해결해 나갈 수 있게 된다.

(2) 상담 목표 설정 과정

내담자는 현재 겪고 있는 어려움을 해소하기 위해 생활상의 다양한 문제를 가지고 상담을 신청한다. 상담의 목표는 내담자가 주로 호소하는 내용을 바탕으로 가장 효과적이면서 실현 가능한 것이어야 한다. 상담자는 내담자가 자신의 문제와 상황에 대한 이해를 토대로 스스로 자신의 문제를 해결할 수 있도록 하는 능력 함양을 최종 목표로 삼을 수 있다.

효과적인 상담의 목표가 되기 위해서는 다음과 같은 점에 유의하여 설정해야 한다. 즉 상담의 목표는 내담자의 주요 관심사를 반영한 것으로 분명하고 구체적이어야 하며, 성과와 관련되어야 하고, 관찰·측정이 가능하며, 내담자가 처한 문화적 환경을 고려해 현실적이어야 한다. 또한 내담자의 가치와 일치하는 것으로 내담자의 여건에 맞고 주어진 시간 내에 이룰 수 있어야 한다.

2. 중기 단계

상담의 초기 단계의 끝 무렵에서부터 상담 목표의 대부분이 달성되기까지를 중기 단계라 본다. 상담의 초기 단계에서 촉진적 관계 형성이 되고 상담의 목표를 설정하였다면, 상담의 중기 단계는 목표를 이루기 위해 기존 방식에서 벗어나 대안을 선택하고, 목표에 따른 행동 계획을 수립하며, 실행하는 단계이다. 이 단계는 상담의 핵심적 과정이며 상담자가 주도적 역할을 하는 단계라고 할 수 있다. 따라서 상담의 중기 단계에서는 상담 목표를 실행하기 위한 구체적인 상담 전략과 다양한 상담 기법 및 기술을 활용하게 된다. 상담자가 어떤 상담 전략과 기법을 사용할 것인지는 내담자의 특성과 상황, 내담자가 가진 문제의 특성, 상담자가 어떤 상담 이론과 기법에 능숙한가 등에 따라 달라진다.

상담자는 상담의 진행 과정에서 다루어야 할 것들에 대한 구체적 계획을 세우며, 내담자가 힘들어도 포기하지 않고 실행할 수 있게 끊임없이 격려하여야 한다. 내담자가 자신에 대해 탐색하고 이해한 것과 실행으로 옮기는 것은 다르고 문제를 이해했다고 문제가 해결되는 것은 아니다. 따라서 상담자는 내담자가 기존의 잘못된 행동과는 다른 새로운 행동을 해 보도록 촉진하고, 실행 과정에서 겪는 어려움을 공감해 주고, 새로운 시도에 좌절하더라도 격려와 지지를 통해 재시도를 도와야 한다.

중기 단계는 상담자와 내담자가 만난 횟수가 늘어남에 따라 깊은 관계가 형성되어 회피했던 미해결 과제를 다루고, 내담자의 불일치에 대해 직면하고 해석하는 등 매우 역동적 단계이다. 또한 기존과는 다른 행동으로의 변화를 적극적으로 요구하므로 내담자의 저항이 나타날 수도 있다. 이는 내담자의 부적응적 행동이 가지는 순기능과 평형의 상태로 돌아가려는 내담자의 기제로 이러한 저항의 극복은 중기 단계의 주요 과업 중 하나이다. 이 과정을 잘 극복하고 상담의 목표가 대부분 달성되면 종결 단계로 넘어간다.

3. 종결 단계

상담의 마지막 단계는 종결의 단계이다. 이제까지의 상담 과정에서 다루었던 내용을 요약하고 경험과 행동을 정리한 후에 미래에 대한 계획을 수립할 수 있게 도와주는 과정이다. 상담을 성공적으로 종결하는 것은 상담에 있어서 가장 중요한 성과로 볼 수 있다. 상담의 종결 단계에서 내담자는 상담의 목표를 효과적으로 달성하여 부적응적 행동으로부터 탈피하여 적응적 행동을 한다. 그리고 상담이 더 진행되지 않더라도 자기의 문제를 스스로 해결해 갈 수 있을 것이라는 자신감을 가질 수 있어야 한다.

종결은 상담자와 내담자의 합의를 통해 결정되지만, 일반적으로 내담자가 결정하는 것이 바람직하다고 본다. 대개 종결을 안내하는 시점은 다음과 같다.

- 상담 목표가 달성되었을 때
- 내담자가 전반적으로 긍정적 변화가 있을 때
- 상담 종료일의 70~80%에 이르렀을 때
- 예상 기간이 지나치게 초과되었을 때
- 상담의 효과를 앞으로 더 기대할 수 없을 때
- 내담자 또는 상담자에게 개인적 사정이 발생했을 때

종결 단계에서는 상담의 종결에 따른 사항을 다루는데, 상담 과정에서 다루는 내용을 최소화하는 단계가 되어야 한다. 종결 과정에서 주로 다루어지는 것은 상담의 종결 시점을 결정하고, 그동안 진행되었던 상담의 과정들을 정리하며, 상담을 통해 달성한 목표의 정도를 평가한다. 또한 상담의 미진한 부분이나 종결 후에 일어날 예상되는 문제들에 대하여 어떻게 조치할 것인가를 논의하여 대처 방안을 마련한다. 내담자가 성공적으로 사용한 기제를 강화하고, 장래 위기에 대처할 때 상담 과정에서의 경험들이 도움이 되게 하는 방법을 논의한다. 그 외에도 상담을 종결한 후에 올 수 있는 내담자의 허탈감이나 불안, 버려짐 등 종결에 따른 내담자의 감정을 다루고 상담자에 대한 내담자의 의존성 극복을 위한 방안을 마련하여야 한다. 마지막으로 추수상담에 대해 논의한다. 대개 내담자가 성인인 경우는 종결 후 1개월 후, 미성년자는 그보다 더 빠른 시일 내에 추수상담을 하는 것이 좋다.

종결의 단계에서 내담자는 다음과 같은 역할을 한다. 상담 과정에 대한 정리와 평가를 하면서 자신의 변화를 확인하고, 상담자와의 친밀했던 관계를 종결함에 따른 이별의 아픔을 받아들이고, 이후의 삶을 상담자에게 의존하지 않고 자신이 새로운 계획을 수립하여야 한다.

상담자는 상담의 목표가 달성되었는지, 미해결된 과제를 점검하고 내담자의 변화에 대한 긍정적 피드백을 제공함으로써 상담 종결 후에도 내담자가 변화된 행동을 유지하고 스스로 삶을 계획하고 수행할 수 있을 것이라는 격려를 한다. 더불어 종결로 인한 이별에 따른 내담자의 상실감과 상담자 자신의 감정을 다루어야 한다.

[글상자 4-1] 상담자와 상담 기술

일반적으로 '실력 있는 교사'란 어려운 내용이지만 최대한 쉬운 용어를 사용하여 최소한의 설명으로 학생이 이해하기 쉽게 가르치는 교사라고 할 수 있다. 그렇다면 어떤 상담자가 '실력 있는 상담자'라고 할 수 있을까? 물론 상담자는 내담자가 자신의 문제를 잘 해결할 수 있도록 돕고, 이와 유사한 문제가 발생하더라도 상담 과정에서의 학습을 바탕으로 스스로 문제를 해결할 수 있게 조력하는 역할을 한다.

이러한 상담자의 역할을 효과적으로 실행하는 전문성을 갖춘 상담자가 되기 위해서는 상담자의 인간적 자질과 자세, 그리고 상담에 대한 전문적인 기술이 필요하다. 즉 상담자가 전문적인 상담 기술을 충분히 연마하여 상담 장면에서 유연하게 사용할 수 있을 때 내담자는 자신의 문제를 깊이 이해하고 스스로 해결 방안을 찾고 실행할 수 있을 것이다. 따라서 '실력 있는 상담자'란 '상담자로서 갖추어야 할 인간적 자질과 자세를 바탕으로 내담자가 자신의 문제를 효과적으로 해결할 수 있도록 도울 수 있는 전문적 능력을 갖춘 사람'이라고 할 수 있을 것이다. 상담자의 전문적 능력에서 상담 기술(counseling skills)이란 우리가 수학을 배울 때 사칙연산을 기본으로 습득하듯이 상담 공부에서 가장 기본으로 습득하고 훈련해야 하는 것이다.

4. 초기 단계의 기술

상담의 초기 단계에서는 상담이 지속적이고 효과적으로 이루어지기 위해 상담자와 내담자의 촉진적 관계 형성이 가장 우선되어야 한다. 더불어, 상담 과정에서의 상담자와 내담자의 역할과 앞으로 이 상담의 진행 과정을 안내함으로써 내담자가 상담의 진행 과정에 대한 불안을 해소할 수 있게 돕는 상담의 구조화, 내담자가 호소하는 문제를 주의 깊게 들으면서 내담자의 문제를 깊이 이해하고 상담의 목표를 설정하기 위한 사례 개념화에 중점을 두어야 한다. 이러한 상담 초기 단계의 작업을 효율적으로 수행하기 위해 사용하는 상담 기술로는 관심 기울이기, 경청, 재진술, 반영, 명료화, 요약, 질문 등이 있다.

1) 관심 기울이기

(1) 관심 기울이기란

우리가 내담자에게 친밀감과 신뢰감을 형성하기 위해서는 내담자에게 관심 있음을 나타내는 관심 기울이기를 해야 한다. 관심 기울이기 행동은 대부분 비언어적 메시지로 다음과 같다.

첫째, 내담자의 눈을 부드러운 시선으로 바라본다.

둘째, 내담자와 적절한 거리를 두고 정면을 피하여 앉는 것을 권한다.

셋째, 상담자의 몸을 상대방을 향해 약간 기울인다.

넷째, 몸은 열린 자세로 상담자가 숨김없이 자신을 열어 보이는 것이다.

다섯째, 적절한 고개 끄덕임과 추임새를 넣는다.

여섯째, 내담자의 특성을 이해하고 내담자의 의사소통 방식과 태도를 있는 그대로 수용하며 그와 유사한 방식으로 반응을 하며 따라간다.

일곱째, 몸은 편안하게 이완된 상태가 되도록 하여 상담자의 편안함이 내담자에게 전달되어 내담자 역시 편안한 자세를 취할 수 있도록 돕는다.

여덟째, 손과 발을 너무 많이 움직이거나 하여 주의가 산만하지 않도록 하는 것이 좋다.

아홉째, 내담자의 감정 상태에 따라 적절한 목소리 톤으로, 말의 빠르기도 적절한 속도를 유지하는 것이 좋다.

(2) 관심 기울이기 방법

관심 기울이기는 상담자가 몸으로 체득하여 일상생활에서도 습관처럼 행할 수 있을 때 상담 장면에서도 자연스럽게 자세를 취할 수 있다. 따라서 상담을 공부하는 사람이라면 관심 기울이기를 숨쉬기처럼 편안하게 할 수 있는 훈련이 필요하다. 이간(Egan, 1994)은 상담자가 내담자에게 관심을 기울일 때 사용할 수 있는 미시적 기술을 머리글자로 '솔러(SOLER)'라는 말로 설명하였다. 그 내용을 소개하면 다음과 같다.

- S: 내담자를 정면으로 바라본다(Squarely). 내담자에게 관심을 가지고 내담자의 이야기를 들으려고 함을 나타낸다.
- O: 내담자를 솔직하고 개방적인 자세로 대한다(Open). 내담자에게 마음을 열어 내담자를 도와줄 자세를 취하는 것이다.
- L: 내담자를 향해 몸을 기울여 앉는다(Leaning). 내담자에게 몸을 기울인다는 것은 내담자와 함께 있으며 내담자에게 관심을 기울이고 있음을 전하는 것이다.
- E: 내담자와 좋은 시선을 접촉한다(Eye contact). 내담자에게 관심 있고 얘기를 듣고 싶다는 마음을 전한다.
- R: 상담자 자신이 편안하고 이완된 자세와 마음으로(Relaxed) 내담자를 대해야 한다는 것이다.

2) 경청

(1) 경청이란

내담자의 말과 행동을 경청하는 것은 상담자가 갖추어야 할 가장 기본이 되는 상담 기술이며 상담을 성공적으로 이끄는 주요 요인이다. 경청의 한자는 기울일 경(傾), 들을 청(聽)을 사용한다. 즉 몸을 기울이고 귀도 기울여서 상대의 마음과 하나가 되어 들어보는 것을 뜻한다. 상담은 상담자와 내담자가 언어적 상호 작용을 바탕으로 하는 것이기에 경청이 중요함은 당연하다.

로저스(Rogers, 1961)는 내담자를 가장 잘 아는 사람은 내담자이므로 상담자는 겸손한 자세로 내담자의 진술을 잘 따라가면서 경청하고 내담자에게 배우려는 자세가 필요함을 강조하였다. 내담자는 이러한 상담자의 경청만으로도 변화할 수 있다. 즉 경청은 내담자의 진술 중에서 내담자의 문제와 관련하여 더 중요하게 다룰 부분을 선택적으로 집중하는 것이기도 하다.

(2) 경청 방법

경청의 방법은 다음과 같다.

① 경청은 비언어적 행동인 관심 기울이기 행동을 바탕으로 한다.
② 상담자는 내담자 말의 내용과 그 이면에 숨어 있는 내담자의 감정과 욕구, 그리고 바람이 무엇인지를 듣기 위해 선택적 주의 집중을 한다.
③ 선택적 주목을 하면서 내담자에게 적절한 경청 반응을 한다.
④ 내담자를 깊이 이해하기 위한 질문을 한다. 질문을 통해 내담자는 잘 몰랐던 자신에 대해 탐색할 수 있게 된다.
⑤ 질문이 끝나는 즉시 상담자는 내담자의 말을 듣기 위한 자세로 다시 회로를 변경해야 한다.
⑥ 이러한 과정이 전체적으로 계속 순환되도록 하며 부분적으로는 반복될 수도 있다.

3) 재진술

(1) 재진술이란

재진술(paraphrasing)은 내담자가 진술한 내용 중에서 핵심적인 내용을 상담자의 말로 바꾸어서 되돌려 주는 기술로, 내담자와의 대화 중 내용인 인지적 측면에서 내담자의 말의 내용을 반영해 주는 것이라 할 수 있다. 또한 내담자가 자신의 문제에 초점을 두고 더 깊이 있게 탐색하고 말할 수 있도록 돕고, 상담자가 내담자의 말을 잘 듣고 있음과 내담자의 말을 제대로 이해하고 있는지를 확인하는 방법으로 사용한다.

(2) 재진술 방법

재진술을 하는 방법은 다음과 같다.

① 내담자가 말한 내용 중에서 가장 중요하게 생각되는 주제를 생각해 본다.
② 상담자는 내담자가 말한 내용 중 핵심을 파악하여 문장으로 만들어 본다.
③ 문장을 최소화하여 간결하게 표현한다.
④ 내담자의 반응을 관찰하여 적절하게 핵심 내용을 파악했는지 확인한다.
⑤ 만약 내담자의 핵심 내용과 다르다고 할 경우는 내담자에게 핵심 내용을 진술해 볼 수 있게 함으로써 자기 탐색을 돕는다.

재진술의 예시

내담자: 저는 대학만 졸업하면 취업할 수 있다는 부모님의 말씀만 믿고 대학에 입학했는데 대학을 졸업해도 취업을 못 하는 선배들을 보면서 부모님이 원망스럽고 고등학교만 졸업하고 취업을 한 친구들을 보면 제 마음이 복잡해집니다.
상담자: 자네는 대학과 취업에 대해서 생각이 많군.

4) 반영

(1) 반영이란

반영(reflection)은 내담자와 대화 중에 느껴지는 내담자의 감정을 상담자의 말로 표현하는 상담 기술이다. 즉 감정에 초점을 맞춘 재진술이라고 볼 수 있다. 카커프(Carkhuff, 1987)는 반영적 경청의 수준을 5단계로 나누고 상담자의 반응을 1.0부터 5.0의 점수로 평정하는 척도를 개발하였다. 청소년 내담자의 진술을 제시하고, 진술에 대한 상담자의 다양한 반영 반응으로 반영적 경청 수준을 살펴보기로 한다.

청소년 내담자 진술

내담자: 우리 반에서 저는 왕따예요. 친구가 몇 명 있긴 한데 걔들도 많이 친한 건 아니예요. 점심을 혼자 먹기는 싫어서 걔들 눈치를 보면서 밥 먹으러 가자고 먼저 말을 걸어야만 해요. 그런데 애들 말고는 말을 걸 수 있는 친구도 없어요. 학교생활이 엉망이에요.

① 1수준(1.0~1.5 반응): 내담자 진술의 주요 내용이나 감정과 다르며 오히려 내담자의 마음을 불편하게 하는 반응으로 위로, 충고, 훈계 등이다.
예) "그러면 니가 먼저 걔들에게 말을 걸면 되지 않니?"

② 2수준(2.0~2.5 반응): 내담자의 진술 내용 중 일부에 대해 반응은 하지만, 나머지에 대해서는 적절하지 않은 반응이다.
예) "너는 친구가 없구나."

③ 3수준(3.0~3.5 반응): 내담자의 진술 내용과 연관되는 감정에 대한 반응을 하는 것으로 촉진적 의사소통의 기본적인 수준이다.
예) "학교에 친한 친구가 없어서 마음이 많이 힘들겠구나."

④ 4수준(4.0~4.5 반응): 내담자의 진술 이면에 있는, 내담자가 말하지 않은 감정도 반영해 주는 고차적 수준이다.

예) "학교에 친한 친구가 없어서 외롭고, 학교생활도 원만하지 않아 학교를 계속 다니는 것에 대해 고민이 되겠구나."

⑤ 5수준(5.0 반응): 4수준의 반응에 더하여 내담자의 성장을 위한 바람과 문제 해결 방향으로 이끄는 실행 방안을 더하는 방식의 반응으로 고차적 수준이다.

예) "학교에 오면 친구도 있고 학교생활도 잘 하고 싶은데 어떻게 해야할 지를 잘 모르겠다는 거구나. 지금부터 나와 함께 찾아볼까?"

일반적으로 상담자의 의사소통 수준은 최소한 3수준인 의사소통의 기본적 수준 이상이 될 때 상담 장면에서 효과적으로 내담자를 도울 수 있다고 본다. 예시의 청소년 내담자를 여러분이 상담한다고 가정할 때 여러분은 어떻게 반응할 것인지를 작성해 보고 여러분의 반영 수준은 어느 수준에 있는지 점검해 보자.

(2) 반영 방법

반영을 하는 방법은 다음과 같다.

① 내담자의 언어와 비언어적 메시지에 주의를 기울이면서 내담자의 감정이 어떤 것인지 생각해 본다.

② 파악한 내담자의 감정을 내담자의 언어와 행동을 연관시킨 문장으로 만든다. 이때 감정의 정도를 포함하는 것이 내담자의 감정을 더 정확하게 전달한다.

③ 만든 문장을 언어로 표현한다.

④ 상담자의 표현에 대한 내담자의 반응을 관찰하며 반영의 효과를 평가한다.

반영은 다음과 같은 효과가 있다.

첫째, 내담자가 상담자로부터 이해받았다는 느낌이 들어 위안이 되며 치료적 효과가 있다.

둘째, 내담자가 자신의 인식 밖의 감정을 탐색하고, 인식하며, 수용할 수 있게 돕는다.

셋째, 내담자가 자신의 감정을 민감하게 알아차릴 수 있게 하여 자신의 감정을 관리할 수 있게 돕는다.

결과적으로, 반영은 내담자가 억압하거나 회피하여 알지 못했던 자신의 감정을 인식하고 받아들임으로써 자신의 문제를 회피하지 않게 하는 변화의 계기가 된다. 반영은 감정뿐만 아니라 내담자의 언어 내용과 자세, 몸짓, 억양, 눈빛, 표정, 얼굴 근육 등의 비언어적 행동이나 태도 등도 대상이 될 수 있다.

반영의 예시

내담자: 어제는 친구와 점심을 함께 먹기로 한 날이었어요. 지난주부터 계획한 것이라 무척 기다려지고 설레었는데 그 친구가 약속을 잊어버리고 다른 친구랑 점심을 먹고 있는 거예요.
상담자: 친구를 보면서 많이 놀라고 서운했겠어요.

5) 명료화

(1) 명료화란

명료화(clarification)는 내담자의 언어가 분명하지 않고 모호하거나 복합적일 때 그 언어를 명확히 하거나 의미를 확인하기 위해 사용하는 질문 형태의 상담 기술이다. 따라서 내담자는 질책하거나 따지는 것처럼 들릴 수도 있으므로 내담자와 충분한 관계 형성 이후 또는 명료화 질문 이전에 내담자의 감정을 먼저 읽어 준 후 사용하는 것이 효과적이다. 명료화는 불분명한 메시지들을 상담자가 정확히 이해할 수 있게 하고, 내담자는 상담자의 질문에 답을 하면서 자신의 경험을 구체화할 수 있게 되며 명확하게 진술할 수 있게 돕는다.

(2) 명료화 방법

명료화는 다음과 같은 방법으로 한다.

① 내담자의 진술에 감정이 느껴지면 먼저 그 감정을 반영한다.
② 상담자는 내담자의 말이 모호해서 그 말이 잘 이해되지 않음을 언어로 표현한다.
③ 내담자에게 그 말의 뜻이나 의미를 구체적인 예를 들어 설명해 달라고 요청한다.
④ 내담자의 답에 대해 적절한 상담자 반응을 한다.
⑤ 상담자의 요청이 직면 또는 비난처럼 느껴지지 않도록 시기와 내용의 면에서 주의하여 사용한다.

명료화의 예시

내담자: 친구들은 모두 나를 싫어해요.
상담자: 그런 생각이 들면 슬프겠어요(감정 반영). 친구들이 어떻게 할 때 당신을 싫어한다는 생각이 드나요?(어떤 친구들이, 언제부터, 얼마나 자주)

6) 요약

(1) 요약이란

요약(summarization)은 내담자가 말한 언어적 표현에서 핵심적 내용을 정리하고 비언어적 측면의 감정까지 종합하여 상담자의 말로 나타내 주는 기술이다. 요약은 한 회기 중 일부나 한 회기 전체, 또는 전체 상담 회기의 주요 내용을 종합하고 간추려서 전달하는 것이다.

요약의 내용은 내담자가 상담 중에 말한 내용 중 내담자가 중요하게 생각하는 부분이나 해결해야 할 것들 등에 대한 핵심을 정리하고 그에 따르는 감정을 상담자가 언어로 표현하는 것이다. 따라서 요약은 재진술과 반영을 합친 상담 기술로 볼 수 있다.

(2) 요약 방법

요약을 하는 방법은 다음과 같다.

① 상담자는 내담자가 한 말을 주의 깊게 듣고 핵심 내용과 감정을 파악해 본다.
② 내담자의 말의 내용 중 반복되는 주제나 그에 따른 감정이 무엇인지 생각해 본다.
③ 내담자 말의 핵심 내용들을 정리하고 그에 따른 감정들을 연결하여 문장을 만든다.
④ 내담자에 대해 정리한 문장을 언어로 표현한다.
⑤ 내담자의 반응을 보면서 요약한 것에 대한 효과를 평가한다.

요약은 대개 다음의 경우에 사용한다. 상담 회기를 시작할 때 지난 회기에 대해 정리하거나 한 회기를 마무리하면서, 내담자가 주제에서 벗어난 얘기를 길게 할 때 다시 주제로 전환시키기 위해서, 특정 주제에 대해 내담자가 모두 이야기한 것으로 보일 때, 그리고 전체 상담을 종결할 때 등이다.

요약은 다음과 같은 이점이 있다. 자연스러운 회기 시작과 종결을 돕고, 내담자가 인식하지 못한 내용적 측면과 그에 따른 감정에 대한 인식을 도우며, 기존과는 다른 대안 행동을 모색하는 데 도움을 주며, 상담 회기 또는 상담 전 과정에 대한 평가에 도움을 준다. 또한 상담자가 내담자의 말에 주목함을 확인시켜 준다.

요약의 예시

내담자: 저랑 친했던 친구 3명이 요즘은 저를 싫어하는 것 같아요. 왜냐하면, 나를 봐도 별로 반갑게 인사하지도 않고 밥 먹으러 갈 때도 저한테 같이 가자고도 하지 않아요. 그런데 생각해 보면 저도 걔들에게 먼저 전화하지도 않고 밥 먹자고도 안 해요. 그래도 나는 혼자이고 지네들은 여러 명인데 어떻게 이럴 수가 있어요.

상담자: 당신은 친구들의 행동을 보면서 당신을 싫어한다는 생각이 들어 많이 서운해하고 있군요.

7) 질문

(1) 질문이란

질문(question)은 내담자에 대해 더 많이 알고 더 잘 이해하기 위해서 필요한 것들에 대해 알아보고자 할 때 사용하는 상담 기술이다. 질문을 통해 상담자는 내담자에 대한 이해가 증가되고 내담자는 자신에 대해 구체적으로 탐색하고 더 많은 자기 노출을 할 수 있게 된다. 이때 상담자는 상담자의 호기심을 채우기 위한 질문을 해서는 안 된다. 또한 상담자는 상담 장면에서 어떤 경우에 질문이 필요한가를 알고 사용해야 한다.

질문은 상담의 전 과정에서 사용되는 상담 기술로 개방질문과 폐쇄질문, 어떤 이유(까닭)와 왜 질문, 간접질문과 직접질문 등 다양하다. 다양한 질문을 구체적으로 살펴보면 다음과 같다.

(2) 질문 유형

① 폐쇄질문과 개방질문

폐쇄질문은 내담자에게 단답형으로 답변을 하게 하여 정보를 제한하는 것이다. 답변은 간단하게 '예' 또는 '아니오'로 제한되어 정확하고 구체적인 정보를 탐색하거나 특정 내용에 대한 확인을 목적으로 사용한다.

개방질문은 다양한 답변을 유도하는 질문이다. 개방질문은 내담자가 자신의 문제에 대해 구체적이고, 다양한 관점으로, 깊이 있게 탐색하고 명료화할 수 있게 돕는다.

그러나 폐쇄질문이 필요한 때도 있다. 즉 상담자가 원하는 특정한 정보나 자료를 확인할 때, 상담자의 말을 이해했는지 확인을 하기 위해, 위협적이거나 위험한 상황에서 직접적으로 어떤 일이 있었는지를 물어볼 때 등이다.

개방질문과 폐쇄질문의 예시

내담자: 선생님들은 공부도 못하는 저 같은 애들에게는 눈길도 한번 안 줘요.
상담자: 정말? 한 번도 눈길을 안 줬어요? 선생님이? (폐쇄질문)
상담자: 선생님의 눈길을 받게 되면 어떤 기분이 들까요? (개방질문)

② '어떤 이유' 또는 '왜' 질문

'왜' 질문(why-questions)은 개방질문의 형태로 어떤 말이나 행동의 이유에 대해 탐색할 수 있게 돕는다. 그러나 '왜' 질문을 잘못 사용하면 내담자를 비난이나 질책하려는 의도로 받아들여질 수 있어서 내담자의 방어적 태도를 유발할 수 있다. 또한 질문에 대한 답을 생각하다 보면 감정보다는 사고에 초점을 맞추게 되는 단점이 있다. 이러한 문제 때문에 '왜' 질문보다는 '무엇'이나 '어떤'으로 시작하는 질문을 사용하는 것이 효과적이다.

'어떤 이유' 질문의 예시

내담자: 엄마는 제가 밥을 안 먹어도 밥 먹으라는 말도 안 해요. 어떤 때는 배가 고파 죽겠는데도 방에서 못 나가요. 엄마가 불러 줘야 나갈 수 있거든요.
상담자: 그런 상황이라면 너무 힘들겠어요(반영). 그런데 엄마가 부를 때만 방에서 나가는 어떤 이유가 있어요?

이 밖에도 간접질문과 직접질문이 있다. 간접질문은 평서문 형태의 질문이므로 내담자의 부담을 줄일 수 있으며, 직접질문은 구체적 사항에 초점을 맞춘 의문문 형태이며 일반적으로 사용하는 질문은 대부분 직접질문의 형식이다.

간접질문과 직접질문의 예시

내담자: 엄마는 제가 밥을 안 먹어도 밥 먹으라는 말도 안 해요. 어떤 때는 배가 고파 죽겠는데도 방에서 못 나가요. 엄마가 불러 줘야 나갈 수 있거든요.
상담자: 그런 상황이라면 너무 힘들겠어요(반영). 그런데 엄마가 부를 때만 방에서 나가는 이유가 무엇인지 궁금하군요. (간접질문)
상담자: 그런 상황이라면 너무 힘들겠어요(반영). 그런데 엄마가 부를 때만 방에서 나가는 이유가 무엇인가요? (직접질문)

이처럼 다양한 질문들을 언제 어떻게 사용할지에 대한 결정은 내담자의 특성과 문제 및 상황에 따라 상담자가 결정하며, 적절하게 사용된 질문은 내담자의 자기 탐색과 문제를 명료화하는 데 도움이 된다.

질문이 상담 과정에 도움이 되기 위해서 상담자는 질문할 때 다음과 같은 주의가 필요하다.

- 상담자는 자신이 질문하고 있다는 사실과 그 이유를 알아야 한다.
- 상담자는 자신의 질문이 내담자에게 도움이 되는 적절한 것인지 생각해 보아야 한다.
- 상담자는 자신의 즐겨 쓰는 질문의 유형이 어떤 것인지 검토해 봐야 한다.
- 상담자는 자신의 질문이 내담자에게 어떤 의미로 받아들여지는지 파악하고, 더 효과적인 질문을 연구해야 한다.

5. 중기 단계의 기술

상담의 중기 단계에서는 문제 해결을 위한 대안을 찾고, 이를 실행하기 위한 계획을 세우며, 내담자가 시도할 수 있게 동기를 강화하여 궁극적으로는 문제 해결을 실행하는 과정이다. 이러한 과정에서 사용되는 기술로는 해석, 직면, 즉시성, 자기 공개 등이 있다.

1) 해석

(1) 해석이란

해석(interpretation)이란 상담 기술 중에서 매우 복잡하고 어려운 기술이며, 내담자가 정확하게 의식하지 못하는 것을 알아차리게 해 주는 상담자의 설명이다(Hill, 2012). 즉 해석은 내담자의 말이나 행동, 사고 속에 담겨 있는 숨은 의미를 찾아내어 이를 다른 관점으로 제시함으로써 내담자가 자신이 가진 행동, 감정, 태도, 생각, 사건에 관해 다른 시각으로 볼 수 있게 돕는 적극적 상담 기술(Evans et al., 2000)이므로 전문성을 요구하는 기술이다.

일반적으로 내담자의 내면을 다루는 깊이는 반영, 명료화, 직면, 해석의 순으로 볼 수 있다. 반영은 내담자의 중요한 감정을 다룬다면 명료화는 더 많은 감정들을 다루며, 해석은 내담자의 가장 깊은 내면인 무의식에 관한 분석적 측면이라고 볼 수 있다.

(2) 해석의 방법

해석의 방법은 다음과 같다.

① 해석은 점진적으로 진행하는 것이 좋다.

② 해석은 반복적으로 제시한다. 해석은 내담자가 인식하지 못하는 부분을 다루기 때문에 수용하기 어려울 수 있다.

③ 단정적인 표현보다 암시적이거나 잠정적인 표현을 사용하는 것이 좋다. 예를 들어, "~라고 생각하세요?", "~에 대해 동의하시는지요?", "~라고 생각하는 것 같은데 어떠신가요?" 등으로 제시한다. 해석을 가설의 형태가 아닌 단정적이거나 비난의 형식으로 잘못 사용하는 경우는 내담자가 위협으로 느낄 수 있다.

④ 해석은 너무 지적인 측면에 치우치게 되면 내담자가 감정을 드러내지 않게 하는 방어의 수단으로 이용할 수 있으므로, 상담자는 내담자의 지적인 차원에 초점을 맞추기보다 감정적 차원에 초점을 맞춘 해석을 더 많이 해야 한다.

해석의 예시

내담자: 저는 엄마가 저한테 잔소리하거나 화를 내면 별로 안 서운해요. 그런데 아빠가 그러시면 제 가슴이 무너지는 것 같아요. 지난 일요일에도 그런 일이 있었는데 전 뭐라고 대꾸도 못 하고 제 방으로 들어가 종일 울었어요.

상담자: 아빠가 동생만 예뻐하고 당신은 미워한다고 생각하기 때문에 아빠의 걱정에도 서운해지는 것으로 보이는군요. 당신 생각은 어떤가요?

2) 직면

(1) 직면이란

직면(confrontation)은 한자로 곧을 직(直), 낯 면(面)을 사용하며 어떤 사물이나 사람을 직접 맞닥뜨리는 것이다. 즉 둘러서 모호하게 말하는 것이 아니라 직접적으로 전달하는 방법으로 내담자의 사고, 감정, 행동 등에서 모순이나 불일치한 어떤 것에 대한 상담자의 관점을 표현하는 것이다. 즉 내담자가 모르고 있거나 회피하려는 생각과 느낌에 주목하도록 하는 상담자의 표현이다. 상담자는 직면을 사용함으로써 내담자가 자신의 숨어 있는 의도나 욕구를 깨닫게 되고 자신에 대한 새로운 조망을 가지게 함으로써 내담자의 성장을 돕는다. 다음은 다양한 불일치의 유형과 예시이다.

① 내담자 말의 내용 간의 불일치

예) "저는 예쁜 척하는 여자들은 정말 혐오해요.", "저 정말 예쁘죠!"

② 말과 행동 간의 불일치

예) "저 오늘부터 다이어트 해요.", "저 오늘 점심때 친구랑 돈가스 먹었어요."

③ 두 가지 행동 간의 불일치

예) 내담자는 좋은 성적을 위하여 독서실을 가기로 하고 한 달 비용을 지불했다. 그러나 3일 후 내담자는 밤새 게임하느라 늦잠을 자서 학교에 지각했다.

④ 두 가지 느낌 간의 불일치

예) "저는 엄마를 바라보고 있으면 참 불쌍하기도 하고 원망스럽기도 해요."

⑤ 행동과 가치 간의 불일치

예) "늘 다른 사람들을 배려하면서 살고 싶어요."라고 말하는 내담자가 마스크를 사기 위해 줄을 서 있는데 새치기를 한다.

⑥ 자신의 인식과 경험 간의 불일치

예) "전 동생을 잘 챙기는 형이에요.", "전 동생이 울면 때려 주고 싶어요."

⑦ 이상적 자아와 실제적 자아 간의 불일치

예) "전 꼭 의대에 진학하여 병든 사람들을 치료하는 의사가 될 거예요.", "전 이번에도 성적이 반에서 중간 정도밖에 안 돼요."

⑧ 상담자와 내담자의 생각 간의 불일치

예) 성에 대해 개방적인 내담자와 보수적인 상담자가 성에 대한 문제를 상담하게 되었을 때

상담자가 직면 없이 공감적 이해나 지지만 해 준다면, 상담은 비생산적이고 공허한 말잔치로 끝날 수 있다(Egan, 2013). 이처럼 상담을 통해서 문제 해결과 목표 성취를 하기 위해서는 내담자에게 직면과 같은 도전은 필수적이라고 할 수 있다.

(2) 직면의 방법

직면은 다음과 같은 상황에서 사용할 수 있다. 즉 내담자 자신은 모르지만, 상담자가 볼 때 그의 언어나 행동에서 어떤 불일치가 발견될 때, 내담자가 자신의 욕구에 의해서만 상황을 바라보고 있어서 있는 그대로의 현실을 보지 못할 때, 내담자가 상담에서 어떤 주제나 감정을 피할 때, 다른 사람의 의견이나 생각, 느낌 등을 받아들이려 하지 않을 때 등이다.

상담자는 이와 같은 내담자에게 직면을 사용함으로써 다음과 같은 부분을 조력할 수 있다.

① 내담자가 가진 모순, 불일치, 일관성 없는 언어적·비언어적 메시지 등을 숨기지 않고 드러내게 해 준다.

② 내담자가 자신이 드러낸 행동, 사고 또는 감정 사이의 불일치에 대해 스스로 책임질 수 있게 한다.

③ 내담자의 지각을 확장하고 심층적 탐색을 하게 한다.

④ 변화는 통찰에 행동 실행이 뒤따를 때 가능해짐을 알게 한다.

이처럼 상담자는 직면 반응을 통해 내담자에게 그가 경험하고 있는 상황에 대한 대안적인 행동을 가능하게 함으로써 내담자가 예전의 경험에 대한 왜곡된 해석에서 벗어날 수 있게 한다. 그러나 직면은 심리적인 위협과 상처를 줄 수도 있으므로 주의하여 사용해야 한다.

직면의 주의점은 다음과 같다.

첫째, 내담자와의 충분한 신뢰가 형성되고 내담자가 변화의 의지가 있을 때, 즉 변화를 위한 준비가 어느 정도 되었다고 판단될 때 해야 한다.

둘째, 내담자의 부정적 측면에 대해서만 초점을 맞추는 것이 아니라 내담자가 지금껏 알지 못했던 강점들에 대해서도 직면을 사용할 수 있다.

직면의 예시

내담자: 저는 아빠가 정말 싫어요. 저한테 한 번도 칭찬을 한 적도 없고 맨날 잔소리만 하세요. 칭찬하면 입이 어떻게 되시나 봐요(눈을 피하며 웃는다).

상담자: 당신은 아빠 때문에 속상해하면서도 웃고 있군요. 당신은 아빠가 싫다고 하면서도 칭찬받고 싶어 하는군요.

3) 즉시성

(1) 즉시성이란

즉시성(immediacy)이란 내담자에 대한 상담자의 경험이나 감정을 솔직한 언어적 표현으로 전달하는 것이다. '지금-여기 즉시성'은 상담 장면에서 지금 내담자가 보여 주는 행동에 대해, 상담자가 느끼는 내담자와의 관계에 대한 내적 경험이나 감정을 상담자가 내담자에 중점을 두어 즉각적으로 반응하는 것이다.

이간(Egan, 1998)은 즉각적인 반응을 다음과 같이 3가지로 나누었다.

첫째, 내담자와 전체적인 관계를 검토하는 반응이다.

둘째, 다른 이슈들이 상담에서 일어나는 것처럼 내담자의 태도에서의 변화를 탐색하는 반응이다.

셋째, 현재 내담자에 대한 상담자의 정서적인 반응을 반영하는 상담자의 자기 관련 진술이다.

패터슨(Patterson, 1974)은 상담 관계에서 내담자의 행동과 역할은 다른 대인 관계에서의 역할을 나타내는 것이기 때문에 즉시성의 주제는 중요하다고 하였다. 상담 과정에서 상담자와 내담자 사이에 형성된 관계에 초점을 맞추는 것이 '관계의 즉시성'이다. '관계의 즉시성' 반응은 내담자가 가진 관계의 전반적 패턴을 상담자가 내담자와 논의하는 것이다. 이 반응을 통해 내담자가 관계에 대한 새로운 조망을 갖게 하며, 내담자가 더 효과적으로 자신의 관계 패턴에 대해 탐색할 수 있게 돕는다. 더 나아가 내담자가 상담자와의 관계에서 배운 것을 상담이 아닌 장면에서도 적용하도록 돕는 효과가 있다.

(2) 즉시성의 사용 방법

즉시성 반응은 다음과 같은 경우에 사용할 수 있다. 이장호와 금명자(2009)는 즉시성 반응의 사용 시기를 다음과 같이 설명하고 있다.

- 상담 시간 중 방향을 잃었거나 별 진전이 없을 때
- 상담자와 내담자 간에 긴장을 느낄 때
- 신뢰성이 대화의 주제가 되었을 때
- 사회적 계층이나 대인 관계 양식이 달라서 상담자와 내담자 간에 거리감이 있을 때

- 내담자의 의존성이 상담 과정을 방해할 때
- 상담자의 의존성이 상담 관계를 방해할 때
- 호감이 상담 과정을 방해할 때

즉시성은 상담자의 솔직한 정서 반응이어서 강렬하게 느껴질 수 있으므로 주의하여 사용해야 효과적이다. 촉진적 관계가 형성되기 전이거나, 비난이나 질책의 방식으로 사용하는 경우에는 오히려 내담자와의 치료적 관계를 저해할 수도 있다. 내담자는 상처를 받았다고 생각하거나 상담 자체에 대한 반발로 상담을 종결할 수도 있음을 염두에 두어야 한다.

즉시성의 예시

내담자가 계속 주제에 벗어난 주변 사람들에 대한 피상적 이야기를 계속하면서 상담자의 눈치를 살피곤 한다.

상담자: 당신은 오늘 상담에서 우리의 이야기가 아닌 다른 사람들에 관한 이야기를 계속하고 있군요. 저는 당신이 저와 상담을 계속하는 것에 대해 어떻게 생각하는지 궁금해집니다.

4) 자기 공개

(1) 자기 공개란

자기 공개(self-disclosure)는 내담자가 중점적으로 다루는 어떤 문제, 사고, 감정, 사건, 상황 등과 관련한 이야기를 할 때 상담자가 이와 유사한 자신의 경험을 전달하는 것이다. 자기 공개는 상담 초기에는 내담자와의 관계 형성을 위하여, 상담 중기에는 내담자의 변화를 위하여 활용하면 좋은 상담 기술이다.

자기 공개의 목적은 다음과 같이 다양하다.

첫째, 내담자와 유사한 점을 공유함으로써 내담자 자신만 그런 것이 아니라는 사실을 알게 되어 안도하게 되고 친밀감을 향상시킬 수 있다.

둘째, 상담 중에 보여 주는 상담자의 언행, 사고, 가치관 등이 내담자에게 요구되는 것일 때 내담자에게 모델링이 될 수 있다.

셋째, 내담자 자신에 대해 더 많이 탐색하고 예전에는 알지 못했던 자신의 긍정적 측면을 볼 수 있게 한다. 즉 상담자의 자기 공개의 내용에 따라서 내담자가 자신도 할 수 있을 것이라는 희망과 동기 부여가 될 수 있다.

(2) 자기 공개의 방법

자기 공개는 상담자가 아닌 보통의 사람들도 자주 사용한다. 그렇다면 일반인과 상담자의 자기 공개는 어떤 차이가 있을까? 모든 상담 기술이 그러하듯 자기 공개도 적절한 시기에 적절한 내용으로 적절한 분량과 깊이로 내담자와 공유하는 것이 내담자의 변화와 성장에 도움이 된다.

자기 공개의 예시

내담자: 선생님, 저 어제 여자 친구에게 차였어요. 3년을 사귀었는데 어떻게 다른 남자를 사귈 수 있어요? 제가 얼마나 잘해 줬는데, 어떻게 저에게 이런 일이 생겼는지 모르겠어요. 잠도 잘 수 없고 밥도 먹을 수 없어요.

상담자: 정말 슬프겠어요. 저도 한때 정말 사랑했던 사람과 헤어지면서 하루하루가 힘들고 고통스러웠던 적이 있어요.

6. 종결 단계의 기술

상담의 종결 단계는 설정한 목표를 실행한 후 성과를 평가하고 종결에 따른 문제를 다루는 단계이다. 이때 사용되는 기술로 정보 제공, 피드백 등이 있다.

1) 정보 제공

(1) 정보 제공이란

정보 제공은 내담자가 다양한 이유로 정보가 필요할 때, 그에 알맞은 정확한 정보를 명확하게 전달하는 상담 기술이다. 정보 제공의 내용은 어떤 대상, 활동, 행사에 대한 단순한 정보나 절차, 어떤 문제에 대한 잘못된 정보를 수정하는 것, 정보를 얻을 수 있는 자료나 출처를 제공하는 것 등이다.

정보 제공은 내담자가 어떤 것을 하도록 동기화할 수 있다. 또한 잘못된 정보로 인해 고통 속에 있던 내담자에게 정확한 정보를 제공해 줌으로써 고통과 두려움으로부터 헤어날 수 있게 돕는다. 정보 제공은 내담자의 어떤 결정을 돕고, 결정에 대한 확신이나 자신감을 가지게 할 수도 있고, 내담자가 문제 해결을 효율적으로 할 수 있게 돕거나, 어떤 기회를 얻을 수 있게도 한다는 장점이 있다.

(2) 정보 제공의 방법

정보 제공은 매우 간단해 보이지만 잘못하면 내담자의 숨은 의도를 놓치고 피상적 만남으로 끝날 수도 있으므로 주의가 필요하다. 이반(Evans, 1998)은 정보 제공은 내담자의 현재 욕구와 목표에 맞고, 내담자가 가장 잘 받아들일 시점에 사용하는 것이 좋다고 하였다. 즉 정보 제공은 내담자가 요청할 때, 또는 정보 제공이 내담자의 문제 해결에 도움이 된다고 판단될 때 내담자의 동의를 구하고 최대한 빨리 정보를 제공하는 것이 좋다.

정보 제공을 요청하는 것도 정보 제공의 수용과 실행에 대한 선택도 내담자가 하도록 한다. 효과적인 정보 제공 방법은 다음과 같다.

① 내담자의 욕구에 맞는 자료나 사실을 파악한다.
② 문제 상황에 관련된 정보만 제공한다.
③ 내담자가 정보를 잘 받아들이고 있는지 확인한다.
④ 정보는 직접적이고 명확하며, 구체적, 간결, 실질적이어야 한다.
⑤ 내담자가 활용 가능하도록 정보를 적절히 나누어 제공하는 것이 좋다.
⑥ 충고를 하는 것과 정보를 주는 것을 혼동해서는 안 된다.
⑦ 내담자의 가치관에 압력을 가하는 방법으로 정보를 제공하지 않도록 한다. 특히 정보 제공을 가장한 충고나 해결책 제시, 질책, 강요 등이 되지 않도록 주의해야 한다.

어떤 내담자는 상담실을 찾아오기는 했지만 자신의 힘든 마음이나 부끄러운 자신을 상담자에게 내보일 용기가 없어서 심리검사를 원한다거나 단편적인 정보에 대한 답만 요구하기도 한다. 따라서 상담자는 이에 대한 민감성도 훈련해야 할 필요가 있다.

정보 제공의 예시

내담자: 선생님이랑 상담한 내용은 엄마랑 우리 선생님께도 다 말하는 거 알아요. 저번 시간에도 엄마가 우리가 한 얘기 다 아는 것 같던데요. 이제부터는 말조심할 거예요!
상담자: 그렇게 생각했다면 많이 서운했겠네. 지난 시간에 너에게 비밀 보장에 관해 설명했었던 것처럼 우리가 한 얘기는 비밀 보장이 되고 선생님은 다른 사람에게 너의 이야기를 하지 않는단다. 그리고 그건 상담자가 꼭 지켜야 할 윤리로 이것을 지키지 않으면 상담전문가의 자격을 박탈당한단다.

2) 피드백

(1) 피드백이란

피드백(feedback)이란 상담자가 내담자를 어떻게 지각하고 있는지에 대해 분명하게 제시해 주는 언어적 반응이다. 내담자에게 자신의 행동을 돌이켜 볼 수 있도록 내담자의 행동이나 그 결과가 상담자에게 미치는 영향을 그대로 알려 주는 것이기도 하다. 예컨대, 상담자의 자기 공개와 즉시성도 일종의 피드백에 해당한다. 상대방에게 도움이 되기 위해서는 올바르게 피드백하는 것이 중요하다.

(2) 피드백의 방법

피드백을 효과적으로 하는 방법은 다음과 같다.

① 피드백은 관찰 가능하고 구체적인 행동에 대한 것이어야 한다.
② 어떤 행동에 대해 즉각적으로 반응한다.
③ 비난이나 비판이 아닌 긍정적 의도를 가지고 하되 변화를 강요해서는 안 된다.
④ 객관적이고 사실적이며 간결하게 진술해야 한다.
⑤ 내담자의 강점과 변화 가능한 것에 초점을 맞춘다.
⑥ 가능한 대안을 제시하는 것이 좋다.
⑦ 내담자가 피드백을 받아들일 준비가 되어 있을 때, 받아들일 수 있을 만큼 한다.
⑧ 집단상담에서는 여러 사람이 한 피드백을 할 때 효과적이며 피드백을 받는 사람은 이를 받아들이는 자세가 필요하다.
⑨ 피드백을 하고 난 후에는 내담자의 반응을 보면서 어떻게 받아들이고 있는지를 살펴보아야 한다.

피드백의 예시

내담자: 그동안 상담을 통해 제가 친구들의 입장은 생각하지 않고 늘 저만 생각하고 서운해하고 원망하고 했던 것을 알게 되었어요. 너무 부끄러워서 어떻게 친구들을 다시 봐야 하나 걱정이 되기도 하고 앞으로 친구들에게 같은 실수를 하게 될까 봐 걱정이 되기도 해요.

상담자: 이렇게 짧은 상담을 통해서 그런 알아차림을 했다는 건 당신이 변화에 대한 의지가 강하고 친구들을 사랑하는 마음이 크기 때문이라는 생각이 들어서 저도 참 기쁘고 앞으로의 당신이 기대되는군요.

5장

정신분석학적 상담

1. 도입

1) 주요 인물
2) 인간관

2. 주요 개념

1) 행동 동기
2) 의식 구조
3) 성격 구조
4) 불안
5) 자아 방어기제
6) 성격 발달

3. 상담 과정과 기법

1) 상담 목표
2) 상담 과정
3) 상담 기법

4. 평가

1) 공헌점
2) 제한점

표현되지 못한 감정은 결코 사라지지 않는다.
이 감정은 그대로 묻혀 있다가 어느 날 추악한 방식으로 나타난다.
- 지그문트 프로이트 -

프로이트의 정신분석은 정신분석적 이론에 따른 정신분석적으로 지향된 심리 중재를 가리킨다. 따라서 정신분석은 성격 이론, 성격 평가와 성격 변화의 절차 등을 담고 있다(Michels, 1988). 프로이트의 이론은 신체적 문제가 생리학적·신경학적 원천에 근거한 것이 아니라 마음, 특히 사람 자신이 인식할 수 없는 마음에 있음을 체계적으로 제시한 최초의 이론으로 볼 수 있다. 1890년대 중반, 이론이 구성된 후부터 45년간 끊임없이 수정되어 이론의 완성도가 향상되었다(Gay, 1988).

정신분석학은 심리학의 다양한 연구 분야뿐만 아니라 정신의학, 문학 및 예술 등 사회의 거의 모든 분야에서 시대정신으로서 그 힘을 크게 발휘하였다. 하지만 과거만큼 영향력이 크지 않다. 그럼에도 여전히 전통적 정신분석학의 기본 가정들과 중요 개념은 그 빛을 완전히 잃지 않았다.

1. 도입

1) 주요 인물

지그문트 프로이트(Sigmund Freud, 1856~1939)는 인간의 거의 모든 행동은 성적(性的) 색채를 지닌 동기에 의해 발생한다는 것을 체계적으로 제시한 정신분석학의 창시자다. 정신분석학은 유럽과 북미에서 널리 인정받은 최초의 심리학 이론으로 볼 수 있으며(Erford, Hays, Crockett, & Miller, 2011), 다양한 학문적 토대를 가진 많은 상담가들에게 큰 영향을 끼쳤다. 이 상담가들 중에는 융(Jung), 안나 프로이트(Anna Freud), 에릭슨(Erikson), 설리반(Sullivan), 메이(May), 펄스(Perls) 등이 있다.

프로이트는 1856년 프라이베르그(Freiberg)에서 아마릴 프로이트(Amalie Freud)의 다섯째 아들로 태어났다. 태어날 때 그의 머리는 수도승 모자와 비슷하게 생긴 얇은 양막으로 싸여 있었다. 이 당시 유럽에는 양막을 쓰고 태어난 아기는 위대한 인물이 된다는 전설이 널리 퍼져 있어 프로이트는 유명한 인물이 되어 세계사에 이름을 남길 것이라는 기대 속에 성장하였다.

프로이트는 과학 적성이 뛰어난 매우 훌륭한 학생으로 비엔나 대학에 입학하여 생리학과 의학을 공부하였고 의학 학위를 받았다. 프로이트의 최초 연구 업적은 마취제로써 코카인을 사용한 것이나 이 업적은 다른 동료에게 빼앗겼다. 이에 실망하지 않고 프로이트는 해외 여행을 하면서 새로운 업적을 쌓았으며, 파리에서 최면술로 치료를 하는 프랑스 신경학자 샤르트(Charcot)와의 만남도 여기에 포함된다. 이 만남을 통해 프로이트는 의학적 방식으로 설명되지 않는 신체적 어려움은 마음의 문제라는 아이디어를 갖게 된다. 신체적 어려움을 심리적 원인에 근거해 치료하려면 마음이 작동하는 방식에 대한 철저한 이해가 필요하였으나 프로이트 시대에는 이용할 만한 지식이 없었다.

프로이트는 30대 초반에 인간 마음의 본질과 작동 방식을 밝히는 일에 자신의 인생을 바치기로 결심하였다. 39세인 1895년 브로이어(Breuer)와 함께 『히스테리에 대한 연구(*Studies on Hysteria*)』(1895)를 출간하였다. 1900년과 1939년 사이, 약 40년 동안 프로이트는 21권의 책을 저술하였다. 프로이트의 이론들은 독립되어 있으나 서로 연관된 소이론들로 구성되어 있으며(Gay, 1988), 프로이트는 인생의 대부분을 정신분석학의 확장을 위해 노력하였다(Corey, 1990).

2) 인간관

프로이트의 관점에서 심리적 문제와 관련된 행동은 마음속 힘들 간 충돌로 발생하며 이 충돌은 대부분의 경우 무의식적 수준에서 발생한다. 즉 심리적 문제를 일으키는 힘(force)은 내적 충돌이다. 프로이트는 물리학과 생물학 등이 큰 진전과 발전을 이룬 시기에 살았다. 프로이트가 3세 때 『종의 기원(*The Origin of Species*)』(1859), 4세 때 『정신물리학의 원리(*Elemente der Psychophysik*)』(1860)가 출판되어 인간이 다른 동물과 다르지 않으며 심리적 속성도 측정 가능할 수 있다는 것이 널리 알려졌다. 또한 19세기 중엽 '에너지 불변의 법칙'이 등장하면서 물리학에서는 에너지에 대한 관심이 증폭되었다. 의학을 공부한 프로이트도 이런 자연과학적 지식들을 자신의 이론을 구축하는 데 활용하였다. 특히 프로이트는 에너지 개념과 에너지 불변의 법칙을 인간의 정신 활동 영역에도 적용하여 심리적 에너지, 즉 리비도 에너지(libidinal energy)를 도입하였으며 생물인 사람도 폐쇄된 에너지 체계를 가지고 있다고 보았다. 정신분석학에서 심리적 에너지인 리비도는 (형태에서) 변할 수는 있으나 소멸되지 않는다. 이 아이디어가 정신분석학에서의 성격 내 에너지의 발산과 변환, 역동성(dynamics)을 통해 나타난다.

심리적 에너지는 생물학적으로 타고난 것으로 마음에 자리 잡고 있으며 행동은 이 에너지 발산의 결과다. 이를 근거로, 프로이트는 인간의 모든 행동은 원인이 있다는 결정론(deterministic)을 제안하였다. 다시 말하면, '모든 행동에는 의미가 담겨 있으며 우연히 발생하는 행동은 없다.'(Liebert & Liebert, 1998, p. 77). 심리적 에너지인 리비도는 '움직이는 힘(driving force)'이라는 의미를 가지며 추동(drive)으로 번역되기도 한다.

프로이트에 의하면 마음의 구조와 내용, 즉 성격은 출생 후 6~7년쯤이면 완성된다. 성격은 무의식적 동기, 비합리적 힘, 생물학적 추동 및 심리성적 활동 등에 의해 완성되며 이 과정에서 사람은 내적 갈등을 경험한다. 내적 갈등이란, 마음의 구조들 간 충돌을 뜻한다. 프로이트는 심리적 에너지가 의식적 수준에 도달하면 사람은 극단적 불안을 경험한다고 하였다. 그래서 사람은 불안을 감소시키기 위해 또는 없애기 위해 에너지를 즉각적으로 발산하려는 행동을 시도한다. 이 시도가 성공적이면 에너지의 누적은 잠시 멈추게 되어 불안을 경험하지 않게 된다. 그러므로 인간의 모든 행동은 쾌(불안의 부재 상태)에 도달하기 위해 발생하는 것이다. 이는 쾌락주의(hedonism)를 뜻한다.

마지막으로, 프로이트는 인간은 출생하면서 마음의 가장 기본 구조인 원자아(id)만 갖고 있어 천사보다는 악마에 가깝다고 보았다(Libert & Libert, 1998). 이 견해는 프로이트가 성선설보다는 성악설을 더 지지하는 입장에 있음을 알 수 있다.

2. 주요 개념

1) 행동 동기

프로이트의 정신분석학은 현대적 성격 이론이기도 하고 동기 이론이기도 하다. 프로이트는 사람의 행동 및 사고, 감정 등의 원인을 인간 내부에서 찾은 제안자로서 동기에 대한 광범위한 이론적 구조를 제시하였다. 이런 특징을 강조하여 프로이트의 이론을 심리역동 이론(psychodynamic theory)으로 칭하기도 한다.

앞서 언급한 것처럼, 프로이트가 살았던 시대 과학자들은 기계를 작동시키는 힘에 대한 관심이 많았다. 어떤 기계든 에너지가 공급되지 않으면 작동하지 않는다. 프로이트는 이를 사람에게 그대로 적용시켜 사람을 작동하게 하는 에너지, 리비도를 제안하였다. 이 에너지는 외부에서 유입될 수 없으며 외부로 유출되지도 않는다. 프로이트에 의하면, 정신작용을 가능하게 하는 리비도적 에너지가 발산되지 않고 계속 누적되면 사람은 신체적 긴장 및 심리적 불안을 경험한다. 신체적 긴장 및 심리적 불안, 즉 추동이 발생하면 사람은 이 긴장 및 불안을 감소시키는 방향으로 행동을 하려 한다. 이 과정에서 긴장 및 불안을 감소시키는 행동–생각, 이미지, 환상 등의 정신적 표상–에 심리적 에너지가 투자된다. 이 투자 과정이 고착(cathexis)이다. 고착에 투자되는 에너지의 양이 클수록 다른 고착이나 정신 활동에 사용될 수 있는 에너지의 양은 감소된다. 한 번 발생한 고착이 영원히 유지되는 것은 아니다. 관심을 두는 사람이나 대상이 변하면, 고착 지점도 변한다.

프로이트는 추동에는 두 유형이 있다고 가정하였다. 바로 자기 보존 추동과 성적 추동이다. 첫째 자기 보존 추동은 우리의 모든 신체 요구에 동반되는 것으로 숨쉬기, 갈증, 배고픔, 배설 등이 포함된다. 둘째 추동은 성적 추동이다. 감각으로 경험하는 거의 모든 것이 성적 추동이다. 이 성적 추동은 인간을 움직이게 하는 심리적 에너지이며 리비도로 명명되었다. 행동의 원천으로서의 심리적 에너지인 리비도는 에로스(Eros)와 타나토스(Tanatos), 두 유형이 있다. 전자는 '사랑을 향한 힘'이고 후자는 '죽음을 향한 힘'이다. 후자는 나중에 '공격을 향한 힘'으로 수정되었다. 성적 추동과 공격 추동 중 에너지 발산을 위한 요건, 즉 만족 충족의 요건들이 매우 제한적인 것이 성적 추동이다. 성적 추동이 인간의 모든 힘들 중에서 가장 충족되기 어려운 것은 이 추동의 발산과 관련한 제약들이 너무 많기 때문이다. 그래서 프로이트의 정신분석학에서 성적 추동이 인간의 많은 행동을 설명할 수 있는 원인이 된 것이다.

요약하면, 프로이트 이론에서 리비도는 정신 활동의 기본 원천으로 출생 이후 6~7년 동안의 기억과 경험을 담고 있다. 리비도는 무의식 수준에서 작동하며 사람의 성격과 행동에 강력한 영향을 미친다. 그러므로 대부분의 행동은 사람이 인식할 수 없는 힘, 특히 성적 추동에 의해 동기화된다.

2) 의식 구조

프로이트에 의하면, 마음은 인식 수준(awareness level)에서 의식적(conscious), 전의식적(preconscious), 무의식적(unconscious) 영역으로 나뉜다. 즉 의식적 마음, 전의식적 마음 및 무의식적 마음 등이 있다. 의식적 마음은 외부 세상과 현실에서 작용하고 전의식적 마음은 의식과 무의식 마음 사이에서 작동하고 무의식적 마음은 의식적 마음과 전의식적 마음에 영향을 미치지만 영향의 내용은 나머지 두 마음이 인식할 수 없다. 프로이트식 마음에서 우리가 인식할 수 있는 영역은 대략 10분의 1이다(Liebert & Liebert, 1998).

(1) 의식

의식은 우리가 일상에서 '마음'이라고 이야기할 때의 '그' 마음이라고 볼 수 있다. 이때 우리가 말하는 마음은 지금 내가 하는 생각이나 떠올린 기억, 상상하고 있는 이미지 등이다. 그래서 사람은 자신의 마음, 즉 의식 내용에 접근하여 이 내용을 활용할 수 있다.

(2) 전의식

전의식은 무의식과 의식 사이에 있으며 기억과 경험을 담고 있다. 전의식에 담긴 내용들은 최소한의 노력만으로 쉽게 인식될 수 있다(Eremie, 2005; Gladding, 2005). 즉 의식 수준으로 떠오를 수 있다. 예를 들면, 친구들과 점심으로 뭘 먹을까에 대해 대화를 하던 중 갑자기 오후 수업 과제를 완성하지 못했다는 것이 생각날 수 있다. 미완성 과제에 대한 생각은 조금 전까지 의식 수준에 없었으나 전의식 수준에서는 존재하고 있었다고 볼 수 있다.

(3) 무의식

무의식은 사람이 태어날 때부터 갖고 있던 마음의 전체(entity)이면서 (성장한) 마음의 대부분을 차지한다. 무의식에는 원시적인 심리적 추동과 함께 경험으로 얻게 된 심리적 추동들이 담겨 있다. 정신 활동, 즉 의식적 회상을 통해서는 절대로 인출될 수 없는 마음의 내용들이 무의식에 담겨 있다. 무의식에 저장된 내용들에 마음의 주인은 절대로 접근할 수는 없으나 이 내용들은 주인의 행동에 영향을 미친다. 간단히 말하면, 대부분의 행동은 행위자가 전혀 알지 못하는 힘에 의해 동기화된다. 사람은 자신에게 해롭거나 위협이 되는 추동, 기억, 감정 등은 억압이라는 무의식적 과정을 통해서 인식 수준 밖에 있게끔 적극적으로 막아 낸다. 이런 무의식적 내용들은 위장된 형태 또는 상징적 형태로만 의식에 입장한다.

3) 성격 구조

성격은 3가지 영역, 즉 원자아(id), 자아(ego) 및 초자아(superego)로 구성되어 있다. 사람이 태어나면서부터 갖고 있는 성격 구조는 원자아다. 나머지 두 구조는 원자아에서 파생된 것이다.

자아와 초자아는 인식의 세 수준 모두에서 작동하지만 주로 무의식적 수준에서 기능한다. 그러나 원자아는 무의식적 수준에서만 작동한다. 사람의 행동이라는 측면에서 보면, 원자아는 추동의 즉각적 만족을 지향하는 행동을, 자아는 처벌이나 불쾌를 지양하는 행동을, 초자아는 윤리적이고 이상(ideal)을 지향하는 행동을 담당한다.

(1) 원자아

출생 시 사람의 성격은 한 구조, 즉 원자아만으로 구성되어 있다. 원자아는 모든 추동의 저장소이며 신체적 결핍과 결핍 과정에서 직접적으로 나오는 에너지를 담고 있다. 사람들은 배고픔이나 목마름 같은 신체적 요구(결핍)가 생기면 이를 해결하고자 행동한다. 이 행동을 통해서 신체적 요구는 감소되며 신체적 긴장은 해소되어 이를 (심리적) 만족감으로 경험한다.

원자아는 신체적 요구로 에너지가 누적되면, 누적되는 것과 동시에 발산시키려 한다. 즉 신체적 요구를 즉각적으로 충족시키려 하는데 원자아는 에너지의 발산을 지연시킬 수 없다. 다시 말해, 원자아는 만족에서 지연을 견디지 못한다. 원자아의 이런 조절적 속성을 쾌락 원리(pleasure principle)라 한다. 쾌락 원리란, 긴장의 즉각적 감소 지향을 의미한다.

원자아가 즉각적 긴장을 감소시키는 기본 방식은 반사 행동(reflex action)과 일차사고 과정(primary process)이다. 원자아는 가장 원초적 수준에서 반사 행동을 통해 작동된다. 즉 신체에 대한 내적 자극 및 외적 자극에 대해 사람은 자동적이고 즉각적으로 반응하며 그 결과 이 자극이 발생시킨 긴장 및 스트레스는 즉시 제거된다.

[글상자 5-1] 프로이트의 성격 구조 3가지 용어 설명

라틴어 id는 독일어 'das Es'에서 파생된 글자로, 그대로의 의미는 '그것'이다. 영어로 옮기면 'the It'으로 번역될 수 있다. 라틴어 ego는 독일어 'das Ich' 에서 파생되었으며 의미는 '나'다. 영어로 옮기면 'the I'로 옮길 수 있다. 그리고 성격의 마지막 구조는 독일어 'das Uberich'로 문자 그대로의 의미는 '나를 넘어서'라는 뜻이며 영어는 'superego'다.

출처: Libert & Libert(1998).

원자아가 아무리 즉각적 만족을 추구하더라도 현실적으로 만족에서의 지연은 일어날 수밖에 없다. 원자아는 이런 상황에서 만족 지연 또는 긴장을 감당할 수 없기에 성격 구조로 원자아만 있는 유아는 신체적 요구(예: 배고픔, 신체적 불편감)가 생기면 바로 울음을 통해 이를 해결하고자 한다. 주변의 성인은 울음을 들으면 거의 대부분은 즉시 아기의 요구를 충족시켜 줄 수 있는 행동을 한다. 그러면 심리적 에너지는 발산되어 만족 상태에 도달해 한동안 이 상태에 머물 수 있다. 그러나 때로는 유아의 울음에 어떤 이유로든 즉각적으로 반응하지 못하는 상황이 만들어지면 유아는 현실적으로 에너지를 발산시킬 수 없다. 이런 상황에서 유아는 신체적 요구에 대응하는 대상을 심상으로 제작한다. 이렇게 제작된 가상의 산물은 잠시 동안 에너지를 발산시키는 것처럼 작동한다. 이렇게 에너지 발산을 위해 가상적 산물을 제작하는 과정을 일차 사고 과정(primary process)이라 한다. 유아가 일차 사고 과정을 통해 짧은 순간이나마 요구가 충족되기에 이 경험을 소원 충족(wish fulfillment)이라 한다.

일차 사고 과정에서는 실제로 충족된 상태와 심상으로 충족된 상태가 구분되지 않는다. 그래서 실제 음식과 음식에 대한 상상은 유아에게 동일한 경험을 만들고 이는 원자아를 만족시킨다. 그렇지만 음식에 대한 상상으로는 신체적 긴장을 감소시킬 수는 없다. 사람의 삶에서 원자아가 신체적 긴장이 발생하자마자 즉각적으로 감소되는 경우는 태아일 때뿐이다. 출생하면서부터 사람은 만족 지연을

경험할 수밖에 없다. 유아가 만족 지연을 견디는 능력을 어쩔 수 없이 발달시키면서 유아 자신과 외부 세상이 분리되어 있다는 인식이 발달된다. 이 인식 덕분에 성격의 둘째 구조인 자아가 형성·발달된다.

(2) 자아

자아는 생후 6개월부터 서서히 출현한다(Liebert & Liebert, 1998). 자아가 작동하기 위해서는 원자아의 심리적 에너지를 빌려 와야 한다. 심리적 에너지의 양은 제한되어 있기 때문에 자아로의 에너지 이동은 원자아 기능에 필요한 에너지가 부족하다는 것을 뜻한다. 그 결과, 유아는 만족 지연을 기꺼이 받아들일 수밖에 없다.

자아는 적절한 상황 또는 실제 대상이 나타날 때까지 기다리면서 에너지 해소(발산)를 미루는 현실 원리(reality principle)에 의해 조절된다. 쾌락 원리가 내적으로 지향되어 있다면 현실 원리는 외적, 즉 '진짜' 세상의 제약을 지향한다. 자아는 현실적 제약으로 쾌를 일시적으로 미룬다.

자아는 외부 세상의 표상이다. 원자아의 일차 사고 과정은 (결핍으로 인한) 요구를 만족시키기 위해 대상이나 상황을 확인한다. 그러면 자아의 이차 사고 과정(secondary process)이 실제 대상이나 상황을 얻기 위한 전략을 세운다. 이때 자아는 현실적으로 사고하고 문제를 해결한다. 이는 지적 과정에 의해서 이루어진다. 백일몽은 이차 사고 과정을 보여 주는 예이며 자아의 현실 경계의 속성을 보여 준다.

또한 인간은 개별적이면서 사회적 존재로 기능한다. 이를 위해 사람은 신체적 현실의 직접적 제약과 함께 사회적 규준과 금지를 다룰 수 있어야 한다.

(3) 초자아

초자아는 부모 및 사회 가치의 내적 표상이다. 초자아는 현실보다는 이상(ideal)을 추구한다. 초자아는 어떤 행동의 유용성과는 별개로 행동 그 자체가 옳은 것인지, 잘못된 것인지를 판단하다. 행동과 사고가 인정받을 수 있는 거라면, 사람은 자부심 또는 만족감, 소중함 등을 경험한다.

초자아는 양심(conscience)과 자아 이상(ego ideal)으로 나뉜다. 양심은 도덕적으로 옳은 행동을 강요하며 2가지 방식으로 작동한다. 하나는 쾌락에 대한 원자아의 추동 억제이고, 다른 하나는 자아가 도덕적 염려에 초점을 맞추도록 설득하는 것이다. 자아 이상은 이상적이고 완벽한 목표를 추구하는 것이다(Edwards, 1987).

초자아는 합병(incorporation) 과정을 통해 발달한다. 즉 우리가 음식을 섭취하는 방식과 비슷한 방식으로 부모의 가치를 받아들이는 것이다. 합병은 대략 4세경에 시작된다. 이 과정을 통해서 아동은 동성 부모의 도덕적 가치와 규범을 흡수한다. 프로이트는 이를 방어적 동일시로 명명하였다. 아동은 부모가 제공하는 사랑과 따뜻함, 안전 때문에 이성의 부모도 사랑하게 된다. 즉 부모 모두를 사랑하게 된다. 이런 연합으로 아동은 두 사람의 도덕적 가치와 이상을 모두 중요하게 여기게 된다.

성격의 세 구조인 원자아, 자아 및 초자아가 발달하게 되면 원자아에 묶여 있던 심리적 에너지는 세 구조 각각으로 나누어지며 이 구조들 사이로 흐르고 요동치게 된다. 자아는 원자아의 요구, 현실에서 제시하는 기준, 초자아가 강요하는 한계 등을 조절한다. 즉 자아는 추동이 현실적이고 사회적으로 인정받는 방식으로 충족되도록 작동한다.

심리 내적 갈등(intrapsychic conflict)은 성격의 한 측면이 다른 측면들 중 하나 또는 모두의 목적에 반할 때 발생한다. 다시 말하면, 심리 내적 갈등은 원자아가 즉각적 만족을 요구하기 때문에 발생한다. 때로는 성격의 세 측면 모두의 목적들이 갈등을 일으킬 수도 있다(Rangell, 1988). 이 갈등의 해결은 추동을 제거하거나 추동을 직접적으로 표현하거나 추동의 방향을 재설정하는 등의 방식으로 이루어진다. 추동은 완벽하게 제거될 수 없는 것으로 가정되고 있어, 추동이 의식적 수준에서는 제거될 수 있으나 전체 성격 체계에서는 제거되지 않는다. 추동이 직접적으로 표현되면, 자아가 흥분에 의해 압도당하기 때문에 그리고 사람이 강렬한 불안을 경험하기에 추동이 직접적으로 드러나는 경우는 드물다. 그래서 대부분의 심리 내적 갈등은 추동 방향을 재설정하는 방식으로 조절되며 이 방식은 갈등 중인 성격 구조 간 타협을 낳는다.

심리 내적 갈등은 정상적 성격 기능의 일부다. 심리 내적 갈등의 해결은 자아가 수행하는 방어 과정에서 일어나며 이 과정에는 심리적 에너지가 투입된다. 자아가 심리 내적 에너지를 최소화하여 심리적 에너지를 적게 사용할수록 자아의 고차원적 심리 기능에 사용할 수 있는 에너지는 더 많이 남는다.

4) 불안

불안은 곧 발생하는 위험을 알리는 신호다. 위험의 원천은 외부적일 수도 내부적일 수도 있다. 프로이트의 불안은 항상 내적인 것, 즉 원자아의 추동이 표현되는 것이다. 내적 갈등은 불안으로 경험하게 된다. 프로이트의 이론에서 불안은 현실적 불안, 신경증적 불안, 도덕적 불안 등 3가지 유형이 있다.

(1) 현실적 불안

현실적 불안(reality anxiety)은 실제 위협이 존재할 때 느끼는 감정이다. 현실적으로 사람을 위험에 처하게 만드는 다양한 요인들, 즉 화재, 지진, 강도 등을 만났을 때 사람이 느끼는 감정이다.

(2) 신경증적 불안

신경증적 불안(neurotic anxiety)은 원자아와 자아 간 갈등으로 인해 발생한다. 자아는 추동을 해소하려 하고 자아는 이 추동에 대한 현실적 제약을 가하기에 생기는 불안이다. 신경증적 불안을 겪는 사람은 잘못된 행동에 대한 지적에 대해서도 분노를 드러냄으로써 신경증적 불안을 겪고 있음을 의도치 않게 드러낸다.

(3) 도덕적 불안

도덕적 불안(moral anxiety)은 원자아와 초자아 간 갈등으로 인해 발생한다. 이 갈등은 자신 또는 사회적 도덕 원리나 규칙을 위배할지도 모른다는 것에 대한 두려움이다. 그리고 이 상황에서 자아 추동도 도덕적이고 이상적 기준과 대립된다. 도덕적 불안을 겪는 사람에게서 이 갈등은 죄책감이나 자신 책망, 부끄러움으로 표현된다.

5) 자아 방어기제

(1) 자아 방어기제 특징

자아 방어기제(ego defensive mechanisms)는 자아의 무의식적 과정에서 작동하는 것으로 이 과정은 (원자아의) 직접적으로 표현되고자 하는 혼란스럽고 무의식적인 사고를 막아 낸다. 그래서 이 과정이 우리 안에서 발생하고 있지만 우리는 이를 알 수 없다. 그러나 다른 사람들은 우리의 이 무의식적 과정을 알아차릴 수 있다.

방어 당하고 있는 재료들은 자아 또는 초자아에게 너무 위협적이거나 인정할 수 없는 추동이거나 대상 손실, 또는 실패 경험일 수 있다(Cooper, 1988). 정신분석적 관점의 가장 기본적 가정은 수많은 갈등 동기들, 충동, 감정 등을 우리가 인식하게 되면 우리는 이것들에 의해 (정신이) 압도당한다는 것이다. 즉 이에 대한 의식적 인식은 사람의 정신 및 정신 과정을 점령하게 만든다. 그래서 자아 방어기제는 조절이 불가능한 바람과 불안으로 인해서 사람의 정신 작동이 멈출 수 있는 상황으로부터 사람을 보호한다.

자아 방어기제는 인간 사회에서 생존하기 위한 필수품으로 다양한 방어기제가 있다. 모든 사람은 방어기제를 사용하며 단 하나의 방어기제만을 사용하는 것도 아니다. 그러나 자아 방어기제를 너무 과하게 사용하면 건강하게 기능하지 못한다.

(2) 자아 방어기제 유형

억압(repression)은 자아에게 위협이 되는 추동과 관련된 생각을 의식 과정에서 적극적으로 완전히 밀어내는 것으로 가장 기본적이고 세련되지 못한 방어기제다. 억압이 발생하였다고 해도 억압된 생각은 사람에게 여전히 영향력을 미칠 수 있다. 즉 무의식적 추동이 하는 것처럼 억압된 생각이 행동에 강력하게 영향력을 행사한다. 다만 이 과정이 무의식에서 일어나기 때문에 사람은 이를 직접적으로 인식하지는 못한다. 억압은 원초적 바람을 무의식에서만 보관하려는 투쟁으로, 여기에 심리적 에너지를 많이 투자해야 한다.

자아를 방어하기 위해 심리적 에너지를 너무 많이 소모하게 되면 지적 추구 및 사회적 추구와 같은 더 적응적 기능을 위해 사용될 수 있는 심리적 에너지가 부족해진다. 억압의 경우, 그 대가는 특히 혹독하다. 추동을 억압하여 더 적응적으로 기능할 수도 있지만 이 억압된 추동이 성격 형성에서 영원히 제거될 수도 있다. 가령, 모든 공격적 추동이 완전히 억압된 결과, 사람은 아주 소극적일 수밖에 없게 된다.

부인(denial, 거부)은 고통스런 경험과 생각에 대해 가장 빨리 발달되는 방어기제 중 하나로(Cramer & Gaul, 1988), 자녀를 잃은 부모가 사망한 자녀가 살아 있을 거라고 믿는 것이 그 한 예다. 일반적 부인의 형태는 대부분의 시간 동안 환상 또는 놀이를 하는 것이다. 자신이 원하는 대로 일상이 흘러가지 않을 때 그리고 바라는 일이 일어나지 않았을 때 사람은 백일몽을 꾼다. 백일몽을 통해 (인정하기 어려운) 현실로부터 벗어나 일시적 안도감을 얻는다.

퇴행(regression)은 발달 단계 초기에 만족이나 쾌를 느끼게 해 준 행동을 하는 것이다. 퇴행이 일어나는 경우는 주로 심각한 스트레스 또는 극단적 도전에 직면하는 때다. 이런 상황에서 어떤 사람은 이 상황으로 인해 발생하는 불안에 대처하는 방식으로 미성숙하고 부적절한 방식, 즉 발달 단계 초기 행동 유형을 사용한다. 일상적 예를 들면, 수업 시간 중 교사가 어려운 수학 문제를 제시한 후 어떤 학생에게 이 문제를 나와서 풀어 보겠느냐고 질문하면, 이 학생은 고개를 도리

도리 짓는다. 퇴행의 일반적 예들로 손가락 물어뜯기, 아기 말투 사용하기, 과식하기, 느닷없이 화내기 등이 있다.

동일시(defensive identification)는 아동이 성 역할을 학습하는 발달 과정의 일부이면서 방어기제 중 하나다. 동일시는 자기-가치를 고양시켜 실패라는 느낌으로부터 자신을 보호하기 위해 사용된다. 열등감을 느끼는 사람은 가치가 있는 것으로 보이는 사람, 조직, 대상 등과 자신을 동일시한다.

무효화(undoing)는 자신이 저지른 받아들일 수 없는 행동이나 추동을 상징적으로 회복하는 것이다. 이는 마치 그 행위가 일어나지 않은 것처럼 또는 그 추동이 없었던 것처럼 보이는 상징적 행동을 가리킨다. 예를 들면, 살인자가 정리정돈이나 손씻기를 반복하는 것이다.

반동 형성(reaction formation)은 위협하는 추동을 이와 대립되는 추동으로 적극적으로 표현하는 것이다. 혼란을 일으키는 바람과 대립하는 의식적 내용과 행동을 개발함으로써 사람은 이 혼란을 인식하게 되어 생기는 불안을 직면하지 않게 된다.

보상(compensation)은 자신의 약함을 덮거나 한계를 포장하기 위해 정적 특질을 개발하는 것이다. 지적으로 부족함을 느끼는 사람은 자신의 신체를 크게 하기 위해 에너지를 비정상적 수준으로 투자한다. 보상은 적응적일 수 있다.

승화(sublimation)는 성적 또는 공격적 에너지를 창조 활동으로 방향을 재설정한 것이다. 대부분의 예술 활동을 승화로 볼 수 있다. 공격적 추동이 격투기 등의 운동 활동으로 표현될 수 있다.

전위(displacement)는 위협을 받아 생긴 추동을 위협이 되는 대상으로부터 안전한 표적으로 이동하는 것이다. 전위는 원래의 대상이나 사람에게 접근할 수 없는 상황에서 다른 대상이나 사람에게 심리적 에너지를 돌리는 것이다.

투사(defensive projection)는 자신의 수용하기 어려운 바람과 추동을 다른 사람의 것으로 돌리는 것이다. 투사를 사용하는 사람은 욕정이나 공격성 등의 추동을 내 것이 아닌 다른 사람의 것이라고 주장한다.

합리화(rationalization)는 상처 입은 자아를 설명하기 위해 타당한 원인 및 이유를 만들어 내는 것이다. 합리화는 어떤 행동을 정당화하는 것을 돕고 실망과 관련된 타격을 완화시키는 데 기여한다. 사람이 자신의 일에서 원하는 것을 얻지 못했을 때 성공하지 못한 이유를 논리적으로 생각하며 때로는 그 이유가 자신이 진정으로 원한 것이 아니기 때문이라 확신하기도 한다.

[글상자 5-2] 자아 방어기제

프로이트가 자신의 저서에서 제시한 방어기제는 억압, 퇴행, 반동 형성, 고립, 무효화, 투사, 내사, 자신에게 대항하기(turning against one's own person), 반대에 반대하기(reversal into the opposite), 승화, 전위 등이다(Szondi, 1956: wikipedia).

프로이트가 제시한 방어기제에 대해 프로이트의 딸인 안나 프로이트(Anna Freud), 커버그(Kerberg), 바란트(Vaillant) 등의 학자들이 더 명확하게 정의하면서 새로운 방어기제를 추가하였다. 특히 바란트(Vaillant, 1977)는 방어기제를 정신분석적 발달 수준과 관련된 심리적 연속선을 형성하는 것으로 보았으며 병리적, 미성숙, 신경증, 성숙 등의 4가지 범주로 구분하였다.

병리적 수준에 속하는 방어기제는 정신증적 부인과 망상적 투사 등이고, 미성숙 수준에는 환상, 투사, 수동적 공격성, 표출하기, 건강 염려 등이 있으며, 신경증적 수준에는 전위, 해리, 지적화(intellectualization), 반동 형성, 억압 등이, 성숙 수준에는 이타주의(altruism), 기대(anticipation), 유머, 승화, 억제(suppression) 등이 있다(Vaillant, 1994).

(3) 자아 방어기제 선택

한 개인이 불안을 막기 위해 어떤 방어기제를 사용할지에 영향을 미치는 요인들은 다양하다. 나이(Cramer, 1987), 초기 갈등의 성질과 갈등이 발생했을 때의 발달 단계, 원 갈등과 관련된 환경 특징(Fenichel, 1945: Liebert & Liebert, 1998에서 재인용) 등이 있다. 한 연구 결과에 의하면, 요인 분석에서 방어기제는 성숙한 방어기제와 덜 성숙한 방어기제로 구분되었으며 방어기제들이 공통된 특성들을 공유하고 있음이 드러났다(Muris & Merckelbach, 1996).

6) 성격 발달

프로이트에 따르면, 사람은 태어나면서 심리 에너지를 갖고 태어나는데 이 심리 에너지 중 성적 추동이 가장 중요하다. 간단히 말해, 영아도 심리성적 추동을 갖고 있다. 그러나 대부분의 사회와 문화에서는 이 추동이 표현되는 것을 매우 엄격한 조건이 충족되는 경우에서만 허락하며 대부분은 금지된다. 그 결과, 사람은 이 추동과 관련된 초기 경험들을 억압하게 된다. 성격 발달은 출생 직후부터 이 추동이 발산되려는 신체 부위와 관련해 이루어진다. 신체적으로 발달하면서 리비도적 에너지가 신체의 다른 부위로 이동하면 이전 영역에서의 만족은 전체 만족 중 일부가 된다. 특정 신체 영역에 리비도 에너지가 (다음 신체 부위로 이동하지 않고) 머무를 수 있는데 이를 고착(fixation)으로 본다. 영유아기의 만족 박탈은 성인기에 문제를 야기할 수 있다. 프로이트가 제시한 성격 발달 단계를 살펴보면 다음과 같다.

(1) 구강기

영유아는 모유를 빠는 행위를 통해 음식과 쾌에 대한 추동을 충족한다. 입과 입술은 민감한 성감대이기에, 빨기는 성적 쾌를 만든다. 이 시기의 행동은 구강-통합 행동(oral-incorporative behavior)과 구강-공격 행동(oral-aggressive behavior), 2가지다. 이 초기 행동은 성인기 특질 특성들 중 일부 특성의 원형으로 볼 수 있다. 처음 나타나는 구강-통합 행동은 입을 통해 쾌를 얻는다. 구강-공격적 행동은 치아가 날 무렵 시작된다. 씹기는 구강-공격적 행동들 중 하나다. 가학증, 적대감, 공격성, 가십 및 싸우기 등은 구강-공격적 행동으로 볼 수 있다. 삶의 초반에 충분한 음식이나 사랑을 얻지 못한 결과로 욕심과 소유욕(acquisitiveness)이 발달될 수 있다.

(2) 항문기

항문기는 성격 형성에서 중요한 단계다. 이 단계에서 유아는 부모의 요구를 받게 되고 자신의 환경을 탐색하고 대상을 다루는 일에서 욕구 좌절을 경험하며, 자신의 내장 기관의 조절을 습득하도록 요구받는다. 이 단계에서 유아가 습득해야 하는 과제는 독립성, 개인적 힘, 자율성 및 부정적 감정 등을 인식하고 다루는 방식이다. 배변 훈련 방법과 부모의 태도, 감정, 반응 등에 근거해 유아의 성격 형성이 이루어진다. 자신의 신체 기능을 통해 아동이 배우는 태도의 대부분은 부모에 대한 직접적 태도의 결과다.

유아가 부모의 통제에 대응하는 방식은 배설 거부 또는 부적절한 시기에 배설하는 것이다. 배변 훈련이 엄격하면 아동은 부적절한 장소와 시간에 배설함으로써 분노를 표현한다. 이 행동은 성인기에 잔인함, 부적절한 분노 표현 및 극단적 무질서 등으로 나타난다. 이 행동들은 항문-공격성이다. 이와 달리 부모가 배변을 할 때마다 칭찬을 너무 많이 하면 아동은 배변에 너무 과하게 관심을 갖게 된다. 배변 훈련의 생산성은 부모의 요구와 연합된다. 이는 성인기에 극단적 질서 유지하기, 저장하기, 엄격함, 신랄함 등으로 나타난다. 이 행동들은 항문-보유 성격이다.

(3) 남근기

남근기에는 심리성적 에너지가 더 강력해지며 에너지 발산으로 인한 만족은 남근 영역에 맞추어진다. 남근기의 기본 갈등은 아동이 자라면서 이성 부모에 대해 갖는 무의식적인 근친상간적 바람에 근거한다. 이성 부모를 소유하고픈 바람과 함께 동성 부모와의 경쟁에서 이기고자 하는 무의식적 바람도 있다. 이 감정의 위협적 본질로 인해 이 감정은 억압된다. 그러나 이 바람은 인생 후반의 성적 발달과 적응을 결정하는 매우 중요한 요인이다.

소년과 소녀, 모두 성적 갈망과 갈등을 경험하며 이 갈망과 갈등은 억압된다. 소년의 경우, 남근기에 엄마의 관심을 받고자 하는 강한 욕망을 가진다. 또한 소년은 아버지에 대한 반항심을 느끼며 아버지가 자신의 아내에 대한 아들의 근친상간적 감정을 처벌할 것이라는 공포를 갖는다. 이는 오이디푸스 콤플렉스(Oedipus complex)로 알려져 있다. 이 시기 동안 소년은 전형적으로 자신의 생식기와 관련된 구체적 공포를 발달시킨다. 프로이트는 이를 거세 공포로 명명하였다. 소년은 아버지가 잘못을 저지른 자신을 처벌하기 위해 기관(남근)을 제거하는 방식을 사용할 것이라는 공포를 느낀다. 즉 거세 불안(castration anxiety)을 경험한다. 남성인 소년에게 남근은 자부심의 원천이므로 남근이 사라지는 것에 대한 불안은 소년이 엄마에 대한 자신의 성적 바람을 억압하게 만든다. 오이디푸스적 갈등의 적절한 해결은 소년이 엄마에 대한 성적 갈망을 인정 가능한 감정의 형식으로 대체하는 것이다. 또는 아버지에 대한 강렬한 동일시를 개발하는 것이다. 이는 자신이 아버지를 이길 수 없으므로 아버지와 함께 잘 지내야 한다는 것을 깨닫게 한다. 아버지와의 동일시를 통해 소년은 대리 만족을 경험한다. 아버지를 좋아할수록 그는 아버지의 방식(행동 양식 및 삶의 가치)을 더 많이 소유하게 된다.

남근기에 소녀가 겪는 갈등에 대해 프로이트는 자세하게 제시하지는 않았다. 소년의 오이디푸스 콤플렉스와 같이 소녀는 엘렉트라 콤플렉스(Electra complex)를 겪는다. 소녀의 첫 사랑 대상은 어머니지만 남근기에 사랑은 아버지로 향하게 된다. 소녀는 남근의 부재를 알게 되면 엄마에 대한 부정적 감정을 갖게 되는데 이 상황이 남근 선망(penis envy)이다. 소녀는 아버지의 관심을 두고 엄마와 경쟁하려 하며, 자신이 엄마를 대체할 수 없다는 것을 인식하면서 엄마의 행동 중 일부를 자신이 성취함으로써 동일시 과정이 시작된다.

(4) 잠복기

잠복기 사람은 상대적으로 편안한 상태로 지내게 되는데 새로운 관심이 유아기적 심리성적 추동을 대신한다. 새로운 관심은 주로 또래와의 관계, 학교에서의 활동, 취미, 스포츠 등이다. 간단히 말해, 잠복기 동안 사회화가 발생하여 아동은 더 큰 세상에 대해 관심을 갖기 시작한다.

(5) 생식기

생식기에 사람은 일반적으로 이성에 대한 관심을 표현하며 실제 성적인 실험을 시도하면서 성인과 같은 책임을 지려 한다. 청소년기에서 벗어나 성숙한 성인기에 접어들면서 이들은 친밀한 관계를 형성하고 부모 영향에서 자유로워지며 다른 사람에 대한 관심을 보일 수 있는 능력을 향상시키게 된다. 자기애적 관심에서 다른 사람을 위한 이타적 행동과 관심으로 이동한다. 프로이트에 의하면, 성숙한 성인의 주요 특징은 사랑하기와 일하기(lieben und arbeiten)다. 사랑할 자유와 일할 자유를 가지며 이를 통해 얻는 만족이 무엇보다 중요하다.

3. 상담 과정과 기법

1) 상담 목표

정신분석적 상담 목표는 무의식적 갈등을 의식 수준에서 인식하게 만드는 것과 자아를 강화시켜 행동이 본능적 갈망에 덜 근거하고 현실에 더 토대를 두게 하는 데 있다. 성공적 분석은 성격의 특성 구조에 중요한 변화를 낳는다. 치료 초점은 치료적 기법을 사용해 훈습을 할 수 있는 무의식적 재료를 갖는 데 있다. 아동기 경험은 재구성되고 논의되며 해석되어 분석된다. 치료 과정은 문제를 해결하는 데만 국한되지 않고 새로운 행동을 학습시키는 데도 초점을 둔다.

아동기 중기에 시작되는 문제들 중에서 성인기 내담자를 상담하는 정신분석가가 다루어야 할 쟁점들로 부정적 자기 개념, 공부와 관련된 부적절감, 사회적 관계를 형성하는 데 있어 열등감, 가치 간 갈등, 새로운 도전을 하지 않으려는 것, 주도성 부족, 의존성 등이 있다(Corey, 1996).

2) 상담 과정

정신분석 치료 과정은 정화에 대한 내담자의 대화에서 시작하여 무의식적 재료를 훈습하는 것에 대한 통찰로 진행된다. 그러므로 정신분석적 치료를 받고자 하는 내담자는 언어 능력 및 의사소통 능력을 갖추고 있어야 한다. 상담의 첫 단계는 정신분석의 기본 규칙을 설명하는 것이다. 기본 규칙이란, 내담자가 마음에 떠오르는 모든 것을 말하는 것이다.

프로이트 이후 정신분석적 상담은 내담자 문제, 상황, 상담자의 구체적 정신분석적 토대 등에 따라 다양하다. 정신분석적 상담 과정은 시작 단계, 전이 발달 단계, 전이 훈습(working through) 단계, 전이 해결 단계 등 4가지 단계로 구성된다(Arlow, 1979).

(1) 시작 단계

시작 단계는 두 부분으로 나뉜다. 한 부분은 내담자의 문제가 결정된 시기에 대한 면담과 분석의 적절성을 결정하는 의사 결정으로 구성된 부분이다. 다른 한 부분은 장의자에 앉아 있는 내담자가 말하고 행동하는 모든 것을 관찰하고 기록하는 부분이다.

(2) 전이 발달 단계

전이 발달 단계에서 상담자에 대한 내담자의 감정은 내담자가 현재에 대해 어떻게 지각하고 해석하고 반응하는지를 확인하는 데 사용된다. 이 단계 동안 상담자는 내담자의 중요한 인물로 변해 간다. 내담자가 과거 행동이 현재 행동에 영향을 미치며 현재 행동을 결정하는 방식을 이해하면, 내담자는 더 적절한 의사 결정을 하는 것을 학습할 수 있다. 분석 과정은 상담자와 내담자, 두 사람에 의해 향상되어 간다. 이 진전은 상담이 진행되는 동안 갑자기 등장하는 전이와 역전이에 대한 인식을 획득함으로써 이루어진다.

(3) 전이 훈습 단계

전이 훈습 단계에서 내담자는 중요한 사건을 회상하며 이 회상으로 더 나은 통찰이 나온다. 이 과정들이 진행되면서 그리고 각 훈습을 통해서 더 분명한 명료화와 이해가 만들어진다. 내담자의 저항에 대한 훈습은 정신분석 과정에서 상담자가 다루어야 하는 중요한 과제다.

(4) 전이 해결 단계

전이 해결 단계에서는 목표에 도달하며 내담자의 중요 갈등이 훈습되어 치료의 종료 시한을 앞둔 시기다. 치료자에게 이 단계의 목적은 내담자의 신경증적 애착을 해결하는 것이다. 치료에서 해결은 내담자의 치료가 완성된다는 것을 가리킨다. 이별은 치료자가 다루는 마지막 쟁점이다.

정신분석적 과정과 정신분석적 기법은 구분되지 않는다(Arlow & Brenner, 1990).

3) 상담 기법

정신분석적 치료의 기본 기법은 분석적 틀 만들기와 유지하기, 자유 연상, 꿈 분석, 해석, 저항, 전이 분석 등 6가지다(Corey, 2013).

(1) 분석적 틀 만들기와 유지하기

분석적 틀 만들기와 유지하기란 상담자가 중립적이며 객관적이고 익명 상태로 상담 과정에 임하기, 상담 회기의 규칙성과 지속성, 상담 회기 시작 시간과 종료 시간 정확하게 준수하기, 비용 정확하게 알리기, 상담자의 가치에 근거한 충고하지 않기 또는 가치관 강요하지 않기 등의 중요한 사항을 준수하는 것이다(Curtis & Hirsch, 2011). 정신분석적 지향을 하는 상담에서 가장 중요한 치료적 요인은 일관성 있는 분석틀 그 자체다. 이는 유아에게 일정 시간마다 우유를 먹이는 것과 같다. 분석은 이 일관된 양상에서 벗어나는 것을 최소화해야 한다. 변경 사항이 생기면 이는 해석의 대상이 될 수 있다.

(2) 자유 연상

자유 연상(free association)은 정신분석 치료의 핵심 기법으로 의식적 소망, 환상, 갈등 및 동기 등으로 들어가는 문을 여는 기본 도구들 중 하나다. 내담자는 마음속에 떠오르는 것을 검열하지 않고 그대로 즉각적으로 보고하면서 느낌이나 사고가 흐르게 내버려 둬야 한다. 이렇게 하면 무의식에 잠긴 억압된 감정이 드러난다.

연상에서 차단 및 혼란은 불안을 유발하는 재료에 대한 단서로 기능한다. 상담자는 이 단서를 통해서 불안이 내담자에게 갖는 의미를 해석한다. 상담자의 해석을 통해 내담자의 무의식적 역동에 대한 통찰이 증가될 수 있다. 이런 분석적 훈습 과정에서 대부분의 내담자는 자유 연상의 기본 규칙을 잘 지키지 않으며 이는 저항으로 해석된다. 일반적으로 자유 연상의 재료는 꿈이다.

(3) 꿈 분석

꿈 분석(dream analysis)은 무의식적 내용의 덮개를 벗겨 내는 절차이며 내담자에게 해결되지 않은 문제 영역에 대한 통찰을 제공하는 기능을 한다. 잠을 자는 동안 방어 수준은 낮아지면서 억압된 감정이 표면으로 떠오른다. 프로이트는 꿈을 "무의식으로 가는 지름길"이라고 하였다. 꿈에서는 무의식적 바람, 요구, 공포 등이 드러난다. 어떤 동기가 직접적으로 표현되면 사람이 이를 받아들일 수 없기에 위장된 표현 또는 상징을 통해 간접적으로 드러난다.

꿈은 2가지 수준의 내용을 담고 있는데 하나는 숨겨진 내용이고, 다른 하나는 표현된 내용이다. 전자를 잠재몽으로, 후자를 현실몽이라 한다. 잠재몽은 가려진·상징적·무의식적 동인, 바람, 공포 등으로 이루어져 있다. 이것들은 매우 고통스럽고 위협적이기 때문에 무의식적 추동과 성적 추동은 잠재몽으로 구성되어 상대적으로 수용이 가능한 형태인 현실몽으로 나타난다. 꿈을 꾼 사람은 현실몽을 보고한다. 꿈의 잠재된 내용은 덜 위협적인 과정으로 변환해서 훈습되며 이것이 꿈 작업이다. 정신분석적 상담에서 상담자는 내담자의 꿈 내용에 대해 자유연상을 통해 잠재몽으로 들어간다. 꿈 작업에서 상담자는 억압된 재료에 대한 정보와 함께 내담자의 현재 기능에 대한 정보도 알 수 있다.

(4) 해석

해석(interpretation)은 꿈, 자유 연상, 저항 그리고 치료적 관계 등에서 표현된 내담자의 행동이 갖는 의미에 대한 상담자의 지적, 가리킴, 해석 및 지도(teaching) 등으로 이루어진다. 해석을 통해 내담자의 자아는 새로운 재료를 동화시켜 은폐된 더 깊은 무의식적 재료가 드러나는 과정의 속도를 촉진하게 만든다.

내담자가 상담자의 해석을 기꺼이 인정하려 한다면, 이 해석은 적절한 것으로 볼 수 있다. 즉 상담자는 해석의 적절성 기준으로 내담자의 반응을 사용한다. 해석의 시기가 매우 중요하다. 그 이유는 부적절한 시기에 제시되는 해석은 내담자가 인정하지 않을 가능성이 매우 높기 때문이다. 일반적으로 해석이 제시되는 시점은 내담자가 보이는 행동 및 사고 등을 인식적 수준에서 다룰 수 있는 때다.

해석에는 3가지 규칙이 있다. 첫째, 내담자가 자신에게서 못 보고 있지만 이를 견딜 수 있고 자신 안으로 통합할 수 있는 재료를 해석하는 것이다. 둘째, 해석은 반드시 표면에서 시작해서 내담자가 갈 수 있는 심부까지만 진행되어야 한다. 셋째, 저항이나 부인 아래에 있는 정서나 갈등을 해석하기 전에 저항이나 방어를 지적해야 한다.

(5) 저항의 분석과 해석

저항은 이전에 억압되거나 부인되었던 위협이 되는 무의식적 재료를 의식적 수준에서 인식하는 것에 대한 내담자의 거절이다. 그 결과, 저항은 상담의 진전을 방해하는 역할을 한다. 저항은 어떤 형태로든 나타날 수 있으며 상담 회기 중에는 약속 어기기, 약속한 상담 시간보다 늦게 오기, 꿈 회상의 거부, 자유 회상 동안 사고 차단하기 등으로 나타날 수 있다.

상담 회기 중 저항이 나타나면 상담자는 내담자가 저항의 원인을 인식할 수 있도록 도와야 한다. 이 격려는 자유 연상을 통해 이루어지며, 사고의 검열되지 않고 억제되지 않는 흐름 속에서 무의식적 갈등 단서가 나타난다. 상담자는 내담자가 해석을 거절할 가능성을 감소시켜 저항 행동을 다룰 가능성을 증가시키고자 가장 분명한 저항을 지적하여 해석해야 한다.

저항은 단순히 극복해야 하는 무언가가 아니다. 저항은 일상에서 일반적으로 사용하는 방어적 접근을 대표하기 때문에, 저항은 불안을 방어하여 더 만족스러운 삶을 누리는 변화를 수용하는 능력에 방해되는 도구로 간주된다. 상담자는 내담자의 저항을 존중하고 내담자가 자신의 방어기제를 치료적으로 훈습하도로 격려해야 한다.

(6) 전이의 분석과 해석

전이는 내담자의 초기 관계가 상담자와의 관계를 왜곡하게 만들 때 치료 관계에서 드러난다. 전이 상황은 중요하게 다루어지는데 그 이유는 전이 표현이 한편으로는 접근할 수 없는 다양한 감정을 재경험하게 만드는 기회가 되기 때문이다. 상담자와의 관계에서 내담자는 무의식에 묻어 두고 있었던 신념, 느낌, 바람 등을 드러낸다. 어린 시절의 생각, 느낌, 신념의 현재 드러난 표현에 대한 해석과 훈습을 통해서 내담자는 자신의 행동에서 오랫동안 유지되었던 양상을 인식하면서 조금씩 변할 수 있다. 분석적으로 지향된 상담자는 전이 느낌을 탐색하고 해석하는 과정을 치료적 과정에서 핵심이라고 보는데 그 이유는 인식 향상과 성격 변화를 이끌어 내기 때문이다.

전이 분석은 정신분석과 정신분석적 지향 치료에서 핵심 기법으로, 내담자가 현재 기능에 대한 과거의 영향에 대한 통찰을 얻게 만든다. 전이 관계의 해석으로 내담자가 오랜 갈등을 훈습하게 만든다. 이 갈등은 내담자를 정서적 성장에 고착되게 만들고 지체하게 만든 것이다. 본질적으로 초기 관계의 영향은 치료적 관계에서 유사한 정서적 갈등의 훈습을 통해서 상쇄된다.

4. 평가

프로이트는 사람이 겪는 심리적 어려움의 원인이 개인 내부에 있음을 논리적으로 이해한 개념적 틀을 처음으로 제시하였다. 프로이트 이전에는 사람이 겪는 의학적 또는 신체적 고통은 주로 인간 외부에 있는 어떤 힘(악마 또는 나쁜 영혼)이나 신체적 원인 때문인 것으로 간주되었다. 그래서 신체적으로 치료할 수 없는 고통에 대해서는 신앙에 토대를 둔 치료법 또는 잘못된 지식에 기반한 뇌 절제 또는 손상 등의 방법이 동원되었다. 프로이트 정신분석학의 공헌점과 제한점을 살펴보겠다.

1) 공헌점

프로이트 정신분석학의 공헌점은 다음과 같다.

첫째, 인간 고통에 대한 이해의 폭을 확장시켰다. 프로이트 이전까지 인간 고통은 인간 외부 또는 인간 신체에 기인한 것으로 보았으나 프로이트가 인간 내부, 즉 마음에 고통의 원인이 있음을 체계적으로 제시하였다.

둘째, 인간의 정신 과정 및 정신적 기능에 대한 이해를 확장시켰다. 사람이 인식할 수 없는 정신 과정(무의식)이 있으며 이 정신 과정이 인식 과정 및 인간 기능에 영향을 줄 수 있음을 논리적으로 제시하였다.

셋째, 인간 고통을 해결하고자 하는 많은 시도들이 탄생할 수 있는 계기를 제공하였다. 프로이트의 직계 제자들, 정신분석적 접근의 기본 가정에 근거한 수많은 정신분석적·역동적 중재들이 등장하였다.

넷째, 상담 실제에서 내담자의 비협조적 태도를 이해할 수 있는 개념적 참조틀, 즉 저항 개념을 제시하였다. 이는 상담 회기에서 내담자의 약속 어김, 상담 회기 내 무반응 등을 해석할 수 있는 도구다.

다섯째, 상담 실제에서 내담자와 상담자 관계에서 상담자에 대한 내담자의 태도를 이해할 수 있는 개념적 틀, 즉 전이 개념을 제시하였다.

여섯째, 내담자의 현재 문제가 내담자의 초기 시절과 관련되어 있다는 가정을 제시하여 내담자의 문제 원천에 대한 이해를 확장시켰다. 내담자의 과거를 안다고 하여 현재 문제가 해결되지는 않지만 문제에 대한 이해에 도움이 된다.

일곱째, 성격 형성 및 발달 단계에 대한 논리적 체계를 제시하여 인간 성격이 본성에 근거한 것이 아니라 양육에 의해 영향을 받을 수 있다는 것에 대한 아이디어를 제공하였다.

여덟째, 인간의 성격 형성 및 발달에 대한 체계적 접근을 제시하였다. 이를 토대로 성격 형성에 대한 많은 견해들이 등장하게 되어 성격 형성 및 발달에 대한 이해를 확장시켰다.

2) 제한점

프로이트의 정신분석적학은 이론적 측면에서, 상담 실제 측면에서 다음과 같은 제한점이 몇 가지 있다.

첫째, 정신분석적 접근의 개념 및 용어가 애매모호하게 기술되어 있다. 정신분석적, 특히 전통적 정신분석적 용어는 개념을 정의하기보다는 단순하게 기술한 것으로 볼 수 있다(Shulman, 1990).

둘째, 정신분석적 가설들 중에는 검증이 불가능한 가설이 있다. 이런 검증 불가능한 가설은 어떤 결과든 결과에 맞추어 그 타당성이 주장되기도 한다. 이런 특징을 빗대어 정신분석적 이론을 '고무 시트(rubber sheet) 이론'이라고도 한다(Liebert & Liebert, 1998).

셋째, 정신분석적 이론은 너무 성 편파적이다. 예를 들면, 성격 발달에서 남성의 성격 발달이 원형(prototype)으로 제시되어 있다.

넷째, 정신분석적 이론의 타당성에 대한 주장들에서 논리적 오류가 흔하다. 이 논리적 오류는 관찰과 추론을 구분하지 못해 발생하기도 하고 관찰을 중립적으로 하지 못해 발생하기도 한다. 이와 관련해 정신분석에 토대를 둔 사례 연구는 다른 이론적 지향에 근거한 사례 연구들에 비해 상당히 편파적이다(Grünbaum, 1984).

다섯째, 전통적 정신분석에서는 사회적 동물로서 사람의 성격 형성 및 발달에 미치는 사회 및 문화의 영향을 무시하였다는 점이다. 다시 말해, 사람은 생물학적인 성적 긴장에 의해서만 동기화되는 것이 아니라 사회적 동기에 의해서 주로 동기화된다는 점을 간과하였다.

여섯째, 전통적 정신분석 접근에서 치료 목적을 달성하기 위해 필요한 시간과 상담 회기가 너무 길다. 보통 3년 이상 매주 3회 이상의 상담 회기가 필요하다(Arlow & Brenner, 1988).

일곱째, 여섯째와 관련된 것으로 비용이 많이 든다. 이는 정신분석적 상담의 내담자를 특정 계층의 사람들, 즉 부유한 사람들만 정신분석적 치료에 접근 가능하게 만드는 문제와 연관된다.

여덟째, 상담 실제에서 상담자가 익명성을 유지해야 한다는 점이다. 치료자의 익명성 유지는 내담자의 전이를 발생시키는 데 있어 매우 주요한 요인이라고 가정되었으나 상담 실제에서 상담자의 중립성은 내담자 입장에서는 치료 과정에 홀로 있다는 부담을 지울 수 있다. 이런 부담은 상담 및 치료의 이른 종결 요인으로 작용할 수도 있다.

아홉째, 여덟째와 관련해 상담자의 익명성은 심리상담의 효과적 중재 기능에 부정적 영향을 미칠 수 있다. 내담자와 상담자의 관계가 심리상담 효과에서 중요한 요인임이 밝혀지고 있으며 이와 관련해 상담자의 적절한 자기-드러내기가 관계 형성에서 중요하다.

열째, 장의자에서 꿈 분석, 전이 등을 제대로 할 수 있을 만큼의 훈련을 받은 정신분석가가 드물다는 점이다. 그 이유는 정신분석가로서 훈련 기간이 너무 길고 어렵기 때문에 많은 심리상담가들이 이를 선택하지 않는 경향이 있다.

열한째, 대부분의 내담자가 정신분석을 받을 만큼 자아 강도가 강하지 않다는 점이 정신분석적 상담 실제의 어려움이다(Corey, 2013).

[글상자 5-3] 신 정신분석 학파의 주요 인물들

현대적 신 정신분석 학파는 자아 심리학에 토대를 두고 있다고 볼 수 있다. 신 프로이트 학파는 프로이트 정신분석 이론의 기본적 주제에 대해서는 동의하지만 자신의 신념 및 견해를 프로이트 정신분석 이론에 적용하여 이론을 변화시켰다. 이들은 프로이트의 무의식적 마음과 아동기 초기가 중요하다는 것에 동의하면서 상담 실제에서 역전이와 저항의 중요성을 여전히 강조한다. 그러나 이들은 프로이트의 다른 많은 견해들에 대해서는 다른 입장을 갖는다.

신 프로이트 학파는 인간의 긍정적 측면에 더 많은 관심을 두고 성격과 행동에 대한 사회문화적 영향력을 더 중요하게 살펴보았다. 신 프로이트 학파는 프로이트의 영향을 받았지만 발달, 성격 및 행동 등에 대한 프로이트의 이론과는 다른 독특한 이론과 조망을 갖고서 발전하였다.

신 프로이트 학파의 주장을 살펴보면 다음과 같다.

첫째, 이 학파는 인간 발달 과정 및 단계에 대한 입장이 프로이트의 입장과 다르다. 이들은 인간 발달을 인생 후반기까지 이루어지는 것으로 보거나(예: 에릭슨), 인생 초기보다는 중년기를 더 중요한다고 보았다(예: 융).

둘째, 이들은 인간의 주요 원천을 성적 추동보다는 가족 및 사회적 대인 관계(예: 아들러, 호나이) 또는 사회적 요구(예: 에릭슨), 집단 무의식(예: 융)을 더 중요한 원천으로 제시하였다.

신 프로이트 학파의 대표적 학자들을 소개하면 다음과 같다.

융(Jung)은 성격에 대한 자신의 이론을 분석심리학이라고 명명하였다. 그리고 집단적 무의식이라는 개념을 도입하였다. 그는 집단적 무의식을 인간 행동에 영향을 주는 본능과 원형으로 모든 구성원들이 공유하고 있는 보편적 구조로 기술하였다. 무의식을 강조하였지만 융의 이론은 개인적 무의식보다 집단적 무의식을 더 많이 중요시하였다. 그리고 프로이트와 달리 발달의 초점을 중년기에 두었다.

에릭슨(Erikson)은 프로이트의 심리성적 단계에 대한 가장 유명한 대안을 제시하였다. 에릭슨은 모든 갈등이 무의식에 있다고 생각하지 않았다. 갈등은 대부분 의식적이며 발달 과정 그 자체에서 발생하는 것으로 보았다. 행동의 동인으로 성의 역할을 덜 강조하면서 대신에 사회적 관계를 더 많이 중요시하였다. 에릭슨의 심리사회적 발달 단계는 일생에 결쳐서 일어나는 발달상 갈등의 연속에 초점을 두고 있다. 각 단계에서 사람은 특정 심리적 강점을 발달시키기 위해서 반드시 해결해야만 하는 위기에 직면한다.

호나이(Horney)는 정신분석 훈련을 받은 최초의 여성으로 여성을 남성보다 열등한 것으로 기술한 프로이트를 최초로 비판한 사람들 중 한 명이다. 호나이는 여성이 '남근 선망'으로 인해 어려움을 겪는다는 프로이트의 기술에 대해 반대하였다. 대신 사람은 '자궁 선망'을 갖고 있는데 그 이유는 아이를 낳을 수 없기 때문이다. 호나이의 이론은 다수의 신경증적 요구가 행동에 영향을 미치는 방식에 초점을 맞춘 이론이다.

출처: Liebert & Liebert(1998).

6장

개인심리학적 상담

1. 도입

1) 주요 인물
2) 인간관

2. 주요 개념

1) 행동 동기
2) 열등감과 우월의 추구
3) 사회적 관심
4) 생활 양식
5) 가상적 최종 목표
6) 형제 순위

3. 상담 과정과 기법

1) 상담 목표
2) 상담 과정
3) 상담 기법

4. 평가

1) 공헌점
2) 제한점

우리에게 어떤 일이 일어나는가가 중요한 것이 아니라

우리가 이를 어떻게 보느냐가 중요하다.

- 알프레드 아들러 -

아들러(Adler)는 성격에 대한 생물학적 요인을 강조하는 관점에서 벗어나 성격 형성에서 (가족) 환경적 요인, 경험, 사회적 요인 등의 영향을 강조하는 관점을 취하였다. 20세기 후반에 들어서 아들러식 상담 및 치료는 다양한 접근에 토대를 둔 상담 및 치료에 큰 영향력을 발휘하였다. 아마도 아들러식 접근이 현대의 문화적·학문적 시대정신에 잘 어울리기 때문일 것이다. 아들러의 태도와 행동 간 관계에 대한 관점을 간략하게 정리하면, 아들러식 상담은 대상에 대한 태도를 구성하는 정보 및 평가를 수정·변화시키면 행동 방식도 변할 수 있음을 강조한다.

1. 도입

1) 주요 인물

알프레드 아들러(Alfred Adler, 1870~1937)는 유태인으로 비엔나 부근의 마을에서 칠 남매 중 셋째로 태어났다(Corey, 1996). 아들러가 3세 때 바로 아래 동생이 사망하였고 아들러 자신도 어릴 때 살기 어렵다는 말을 들을 정도로 병약하였다. 이런 신체적 병약함으로 아들러는 어린 시절을 행복하게 보내지 못하였다고 회상하였다. 4세 무렵에는 폐렴으로 거의 죽을 고비를 넘기기도 하였다. 아들러의 모친은 동생들이 태어나기 전까지는 이런 병약한 아들을 옥이야 금이야 보살폈다. 그러나 동생들이 태어나면서 아들러는 모친의 관심에서 자연스럽게 멀어졌다. 아들러는 이 경험을 동생들로 인해 왕좌에서 끌려 내려온 왕 같은 입장이었다고 훗날 진술하였다. 이런 상황을 반영하듯 아들러는 부친과 더 각별한 관계를 형성하였다.

아들러는 병약하여 건강한 손위 형제들과 어울려 노는 데 한계가 있었다. 건강한 형들을 보면서 아들러는 질투심을 느꼈으며 이 관계는 사춘기까지 계속되었다. 아들러는 이러한 가족 환경, 즉 건강한 형과 자신보다 어린 (그래서 약한) 동생들 사이에서 질병과 열등감을 극복하고자 투쟁하였다. 결국 아들러는 이 투쟁에서 승리하였다.

구두 수선공이 되면 출세한 것이라는 초등학교 교사의 평가를 들은 아들러는 학업에 엄청난 노력을 기울였으며 그 결과, 비엔나 대학 의학부에 입학하여 1895년에 졸업하였다. 아들러는 의학을 공부하는 동안에도 여러 번 전공을 변경하였다. 처음에는 안과, 다음에는 일반 의학, 마지막으로 신경학과 정신의학을 선택해 전문의가 되었다. 아들러는 프로이트의 저서 『꿈의 해석(*The Interpretation of Dreams*』(1900)에 매료되어 1902년 수요일저녁모임의 창립 회원이 되어 열심히 활동하였다. 그러나 프로이트의 세계관에 대한 거부감으로 모임을 탈퇴하였다. 1911년 정신분석학회에서 탈퇴를 당하고 이 일로 프로이트와의 결별이 공식적으로 알려진다(박소현, 문양호, 김문수, 2005, p. 453). 사실, 아들러는 자신을 정신분석가로 보는 것도 싫어하였다.

아들러는 아동을 대상으로 교육 및 치료를 담당하는 교사, 사회 복지사 및 정신과 의사 등 전문가를 대상으로 하는 교육과 강연을 통한 대중교육에 많은 관심을 쏟았다. 특히 아들러는 대규모의 청중 앞에서 실제 사례에 대한 중재를 진행하는 것을 실연함으로써 전문가를 훈련시키는 방식을 개발한 개척자다(Corey, 1996). 그리고 아들러는 가치, 신념, 태도, 목표, 흥미 및 현실에 대한 개인의 지각 등 행동 내적 요인들에 초점을 맞추는 심리학 분야에서 주관적 접근의 선구자이다. 또한 총체적이면서 목표 지향적 초점을 강조하는 인본주의적 접근의 선구자이며 체계적 접근의 치료자이기도 하다.

아들러의 영향을 받은 이로 드레이커스(Dreikus)가 있다. 그는 오스트리아 정신과 의사이자 교육자로 아들러에게 직접적으로 교육을 받았다. 그는 개인심리학적 체계를 아동교육 방식에 적용하였다. 아들러 사망 후 드레이커스는 아들러식 상담 및 치료 과정을 4가지 단계로 수정하였다. 특히 드레이커스는 북미 아들러 심리학회를 창립하여 사망할 때까지 이 단체를 이끌었다.

2) 인간관

아들러의 인간관은 프로이트의 인간관과 2가지 측면에서 다른데 첫째, 인간 본성에 대한 견해다. 아들러는 이를 직접적으로 언급한 적은 없지만, 유추해 보면 사람의 본성을 선하지도 악하지도 않은 것으로 본 것 같다(Carlson, Watts, & Maniacci, 2005; Watts & Shulman, 2003). 둘째, 아들러는 성격을 분리할 수 없는 하나(whole)로 간주해야 한다고 주장하였다. 비유를 하자면, 수소 분자 2개와 산소 분자 1개가 결합되면 전혀 다른 성질의 물이 생성되는 것처럼 물을 알려면 수소와 산소가 아니라 '물'을 이해해야 한다. 그래서 아들러의 개인심리학에서 성격에 대한 접근은 총체론(holism)에 근거한다.

아들러는 열등감을 강조하고 있으며 이 열등감은 인간의 정상적이고 기본적 상태로 인간 추동의 원천이다. 더 자세하게 살펴보면, 열등감은 더 나은 상태로 가고자 하는 목적이 있어야 생기는 마음 상태다. 즉 열등감을 느끼는 사람은 이를 극복하여 도달하고픈 상태를 갖고 있다. 다시 말해, 더 나은 발달 수준에 도달하고자 하는 추동을 갖고 있으므로(Schultz & Schultz, 2005: Corey, 2018에서 재인용), 아들러는 인간을 목적 지향적 존재로 보았다.

사람은 열등감 극복을 통해 더 나은 상태에 도달하고자 하는 개인적 영역에서의 동기뿐만 아니라 공동체에 대한 동기도 갖고 태어난다. 인간은 기본적으로 사회적으로 연결되고자 하는 동기를 갖고 있다. 그리고 사람의 문제는 기본적으로 대인 관계, 즉 사회적 관계에서 발생한다. 그러므로 자기실현과 함께 공동체감 및 사회적 관심이 기본 동기다. 여기서 사회적 관심이란, 사회적으로 도움을 줄 수 있고 인류의 안녕에 기여하고자 하는 마음이다.

아들러식 조망에서 이상 행동(abnormal behavior)은 유전과 환경이라는 단순한 요인에 의해 발생하는 것은 아니다. 앞서 말한 것처럼, 사람은 사상(event)을 해석하며 그 결과로 다시 사상에 영향을 줄 수도 있고 사상을 만들어 낼 수도 있다. 그렇기 때문에 사상에 대한 해석과 이 해석이 이루어지는 사회적 환경 등도 이상 행동의 원인으로 고려되어야 한다. 그렇기에 아들러식 상담에서는 사람의 재교육과 사회의 재구성이 강조된다.

2. 주요 개념

아들러식 상담 이론에서 중요 개념들로 열등감, 우월의 추구, 사회적 관심, 생활 양식, 가상적 최종 목표, 형제 순위 등이 있다.

1) 행동 동기

개인심리학에서 인간 행동 동기는 부분적으로 열등감에 근거한 우월(superiority)과 성공 추구다. 우월이란 개인적·사적 이득 추구를 가리키고 성공은 공동체 전체 또는 집단의 이익을 뜻한다. 이런 동기가 올바른 방식이든, 잘못된 방식이든 충족되는 과정에서 성격 특질이 결정된다. 아들러에 의하면, 이런 동기를 충족시키는 방식은 보상, 사임 및 과잉 보상 등이 있다.

보상(compensation)이란 개인이 불리한 어떤 것을 갖고 있어 이 열등한 상태를 상쇄시키기 위해 개인적 수준과 사회적 수준에서 노력하는 것을 가리킨다. 이때 불리한 것은 미발달 또는 저성장된 신체적 기능일 수도 있고 정신적 기능일 수도 있다. 이 노력 수준은 발달 및 성장의 정상적 범위 안에서 이루어진다. 약점을 갖고서 이를 상쇄시키기 위한 노력을 하기에 (내담자 또는 환자가 아닌) 정상인은 '불완전할 수 있는 용기'를 갖고 있다(Lazarsfeld, 1991).

사임(resignation)이란 개인이 자신의 약점에 끌려 다니는, 간단히 말해서 약점대로 생활하는 상태를 가리킨다. 아들러(1992)에 의하면, 대부분의 사람이 이렇다.

과잉 보상(over compensation)이란 성장이나 발달의 한계에 도달하고자 하는 매우 강한 갈망을 의미하며, 이 한계는 일반적으로 정상 범위를 넘는다. 그렇기에 과잉 보상은 어떤 경우는 탁월한 성취를 위한 지향일 수도 있고 또 어떤 경우는 극단적 완벽주의 추구라는 도움이 되지 않는 지향일 수도 있다. 후자의 경우, 어떤 사람이 자신의 약점을 상쇄시키려는 (또는 보완하려는) 사고 및 행동에만 골몰하다 보면 결국 이 보상 행동에 파묻혀서 삶이 무너질 수 있다. 그 예로, 강박 행동을 들 수 있다.

사람은 이 3가지 방식들을 사용해 삶의 영역인 사랑과 관련된 영역, 사회적 영역 그리고 직업적 영역 등에서 제시되는 요구에 대응한다. 이 대응 방식이 개인의 성격 특질을 구성한다. 다시 말하면, 개인의 성격은 그 자신이 창조한 산물로 개인 독특적(idiosyncratical) 속성을 갖는다. 이 속성은 생활 양식과 가상적 최종 목표로 표현된다.

2) 열등감과 우월의 추구

열등감(feeling of inferiority)은 아들러의 가장 유명한 개념 중 하나다. 아들러에 의하면, 모든 사람은 열등감을 경험한다(Adler, 1979). 열등감이란, '내가 잘하지 못했다.'라는 걱정이다. 심리적으로 건강한 사람들도 열등감을 느끼며 이 열등감 덕분에 또는 이로 인해서 지금보다 더 나은 목표를 추구하려 한다. 열등감을 느낀다는 것이 다른 사람보다 더 잘하지 못해서, 더 낫지 않기 때문일 수도 있지만 다른 사람을 이기려는 또는 더 우월해지고자 하는 마음만은 아니다. 정리하면, 열등감은 더 나은 상태가 되고자 하는 마음이 있어 (자연스럽게) 느끼는 자신의 부족함에 대한 지각이라고 볼 수 있다.

열등성(inferiority)은 객관적 상황을 가리키는 용어다. 열등성은 외부 기준에 근거해 측정할 수 있다. 예를 들면, 어떤 사람의 시험 성적은 90점이고 다른 사람의 성적은 70점이라면 70점을 받은 사람은 90점을 받은 사람보다 열등하다. 100m 달리기 시험에서 9.6초로 일등을 한 사람과 16.2초로 꼴찌를 한 사람이 있을 경우에도 일등을 한 사람보다 꼴찌를 한 사람은 열등하다. 하지만 70점을 받은 사람이 열등감을 느끼고 꼴찌를 한 사람이 열등감을 갖고 있다고 확실하게 말할 수는 없다. 왜냐하면 70점을 받은 사람이 이전 시험에서 50점을 받았다면, 70점은 20점이나 상승한 점수이고 그 사람은 점수 상승에 기분이 좋을 수도 있다. 따라서 열등감은 객관적(외부) 기준으로 추측할 수 있는 심리적 상태는 아닌 것이다.

아들러(Adler, 1979)에 의하면, 사람들은 완벽을 추구하고 숙달을 통해 열등감을 극복하려는 욕구를 갖고 태어난다. 열등감은 유아동의 신체적 미발달·미성숙과 관련해 처음에는 신체 기관 열등감으로 시작한다. 만약 유아동이 신체적 장애를 갖고 있거나 부적절한 양육을 받고 있거나 사회적·경제적·문화적 빈곤에 처해 있다면, 일차 열등감이 과도하게 생길 수 있다. 성인이 되어도 열등감을 경험할 수 있다. 이 시기 열등감은 심리적 영역에서 발생하며 '충분하지 않아.' 또는 '부족하다.' 등의 느낌이다. 앞서 언급하였지만, 열등감은 주관적 세상에서 경험하는 것으로 현실적으로 다른 사람에 비해 열등할 수도 있고 그렇지 않을 수도 있다.

그리고 아들러식 이론 체계에서 사회의 소수집단(예: 여성, 장애를 가진 사람, 이민자 등)은 열등감을 느낄 수 있다. 이는 다수의 사람들이 소수집단의 사람들을 과소평가하는 환경으로 인해 발생하는 것이다.

열등감을 비생산적 방식으로 다루면 이상 행동이 나타날 수 있다. 이 과장된 신경증적 반응을 열등감 콤플렉스(inferiority complex)라 하며 이는 행동으로 드러난다. 열등감 콤플렉스를 가진 사람은 자신의 우수함을 확인하고자 이기적 행동을 하거나 자부심을 증명하기 위해 너무 높은 수준의 목표를 설정해 결국 도달하지 못하는 상황을 만들기도 한다. 이런 상황에 처하게 되면 이 유형의 사람은 열등감 콤플렉스가 주는 압력에 의해 압사당할 정도의 위험에 빠진다.

아들러는 초기 입장을 수정하여 열등감 극복 추동에 더해 우월하고자 하는 추동을 추가하였다. 그 후에 우월하고자 하는 추동이 충족된 사람은 사회에 기여하고자 하는 추동이 있다는 제안을 하였다. 최종적으로 아들러의 이론 체계에서 이

세 동기는 서로 어우러져 있는 것으로 다루어지고 있으며, 우월 또는 완전과 사회적 관심이 상대적으로 더 중요하게 다루어지는 것 같다. 개인심리학에서 사람은 열등감을 극복하여 우월하고자 하는 동기를 긍정적 방식으로 풀어낼 수 있다면 사람은 위대한 성취를 이룰 수 있으며 최종적으로 사회와 공동체에 기여할 수 있게 된다.

그러므로 아들러식 상담에서 상담자는 열등감을 효과적으로 다루도록 내담자를 격려한다. 이를 위해 아들러식 상담 실제에서 상담자는 개인으로서 내담자를 이해하기 위해 내담자의 기본 열등감과 보상에 대한 생각을 탐색·파악해야 한다.

3) 사회적 관심

사회적 관심(social interests)은 독일어 Gemeinschafsgefuhl를 영어로 번역한 것으로 때로는 공동체감(sense of community), 사회감(sense of sociality) 등으로 번역되기도 한다. 아들러에 의하면, 사람은 공동체감, 즉 사회적 관심을 선천적으로 갖고 태어난다고 말할 수도 없고 그렇다고 교육으로만 습득되는 것이라 말할 수도 없다. 달리 말하면, 사회적 관심은 선천적으로 타고난 부분과 학습된 부분이 있다. 즉 사회적 관심은 본성과 양육의 조합으로 파생된다. 기본적으로는 선천적 성향에 근거하지만 사회감이 살아남기 위해서는 육성되어야만 한다. 유아동에게 가르쳐 준 적도 없는데 다른 사람에게 흔히 동감을 표현하는 것을 보면 사회적 관심은 타고난 것이다. 예를 들면, 한 아이가 울면 다른 아기도 울기 시작하고 다른 사람이 웃으면 함께 웃는다. 하지만 일반적으로 아주 어린 아동이 다른 아동에게 친절하게 대하는 경우는 그리 많지 않으며 심지어 이기적이고 잔인한 모습을 드러내기도 한다. 사람은 본능적으로 다른 사람을 상처 입히는 것과 자신을 상처 입히는 것 중에서 하나를 선택해야 한다면, 아마도 거의 모든 사람이 다른 사람을 공격할 것이다. 그러므로 공감의 중요성은 부모, 사회 및 문화에 의해 강조되어야 한다. 다시 말해, 사람은 소속감과 동료의식에 대한 요구를 선천적으로 갖고 태어나지만 사회적 관심을 실현하기 위해서는 협동 및 협업 행동을 연습해야 한다. 이런 연습이 부족하여 사회적 관심에 대한 요구에 제대로 대처하지 못하면 신경증적인 사람이 될 수 있다.

사회적 관심이 외향성을 의미하는 것은 아니며 특정한 사회적 행동을 가리키는 것도 아니다. 간단히 기술하면, 가족, 지역사회, 사회 및 인류의 삶을 돌보고자 하는 매우 광범위한 의미를 담고 있다. 어떻게 보면 이타 행동이라고 간단히 말할 수도 있다. 하지만 사회적 관심은 자신의 이익과 함께 다른 사람의 이익에 대해서도 관심을 가진다는 뜻이다. 더 나아가서 인류의 더 나은 삶을 위한 노력도 포함된다. 아들러에 따르면, 사회적 관심은 감정적, 인지적, 행동적 수준에서 경험할 수 있다(Adler, 1964). 감정적 수준에서는 내가 인류의 일원으로 다른 사람과 공감할 수 있다는 것을 강하게 느끼는 것이다. 인지적 수준에서는 나와 사람들이 서로 의지하며 살아가야 한다는 것, 즉 상호 의존성(interdependence)을 인식하는 것이다. 마지막으로 행동적 수준에서는 이 감정과 사고를 자기 발전과 다른 사람의 발전 및 협동, 돕기 행동 등 목표의 원천으로 삼아 이를 성취하기 위한 행동을 하는 것이다. 그러므로 사회적 관심은 개인의 완전한 능력 개발 노력에 동반된 개인적 성취와 함께 다른 사람에게 도움이 되는 사람의 모습으로 표현된다.

4) 생활 양식

생활 양식(lifestyle)은 성격의 조직을 반영하는 개념이며 사람이 자신과 세상에게 의미를 부여하는 방식으로, 가상적 최종 목표에 도달하기 위해 사용하는 감정적, 행동적, 인지적 전략 등을 담고 있다.

아들러는 현실에 대한 분류를 반영하는 개념으로 생활 양식이라는 개념을 제시하였다. 아들러는 처음에는 도식(schema)이라는 용어를 제시하였으나 생활 양식이라는 용어로 수정하였다(Sperry, 1997). 생활 양식은 사람이 삶에 대해 가지는 기본적 지향이며 한 사람의 존재 특징을 반영하는 쟁점들을 담고 있다. 비슷한 용어로 삶의 계획, 삶 운동, 생활 전략, 인생 지도 등이 있다(Corey, 1996). 아들러에 의하면, 사람은 자신의 삶에서 배우, 크리에이터, 예술가다. 사람은 자신에게 의미가 있는 목표를 추구하는 과정에서 자신만의 독특한 양식을 발전시킨다(Ansbacher, 1974). 다시 말해, 생활 양식은 한 개인이 자신만의 삶을 사는 방식이며 삶의 문제와 대인 관계를 다루는 방식이다.

이 개념으로 사람이 그렇게 행동하는 이유를 설명할 수 있으며 사람이 일관성 있게 행동하는 이유도 설명할 수 있다. 생활 양식 신념(lifestyle conviction)은 아들러식 상담의 핵심 개념이다. 생활 양식 신념은 인지적 조직으로 자기, 세상, 이상적 자기 및 윤리적 신념 등의 측면에서 드러날 수 있다(Mosak, 1989).

한 개인의 생활 양식을 아는 것은 어떤 예술가의 작품 스타일을 이해하는 것과 유사한 결과를 낳는다. 어떤 예술가의 작품 스타일을 알고 있다면, 이 예술가의 다음 작품을 예상할 수도 있으며 다른 예술가들의 작품들 속에서 이 사람의 작품을 찾아낼 수 있다. 즉 예술 작품을 통해서 그 예술가를 알 수 있다. 마찬가지로, 삶의 방식이 그 사람을 드러낸다. 물리적이건 사회적이건 사람은 맥락 안에 존재한다. 맥락에서 개인은 개별성으로 그 자신을 표현하면서도 맥락에 맞게 자신을 만들어 드러내기도 한다. 그러므로 사람은 자신을 바라보는 경우에도 맥락이라는 배경에서 자신을 본다는 것을 상담자는 이해해야 한다. 이런 인식이 있어야 모든 개인이 독특한 자신만의 삶의 양상을 가지고 있으면 환경에 대해 단순하게 기계적으로 반응하지 않는다는 것을 이해할 수 있다.

[글상자 6-1] 아들러의 성격 유형

아들러는 신경증에 대해 관심이 많지 않았다. 그러나 사람이 표현하는 에너지 수준에 근거해 성격 유형을 구분하였다. 이 유형들은 절대적인 것은 아니며 사람을 보는 휴리스틱적 도구(heuristic devices)다.

첫째, '지배' 유형(ruling type)이다. 이 유형의 사람들은 우월함을 얻기 위해 다른 사람을 압박한다. 이들은 에너지가 많아서 다른 사람을 잘못된 길로 밀어낼 수 있다. 그렇다고 해서 이들이 사람에게 항상 공격적이거나 가학적이지는 않다. 어떤 때는 이 에너지가 자신으로 향해 자신을 다치게 한다. 예를 들면, 알코올 중독, 약물 중독, 자살 시도 등이 있다.

둘째, '의지' 유형(leaning type)이다. 이들은 예민하며 자신을 보호하기 위해 자신 주변에 보호막(shell)을 만들 수 있다. 이들은 자신의 어려움을 해결하기 위해 다른 사람에게 의지하는 경향이 있다. 에너지 수준이 낮으며 다른 사람의 에너지에 의존하고 변화를 위해 다른 사람에게 의지하는 경향이 있다. 이들은 스트레스를 심하게 받으면 공포증, 불안, 강박증, 일반 불안 및 해리 등으로 악화된다.

셋째, '회피' 유형으로 삶에서 회피함으로써 살아간다. 이들은 에너지가 아주 낮아 이를 보존하기 위해 자신 내부로 물러나 전체로서 삶을 회피하며 특히 사람을 회피한다. 극단적 경우에 회피 유형은 정신증으로 악화되기도 하며 이는 자기 자신만의 세상에 살기 때문에 일어나는 일이다.

넷째, '사회적 유능' 유형으로 이들은 기본적으로 건강한 사람으로 적절한 에너지 양과 사람에 대한 관심을 갖고 있다. 그리고 오만하지 않다. 이들은 다른 사람이 알 수 없는 열등감으로 자신을 낭비하지 않기에 사람에게 효과적으로 순응할 수 있다.

아들러에 따르면, 마지막 유형을 제외한 나머지 세 유형은 사회적 관심이 결여되어 있어 잘못된 생활 양식 또는 약점을 가진 유형이다.

출처: Mosak & Maniacci(1998).

동일한 생활 양식을 가진 사람은 없다. 우월함이라는 목적을 추구함에 있어, 어떤 사람은 자신의 지적 능력을, 어떤 사람은 예술적 재능을, 또 어떤 사람은 체육 기술을 발전시킨다. 생활 양식은 자신과 세상을 바라보는 관점과 자신의 목표를 추구하면서 나타내는 독특한 행동과 습관으로 구성되어 있다. 사람의 모든 것은 그 사람만이 가진 고유한 생활 양식에 의한 것이며 생후 6~7년 동안 어느 시점에서 형성된다. 초기의 가족과 형제자매의 대인 관계 경험이 생활 양식의 발달에 영향을 준다(Sherman & Dinkmeyer, 1981).

사적 논리(대 상식) 사적 논리는 개인이 삶의 양식을 정당화하기 위해 고안해 낸 논리다. 그렇기에 사적 논리는 상식에 반할 수 있다. 상식이란, 누적되고 합의가 이루어진 논리로 나와 다른 사람의 이익에 모두 기여하는 지혜로 볼 수 있다. 모작(Mosak, 1995)에서 제시된 사적 논리 오류는 5가지가 있다. 즉 과잉 일반화, 거짓 또는 불가능한 목표, 삶과 사람의 요구에 대한 잘못된 지각, 사람의 기본 가치 부인, 잘못된 가치 등이다. 사적 논리가 상식에 너무 맞지 않음을 인식하게 되거나 자신의 궁극적 목표를 성취하는 것을 방해하는 것을 깨닫게 되면 사적 논리가 폐기되면서 생활 양식이 재구성될 수 있다.

5) 가상적 최종 목표

아들러는 과거를 완전히 무시하지는 않았으나 강한 목적론적 요인을 이론에 삽입하였다. 사람은 생활 양식에서 자신만의 우세한 허구를 갖고 있으며 이것이 바로 가상적 최종 목표(fictional final goal)로, 이것은 삶을 이끌어 가는 핵심 목표다.

핵심 목표는 초기 기억을 통해서 드러난다. 초기 기억은 기억의 주인인 개인이 창조해 낸 신화 또는 장면이며(McAdams, 2006), 암묵적으로 이후 삶의 이야기를 채색하고 상징화시킨다. 아동기 초기의 열등감은 보상에 초점을 맞추기에 이때 형성된 가상적 최종 목표는 열등감으로부터 벗어나서 완전한 안도감, 미래 안정 및 성공 등을 보장하는 것을 찾는 것이다. 이때 긍정적 세계관을 가지고 있으면 우월함을 얻기 위해 세상에 참여해야 한다는 신념을 갖게 된다. 여기서는 참여하기, 창조하기, 사랑하기, 협동하기 등이 중요하다. 그러나 아동이 우월함을 얻기 위해서 세상과 전쟁을 하거나 세상에서 도망을 가야 한다는 부정적 세계관을 가진다면 지배하기, 좌절하기, 파괴하기, 철회하기 등이 가상적 최종 목표가 될 수 있다. 어느 유형의 세계관이 생기든, 이 세계관은 생활 양식 그 자체에서 드러난다. 열등감이 클수록 일반적으로 행동 양상의 최종 원인이 될 수 있는 목표도 크다. 가상적 최종 목표는 그래서 미래 지향적이다.

6) 형제 순위

아들러는 프로이트처럼 매우 어린 나이에 성격 또는 생활 양식이 세워진다고 보았다. 형성된 생활 양식의 원형은 변하기보다는 새로운 경험이 원형의 틀에 맞게 해석되어 원형에 맞추어져 들어간다.

아들러는 가상적 생활 양식을 형성하는 데 다음과 같은 가장 중요한 아동기 기본 상황이 있다고 보았다.

첫째, 기관·신체 열등감을 느낀다. 아동은 다른 사람에게 관심을 쏟지 않으면서 오롯이 자신에게만 관심을 둘 수 있다. 대부분의 아동은 강한 열등감을 갖고 살아가며 소수의 사람은 이를 우월감 콤플렉스로 과잉-보상하려 한다. 이 강한 열등감은 자신을 사랑하는 사람의 지지 및 격려를 통해 보상될 수 있다.

둘째, 오냐오냐하는 돌봄을 받는 것이다. 즉 응석받이로 자라는 것이다. 대부분의 아동은 사람의 행동을 통해서 다른 사람에게 주려는 것을 자신이 가지거나 또는 빼앗을 수 있다는 것을 배운다. 그러나 응석받이의 소망은 사람들에게 요구하는 것이다. 응석받이는 언젠가는 이 방법으로는 가질 수 없음을 알게 된다. 실패는 2가지 원인으로 발생한다. 하나는 다른 사람에게 명령을 하는 것 외에는 사람을 다루는 방법을 모르기 때문이다. 다른 하나는 이들이 자신의 열등감을 나중에서야 깨닫기 때문이다. 이들은 아동기 초기 동안 경험에서 배우지 않았기에 너무 늦게 자신이 진짜로 열등하다는 것을 인식하게 된다.

셋째, 무시당하는 환경이다. 이런 환경에서 양육은 엄격하고 권위적으로 이루어진다. 아동은 평범한 일상 속에서 늘 가치 없다는 평가를 듣거나 쓸모없는 사람으로 대하는 어른들을 보기 때문에 열등감을 배운다. 결국 아동은 자신 외에 믿을 사람이 없다는 것을 알게 되면서 이기적으로 변한다. 무엇보다 이들은 사랑을 받지 않았기에 사랑할 능력을 키울 수 없다.

형제 순위는 심리적 환경으로 생활 양식의 형성에서 매우 중요하다. 이와 관련된 내용을 살펴보겠다.

독녀/독남 아동은 부모에게 의지할 수도 그렇지 않을 수도 있다. 이들은 다른 사람과 무언가를 나누는 것에 어려움을 가지며 때로는 응석받이로 자랄 수도 있다. 또래와 대인 관계를 잘 맺으려 하지 않을 수도 있으나 때로는 리더 역할을 할 수도 있다. 대체로 이들은 자기 확신이 강하다. 독남/독녀인 상황이 부정적 속성만 가지는 상황이 있다. 바로, 학대받는 환경 또는 부부 사이가 나쁜 환경이다. 이런 환경에서 자녀는 부정적 환경의 영향을 홀로 감내해야 한다.

장녀/장남 첫째는 가족 모두의 관심을 받는 독자(獨子)로 삶을 시작한다. 그러나 동생이 태어나면 첫째는 권좌에서 물러나게 된다. 첫째는 처음에는 빼앗긴 자리를 돌려받기 위한 투쟁을 할 수 있다. 즉 아기처럼 행동한다. 그러나 이런 행동에 대한 퇴짜를 맞으면서 이제는 아기가 아니라 형/언니라는 말을 듣는다. 아동은 이 상황에 복종을 하는 대신 반항적으로 행동하거나 무뚝뚝해지거나 수줍음이 심해질 수 있다. 첫째는 조숙할 수 있으며 상대적으로 고지식하며 보수적이다. 그리고 이들은 사람에게 동기 부여를 하는 경향이 있어 지도자 역할을 한다. 그러나 첫째는 다른 순위의 아동보다 문제 아동이 될 가능성이 높다.

차녀/차남 둘째 아이는 매우 다른 상황에 있다. 둘째는 마라톤의 속도 조절자(pacemaker) 역할을 해 주는 형/언니가 있다. 그래서 둘째는 이들을 따라잡으려 노력한다. 그래서 둘째는 매우 경쟁적이고 다른 아동을 지배하려 한다. 둘째는 손위 형제를 이길 수 있는 길을 찾으려 노력하면서 좋은 관계를 유지하려 한다. 성공 빈도는 높지만 이들은 경쟁이 끝난 것으로 보지 않는 경우가 많다. 둘째는 얻는 것이 없더라도 끊임없이 경쟁하려 한다.

중간/가운데 아동 중간 아이는 평화를 추구하며 사회적 기술이 뛰어날 수 있다. 그러나 부모 및 가족의 관심 부족에 절망하고 주목을 받지 못하다고 느낀다. 또한 자신을 가엽다고 느끼면서 관심을 받으려 애쓴다. 행동은 둘째와 비슷하지만 이들은 (둘째와 다르게) 다양한 경쟁자를 갖고 있다.

막내 막내는 왕좌에서 쫓겨날 일이 없다. 특히 바로 위 형제와 터울이 길면 응석받이로 자랄 가능성이 매우 높다. 막내는 차남/차녀와 비슷한 문제의 원천을 갖는다. 막내는 손위 형제자매들에게 엄청난 열등감을 가질 수 있으며 이로 인해 탁월해지려 애쓴다. 막내는 여러 명의 속도 조절자들을 두고 있어 이들을 극복하려 노력한다.

출생 순위에서 생물학적 출생 순서가 중요한 것은 아니다. 사실, 대부분의 경우에는 형제자매들 중 첫째가 아니지만 첫째와 같은 역할을 하는 아동이 있고 막내이지만 첫째 같은 막내가 있다. 그러므로 출생 순위에 따른 가족 내 역할을 단정할 수는 없다. 그러므로 아들러의 이론 체계에서 출생 순위는 특정 개인의 고유 환경이라는 맥락에서 이해해야 한다.

3. 상담 과정과 기법

아들러식 상담자는 내담자의 주관적 경험을 강조하고 한계 안에서도 자유를 가질 수 있다고 믿는다. 또한 내담자가 잠재력을 갖고 있다고 믿는다(Ellenberg, 1970). 아들러(Adler, 1956)에 따르면, 상담자는 "내담자보다 우위에 있거나 더 나은 사람이 아니다. 그리고 내담자가 상담자를 교사, 아버지, 구조자 등의 전문가로 대하지 않도록 해야 한다." 즉 내담자와의 협력을 중요시한다. 그리고 상담자는 부적응을 병리적으로 보지 않으면서 내담자의 변화 촉진에 초점을 두면서 내담자를 격려해야 한다(Carlson, Watts, & Maniacci, 2006; Watts & Shulman, 2003).

아들러식 상담에서 상담자는 다음과 같은 질문을 할 수 있다(Corey, 1996).

- 사람이 그런 행동을 하는 원인은 무엇인가?
- 사람이 그런 선택을 하는 이유는 무엇인가?
- 사람이 (기계적 방식으로 하는) 행동을 하게 만드는 것은 무엇인가?
- 성격은 어떻게 형성되는가?

치료적 초점은 '무엇'이라는 질문에 답을 하는 것이고 치료적 관계는 '누구'라는 질문에 답을 하는 것이며 치료적 과정은 '어떻게'라는 질문에 답하는 것이다(Sperry, 1997). 달리 말하면, 치료적 변화는 심리중재 과정의 기저에서의 변화를 뜻한다. 아들러(Adler, 1956)에 의하면, 치료적 변화는 신경증적 증상을 가진 내담자의 자존감을 보호하는 것이 목적이다(Sperry, 1997). 아들러는 이 신경증적 보호함을 드러내는 것을 치료의 가장 중요한 요인으로 보았다. 이 드러냄의 과정은 단계별로 진행되며, 격려를 통해 점진적으로 재교육하고 재설정하는 과정이다. 그리고 아들러(Adler, 1956)는 심리상담은 근본적으로 협동·협업의 연습 과정으로 보았다(Sperry, 1997). 그러므로 치료 실패는 내담자와 치료자 간 협업의 결여로 인한 것으로 볼 수 있다.

1) 상담 목표

아들러는 부적응에 대해 비병리적 입장을 취하면서 질병 모델이 아닌 성장 모델을 강조하였다. 그래서 아들러는 내담자를 환자가 아닌 낙담한 사람으로 보았다. 아들러에게서 상담은 치료 과정이 아니라 격려 과정이었다. 이를 통해 내담자의 공동체에 대한 관심을 확장 또는 발전시키는 것이다. 다시 말해, 아들러의 성격 이론과 일치하는 방향에서 상담 목표는 관계성을 강조하는 데 있다(Carlson et al., 2006; Watts & Eckstein, 2009).

기본 목표는 내담자가 사적 논리에 근거한 반복적 생활 양식을 감소시키거나 새로운 생활 양식을 대체하게 만드는 것이다. 다시 말하면, 현재 인지 구조(삶의 양식)와 불일치하는 새로운 정보를 경험하도록 하여 변화에 동화하게 만드는 것이다. 이를 통해 내담자는 대안을 창조할 기회를 가져 성장 억제 신념을 개인적 이야기를 성장 촉진하는 신념으로 대체하게 된다. 이를 통해 내담자는 열등감 및 낙담을 극복하게 된다. 더 광범위하게 말하면, 아들러식 상담 목표는 내담자의 사회적 관심과 공동체감을 증가시키는 데 있다(Carlson, Watts, & Maniacci, 2006). 상담의 목표에 도달했는지는 다음 4가지 기준으로 평가될 수 있다. 이는 증상 감소, 기능 향상, 유머감 증가, 내담자 조망에서의 변화 등이다.

2) 상담 과정

상담자는 유용하고 건강한 방식으로 삶의 과제에 참여할 수 있도록 내담자를 격려한다. 아들러식 상담에서 핵심은 격려 및 지지 과정에 있다(Frew & Spiegler, 2012).

상담자는 내담자의 아동기 문제에 대해 질문할 수 있다. 먹기 또는 잠자기 등에서의 나쁜 습관은 내담자가 부모를 통제한 방식에 대한 정보를 제공한다. 어둠에 대한 공포 또는 혼자 있는 것에 대한 공포 등과 같은 공포는 응석받이로 자랐음을 시사한다. 말 많음은 말하기에 대한 불안과 연합되어 있음을 가리킨다. 외현적 공격성과 도둑질은 우월함 콤플렉스의 신호일 수 있다. 백일몽, 고립, 게으름, 거짓말하기 등은 자신의 열등감에 직면하는 것을 피하려는 신호일 수 있다.

다음은 아들러 사후 드레이커스가 아들러의 이론 체계에 근거해 제안한 단계들이다. 모두 4단계로, 관계 형성하기(engagement), 사정하기(assessment), 통찰 촉진하기(insight), 재방향·재교육하기(orientation) 등으로 구성되어 있다.

(1) 관계 형성하기

아들러식 심리상담에서 내담자와 상담자는 치료적 관계를 형성하는 것으로 상담을 시작한다. 상담자와 내담자의 관계는 동등한 두 사람 간의 우정을 형성하는 것에 비유될 수 있다(Mosak, 1989). 더 자세히 기술하면, 내담자와 상담자의 관계는 협력적이고 협동적이며 평등해야 하고 서로 존중해야 한다.

아들러식 치료적 관계에서 중요한 요인은 격려(encouragement)다. 여기서 격려는 존중하는 치료적 관계를 발전시키는 것을 강조한다. 치료적 관계는 강점과 자원을 강조하여 낙관적이고 미래 지향적이다. 아들러식 심리상담에서는 이를 '격려'로 보았으며, 사회적 관심을 촉진하는 모델링이 제공되는 것으로 보았다(Watts, 1999; Watts & Pietrzak, 2000). 그러므로 아들러식 심리상담에서 격려는 기술이 아니라 내담자에 대한 태도이며 내담자와 함께하는 방식이다(Watts, 2013). 격려는 인간 성장과 발달에 중요한 요인이다. 특히 상담에서는 더욱 그렇다.

격려는 내담자가 희망을 가지도록 촉진하고 성공에 대한 기대를 갖게 만들 수 있다. 협동·협업하고, 평등하게 대하고, 낙관적이고 존경하는 관계에 더해서 적극적으로 경청하여 공감적 듣기를 하고, 존경을 담은 의사소통을 하는 것은 내담자가 새로운 양상의 행동을 하게 만들고 많은 격려를 받고 있음을 지각하게 한다. 이를 통해 내담자는 자신의 자원과 강점에 다가가게 된다.

이 단계에서 상담자는 내담자의 이야기를 듣는다. 파워즈와 그리피스(Powers & Griffith, 1987)에 의하면, 첫 면담에서 내담자에게 해야 하는 일반적 질문들은 다음과 같다(Corey, 2013).

- 상담을 하러 온 이유는 무엇인가?
- 지금까지 갖고 있었던 문제는 무엇인가?
- 이 문제를 갖고 있지 않았다면 당신의 삶은 어떻게 달라질까?
- 상담에서 기대하는 바는 무엇인가?

(2) 사정하기

사정(assessment)에서 상담자는 내담자의 초기 기억과 가족 역동을 포함한 배경 정보를 탐색한다. 상담자는 내담자가 현재 자신에게 도움이 되지 않는 그리고 적응적 기능도 하지 않는 사고의 방식을 어떻게 발전시켰는지를 탐색한다. 상담자는 생활 양식을 사정하고 내담자의 문제를 개념화하며 삶의 의미에 대해 듣는다.

초기 회상은 생활 양식의 가장 중요한 지표다. 그 이유는 초기 회상들은 개인의 주관점 관점에서 나온 '내 삶의 이야기'이기 때문이다(Mosak, 2002; Shulman & Mosak, 1988). 아들러는 자신만의 고유한 삶에 조화를 이루는 선택적 기억의 기제를 가정하였다. 사람은 가상적 생활 양식에 일치하며 이를 지지하는 이미지 그리고 중요함과 안전을 추구하는 자신의 방향을 지지하는 기억들만 회상한다. 다시 말해, (프로이트의 견해와 달리) 선택적 기억과 생활 양식이 기억되는 것이다(Kopp & Eckstein, 2004). 예를 들면, 내담자가 초기 기억에서 안전과 관심에 대한 내용을 많이 갖고 있다면 이는 그 사람이 응석받이라는 것을 가리킨다. 형제들과의 공격적 경쟁을 기억해 내면, 이는 내담자가 둘째의 강한 추구와 '지배형' 성격을 가진 것임을 나타낸다. 초기 기억에서 무시와 무언가 숨기고 있음이 드러나면, 이는 그 사람이 심각한 열등감과 회피를 갖고 있음을 뜻한다.

(3) 통찰 촉진하기

고전적인 분석적 접근에서 통찰은 성격 변화의 필수조건이었지만 아들러 학파에서는 통찰은 변화를 향한 요소 중 하나다(Dreikus, 1969). 모작(Mosak, 1989)

에 의하면, 통찰은 건설적 행동으로의 변화된 이해다(Corey, 1995).

통찰은 내담자가 자신의 잘못된 목표와 개념을 확인하는 인식이다. 이 과정에서 상담자는 내담자의 상황에 대한 해석, 즉 가설을 제공한다. 상담자는 내담자의 과거 경험이 현재 내담자가 겪고 있는 문제들을 어떻게 생성했는지에 대한 자신의 견해를 제시한다. 해석은 생활 양식에 대한 내담자의 통찰을 촉진시킨다. 이 단계에서 상담자는 시험적 가정을 제시하여 내담자의 협동과 도전을 격려한다. 이를 통해서 내담자는 자신의 문제를 자신이 만들고 유지하는 데 기여했음을 인정하면서 이를 해결하기 위한 자신의 역할을 수긍하게 된다. 간단히 말해, 자신의 선택과 변화에 필요한 힘을 자신이 갖고 있음을 깨닫는다.

통찰 단계에서 주의할 점은 상담자의 해석이 유용하고 적절하다는 평가는 내담자의 몫임을 기억해야 한다는 것이다. 다시 말해서, 상담자의 해석에 대한 인정을 내담자에게 강요하지 않아야 한다.

(4) 재방향·재교육하기

아들러식 상담의 마지막 단계는 재방향·재교육하기 단계다. 간단히 말하면, 내담자의 재교육이다. 재교육이란, 내담자의 현재 방식을 대체할 대안적 태도, 신념, 목표 및 행동을 내담자가 익히는 것이다. 상담자는 내담자가 일상에서 사용할 수 있는 새로운 전략을 개발하도록 돕는다. 이는 상담자가 내담자의 낡은 경험, 양상 및 메시지 등을 재구성하여 새로운 경험으로 창조하도록 조력함으로써 이루어진다. 재교육의 또 다른 목표는 이후의 삶에서 위기에 직면하더라도 변화에 적응할 수 있도록 내담자를 준비시키는 데 있다.

3) 상담 기법

아들러에 의하면, 내담자가 (자신의) '가상'을 발견할 수 있도록 돕기 위해 상담자는 여러 방향에서 정보를 수집해야 한다. 먼저 문제와 관련된 의학적 정보를 확인해야 한다. 의학적 내력을 조사하는 이유는 내담자의 심각한 어려움이 의학적 원인에 근거한 것일 수도 있기 때문이다. 어떤 신체적 질환의 부작용은 신경증 및 정신증 증상과 비슷한 증상을 갖고 있다.

그리고 꿈을 조사해야 한다. 아들러에 의하면, 일상적으로 꿈은 내담자가 직면한 문제를 반영한다. 아들러는 내담자가 꿈을 기억하지 못하는 경우에는 상상을 사용하기도 하였다. 상상은 꿈만큼 생활 양식을 잘 드러낸다(Carlson et al., 2006; Mosak & Maniacci, 2011).

사람이 자신을 표현하는 방식에도 관심을 기울여야 한다. 자신을 표현하는 방식에는 자세, 손을 흔드는 방식, 움직임 등의 신체 언어가 포함된다. 아들러에 의하면, 응석받이로 자란 사람의 자세는 거의 항상 어딘가에 기대고 있다. 사람의 잠버릇도 살펴야 한다. 태아 자세로 잠을 자는 사람은 침대 전체를 사용하면서 대자로 자는 사람과는 다른 가상적 생활 양식을 갖고 있을 것이다.

이런 내담자의 개인 내적 요인과 함께 개인 외적 요인에도 관심을 가져야 한다. 개인 외적 요인으로, 예를 들면 근심을 유발하는 사상도 확인을 해야 한다. 수많은 촉발 요인이 있는데 그중에는 학교, 시험, 진로 결정, 직업, 죽음, 사랑하는 사람과의 이별, 불확실성, 죄책감, 처음 (또는 시작), 일의 중요도 등이 있다. 특히 여성만이 직면하는 문제들로 임신과 출산, 월경의 시작과 끝, 아내 및 엄마로서의 삶 등이 있다.

아들러식 상담은 기계적 절충주의와 인지적, 행동적, 실존적 기법들을 다양하게 사용하며 이런 측면에서 중다양식적 접근에 근거한다. 아들러식 상담은 매우 유연하며 각 내담자 또는 내담자 체계의 독특한 요구와 문제를 고려한 기법을 중요시한다. 그러나 아들러가 직접적으로 개발한 기법은 없으며 일부 기법들은 이미 사용되고 있었던 기법들이다(예: 격려, 가설 해석, 생활 양식 분석과 초기 회상).

다음은 아들러식 상담에 기원을 둔 기법들이다(Carlson et al., 2006; Dinkmeyer & Sperry, 2000; Mosak & Maniacci, 2011).

(1) 질문

상담자는 다양한 유형의 질문(the Question)을 사용한다. 예를 들면, "당신에게 이 문제가 없어진다면 그래서 갑자기 모든 것이 바뀐다면, 당신 삶은 어떻게 달라질 것 같은가?" 등으로 극적이거나 설명적 목적을 위해 다음과 같은 다양한 버전의 질문이 가능하다.

- 당신에게 알약을 하나 준다면, 어떤 효과를 가진 알약을 받고 싶은가?
- 마법의 지팡이를 갖고 있다면 무엇을 할 것인가?
- 갑자기 모든 문제가 사라진다면 인생은 어떻게 달라질까?
- 만약 마법의 수정 구슬을 들여다볼 수 있다면, 무엇이 보일 것 같은가?

이 질문에 대해 가능한 답은 3가지 유형 중 하나다. 첫째 유형은 분명한 심리적 문제가 있음이 드러나는 반응이다(예: 꾀병, 책임을 회피하기, 체면 차리기 노력 등). 이 반응은 증상의 원인과 벗어남이 완전히 심리적임을 암시하는 것이다. 둘째 유형은 신체에서 기원한 증상을 반영하는 반응이다. 이때 심리적 문제는 본질적으로 신체적 문제로 생긴 증상이 원인이고 신체 증상에서 벗어나야 심리적 문제가 사라진다. 셋째 유형은 심리적 기원과 신체적 기원, 두 기원의 조합에 근거한 반응이다.

질문은 내담자가 현재 문제로 생긴 부담감을 더 이상 떠안지 않아도 되는 지점에서 새로운 현실을 생각하게 만드는 데 그 목적이 있다. 이렇게 하면, 내담자는 자신의 증상으로 얻었던 이득을 더 이상 숨길 수 없어 자신이 가진 자원과 이를 극복할 수 있는 자신의 능력을 인식하면서 용기를 느낄 수 있다(Watts et al., 2009).

(2) 마치 ~처럼 행동하기

'마치 ~처럼 행동하기'는 내담자의 조망 변화와 함께 행동을 변화시켜서 내담자의 기능을 증가시키는 데 그 목적이 있다. 이를 통해 내담자는 자신이 되고자 하는 사람이 되기 위해 자신의 '자기-제한' 가정에 도전을 하는 것이다(Corey, 2017). 다시 말하면, 상담자는 내담자에게 상황을 효과적으로 다루는 기술을 가지고 있는 것처럼 행동하도록 요구한다(Seligman & Reichenberg, 2013).

이 기법에서는 내담자의 개입(commitment)이 중요한 요소다. 내담자가 변하기를 진정으로 원한다면, 자신의 문제에 대해 뭔가 하고자 하는 내담자의 의지가 필수적 요소다. 사실, 상담 실제에서는 많은 내담자들이 변화하기를 원하면서도 자신이 하지 않은 행동에 대해 변명을 한다. "내가 할 수 있다면, (무언가를) 했을 것이다."라는 표현이 등장하는 지점에서 이 기법을 사용할 수 있다(James & Gilliand, 2003). 이 지점에서 상담자는 내담자가 지각하는 위험의 일부를 중성화시킬 수 있으며 변화에 대한 저항을 무시하는 데 도움이 되는 이 기법을 사용할 수 있다. 상담자는 내담자에게 자신이 바라는 어떤 행동이든(예: 자부심이 강한 행동) 시연해 보라고 권유한다. 상담자가 권유하는 행동은 매우 구체적 행동이어야 한다.

이 기법의 성공 요인 중 하나는 내담자가 이 과제의 성공을 예상하는 것이다. 때로는 내담자가 이를 못할 수도 있다. 이런 상황이 발생하면, 상담자는 내담자와 함께 성공 경험을 할 수 있는 과제를 탐색해야 한다(Watts et al., 2009). 다른 성공 요인은 '마치 ~처럼 행동하기' 전에, 내담자가 지금 자신이 바라는 사람이 되는 행동과 지금 자신이 하는 행동의 차이에 대해 심사숙고하는 것이다. 내담자는 자신이 되고 싶은 사람의 행동을 상상하여 상상 속의 사람과 자신의 방식이 어떻게 다른지를 살피는 것이 새로운 행동 시연에 도움이 된다(Carlson et al., 2006).

(3) 자신으로 머무르기

자신으로 머무르기(catching oneself)는 내담자가 현재 겪고 있는 문제에서 자신이 어떤 역할을 하고 있는지를 인식하게 만드는 데 도움이 되는 기법이다. 내담자가 자신의 과거 방식대로 행동을 하여 이 행동을 촉발하게 하는 요소들을 확인한다. 이를 통해 내담자는 낡은 행동을 촉발하는 요인에 예민해짐으로써 결국에는 낡은 행동을 하지 않게 된다. 이 과정에서 내담자는 자신의 사고와 지각이 자기 패배적임을 인식하게 되어 이 자극들에 압도당하지 않게 되면서 새로운 사고와 행동을 위한 도약을 할 수 있게 된다.

(4) 버튼 누르기

버튼 누르기 기법은 우울함(부정적 감정 포함)을 멈추게 하거나 이런 감정을 만들어 내는 것을 멈추게 함으로써 내담자가 자신의 역할에 집중하게 만드는 기법이다(Carlson, Watts, & Maniacci, 2006; Mosak & Maniacci, 1998).

이 기법은 우울증을 겪는 내담자와의 훈습을 위해 개발되었지만 현재는 다양한 문제를 겪고 있는 내담자들에게도 적용할 수 있는 유용한 기법이다. 이 기법의 이점은 내담자가 자신이 처한 상황이나 갈등 중인 사람보다는 자신의 감정을 기본적으로 통제할 수 있음을 깨닫게 하여 삶의 도전 방향을 재설정할 수 있게 돕는 데 있다.

(5) 먹는 음식에 침 뱉기

먹는 음식에 침 뱉기(spitting in the soup)는 변화를 촉진하기 위해 (행동의) 목적을 해석하는 과정에서 사용된다. 이 기법을 사용하려면 먼저 상담자와 내담자 간 확고한 라포와 신뢰 관계가 형성되어 있어야 한다. 그 이유는 내담자가 이 기법을 사용하는 것에 동의하지 않을 가능성이 높기 때문이다.

먹는 음식에 침 뱉기는 내담자가 의식적 목적과 일치하지 않는다는 것을 모르는 상태에서 했던 이전 행동의 의도를 깨닫게 하는 데 사용된다. 내담자는 바른 목표를 얻기 위해 삶의 방식을 개발하고 있었으나 이 방법들이 잘못된 것이었다(Rasmussen & Dover, 2006).

이 기법을 효과적으로 사용하려면 변화를 일으키는 이 기법의 목적과 능력을 완벽하게 이해하는 것이 매우 중요하다. 이 기법을 실행할 때는 아들러가 말한 '가장 부적응적 행동은 사회적 관심의 결여, 열등감, 관계적 어려움 등의 결과로 나타난다.'라는 주장을 명심하고 있어야 한다. 건강하지 못한 행동 및 증상으로는 힘 또는 존경, 통제를 얻기 위한 분노 표출, 돌봄과 지지를 얻기 위한 우울 증상, 책임과 과제를 하지 않기 위한 무기력, 가장(假裝)하기, 중요한 사람의 사랑과 보호를 계속받기 위해 자기를 돌보지 않는 것 등이 있다. 이 방식들은 일반적으로 삶의 요구나 과제, 힘, 관심, 사랑을 얻고자 하는 노력으로부터 회피하기 위해 유지된다(Oberst & Stewart, 2003).

내담자의 음식에 침을 뱉기 전, 상담자가 증상의 목적에 대한 가설을 형성하기 위해 내담자에게 하는 질문은 다음과 같다.

- 이 행동이나 감정에서 어떻게 이득을 보는가?
- 당신의 행동이나 정서의 결과로 생기는 긍정적 일은 무엇인가?
- 이 행동이나 정서가 내일까지 간다면, 당신은 무엇을 잃을 수 있을까?

이 기법을 통해 상담자는 내담자에게 자신의 증상에서 무엇을 얻고 있는지를 확인시켜 줄 수 있다(Carlson et al., 2006). 상담자는 내담자가 자신의 행동 원인을 더 많이 알아 가더라도 내담자가 증상을 계속 사용할 수 있음을 인식하고 있어야 한다. 내담자는 문제의 증상을 계속 드러낼 수 있지만 증상은 이제 '매력'을 잃게 된다. 다시 말해서, 상담자는 내담자의 자기 패배적 행동 이면의 동기를 확인해 이 행동의 효력을 없앰으로써 내담자가 만든 증상을 쓸모없게 만든다(Seligman & Reichenberg, 2013). 그러나 내담자는 여전히 그 음식을 계속 먹으려 할 수 있다. 하지만 상담자가 계속해서 음식에 침을 뱉고 있기에 음식을 먹는 것이 더 이상 즐겁지는 않을 것이다(James & Gilliand, 2003).

만약 내담자가 이 기법의 사용에 저항을 계속한다면, 저항의 원인을 조사해야 한다. 내담자가 상담자와 교감을 하지 않는다고 느끼거나 자신의 문제를 이해하지 못하거나 또는 충분히 지지를 하지 않는다고 느끼고 있기 때문일 수 있다. 그리고 이 기법을 사용하고 있음에도 내담자가 변화에 저항하는 것은 일반적으로 상담자가 제안한 것과는 다른 목표를 내담자가 갖고 있기 때문일 수 있다.

4. 평가

1) 공헌점

첫째, 아들러는 아동에게 영향을 미치는 인적 원천으로 부모와 함께 형제자매, 주변 사람들까지도 포함시켜 인간의 성격을 체계적으로 설명한 최초의 학자다. 그리고 사람은 선택의 자유를 가지고 있으며 자신이 만든 자신에 대한 책임은 그 자신에게 있음을 강조하였다. 이 가정으로 아들러를 실존주의 운동의 선구자로 볼 수 있다.

둘째, 행동의 내적 요인을 강조하여 환경적 요인을 강조하던 심리학의 관심을 인간 내적 요인에도 두게 하는 역할을 하였다. 이런 점에서 아들러는 인지치료가 발전할 수 있는 문을 열었다고 볼 수 있다.

셋째, 상담 실제에서 아들러식 상담은 아들러식 이론적 지향을 갖고 있으면서도 상담 기법의 선택 폭이 매우 넓다(Corey, 1995).

넷째, 이론 체계의 단순한 구조와 함께 직접적으로 관찰할 수 있는 개념 등으로 전문적 이론의 대중화를 이끌었다. 그리고 아들러 학파의 개념은 임상적 상담뿐만 아니라 교육적 상담에도 적용될 수 있다(Sonstegard et al., 1982: Corey, 1995에서 재인용). 이는 개인심리학의 기본 가정이 가치, 신념, 목표, 개인적 의미, 현실 지각 등에 초점을 두면서 의미, 성장 및 가치 등을 위해 노력해야 한다는 점이 교육의 개념적 틀과도 조화를 이루기 때문이다.

다섯째, 대중적 정신건강 운동에 대한 관심을 불러일으켰다(Ansbacher, 1974). 아들러식 접근은 다양한 문화적 배경을 가진 내담자를 대상으로 하는 상담에서도 매우 적합하다. 이는 상담자가 내담자의 문화에 대해 관심을 갖게 만들어 내담자에 대한 이해를 촉진시킬 수 있다.

2) 제한점

현대 과학이라는 패러다임에서 보면, 개인심리학은 과학적 이론이 아니라는 것이 이론적 측면에서 한계다. 이를 더 구체적으로 설명하면, 개념들에 대한 실증적 확인이 불가능하며 현상에 대한 사후 설명적 접근만 가능하다. 특히 인간 행동의 기본 동기에 대한 아들러의 이론은 포퍼(Popper, 1959)의 견해에 따르면 반증 가능성이 없다. 무엇보다 인간 행동의 기본 동기로 초기에는 열등감과 보상 개념에 몰두하다가 이 개념으로 설명되지 않는 인간 행동을 설명하기 위해 나중에 우월과 완전함, 이루고자 하는 목표 등의 개념을 도입한 것은 사후 처방식 이론의 구성이다.

상담 실제에서 한계는 충분히 훈련을 받지 못한 상담자가 내담자의 초기 경험과 생활 양식의 관련성의 통합을 잘못할 가능성이 높다는 데 있다. 아들러의 이론을 충분히 습득하지 못한 상태에서 상담 실제를 훈련한 상담자는 초기 경험의 탐색 과정에서 단순하게 출생 순위와 가족 구조 등의 요소에만 집중하는 실수를 범할 가능성이 높다.

7장

인간중심상담

1. 도입

1) 주요 인물
2) 인간관
3) 심리적 문제의 발생 과정

2. 주요 개념

1) 자기
2) 자기실현 경향성
3) 가치의 조건화
4) 현상학적 장
5) 공감
6) 완전히 기능하는 인간관
7) 지금-여기

3. 상담 과정과 기법

1) 상담 목표
2) 상담 과정
3) 상담 기법

4. 평가

1) 공헌점
2) 제한점

다른 사람들의 눈을 통해 공감하는 것은

세상을 자신의 눈에 비추는 것이 아니라, 다른 사람의 눈으로 보는 것이다.

- 칼 로저스 -

로저스(Rogers)의 인간중심상담은 정신분석과 행동주의 접근의 대안으로 제3의 세력인 인본주의 관점에서 출현한 상담 이론이다. 인본주의의 철학적 배경은 주로 실존주의와 현상학이며 인본주의적 관점의 학자들은 개인의 주관적 경험과 자유 의지를 강조하였다. 인간중심상담에서 인간은 적당히 조건만 주어지면 자기실현화를 이룰 수 있는 방향으로 나아간다고 본다. 그러므로 인간중심상담은 내담자의 주관적인 경험을 존중하고 긍정적이며 의식적인 선택을 할 수 있는 내담자의 능력을 신뢰한다. 본 장에서는 인본주의 철학을 기본으로 상담자의 기본 태도를 강조하고 내담자와 상담자 관계에 중점을 두고 있는 인간중심상담을 살펴보고자 한다.

1. 도입

인간중심상담(Person-Centered Therapy)은 로저스에 의해 창시된 상담 접근이다. 그의 상담 이론은 인본주의와 실존주의의 영향을 받아 사람들이 삶의 의미를 발견하도록 돕는 것이 목적이다. 인간중심상담의 기본 전제는 인간은 경험을 통해 자신의 가치를 형성해 간다는 신념에서 시작되었다. 인간은 누구나 실현화 경향성을 가지고 있고 현상학적 장에서 자기실현을 이룰 수 있는 잠재력을 가지고 있다고 보았다. 다만 살아가는 과정에서 주변의 환경이나 타인의 평가로 자신의 능력이 가려졌다고 본다. 또한 인간은 과거에 얽매이기보다 현재를 살고 미래를 추구하는 존재라 보고 있다. 즉 자신의 가능성과 잠재력을 발견하고 실현할 수 있다고 본다. 따라서 상담자는 인간중심상담의 기본적인 철학 신념을 기초로 내담자의 심리적 문제를 해결하도록 조력할 필요가 있다.

인간중심상담 이론이 발전한 과정을 살펴보면 로저스는 정신분석학의 지시적 접근과는 다른 관점에서 1940년대에 '비지시적 상담'을 개발하였다. 비지시적 상담은 허용적인 분위기 속에서 내담자의 언어적, 비언어적 표현을 반영해 주고 명료화시키는 게 중요하다고 보았다. 또한 그는 상담 장면에서 당연하다고 생각했던 조언이나 제안, 충고나 설득, 진단과 해석 등에 대해 이의를 제기하였으며 자신의 이론에서 진단 등은 부적절하다고 사용하지 않았다.

1950년대에는 상담자와 치료자 중심의 비지시적 상담이 아닌 내담자 자신에 초점을 둔 '내담자중심상담'으로 불려졌다. 내담자의 현상학적 체계에 초점을 두고 내담자의 내적 준거 체계를 이해하는 것이 더 중요하다고 보았으며 내담자를 변화하도록 이끄는 동기는 내담자의 자기실현 경향이라고 주장하였다.

1960년대에 로저스는 '진정한 자기'가 되는 것에 초점을 두고 자기가 되는 과정은 경험에의 개방, 자신에 대한 신뢰, 내적 평가, 지속적 성장 의지 등에 중점을 두었다.

1980년대와 1990년에는 로저스의 상담 이론이 교육, 산업, 집단, 세계 평화를 위한 노력 등 광범위한 영역에 적용되기 시작하고 그의 이론이 확대되면서 '인간중심상담'으로 알려지게 되었다. 인간중심상담은 내담자의 주관적 경험을 수용하고 내담자의 능력을 신뢰하며 인간 대 인간의 관계를 중요시하였다.

인간중심상담은 여러 개의 상담 이론 중 하나가 아니라 상담자가 지녀야 할 기본 태도와 역할을 제공한다. 이러 관점에서 상담에 관심을 가지고 있는 상담자는 인간중심상담 이론의 기본 철학을 이해하는 것이 필요하다.

1) 주요 인물

칼 로저스(Carl Rogers, 1902~1987)는 미국 중서부의 청교도 가정에서 태어났다. 엄격한 종교적 집안이었고 노는 것을 억제당했지만 그의 가정은 따뜻했다고 한다. 그의 부모는 자녀들에게 노동과 기독교적 가치를 알려 주기 위해 시골로 이사하였다. 내향적 성격이었던 로저스는 책을 읽거나 의문의 자세로 대부분의 시간을 보내다보니 사회적 관심보다 학문에 관심을 가졌다.

로저스는 대학 시절 동안 농업, 역사, 종교 그리고 심리학 등 다양한 유형의 학문에 관심을 가졌다. 그는 아버지의 농장에서 식물이 자라는 과정을 보면서 인간 역시 하나의 유기체로서 자신을 실현하려는 경향성을 가지고 자기실현의 과정을 밟게 된다는 인간관을 촉진시켰으며 그의 상담 이론에 영향을 준 것으로 보인다. 또한 대학 시절 부모님의 종교적 영향에서 벗어나 종교적 신념이 다양하다는 걸 경험하고 부모로부터 심리적 독립을 하였다. 그는 1924년에 위스콘신 대학교에서 학사학위를, 1928년 콜롬비아 대학교에서 석사학위를, 1931년에는 철학 박사학위를 취득하고, 1940년에는 오하이오 주립대학교 심리학 교수로 활동하였다.

로저스의 인간중심상담은 실존적 관점과 인본주의 심리학에 근거를 두고 성장한 이론이다. 상담의 기본적인 가정은 상담자의 직접적인 개입 없이도 내담자가 스스로 자신을 이해하고 문제를 해결할 수 있다는 점이다. 로저스는 다양한 내담자를 만나면서도 자신이 발전시킨 사상을 반영한 삶에 맞게 인생을 살았고 사람들과 관계를 맺는 방식에도 영향을 미쳤다고 한다.

2) 인간관

로저스는 내담자의 성장을 촉진하는 분위기가 조성되면 내담자는 건설적인 방향으로 발전할 수 있는 능력이 있다고 보았다. 즉 인간은 선천적으로 자신을 실현화하기 위한 동기를 가진 존재이며 이러한 실현화 경향성 때문에 인간을 신뢰로운 존재로 바라보고 있다. 이처럼 인간 본성에 대한 긍정적 관점은 인간이 심리적 부적응 상태에서 건강 상태로 이동하려는 능력을 본래부터 갖고 있다고 믿기 때문에 상담자는 상담 과정에서 일차적 책임을 내담자에게 부여한다.

인간중심상담은 정신분석학이나 행동주의 상담에서 나타나는 권위적인 상담자의 역할과 상담자의 지시를 따르는 수동적인 내담자의 역할을 받아들이기 어렵다. 그러므로 인간중심상담 과정은 내담자의 인식 능력과 태도나 행동에서의 변화에 기초한다.

인간은 경험적 세계인 현상학적 장(phenomental field)에서 살아가고 각자 자기 실현을 위해 삶을 주도하며 살아간다. 현상학적 장은 개인의 경험적 세계 또는 주관적 경험으로 특정 순간에 개인이 지각하고 경험한 모든 것을 의미한다. 인간은 똑같은 환경에서도 각자 주관적으로 매우 다른 경험을 한다는 것이다. 그러므로 상담자는 내담자가 자신의 삶의 세계를 현상학적으로 구성하고 자신의 감정과 생각, 행동에 대해 내담자의 책임과 능력을 강조할 필요가 있다. 또한 상담자는 내담자가 자기와 세계를 지각하는 방식에 주된 관심을 가져 내담자의 내적 참조틀을 이해해야 한다. 로저스는 현재 행동을 결정하는 것은 과거에 대한 각 개인의 현재의 해석이라고 본다. 객관적 현실이 아닌 자신의 현상학적 장에 입각하여 재구성된 현실에 반응하기 때문에 모든 개인은 서로 다른 독특한 특성을 보이는 것이다.

인간은 자신에게 관심을 갖고 이해하고 다른 사람과의 관계 속에서 그리고 그 관계를 통하여 성장을 경험한다. 그러므로 상담자가 내담자의 외적인 행동이나 감정 표현과 사고에 대해 일관성 있고 수용적이며 공감적 관계를 맺으면 내담자의 변화가 촉진된다. 이런 점에서 인간중심상담은 인간 행동의 주관적 관점보다 외현적인 자극-반응 간의 입장에서 설명하는 행동주의 입장을 반대한다. 또한 인간을 결정론적으로 바라보는 정신분석학의 입장을 비판하고 오히려 변화하고 성장하는 존재로 본다.

이상에서 살펴볼 때 인간중심상담은 인간이 삶의 주체자로서 매 순간 경험하며 느끼는 감정을 중요시한다. 인간은 전체로서 현상학적 장을 경험하고 지각하며 외부에서 주어진 어떤 자극에 대해 유기체는 전체로서 반응한다고 본다. 즉 인간은 기본적으로 자기실현화 경향성의 동기를 갖고 태어나 자신을 스스로 성장시키고 발전시킬 수 있다는 것이다.

[글상자 7-1] 실존주의 상담

실존주의 상담(Existential Counseling)은 실존적 사고나 주제에 초점을 맞춘 상담(심리치료) 철학으로 보는 것이 적절하며 특정 개인이나 집단이 설립한 것이 아니다. 유럽의 여러 지역에서, 심리학이나 정신의학의 여러 학파에서 자발적으로 일어난 이론이며 고립되거나 소외되고 무의미한 삶에 빠져 있는 사람들에 대한 관심에서 실존적 상담이 생겨났다. 실존주의 상담은 정신분석과 행동주의 상담의 관점과는 다르게 개인의 내면세계를 그대로 수용하고 인정하는 인본주의 관점을 가지고 있다. 그래서 실존주의 상담에서 강조하는 것은 개인이 실존적 존재로서 갖는 관심에서 비롯된 불안을 적절한 방법으로 해결하는 것이며 인간의 깊은 경험을 이해하는 것이다. 대표적 학자로는 프랭클(Frankl), 메이(May), 얄롬(Yallom)을 들 수 있다.

프랭클은 프로이트의 제자로 정신분석학에서 많은 경력을 쌓았다. 그러나 실존철학자들의 저서에 영향을 받아 자신의 실존철학과 실존적 상담을 발전시켰다. 이후 프랭클은 프로이트의 결정론을 반대하고 인간의 본질은 의미와 목적 추구에 있다고 믿으며 자신만의 이론을 개발하였다. 그는 의미를 통한 심리상담이라는 뜻의 '의미치료'를 개발하였다. 프랭클에 따르면, 현대인은 생존 수단을 가지고 있으나 생활의 의미는 가지고 있지 못한 경우가 많다며 개인이 무엇보다 고통, 일, 사랑을 통해서 의미와 목적을 찾도록 하는 것이 상담의 과정이라고 보았다.

메이는 인본주의적 접근을 상담에 처음 시도한 인물 중 하나이며 유럽의 실존주의를 미국에 전파시켜 상담자에게 많은 영향을 미쳤다. 그는 상담이 삶의 의미를 발견하도록 사람을 돕는 데 목적을 두고 문제 해결보다 존재의 문제에 관심을 두어야 한다고 주장하였다. 메이에 의하면, 실존하기 위해서는 '용기'가 필요하고 우리 자신의 모습은 우리가 선택한다고 하였다. 그러나 인간은 끊임없는 갈등을 가지고 있으며 성숙과 독립을 하고자 하지만 성장은 고통스러운 과정임을 깨닫게 된다고 하였다.

얄롬은 실존적인 사고와 심리상담 혹은 치료의 발전에 영향을 미친 유럽과 미국의 심리학자들과 정신과 의사들의 공헌을 소개하였다. 그는 자신의 임상적 경험과 경험적 연구, 철학, 저술에서 자신의 궁극적 관심, 즉 죽음, 자유, 실존적 고립, 무의미에 관심을 둔 '실존치료'를 개발하였다(김춘경 외, 2010).

3) 심리적 문제의 발생 과정

인본주의 관점에 의하면 인간은 누구나 가능성과 잠재 능력을 가지고 태어났으며 그것을 실현화시키고자 하는 동기가 있다고 한다. 그러나 인간은 살아가면서 자신의 경험을 있는 그대로 수용하지 못하고 왜곡하며 자기실현을 못하는 경우가 대부분 발생한다. 이처럼 인간들이 심리적 문제를 가지는 이유가 무엇인지 살펴보면 다음과 같다.

인간중심상담에 의하면, 인간은 살아가는 과정에서 '자기(self)'에 관한 물음과 함께 그에 대한 답을 찾고자 한다. 이러한 물음에 대한 답을 찾는 과정이 바로 '자기 개념(self-concept)'이라 볼 수 있다. 그러나 자기 개념은 어느 순간, 갑자기 생기는 것이 아니라 세상을 통해 경험하면서 점차적으로 확립해 나간다. 이 과정 속에서 인간들은 '긍정적인 자아 개념'을 형성하고 유지하고자 한다. 자신을 긍정적으로 받아들이기 위해서는 자신은 물론이고, 타인에게서 인정받거나 존중받을 필요가 있다.

자신은 괜찮다고 스스로 위안하고 지지하지만 타인이 자신을 무시하거나 비난하면 결국 자기 개념은 부정적일 수밖에 없다. 타인이 자신을 긍정적으로 대하면 자기 개념은 긍정적일 수 있으나 부정적인 평가를 받게 되면 부정적으로 바뀔 수 있다는 것이다. 예를 들어 자녀의 경우를 살펴보면, 자녀가 어릴 때는 자신의 욕구에 따라 행동을 하고 사고 판단에 있어 착오를 저지를 가능성이 높다. 만약 어린 자녀가 하는 행동이 부적절하거나 바람직하지 않을 때 부모들은 대부분 제지하거나 부모가 원하는 방향으로 행동하도록 만든다. 즉 부모가 정한 기준에 맞춰 자녀가 행동을 하면 부모는 칭찬과 격려를 하고 그렇지 않을 때 야단을 치거나 혼낼 수 있다. 그러므로 자녀는 부모의 관심과 인정을 받으려고 부모가 원하는 기준에 맞춰 행동할 가능성이 높다. 결국 부모의 가치 기준에 맞게 행동하고 생각해야 인정받을 수 있다는 것을 경험을 통해 학습하게 되고 부모의 주입된 가치 체계를 내면화하게 된다.

가치의 조건(conditions of worth)은 한 개인의 가치를 판단하는 외적인 조건을 말한다. 쉽게 말하면 가치 있고 없음을 규정하는 외적인 조건들을 말한다. 외부에서 정한 기준과 조건에 맞으면 가치가 있고 그렇지 않으면 가치가 없다. 자녀가 자신에 대한 가치를 발달시켜 나가는 과정에서 결정적으로 중요한 것은 부모나 어른, 또는 또래들에 의해 부여된 가치 조건들이다. 이러한 과정에서 발달에 가장 부정적 영향을 미치는 것은 자기와 경험의 불일치이다(이장호, 정남운, 조성호, 2005).

자녀가 부모의 가치 조건에 부합하는 방향으로 자기를 형성해 갈 때, 만약 그것이 자신이 가지고 있던 가능성이나 잠재력과 일치한다면 보다 만족스럽고 이상적일 것이다. 그러나 자녀가 원하는 것과 부모의 가치 조건이 불일치한다면 자녀는 부모의 기대에 부응하기 위해 부모가 원하는 것을 할 수도 있다. 이처럼 대부분 자녀들은 부모가 부여한 가치 조건에 영향을 받으며 외적으로 부여된 가치 조건에 따라 살아갈 수 있다. 그러다 보면 자기 개념과 경험 간에 불일치가 발생할 수 있다. '지금-여기'에서 경험하는 것들이 자기 개념과 불일치하므로 결국 부정적 개념이 형성되어 심리적 문제가 생긴다.

2. 주요 개념

1) 자기

로저스의 인간중심상담에서 중요한 개념은 자기(self)이다. 인간은 외적 대상을 지각하고 경험하면서 그것에 의미를 부여하는 존재이며 개인의 지각과 의미의 전체적 체계는 인간으로 하여금 자신의 현상학적 장을 구성하게 한다. 이처럼 개인이 자신 혹은 자기로서 보는 현상학적 장을 자기라고 한다. 자기는 조직화되고 일관된 지각의 패턴을 보인다.

자기 혹은 자기 개념(self-concept)은 자신의 개인적 특성 또는 타인과의 관계 속에서 형성한 특징에 대해 스스로 가지고 있는 개념이다. 비록 상황이나 시간에 따라 자기가 변하기는 하지만 자기는 통합되고 조직화된 특성을 가진 자기 개념을 유지한다. 자기 개념은 현재 자신의 모습을 나타내는 현실적 자기(real self)와 앞으로 어떤 존재가 되기를 바라는 모습의 이상적 자기(ideal self)로 구분할 수 있다. 이상적 자기란 한 개인이 원하고 높은 가치를 부여하는 특성에 대한 자기 개념을 의미한다. 예를 들어, 대학생이 대인 관계에서 활발하고 사교적이기를 바라거나 타인으로부터 인정받기를 원하는 모습을 꿈꾸는 것은 이상적 자기에 해당된다. 그러나 현실에서는 그러지 못한 모습을 보일 때, 즉 현재 자신의 모습과 이상적 자기가 불일치할 때 개인은 불안을 경험하며 부적응적인 성격을 지닐 수 있다.

한편, 자신이 받아들이기 어려운 경험을 자신의 현재 모습과 일치하는 형태로 변형하여 받아들이는 것을 방어기제라 하며 주로 왜곡과 부인을 사용한다. 성적이 좋은 친구를 보고 실력은 별로 없는데 시험 운이 좋았다고 왜곡함으로써 현재의 자기를 유지하는 경우이다. 이런 방어기제는 자기 개념과 불일치하는 경험이 존재한다는 사실을 잊어버리게 한다. 즉 자신의 경험과 인식 사이에 나타나는 부조화를 감소시키기 위해 방어기제를 사용함으로써 걱정이 줄어드는 것이다. 때로는 자기를 보호하기 위해 걱정이나 불안을 감소시키기 위한 방어기제가 필요하지만 오히려 역효과를 낼 수 있다.

로저스는 자기 구조와 주관적 경험 사이의 일치가 매우 중요하다고 보며 양자가 일치할 때 적응적이고 건강한 성격을 지닌다고 본다. 그러나 현실적 자기가 자신의 진정한 모습을 보이기보다 때로는 주위의 중요한 타인이 거는 기대나 기준에 의해 형성되는 경우가 많다. 따라서 자신의 경험과 인식 사이의 부조화를 감소시키기 위해 현재 자기상과 일치하는 형태로 변형하여 받아들이는 경우가 필요하다.

2) 자기실현 경향성

인간은 하나의 기본적 경향성과 추구를 가지고 태어나는데 이런 실현화 경향성은 개인이 가진 모든 생리적 및 심리적인 욕구와 관련된다. 실현화 경향성은 유기체를 유지하는 것 이상으로, 유기체의 성장과 향상을 촉진하고 지지하여 변화하도록 영향을 준다. 실현화란 개념은 유기체가 단순한 실체에서 복잡한 실체로 성장해 나가고 의존적인 존재에서 독립적인 존재로, 고정적이고 경직되기보다 유연성과 융통성으로 변화하고자 하며 자유롭게 표현하고자 하는 유기체의 경향성을 나타낸다. 인간의 변화는 실현화 경향성에 의해 달성된다고 보며 그러한 변화가 유전적으로 결정되어 있다 할지라도 유기체의 완전한 발달은 자동적이지 않고 노력 없이 이루어지는 것은 아니라고 하였다. 즉 투쟁과 고통을 수반하는 과정이라고 보았다(노안영, 2005).

로저스는 인간은 자아를 유지하고 향상시키고 실현화시킬 경향성이 있으며 이는 타고난 잠재력의 실현이라고 강조한다. 인간중심상담은 인간이 주체적으로 자기실현을 위해 삶을 주도하며 똑같은 환경과 상황에서도 각자 현상학적으로 혹은 주관적으로 매우 다른 경험을 하므로 매 순간 느끼는 감정을 중시한다. 로저스는 이처럼 인간은 경험을 통해 자기실현 경향성을 발현할 수 있다고 본다.

[글상자 7-2] 매슬로우의 욕구위계 이론

1950년대 중반 인본주의 심리학이 발생하였다. 인본주의에서는 인간 스스로 자신이 가진 잠재력을 발휘하고자 하는 노력을 동기라고 보았으며 20세기 중반까지 동기는 주로 행동주의와 정신분석적 접근에서 다루었다. 행동주의는 강화에 의해, 정신분석은 무의식적인 충동에 의해 동기가 유발된다고 보았다. 그러나 인본주의적 관점에서 인간은 자아를 실현하려는 추진력과 잠재력 및 지적인 인간관을 타고났다고 주장하였다. 인본주의의 대표적 학자로 로저스와 매슬로우 등이 있으며 매슬로의 욕구위계 이론에 대해 살펴보고자 한다.

인본주의 운동의 창시자이기도 한 매슬로우(Maslow)는 전인적 인간의 욕구를 반영하는 위계도를 개발하였다(Robert, 2011). 그는 인간의 욕구를 결핍 욕구(생존, 안전, 사랑과 소속감, 자아존중감의 욕구)와 성장 욕구(지적 성취, 심미적 인식, 자아실현의 욕구)의 2가지로 나누어 설명하였다. 그의 이론에 따르면 인간은 높은 수준에 있는 욕구를 만족시키고자 노력하기 전에 낮은 수준에 있는 욕구의 일부분이 만족되어야 한다.

결핍 욕구(deficiency needs)는 신체적이고 심리적인 안녕에 중요한 것으로 그것이 충족되지 않으면 인간으로 하여금 채우도록 하는 욕구이다. 그리고 결핍 욕구는 충족되면 그것들을 만족시키고자 하는 동기가 줄어든다. 생리적 욕구(physiological needs)는 자신의 신체적 생존과 관련된 욕구로 음식, 물, 따뜻함 등과 같은 욕구이다. 안전의 욕구(safety needs)는 자신을 안전하게 지키려는 욕구이다. 사랑과 소속감의 욕구(love and belonging needs)는 다른 사람과의 관계에서 애정을 추구하거나 자신이 집단의 한 구성원으로서 인정되기를 바라는 욕구이다. 자아존중감(esteem needs)의 욕구는 스스로 자신이 괜찮다고 여기거나 다른 사람이 자신을 괜찮은 사람으로 여기도록 만드는 욕구이다.

7단계	자아실현의 욕구	
6단계	심미적 인식의 욕구	성장 동기
5단계	지적 성취의 욕구	
4단계	자아존중감의 욕구	
3단계	사랑과 소속감의 욕구	결핍 동기
2단계	안전의 욕구	
1단계	생존의 욕구	

성장 욕구(growth needs)는 어떤 것을 알고 이해하며, 아름다움을 음미하거나, 다른 사람들의 인정으로 성장하고 발달하려는 욕구와 같은 것으로서 완전히 만족시킬 수는 없다. 대부분의 사람들은 자신을 둘러싼 세상을 알고 이해하려는 그들의 욕구가 충족되면 될수록 배우고자 하는 그들의 동기는 점점 더 커진다. 매슬로우는 모든 사람은 자아실현을 성취하려고 노력한다고 믿었다. 그들은 많은 사람들과 피상적 관계보다 깊은 관계를 발전시키기 원한다고 보았다.

그러나 매슬로우의 연구에 대해 많은 사람들이 관심을 가진 만큼 비판도 많았다. 첫째는 매슬로우가 주장하는 욕구의 위계 체계를 검증할 연구가 없다는 점이고, 둘째는 매슬로우가 주장하는 위계도의 일관성과 예언력이 부족하다는 점이다. 실제로 병이 있거나 생계를 해결하지 못하지만 중요한 지적 업적을 성취하고 아름다움을 추구하는 사람들이 있기 때문이다.

3) 가치의 조건화

로저스는 성격 형성에 영향을 미치는 주요 개념으로 가치의 조건화를 제시하고 있다. 인간은 각자의 경험을 통해 가치를 형성하는데 가치의 기준이 주요한 인물이나 주변 사람에 의해 바뀔 수 있다. 자신의 경험을 왜곡하고 회피하며 부정하게 만든 주요한 원인이 '가치의 조건화(conditioning of worth)'라 할 수 있다.

가치의 조건화는 '만약 ~하면, 그러면 ~한다.'로 예를 들면, 부모가 자녀에게 '만약 네가 공부를 잘한다면 그러면 휴대폰을 살 수 있다.' 등이다. 자녀의 경우는 영향력 있는 부모의 양육 태도에 따라, 즉 부모의 가치와 판단 기준에 따라 자녀가 해야 할 것과 하지 말아야 할 것을 정해 줌으로써 자녀는 가치의 조건화 태도를 형성하게 된다. 이처럼 가치의 조건화는 주로 눈에 보이는 행동으로, 외적 기준에 따라 자녀를 평가한다. 만약, 자녀가 부모로부터 '긍정적 자기 존중(self-regard)'을 받기 위해 부모의 기준에 맞추다 보면 주관적 경험에 부정적 영향을 미쳐 자기의 실현화 경향성을 방해할 수 있다.

인간이 겪는 불안, 갈등, 공포 등의 정서적 문제는 자신의 주관적인 내적 경험과 가치의 조건화와의 불일치를 통해 나타난 결과라 볼 수 있다. 결국 가치의 조건화는 성숙된 인간이 되는 것을 방해하는 원인이 될 수 있다. 즉 자녀가 주관적으로 경험하는 사실을 부모나 타인으로 인해 왜곡하고 부정하게 만들 수 있으므로 외적 기준에 따라 자녀를 평가하기보다 인간 고유의 존재로서 자기 성장을 이룰 수 있도록 인간 성장을 조력할 필요가 있다.

4) 현상학적 장

인간은 자기실현의 경향성을 토대로 계속 성장하고 경험의 세계인 현상학적 장에서 자기실현을 위해 노력하고 도전한다. 현상학적 장(phenomental field)이란, 개인이 특정 순간에 경험하는 모든 것을 의미하며 경험적 세계 또는 주관적 경험이라 불린다. 로저스는 동일한 현상이라도 개인에 따라 다르게 지각하고 경험하기 때문에 현상학적 장이 존재한다고 보고 있다. 예를 들어, 똑같은 사건에 대해 어떤 사람은 힘들고 어려워하지만 다른 사람은 대수롭지 않게 여기기도 한다. 그것은 개인이 각자 주관적으로 현상학적 장을 지각하고 경험하기 때문이다. 그러므로 상담자는 상담 장면에서 내담자가 주관적으로 경험하고 있는 내적 감정을 이해하는 것이 필요하다.

프로이트는 과거 경험이 인간의 행동을 결정하는 중요한 요인이라고 주장하듯이 로저스는 현재 행동을 결정하는 것은 과거 경험이나 과거 자체가 아니라 과거에 대한 각 개인의 해석이라고 보았다. 즉 개인은 상황이나 사건에 대해 객관적인 현실이 아닌 현상학적 장에 입각하여 재구성된 현실에 반응한다. 따라서 동일한 사건을 경험한 사람이 각기 다르게 행동할 수 있다고 보았다.

인간중심상담에서 현상학적 장에 초점을 두는 것은 내담자의 삶의 세계를 내담자가 현상학적으로 구성하는 것을 전제하고 변화하려는 동기가 있다고 가정하기 때문이다. 그러므로 상담에서 내담자의 감정과 생각, 행동에 대한 내담자 자신의 책임 능력과 현실을 더 완전하게 받아들이도록 내담자의 능력을 강조한다.

5) 공감

상담자의 주요 과제는 상담자와 내담자의 상호 작용에서 드러난 내담자의 경험과 감정을 민감하고 정확하게 파악하는 것이다. 상담자는 내담자의 주관적인 경험을, 특히 지금-여기에서의 경험을 감지하려고 노력해야 한다. 즉 내담자가 자기 자신과 친밀해지고 자신의 감정을 더 깊고 강하게 경험하며, 자신에게 존재하는 부조화를 인식하고 해결하도록 격려하기 위한 것이다.

공감은 상담자가 상담 장면에서 일상적으로 사용하는 기법이다. 공감은 상담자가 자신의 정체는 그대로 유지한 상태에서 자신이 내담자인 것처럼 내담자의 경험을 대리 체험하는 것으로 생각할 수 있다. 상담자의 정확한 공감은 내담자들이 명확하게 느끼지 못한 감정들을 분명하게 인식할 수 있도록 하는 것 이상의 의미를 가지고 있다. 그러므로 공감은 내담자에 대한 깊고 주관적인 이해이며 상담자는 내담자의 감정과 비슷하게 맞춤으로써 내담자의 주관적인 세계를 공유할 수 있다.

6) 완전히 기능하는 인간관

로저스의 이상적 인간관은 '완전히 기능하는 인간(fully functioning person)'이다. 이는 인간중심상담의 가설적 궁극적 목표이자 이상적 사회의 궁극적 목표이기도 하다. 완전히 기능하는 인간이란 하나의 이상적 목표이므로 실제 상황에서 실현될 수 있는 것은 아니다. 따라서 끊임없이 그러한 인간으로 성장하고자 하는 것, 그리고 그러한 성장을 가능하게 하는 조건이 가장 바람직하다고 보는 것이다(이영희, 1994). 로저스는 완전히 기능하는 인간에 대한 철학적 함의를 3가지로 제시하고 있다.

첫째, 완전히 기능하는 인간은 사회화된 인간을 뜻한다. 이는 이상적 사회에 관한 철학, 즉 사회 철학적 함의를 갖는다. 개인의 내부 역동보다 개인을 둘러싼 환경, 즉 대인 관계에 초점을 두고 의미 있는 타인으로부터 긍정적인 관심을 받을 때 자신이 가치 있는 존재로 여겨지며 그것을 자신의 자아 개념으로 내면화한다고 하였다.

둘째, 완전히 기능하는 인간은 심리학적으로 탐구 가능한 대상으로서의 인간을 뜻한다. 즉 과학적 결정론에 관한 과학 철학적 함의를 갖는다. 로저스는 과학적 심리학이 인간의 주관성과 자유를 중요시하는 인간중심상담과 상호 보완적 관계를 유지할 수 있다는 것을 자신의 실제 상담과 탐구의 방법을 통해 보여 주었다.

셋째, 완전히 기능하는 인간은 실존적 자기 또는 실존적 인간을 뜻한다. 이는 인간의 실존에 관한 실존적 함의를 갖는다. 실존주의 철학자들에 의하면, 인간 실존은 인간 자신의 내적인 경험, 즉 실제적인 삶 속에서 즉각적으로 경험되는 실제에서 찾아야 한다. 그래서 그들은 인간의 지금-여기의 직접적인 경험, 객관성과 주관성을 함께 포괄하는 수준의 살아 있는 경험으로서의 초월적 주관성에 관심의 초점을 두고 있다(황윤미 외, 2012).

7) 지금-여기

인간중심상담은 '지금-여기(here and now)'에서 사람이 어떻게 생각하고 느끼느냐가 행동을 결정하는 요소라고 본다. 인간의 행동에 영향을 주는 요소가 과거에 발생할 수 있으나 사람이 항상 과거와 같을 수 없기 때문에 '지금 현재의 나', '현상학적 장(phenomental field)에서 가지고 있는 나'가 더 중요하다는 것이다. 결국, 현재의 자기 속에서 참된 가치와 의미를 발견하는 것이 중요한 것이지, 과거의 비판적인 생각은 별로 상관이 없다는 것이다. 중요한 것은 지금-여기에서 사람들이 발견하는 의미가 그가 원래부터 가지고 있던 자기실현 경향성과 부합할 때 발전과 성장이 가능하다. 만약 그 의미가 실현 경향성과 일치하지 않을 때에는 발전할 수 없을 뿐더러 오히려 걸림돌이 될 수도 있다.

3. 상담 과정과 기법

1) 상담 목표

인간중심상담의 목표는 내담자가 자기를 실현하도록 돕는 데 있다. 한 개인이 가지고 있는 문제의 해결보다 인간적인 성장에 있다. 현재에 대처하고 있는 문제뿐 아니라 미래에 대처하게 될 문제들에 대해서도 돕는 것, 즉 개인이 완전히 기능하는 인간이 될 수 있도록 환경을 제공하는 것이다.

인간은 누구나 유기체로서 실현화 경향성을 발현할 수 있고 자기실현을 이룰 수 있는 잠재력을 갖고 있다. 인간중심상담을 통해 개인은 경험에 대한 개방, 자신에 대한 신뢰, 내적 평가, 지속적인 성장에 대한 의지 등을 가지게 되면서 점차 실현화된 사람이 된다는 것이다.

경험에 대한 개방 내담자가 현실을 왜곡하지 않고 현실을 있는 그대로 보는 것이다. 내담자는 때때로 현실을 왜곡하는 경우가 있는데, 경험에 대해 개방을 하면 외계에 존재하는 실체를 있는 그대로 수용할 수 있다.

자신에 대한 신뢰 내담자 스스로 자신에 대한 신뢰를 높이는 게 중요하다. 상담 초기 장면에서 내담자는 자신에 대해 불신하는 경향이 높다. 그러므로 내담자는 자신의 경험을 개방함으로써 자신을 신뢰하게 된다.

내적 평가 자신에 대한 평가 기준을 외부에서 찾는 게 아니라 자신을 중심으로 찾아야 한다. 자신의 행동 기준을 스스로 선택하고 결정하는 것이 중요하다.

지속적인 성장에 대한 의지 내담자는 성장을 지속적인 과정으로 볼 수 있어야 한다. 자기는 성장의 산물이 아니라 성장의 과정으로 끊임없는 자기실현을 위해 노력을 해야 하며 자신의 경험을 개방해야 한다.

(1) 궁극적 목표

인간중심상담의 목표는 궁극적 목표와 과정 목표로 나눌 수 있다. 궁극적 목표는 '자기 자신이 되는 것'이라 볼 수 있다. 먼저, 상담의 과정에서 과정 목표를 달성하고 나면 결국 궁극적인 목표에 도달하게 된다. 궁극적 목표는 '완전하고 충분히 기능하는 인간 유기체가 되는 것'이다. 즉 내담자는 경험에 개방적이 되면 자신의 유기체를 신뢰하게 되고 자기가 가진 감정 반응에 있어 공포감이나 불안감을 덜 느끼게 되며 점점 더 다양한 종류의 감정과 유기체적 수준에서 자신의 존재감을 느끼는 진정한 자신이 될 수 있다고 본다.

인간중심상담은 문제를 해결하고 변화하기 위한 조건이 인간 중심이라는 기본 가정에서 시작한다. 인간은 누구나 자기실현 경향성을 지니고 있고 현상학적 장에서 실존적 존재로 자기실현을 이룰 수 있는 잠재력을 갖고 있다. 이에 상담을 통해 심리적 문제를 해결하는 과정도 인간중심상담의 기본 철학을 바탕으로 시작된다.

(2) 과정 목표

로저스는 상담의 과정과 경향성이 상담자에 의해 끌려가기보다 내담자가 스스로 이끌어 가기를 바랬다. 내담자가 상담을 통해 자신을 불편하게 하는 고정된 사고에서 벗어나 자유로운 방향으로 나아가는 것을 과정 목표라 볼 수 있다.

인간중심상담에서 심리적 문제의 주요 원인은 가치의 조건화라 할 수 있다. 부모가 자녀에게 '만약 ~하면, 그러면 ~한다.'는 조건을 내세우면 자녀는 부모가 원하는 행동의 여부에 따라 칭찬이나 비난을 받게 되어 가치화를 형성하게 된다. 예를 들면, '만약 네가 이번에 1등을 하면, 해외여행을 갈 수 있다.' 혹은 '만약 네가 1등을 못하면, 해외여행을 갈 수 없다.' 식의 경우이다. 이런 상황에서 가치의 조건화를 해결할 수 있는 방법은 상담 역시 '만약 ~하면, 그러면 ~한다.'는 가정으로 표현하면 된다. 그동안 내담자는 위협적이고 불안한 환경 속에서 이미 가지고 있는 자기 개념에 맞추기 위해 자신의 경험을 왜곡하거나 자신을 불충분하게 경험하였다.

그러나 상담자와의 편안한 관계 속에서 내담자는 상담자를 통해 자신의 감각과 느낌을 이해하고 느껴지는 대로 자기 경험을 점검받을 수 있다. 물론 처음에는 자기 개념과 다른 자신의 경험이 모순되어 갈등을 느끼며 때로는 고통스러운 것으로 지각하지만 그 갈등들도 결국 자신의 일부분임을 인식할 수 있다. 이러한 변화는 자신이 경험하는 그 자체가 자신이며 자기에 대한 통합된 의식을 갖게 된다. 또한 상담자가 내담자에게 건네는 관심과 수용으로 진정한 자신이 되는 용기를 갖고 노력을 하게 된다. 이런 상담자의 반복적이고 진심어린 관심을 통해 내담자는 상담자와의 관계 속에서 점점 긴장과 두려움을 줄여 나갈 수 있다. 상담자의 관심과 수용을 통해 내담자 역시 자신의 감정을 개방함으로써 자신의 긍정적인 면은 물론 부정적인 면까지 수용할 수 있으며 이후에는 부정적 태도는 감소하고 긍정적 태도가 증가하게 된다.

지금까지 상담 장면에서 나타난 문제의 원인은 대부분 내담자의 내적 경험을 고려하지 않거나 무시하는 태도라고 볼 수 있다. 이에 상담자가 내담자와의 관계에서 일치성, 무조건적 긍정적 존중의 태도, 공감적 이해를 내담자에게 보여 주고 경험하면 내담자가 변화할 수 있다는 것이다. 그러나 상담자들이 다른 기법보다 이 3가지 태도를 사용하여 적용하는 게 쉽지 않다. 내담자를 대하는 태도에서부터 근본적인 태도가 변화되어야 하고 내담자의 입장에서 공감할 수 있으며 상담자의 솔직함도 필요하다.

2) 상담 과정

인간중심상담은 어떤 상담 기법을 사용하기보다 상담자의 태도가 내담자 자신의 존재와 태도 등을 변화시킨다고 본다. 이런 관점에서 볼 때 상담의 과정은 다음과 같다.

첫째, 로저스는 상담을 받으러 오는 사람들이 "어떻게 하면 진정한 내 자신이 될 수 있을까? 어떻게 하면 내가 간절히 되고자 하는 사람이 될 수 있을까? 어떻게 하면 가면을 벗고 진정한 내 자신이 될 수 있을까?"라는 의문을 가진다고 하였다.

둘째, 인간중심상담의 목표는 내담자가 완전히 기능하는 인간이 되도록 돕는 분위기를 만들어 주는 것이다.

셋째, 내담자는 목표를 향해 상담하기에 앞서 사회화 과정에서 만들어 온 자신의 가면을 벗어야 한다. 그동안 가면 때문에 자기 자신과의 접촉을 잃고 있었음을 깨닫게 된다.

넷째, 안전한 분위기에서 상담을 받는 동안 내담자는 자신의 다른 가능성도 있음을 알게 된다.

다섯째, 상담을 통해 가면이 벗겨지면서 사람들은 경험에 대한 개방, 자신에 대한 신뢰, 내적 평가, 지속적인 성장에 대한 의지 등을 가지게 되면서 점차 실현화된 사람이 된다고 하였다.

로저스는 인간중심상담의 필요충분조건으로 상담자와 내담자의 관계의 질이 중요하다며 6가지 과정을 기술하였다.

- 상담자와 내담자가 심리적 접촉을 한다.
- 내담자는 불일치 상태에 있고 상처받기 쉬우며 초조하다.
- 상담자는 내담자와의 관계에서 일치성을 보이며 통합적이다.
- 상담자는 내담자에게 무조건적 긍정적 존중을 경험하게 한다.
- 상담자는 내담자의 내적 참조틀을 바탕으로 한 공감적 이해를 경험하고 내담자에게 자신의 경험을 전달하려고 시도한다.
- 내담자는 의사소통의 과정에서 상담자의 무조건적 긍정적 존중 및 공감적 이해를 지각하고 경험한다.

3) 상담 기법

인간중심상담은 구체적인 상담 기법보다는 상담자의 철학이나 태도를 중시하고 상담 관계에 초점을 두고 있다. 즉 상담자의 언행이나 반응보다 상담자의 촉진적 태도를 강조한다. 로저스는 인간중심상담에서 상담자가 갖춰야 할 기본 태도이자 자세로 일치성, 무조건적 긍정적 존중, 공감적 이해를 제시하고 있다. 상담자가 내담자에게 이와 같은 태도를 보여 주면 내담자는 발달을 촉진하고 지지한다.

(1) 일치성

인간중심상담에서 상담자가 갖춰야 할 3가지 기본 태도 중 가장 중요한 것은 일치성이라 볼 수 있다. 일치성(congruence, 진솔성)은 상담 관계에서 상담자가 경험하는 자신의 감정이나 태도를 있는 그대로 진솔하게 인정하고 개방하는 것을 의미한다. 인간중심상담에서 상담자와 내담자는 모두 진실한 자기표현이 이루어져야 하므로 상담자는 솔직하게 개방하려는 노력이 필요하다. 내담자의 태도 자체도 지금-여기에서 경험하는 것을 말할 필요가 있다. 일치성과 유사한 용어로 진솔성, 사실성, 개방성 등을 들 수 있다.

일치성을 유지하기 위해 상담자는 높은 수준의 자각, 자기 수용, 자기 신뢰를 갖는 게 필요하다. 그러기 위해서 현재 경험을 통해 자신이 느낀 감정을 자각하고 모든 경험에 개방되어 있으며 자신이 느낀 부분을 표현하는 것도 필요하다. 상담자는 내담자와 인간 대 인간으로 만나 상담 관계에서 일치성을 유지하고 솔선수범하며 내담자를 신뢰롭게 할 필요가 있다. 이처럼 상담자의 일치성 태도는 내담자로 하여금 개방적 자기 탐색을 촉진하여 지금-여기에서 경험하는 감정을 자각하도록 한다.

그러나 일치성은 단순한 자기 공개 혹은 자기 개방과는 다르다. 자기 개방은 자신에 대한 생각이나 느낌, 경험 등을 표현하는 것이지만, 일치성은 내담자의 경험에 대해 상담자가 느끼거나 생각하는 것을 표현하는 것이다. 또한 내담자의 현재 관심사나 상황과 관련하여 상담자의 느낌이나 생각을 표현하는 것이다.

(2) 무조건적 긍정적 존중

무조건적 긍정적 존중(unconditional positive regard)은 가치의 조건화 없이 내담자를 있는 그대로 수용하는 것을 말한다. 즉 내담자 존재 자체의 잠재성과 자기실현의 경향성을 전적으로 신뢰하고 확신하면서 내담자를 받아들이는 것이다. 또한 내담자가 표현하거나 표현하지 않은 감정, 사고 및 행동 등에 대해 있는 그대로 받아들이고 어떠한 판단이나 평가도 하지 않는 것이다. 즉 상담자는 있는 그대로의 내담자를 존중하고 내담자들은 자유롭게 감정을 표현하고 경험할 수 있으며, 내담자의 감정이나 경험을 상담자가 수용하지 않는 일은 없을 것임을 상담자가 자신의 행동으로 전달한다.

로저스가 보는 무조건적 긍정적 존중은 인간의 가치 조건화 태도와는 반대되는 개념이며 비소유적인 방식으로 내담자에게 관심을 가지고 칭찬하고 수용하고 존중해 주는 것이다. 인간의 행동을 외적인 기준으로 평가하는 대신 내담자가 자기실현 경향성을 지닌 존재로 보고 자기 성장을 할 수 있도록 지지할 필요가 있다.

(3) 공감적 이해

공감적 이해(empathic understanding)는 상담자가 내담자의 감정에 이입되지 않고 내담자의 생각, 감정, 경험에 대하여 상담자 자신의 감정인 것처럼 내담자의 입장에서 듣고 반응하는 것을 말한다. 사람들은 똑같은 상황에서도 서로 받아들이는 감정이 다르다. 누군가는 어떤 상황이 일상처럼 당연하다고 여기지만 어떤 사람에게는 그 상황이 아주 낯설고 불안과 두려움이 유발될 수도 있다. 이는 사람들이 각자 주관적으로 현상학적 장을 지각하고 경험하기 때문이다. 상담자는 공감적 이해를 위해 다음 2가지 요소가 필요하다.

첫째, 내담자가 경험하는 것을 민감하게 느끼고 이해해야 한다. 내담자의 감정, 태도, 신념 및 가치 기준을 포착하는 것으로 상담자의 '감수성'이 요구된다. 상담자는 내담자가 주관적으로 경험하는 내적 세계에 따른, 즉 '내적 참조틀(internal frame of reference)'에 근거해서 상대방을 이해해야 한다.

둘째, 상담자가 내담자의 외적인 측면은 물론이고 내적인 측면까지 이해하고 알게 되었음을 전달하는 것이다. 이는 상담자의 '의사소통' 능력으로 내담자의 경험에 대해 자신이 이해하는 바와 느낌을 전달하고 표현해 주어야 한다. 상담자가 내담자에게 공감하고 있음이 전달되면 내담자는 자신이 이해받고 있다는 느낌을 갖게 되어 상담자를 보다 신뢰하게 된다. 이러한 과정이 진행됨에 따라 촉진적 관계가 이루어진다. 이때 상담자는 내담자의 내부에서 발생하는 감정을 반영함으로써 자신의 느낌을 전달해 주는 것이 중요하다. 상담자는 내담자의 경험 속에서 미처 인식하지 못한 감정까지 인지하며 내담자가 부분적으로 인식했던 감정의 자각을 확신시키도록 도울 필요가 있다. 예를 들어, 대학생이 상담실에 와서 머리를 숙이고 낮은 목소리로 "이번 학기 성적이 엉망이라 앞으로 취업하기 힘들다."라고 말할 수 있다. 이런 경우에 이 대학생이 성적이 낮아 취업도 어렵고 앞으로 직장 생활을 하지 못할 것이라는 두려움을 갖고 있다는 것으로 충분하지 않다. 상담자는 자신이 이해한 바를 내담자에게 전달해야 하고 그러기 위해 반응을 보여야 한다.

"이번 학기 성적으로 고민이 많겠구나. 앞으로 취업하기도 힘들 것 같아 미래가 더 불안하다고 느낄 수도 있겠네."와 같은 상담자의 반응은 내담자가 지닌 감정과 환경 조건에 대해 자각을 불러일으킬 수 있다.

이처럼 상담자의 공감적인 반응은 내담자에게 긍정적인 영향을 줄 수 있다. 즉 자신의 감정을 이해할 수 있고 같이 소통할 수 있는 사람이 나타났다는 의미이며 상담자와 이야기를 하면 도움을 받을 수 있으리라는 기대를 갖게 한다. 이러한 기대와 신뢰가 이루어지면 현실적으로 어려운 상황에서 내담자가 어떻게 대처해 나가야 할지 학습이 쉽게 이루어질 수 있다.

[글상자 7-3] 공감적 이해의 수준

다음에 제시된 내담자의 호소 문제를 듣고 공감을 잘하고 있는 상담자부터 공감을 제대로 하지 못하고 있는 상담자까지 순서대로 번호(1~5)를 체크해 본다.

내담자: "화창한 봄날에 도서관에 앉아 공부만 하려니 너무 답답해요!"

상담자

가: "봄이라 날씨도 좋은데 도서관에 앉아 있기가 힘든가 보네." (　)
나: "곧 중간고사 기간이라 시험이 얼마 남지 않았으니, 조금만 더 참기 바란다." (　)
다: "시험 때문에 노는 것도 불안하고 그렇다고 하루 종일 도서관에 있으려니 갑갑하기도 하고… 오늘 기분이 영 별로 좋지 않구나!" (　)
라: "오늘 같이 화창한 날에는 공부보다 실컷 놀고 싶기도 하겠네." (　)
마: "괜히 짜증 내고 소리치고 있네. 공부해서 남 주니?" (　)

수준1

상대방이 말하는 언어 및 행동 표현에서 벗어나거나 내용에 주의를 기울이지 않아 감정 및 의사소통에 있어서 의사소통이 거의 이루어지지 않는 수준이다. 상대방이 명백하게 표현한 표면적인 감정조차도 제대로 인식하지 않아 의사소통이 손상된 경우이다.

수준2

상대방이 표현한 감정에 반응은 하지만 상대방이 표현한 것 중에서 주목할 만한 감정을 제외시키고 의사소통하는 수준이다. 상대방의 명백한 표면적인 감정을 어느 정도 인식하여 자기의 의사를 전달할 수는 있으나 상대방의 표현 수준과 일치하지는 않는다.

수준3

상대방이 표현한 것과 본질적으로 같은 정서와 의미를 표현하여 상호 교류적인 의사소통을 하는 수준이다. 상대방의 표면 감정을 정확히 이해하여 반응을 하기는 하지만 보다 내면적 감정에는 반응하지 못하고 있다. 수준3은 대인 관계 기능을 촉진할 수 있는 수준이다.

수준4

상대방이 스스로 표현할 수 있었던 것보다 더 내면적인 감정을 표현하면서 의사소통하는 수준이다. 상담자는 상대방이 표현한 것 외에 좀 더 깊은 감정과 의미를 첨가하여 의사소통하는 수준이다. 수준4부터는 의사소통이 촉진된다.

수준5

상대방이 표현할 수 있었던 감정의 내면적 의미들을 정확하게 표현하거나, 상대방의 내면적 자기 탐색과 완전히 같은 몰입 수준에서 상대방이 표현한 감정과 의미에 첨가하여 의사소통하는 수준으로, 상대방의 적극적인 성장 동기를 이해하여 표현한다. 상대방이 누구인가를 충분히 인식하고 상대방의 가장 깊은 감정까지 포용하여 정확한 공감적 이해를 통하여 의사소통하는 수준이다(이장호, 금명자, 2012).

정답 : 가(3) 나(2) 다(5) 라(4) 마(1)

4. 평가

인간중심상담은 인본주의적 관점으로 정신분석과 행동주의 접근에 대한 급진적 대안 방법이라 볼 수 있다. 정신분석학은 인간의 과거가 현재 성격과 행동을 결정한다고 가정하여 내담자의 현재 정서적, 행동적 문제를 파악하기 위해 과거를 들여다보고 분석하였다. 행동주의 상담은 학습 이론을 적용하여 내담자의 외현적 행동이나 사고를 변화시키기 위해 다양한 활동적 기법들을 개발하였다. 그러나 인간중심상담은 인간은 단순히 자극에 반응하는 존재라고 주장하는 행동주의적 관점도 아니고 무의식, 추동 및 정신적 결정론에 의해 인간의 특성이 제한된다는 정신분석적 치료와는 다르다. 로저스의 인간중심상담에 의하면 인간은 적당한 조건만 주어지면 자기실현화를 이룰 수 있고 내담자의 주관적인 경험 및 내담자의 능력을 신뢰하며 내담자와 상담자의 관계가 상담의 핵심이라 보고 있다.

1) 공헌점

로저스의 인간중심상담의 공헌점을 살펴보면 첫째, 1940년대 상담에 관한 혁신적인 아이디어를 소개하여 상담 분야에 막대한 영향을 미쳤다. 그는 상담을 기법 중심에서 치료 관계 중심으로 전환한 선구자이며 정신분석과 행동주의와는 다른 관점을 제시하였다. 로저스는 지나치게 방법이나 학파에 의존하면 상담 과정에 오히려 역효과가 있을 수 있다며 상담자와 내담자의 관계 속에서 자신의 존재 방식이 어떤 영향을 주는지 끊임없이 비판적으로 검토할 필요가 있다고 주장하였다.

둘째, 인간중심상담은 내담자의 부조화된 경험들이 자기에 의해 인식되고 결국 자아에 통합될 수 있도록 조력하는 과정이다(박경애, 2010). 로저스의 인간중심상담에 의하면 인간은 자기실현화를 위한 동기를 가지고 있다. 상담자가 내담자의 부정적이고 왜곡된 감정을 수용하게 되면 내담자의 태도는 변화될 수 있다고 본다. 내담자가 심리적 부적응을 겪는 이유는 자기와 주변의 위협적인 경험 간의 부조화 때문에 발생한다. 그들은 자아 개념과 불일치하는 경험으로 인해 방어적으로 반응하고 부정하며 왜곡한다.

셋째, 인간중심상담은 문제 해결보다 인간의 존재에 관심을 두고 자신의 내면적 욕구를 실현할 수 있도록 조력하는 데 초점을 둔다. 즉 상담자가 내담자에게 구체적인 목표를 제시하기보다 내담자 스스로 자신의 가치와 목표를 선택하도록 도와준다.

넷째, 인간중심상담은 상담자의 태도 그리고 내담자와의 인간관계를 중요시 여긴다. 상담자의 역할은 권위적이지 않고 내담자는 상담자의 지시를 따르는 수동적인 역할이 아니며 내담자의 인식 능력과 태도를 중요시한다. 상담자는 무조건적 긍정적 존중과 공감적 이해를 바탕으로 상담자가 경험하는 자신의 감정이나 태도를 있는 그대로 진솔하게 인정하고 개방하여 내담자가 성장 발전할 수 있도록 조력한다.

2) 제한점

인간중심상담의 제한점을 살펴보면 첫째, 인간중심상담은 때로는 내담자가 직면한 현실 문제에 대해 무조건 지지해 주는 경향이 있다. 그래서 인간중심상담의 개념을 잘못 이해하여 반영이나 공감적 경청만으로 상담하는 경우도 많다. 물론 내담자의 말을 경청하고 반영하는 것도 필요하지만 상담은 이런 자세와 태도 이외에도 많은 것을 필요로 한다.

둘째, 인간중심상담 이론은 너무 단순하고 관심이나, 반영 이외의 다른 기법이 없다는 것이다.

셋째, 인간중심상담에서는 상담자의 솔직함이 상담 관계에 영향을 미친다. 상담자가 수동적이고 비지시적인 방법을 사용하다 보면 내담자에게 상처나 부정적 경험은 발생하지 않겠지만 긍정적 영향을 주지 못할 수도 있다.

넷째, 무조건 온화하고 따뜻하기만 한 태도는 때로는 비효율적이고 내담자들이 스스로 자기 해답을 찾을 능력이 없는 경우에 적용하기 어렵다.

다섯째, 상담 장면에서 상담자가 내담자 중심으로 상담하다 보면 상담자 자신의 힘을 잃고 내담자에게 미치는 영향력을 놓아 버리는 경우도 있다. 그러므로 때로는 내담자들을 가르치고 내담자들이 독립할 수 있도록 격려할 필요가 있다.

8장

게슈탈트상담

1. 도입
   1) 주요 인물
   2) 인간관
2. 주요 개념
   1) 게슈탈트
   2) 전경과 배경
   3) 미해결 과제
   4) 지금-여기
   5) 게슈탈트 경험 순환
   6) 알아차림
   7) 접촉
   8) 성격 변화 단계: 신경증 층
   9) 접촉경계장애
3. 상담 과정과 기법
   1) 상담 목표
   2) 상담 과정
   3) 상담 기법
4. 평가
   1) 공헌점
   2) 제한점

성숙해진다는 것은 자신의 삶에 책임을 지고 혼자가 되는 것을 의미한다.

- 프리츠 펄스 -

게슈탈트 심리치료(Gestalt Psychotherapy)는 펄스(Perls)에 의해 창시된 심리치료 이론이다. 펄스는 초기에는 정신분석에 관심을 가지고 훈련도 받았지만, 점점 자신이 추구하는 이론과는 불일치 하는 부분들이 늘어나면서 결별하고 자신만의 이론을 정립하였다. 독일어 게슈탈트(gestalt)는 형상화하다, 형태를 부여하다, 조직한다는 의미의 게슈탈텐(gestalten)의 명사로 형태, 전체, 모습 등의 뜻을 가진다. 이처럼, 단어가 가지는 의미로 볼 때 게슈탈트는 '어떤 모양이나 형태를 조직화하여 전체로 보는 것'이라 하겠다.

게슈탈트 이론은 펄스가 게슈탈트 심리학, 현상학, 실존철학의 관점을 바탕으로 사이코 드라마, 연극 기법 등의 기법을 접목하여 실험을 중시하는 새로운 치료 이론으로 통합한 것이다. 펄스는 인간의 정신세계를 이해하기 위해 감각과 지각 경험을 분해하였던 구조주의적 관점에서 벗어나 '전체는 부분을 합친 것 그 이상'이라는 것과 전체적인 형태를 중요시하였던 게슈탈트 심리학자 베르트하이머(Wertheimer)의 영향을 받았다. 또한 인간의 경험을 중시하며 지금-여기 현실에서의 내담자와 상담자의 경험을 강조한다는 점에서는 현상학적이며, 인간은 자신의 운명을 스스로 선택·결정하고 개척해 나가는 과정에 있으며 자신의 현재 경험을 결정하고 책임질 수 있다는 전제에 기초한 점에서는 실존적이다. 실존적 접근으로서 게슈탈트상담은 개인적 경험으로서의 실존에 각별한 주의를 기울이며, 대인 관계에서의 접촉과 통찰을 통해 성장하고 치료할 수 있는 개인의 능력을 주장한다(Yontef, 1995).

게슈탈트상담의 기본 목표는 '지금-여기', 현재 이 순간에서의 경험을 통해서 내담자 자신과 다른 존재의 욕구 그리고 주변 환경의 요구에 대해 알아차림을 확장하는 것이다. 따라서 게슈탈트상담은 상담자와 내담자가 서로 진실하고 존중하는 관계를 중요하게 다루며 알아차림을 촉진하는 창의적인 다양한 기법들을 개발하였다.

1. 도입

1) 주요 인물

프리츠 펄스(Fritz Perls, 1893~1970)는 게슈탈트 심리치료의 개척자이며 독일 베를린(Berlin)의 유태계 가정에서 태어났다. 비록 7학년에 2번의 낙제와 퇴학을 당하기도 했지만, 의대에 입학하여 정신과 전문의 자격과 의학 박사학위를 받았다.

1916년 1차 세계 대전에 참전 의사로 복무하였으며, 1926년 프랑크푸르트(Frankfurt)에 있는 뇌손상을 입은 군인들을 위한 쿠르트 골드슈타인(Kurt Goldstein) 연구소에서 일하였다. 이곳에서 펄스는 인간을 부분들의 단순한 합으로가 아닌 전체로서 보아야 함을 알게 되었다. 골드슈타인(Goldstein, 1939)은 인간의 유기체적 통합성을 강조하며, 설사 유기체가 어떤 손상을 입게 되더라도 자기실현을 이루고자 하는 욕구가 있다고 주장하였다. 펄스는 이 연구소에서 미래의 아내 로라 펄스(Laura Perls)와 이후 자신의 이론 정립에 많은 영향을 준 사람들인 베르트하이머(Wertheimer, 1944), 코프카(Koffka, 1935), 쾰러(Köhler, 1970) 등의 게슈탈트 심리학의 아이디어들을 접하고 수용하게 되었다(김정규 외, 2010). 이후 라이히(Reich)와 호나이(Honey) 등 정신분석의 중심 인물들로부터 7년간 수련을 받았다. 그러나 1936년 체코에서 개최된 세계정신분석학회에서 '구강적 저항' 이론을 발표하였으나 프로이트에 의해 수용되지 않았고, 1946년 미국으로 이주하면서 정신분석과 결별하였다.

그는 1935년 남아프리카 정신분석 연구소를 설립하였으며, 1950년 '알아차림'에 관한 이론 정립과 '게슈탈트치료'라는 용어를 사용하였다. 1952년 굿맨(Goodman)과 아내 로라 펄스(Laura Perls)와 함께 뉴욕 게슈탈트치료 연구소(New York Institute for Gestalt Therapy)를 설립하였으며, 이후 캘리포니아의 빅서어(Big Sur)에 있는 에살렌 연구소(Esalen Institute)에서 연구 집회와 세미나를 여는 등 사람들과 개인적 접촉을 하면서 영향을 주었다. 게슈탈트치료는 1960년

대부터 정신분석이 영향력을 잃고 실존주의 사조와 인본주의 심리학이 제3세력으로 자리하면서 1970년대 구미에서 대중의 인기를 크게 얻기 시작하였다.

2) 인간관

게슈탈트상담은 인간에 대해 실존적, 현상학적 관점에 기반을 둔다. 펄스는 인간을 자신에게 필요한 것을 선택하여 게슈탈트를 형성할 수 있으며 접촉함으로써 해결해 가는 책임 있는 실존적 존재로 보았다. 반면 매 순간 지각하는 현실에서의 경험에 의한 주관적 의미를 중요하게 다루는 것은 현상학적이다. 즉 개인은 자신을 비롯한 환경과의 접촉을 통하여 자신과 다른 사람의 요구와 감정을 알아차림으로써 삶의 문제를 효과적으로 처리할 수 있는 건강한 성격을 형성한다고 보았다. 그러나 발달 과정에서 여러 이유로 문제를 회피하게 되면서 성장에 방해를 받는 것으로 보았다. 그러므로 상담자는 내담자가 지금-여기의 알아차림을 더 많이, 더 잘할 수 있게 조력함으로써 내담자의 소외되었던 자신의 일부를 통합하고 자신의 잠재력을 충분히 발현하며 더욱 '의미 있는 삶'을 살 수 있도록 돕는다.

펄스(Perls, 1969a)는 내담자들은 성장하고, 그들 자신의 두 발로 서야 하고, 스스로 자신의 인생 문제들을 다루어야만 한다(p. 225)고 주장하였다. 즉 내담자가 환경에 의존하지 않고 자신을 지지하며 자신의 문제를 해결해 나가는 책임 있는 사람이 되는 것은 게슈탈트상담의 중요한 목표가 된다.

프로이트의 인간에 대한 견해는 결과론적이며 기계론적 관점으로 어떤 원인과 결과는 직선적 관계에 있다고 본다. 반면 펄스는 인간에 대해 전체는 부분의 합 이상이라는 전체론적 관점을 취한다. 프로이트는 무의식과 아동기 초기의 경험에 의한 억압된 심리 내적 갈등을 강조하지만, 펄스는 미해결 과제를 무의식으로 보지 않고, 단지 의식에서 경험되지 못한 어떤 것들이 현재에 미치는 영향으로 보았기 때문에 현재의 경험과 평가를 중시하고 있다.

바이서(Beisser, 1970)는 우리가 나 아닌 어떤 사람이 되려고 하는 것보다 나 자신으로 존재할 때 더 많이 변화한다고 하였다. 게슈탈트 상담자들은 내담자가 '되어야만 하는 사람'이 되기 위해 고군분투하기보다는 '여기 현재에 존재하는 나 자신'이 되기 위해 노력하기를 격려하며, 자기 자신이 다른 사람들과 함께 진실로 존재하는 경험을 하게 되면 변화와 성장을 이룬다고 믿는다(Yontef & Schulz, 2013).

2. 주요 개념

게슈탈트 이론의 주요 개념으로는 게슈탈트, 전경과 배경, 미해결 과제, 지금-여기, 게슈탈트 경험 순환, 알아차림, 접촉, 성격 변화 단계, 접촉경계장애 등이 있다. 주요 개념들에 대해 구체적으로 살펴보기로 한다.

1) 게슈탈트

게슈탈트(Gestalt)는 독일어 명사로 형태(形態), 전체(全體), 체계(體系) 등의 의미를 지닌다. 개체가 자신의 욕구나 감정을 부분적, 요소적으로 지각하지 않고 하나의 의미 있는 전체로 조직화하여 지각하는 것을 말한다. 개체는 어떤 대상을 지각할 때 부분들의 집합으로가 아닌 하나의 의미 있는 전체, 즉 '게슈탈트'로 만들어서 지각한다고 본다. 우리는 지금-여기에서 우리의 욕구나 감정, 그리고 환경 조건을 고려하여 가장 끌리면서 절실하게 필요한 행동을 게슈탈트로 형성한다. 우리가 게슈탈트를 형성하는 까닭은 우리가 인식한 욕구나 감정을 하나의 유의미한 행동으로 만들어 실제로 행하고 이를 완결하기 위함이다. 따라서 우리가 건강한 삶을 영위하기 위해서는 명확하고 강렬한 게슈탈트를 형성하는 능력이 매우 중요하다.

게슈탈트상담에서는 부분 또는 요소의 의미가 고정된 것으로 보지 않고 부분들이 모여 이룬 전체에 따라 달라진다고 본다. 예를 들어, '가족'을 생각해 보면 쉽게 이해할 수 있다. 어떤 4인 가족이 있다고 가정해 보자. 가족 구성원 각자가 가족에 대해 가지는 의미는 다 다를 수 있고, 똑같은 가족 구성원이라 할지라도 각각 다른 가족으로 지각할 수 있다.

2) 전경과 배경

게슈탈트 이론의 주요 개념인 전경과 배경에 대해 설명하면 다음과 같다.

전경 전경(前景)이란 지금 여기에서 우리 의식의 초점이 되는 것이다. 한 개인에게 떠오른 '전경'은 그 사람에게 가장 중요하거나 의미 있는 것이다. 예컨대, 우리가 바쁜 업무로 인해 한 끼를 거르게 되면 어느 순간 배고픔을 알아차리게 되고 그것을 견디기 어려워하며 그 욕구가 충족될 때까지 음식물에 대한 욕구를 전경으로 떠올리게 된다.

배경 배경(前景)은 지금 여기에서 우리의 초점 밖에 있는 인식 대상이다. 즉 전경이 되는 경험의 배경을 의미한다. 예를 들어, 음식물에 대한 욕구가 전경으로 떠올라 있는 동안에 업무는 배경으로 물러나 있으면서 순간순간 전경으로 떠오를 수 있다.

이처럼 우리의 마음에서는 새로운 감정과 욕구들이 끊임없이 전경으로 떠올랐다 배경으로 사라지는 과정이 연속되고 있다. 건강한 사람은 매 순간 자신에게 중요한 욕구와 감정을 알아차릴 수 있고 명확한 게슈탈트를 형성하여 전경으로 떠올리며, 에너지를 동원하여 해소한 후 배경으로 물러나는 과정이 자연스럽고 유연하게 일어난다. 자이가닉(Zeigarnik, 1927)은 완성되지 않았거나 해결되지 않은 경험이 있으면 우리는 심리적 긴장 상태가 되며, 이러한 '미해결 상황'을 완결시키려는 경향이 있다고 하였다. 예컨대, 이루지 못한 사랑이나 사랑과 우정 사이에 있는 친구 관계 같은 것이다.

3) 미해결 과제

미해결 과제(unfinished business)란 개인이 어떤 감정이나 욕구가 생겼으나 명확한 게슈탈트를 형성하지 못했거나, 게슈탈트를 형성은 했으나 완결하여 해소하지 못한 상태이다. 이러한 미해결 과제는 분노, 수치심, 회한, 혐오, 슬픔, 불안, 고통, 죄책감 등과 같은 미해결 감정으로 남게 된다. 이처럼 표현되지 못한 감정들이 알아차림을 통해 경험되지 못하면, 그들은 배경에 남아서 자신과 다른 사람들과의 진실한 접촉을 방해하며 끊임없이 전경으로 떠오르고자 하며 사라지지 않고 현재의 삶에 계속 영향을 미치게 된다. 이러한 미완성 상태의 어떤 것들은 완성을 추구하며 이것이 강렬해지게 되면 개인은 편견, 의기소침, 집착, 경계심, 강박적인 행동, 자기 패배적인 행동 등이 나타나게 된다(Polster & Polster, 1973, p. 36). 예를 들어, 오늘 교사에게 질책을 받고 집에 돌아온 학생은 그 일이 미해결 과제로 남아 집에 와서도 잠을 잘 수도 없고 공부에 집중할 수도 없다.

이와 같은 미해결 과제는 표현되지 못한 감정들을 다루기 전까지 계속 개인에게 영향을 미치게 되며 종종 신체 내부의 차단 상태로 나타나기도 한다. 개인은 에너지가 차단될 때, 미해결 과제가 야기될 수 있다(Conyne, 2015). 차단된 에너지는 또 다른 형태의 방어적인 태도이며 신체 어떤 부분의 긴장, 자세, 신체의 경직, 얕은 호흡, 대화 시 접촉을 피하려는 시선 피하기, 감정의 억제, 감정 둔화, 작은 목소리로 말하기 등 비언어적 행동으로 드러날 수 있다.

미해결 과제가 늘어날수록 개인은 자신의 욕구를 효과적으로 해소하지 못하고 심리·신체적 장애를 일으키게 된다. 그러므로 게슈탈트상담은 미해결 과제를 완결짓는 것을 중요한 목표로 한다. 게슈탈트상담에서 미해결 과제는 끊임없이 전경으로 떠오르려 하는 것으로 우리들의 지금-여기에 어떤 형태로든 드러나게 되어 있으므로 굳이 과거를 파헤칠 필요가 없다고 본다. 즉 우리는 그저 지금-여기에서의 다양한 감각의 알아차림에만 집중하면 될 뿐이다.

이를 위하여 상담자는 내담자의 차단된 에너지에 초점을 맞추고, 에너지를 막고 있는 방식을 확인하고, 이를 적응적인 행동으로 전환시킬 수 있도록 돕는다. 특정한 신체 증상들도 제거하려 하기보다, 그 증상들에 온전히 머물러서 느껴 볼 수 있도록 조력한다. 예를 들어, 다리를 떨면서 손을 가만두지 않는 내담자의 행동을 더 많이 과장하도록 유도함으로써(과장하기 기법), 자신이 어떻게 무력감에 빠지게 되는지를 스스로 느껴 보게 한다. 이 과정에서 상담자는 내담자가 자신의 욕구와 감정을 알아차릴 수 있게 조력함으로써 미해결 과제가 전경으로 떠오르도록 돕는다.

미해결 과제를 직면하거나 미해결 상황과 관련된 불쾌한 정서의 경험을 방해하기 위해 사용하는 수단인 회피와 파국적 기대는 우리의 성장을 방해한다. 왜냐하면, 우리는 파국적 기대를 함으로써 성장을 요구하는 위험을 감수할 필요가 없어지고 회피할 수 있게 만들기 때문이다. 그러므로 게슈탈트 상담자는 내담자가 분명하게 표현한 적 없는 불편하고 강렬한 감정을 상담 과정의 지금-여기, 현재 상황에서 표현할 수 있게 격려하며 조력한다. 예를 들어, 내담자가 수치심과 허무함을 말하면 상담자는 그러한 감정에 머물러 있기(감정의 지속 기법)를 장려하며 그러한 감정을 능동적으로 느끼게 한다. 즉 '수치스러워져라, 허무해져라.'라고 한다. 만일 내담자가 이러한 감정들을 회피하지 않고 있는 그대로를 경험할 수 있다면, 그는 이런 강렬한 감정들로부터 자신이 파괴되지 않을 거라는 것을 알게 된다. 오히려 내담자는 이런 불편한 감정을 경험하는 과정을 통해 알아차림과 접촉이 이루어지고 미해결 과제가 완결되기 때문에 통합과 성장을 이루게 된다.

4) 지금-여기

게슈탈트상담은 지금-여기를 강조하고 현재 순간에서 자신과 환경을 온전히 경험하고 인식하는 것을 강조한다. 펄스는 '현재' 이외의 개념은 존재하지 않는다. 과거는 이미 지나갔고 미래는 아직 오지 않았으므로 현재만 의미 있는 것임을 강조했다. 폴스터와 폴스터(Polster & Polster, 1973)도 결정할 힘은 현재에 있다고 말한 것처럼 게슈탈트 상담자는 모든 것을 지금-여기에서 다룬다. 종종 내담자는 현재에 존재하기보다는 과거의 실수에 대해 비관하고, 그때 하지 말아야 할 것을 한 것에 대하여 후회하고, 해야 할 것을 하지 않은 것에 대해 끊임없이 자신을 질책하는 등 반추와 후회에 에너지를 소모하거나, 미래를 계획하고 걱정하느라고 정작 현재에는 에너지를 쓰지 못함으로 인해 성장이 저해된다는 것이다.

게슈탈트 상담자는 내담자에게 '어떻게' 또는 '무엇'을 사용하여 현재형으로 질문한다. 즉 "지금, 여기서 무엇을 느낍니까?", "지금 당신의 손이 무엇을 말하고 있습니까?"와 같은 질문을 한다. 펄스(Perls, 1969a)는 감정을 심화시키지 않으면 사람들은 감정의 이유 찾기에 전념할 것이라고 했다. 즉 상담자는 내담자가 문제에 대해 말로 하면서 자신의 문제에 직면하여 해결하고 있다고 믿지 않도록 즉각적인 경험에 접촉하도록 하여 내담자가 자신의 감정을 지금 느낄 수 있게 다양한 방법을 사용한다.

게슈탈트상담에서는 과거가 개인의 사고, 감정, 행동 등에 관련이 되는 경우는 그 과거를 현재로 가져와 재연하게 함으로써 접촉할 수 있게 돕는다. 예를 들어, 내담자가 어린 시절 부모로부터 사랑받지 못하고 거부받았던 슬픔이 있다면 그것에 대해 말로만 이야기하게 하지 않고 거부받는 어린아이가 되어서 부모에게 직접 언어적 표현을 하도록 함으로써 그 고통을 재경험하고 이해하여 해결할 수 있게 돕는다(조현춘, 조현재, 1995, pp. 319-321)

5) 게슈탈트 경험 순환

우리가 건강한 삶을 영위하기 위해서는 분명한 게슈탈트를 형성하고 환경과의 접촉을 통해서 이를 해소하고 다시 게슈탈트를 형성하고 해소하는 순환 과정을 되풀이해야 한다. 노안영(2005)은 골드스타인, 크래스너, 가필드(Goldstein, Krasner, & Garifield, 1989)가 제안한 게슈탈트 순환 과정(experiencing cycle)을 다음과 같이 소개하고 있다(pp. 242-243).

개인은 삶의 과정에서 어떤 욕구나 감정을 알아차리게 되면 배경으로부터 게슈탈트를 형성하여 전경으로 떠올리고, 이를 환경과 상호 작용함으로써 해소하고 배경으로 사라지게 한 다음 휴식을 하던 중 또 따른 욕구를 느끼면서 새로운 게슈탈트를 형성하여 전경에 떠올리게 하는 순환 과정을 반복한다. 예를 들어, 개인이 외로움이라는 감정을 지각하게 되는 경우를 게슈탈트 경험 순환과 연관해서 설명하면 다음과 같다.

1단계: 휴식 단계 개인은 이전의 게슈탈트가 해소되어 배경으로 물러나고 외로움은 배경에 있다.

2단계: 욕구 출현 단계 개인이 외로움을 느껴 욕구 출현이 나타난다. 유기체적 욕구나 감정이 신체 감각으로 나타난다.

3단계: 게슈탈트 형성 단계 개인이 외로움으로 인해 어떤 것을 해야 할 필요를 알아차리고 욕구 충족을 위해 현실에서 무엇을 할 수 있을까를 찾아본다. 감각을 알아차림으로써 게슈탈트를 형성하고 전경으로 떠올린다.

4단계: 에너지 동원 단계 개인은 누구와 통화를 할 것인지를 선택한다. 즉 게슈탈트를 해소하기 위해 에너지를 동원한다.

5단계: 접촉 단계 개인은 친구와 통화를 하면서 접촉이 일어난다. 즉 외로움에 대한 욕구를 충족하기 위하여 친구와 통화하는 구체적인 접촉 행동을 실천한다.

6단계: 동화 혹은 거절 단계 개인은 통화를 한 후 좋은 시간으로 만족해하거나 통화가 부적절한 경우 전화 번호를 지운다.

7단계: 해소 단계 개인은 동화 혹은 적절한 거절을 통해 욕구를 해소하고 외로움의 게슈탈트를 완성한다.

8단계: 철회 단계 개인은 외로움의 게슈탈트를 완결하고 해소하였으므로 새로운 게슈탈트 형성을 위해 철회의 상태에 있다.

6) 알아차림

우리의 욕구나 감정을 지각한 다음 게슈탈트로 형성하여 명료한 전경으로 떠올리는 행위를 알아차림(awareness)이라 한다. 알아차림은 다른 사람들과의 접촉, 사물과의 접촉, 그리고 자기 자신과의 접촉을 의미한다(Clarkson, 2004). 펄스 등(Perls et al., 1951)에 따르면, 알아차림 그 자체가 바로 치료적이라고 한다. 게슈탈트치료의 유일한 목표는 '알아차림'(Yontef, 1993)이라고 할 만큼 게슈탈트상담에서 알아차림은 중요하다. 개인의 미해결 과제를 알아차림으로써 해소할 수 있게 돕고, 지금-여기에서의 새로운 욕구나 감정을 알아차림으로써 미해결 과제를 남기지 않을 수 있게 돕는다. 알아차림은 무엇을 알아차리는가에 따라서 다음과 같이 구분할 수 있다(권석만, 2017, pp. 361-362).

현상 알아차림 '어떤 것'에 대한 알아차림으로 개인이 환경과 상호 작용하는 과정에서 일어나는 현상들을 알아차리는 것이다. 즉 6가지 영역(신체 감각, 욕구, 감정, 환경, 상황, 내적인 힘)에 대한 알아차림이다. 각각은 서로 밀접한 관계에 있으며 개인이 이러한 현상들을 알아차리지 못하게 되면 환경에 유기체적인 적응에 실패하게 된다.

행위 알아차림 '어떻게'에 대한 알아차림으로 개인이 하는 자신의 행위 방식, 특히 부적응적인 행동 방식에 대한 알아차림이다. 즉 접촉경계장애 행동, 사고 패턴, 행동 패턴 등에 대한 알아차림이다. 개인이 자신의 행동과 관련하여 '어떻게'에 집중하게 하여 자신의 욕구와 감정을 '어떻게' 억누르고 차단하는지, 새로운 경험을 회피하고 방어하는지를 알아차리도록 조력하는 것에 중점을 둔다. 이 과정에서 내담자의 부적응적인 무의식적 행위를 의식적 행위로 바꾸게 하여 내담자가 적응적 행동을 선택할 수 있게 한다.

7) 접촉

우리가 전경으로 떠오른 게슈탈트를 해소하기 위해 환경과 상호 작용하는 행위, 즉 에너지를 동원하여 환경과 만나는 행위를 접촉(contact)이라 한다. 좋은 접촉은 자신에 대한 감각을 잃지 않으면서도 다른 사람이나 사물과 상호 작용할 수 있을 때이다. 좋은 접촉을 위해서는 명확한 알아차림과 충분한 에너지 그리고 자신을 표현하는 능력이 요구된다(Zinker, 1978).

폴스터와 폴스터(Polster & Polster, 1973)는 개인이 자신의 정체감을 유지하면서 다른 사람들이나 사물과 건강한 접촉을 지속하는 방법을 배우는 것은 결코 쉬운 일이 아니라고 하였다. 즉 접촉은 융해와 달리 적절한 경계를 가지고 접촉과 분리를 계속해야 하는 과정이다. 예를 들어, 청소년 시기에는 친구 관계가 매우 중요하다. 그런데 친구 사이에서 서로가 상대방에게 정서적으로 너무 많이 몰입하고 관여하며 의지하게 되어 '나'가 융해되어 버리거나, 반대로 자신의 정체감을 상실하게 될까 봐 친구와 가까이하는 것이 어려운 상태에 있는 청소년의 경우에는 좋은 접촉을 하기 어렵다. 따라서 친밀한 관계를 계속 유지하기 위해서는 각각의 정체감은 유지하면서(개별성, 분리감) 서로 친밀함을 지속하기 위한 시간과 활동을 공유할 때 각자 건강한 에너지를 사용하면서 자신과 상대방의 욕구를 채울 수 있다는 것이다.

폴스터(Polster, 1987)는 접촉을 '성장을 위한 생명수'라고 표현할 정도로 게슈탈트상담에서 접촉은 중요하다고 주장하였다. 펄스(Perls, 1947)는 유기체의 자각 또는 알아차림을 통한 접촉이 부족한 경우를 성장과 문제 해결을 저해하는 중요한 문제로 보았다. 즉 개인의 건강한 삶을 위해서는 현재 가장 필요로 하는 게슈탈트를 떠올리고 이를 완성하기 위한 에너지를 사용하는 것이 요구되기 때문이다. 따라서 접촉 결여는 에너지의 흐름을 차단하여 개인의 잠재력을 충분히 발휘하지 못하게 하므로 심각한 문제가 된다.

자각을 통해 접촉을 방해하는 접촉장애의 기제는 프로이트가 제안한 방어기제와 유사하다. 개인이 진정한 욕구 충족을 위해 알아차림-접촉의 주기로 순환되지 못하면 그 욕구는 미해결된 상태로 남게 된다. 이러한 미해결 과제가 많을수록 경험되지 못한 정서적 잔여물이 배경에 남아서 현재에 끊임없이 영향을 미치게 됨으로써 정신·신체적 장애가 생길 수 있다.

8) 성격 변화 단계: 신경증 층

펄스는 사람의 성격을 양파의 껍질에 비유하며 접촉의 수준을 신경증의 5개 층으로 설명하였다(Perls, 1969b, 1969c, 1970). 즉 개인은 신경증의 5개 층을 양파 껍질처럼 하나씩 벗겨내어야 심리적 성숙에 이른다는 것이다. 각 층을 제거하게 되면 개인은 환경과 더 강력한 접촉을 할 수 있다.

허위층(the phony layer) 허위층은 피상층, 가짜층이라고도 한다. 개인이 사회적인 규범에 따라 의례적이고 상투적인 행동을 하고 다른 사람들을 진정성 없이 피상적으로 대하는 단계이다. 즉 '진짜 나'가 아닌 '가짜 나'의 상태에 있다고 할 수 있다. 겉으로 보기에는 매우 잘 적응하는 사람으로 보일 수 있지만, 자신을 드러내지 않고 자신의 욕구도 알아차리지 못하기 때문에 변화를 기대할 수 없다. 예를 들어, 우리가 누구를 만날 때면 형식적으로 "안녕하세요? 오늘 날씨가 참 좋네요."라고 인사하는 것과 같이 매우 형식적이고 가식적이다.

공포층(the phobic layer) 공포층을 연기층이라고도 한다. 이 단계는 진정한 자기 모습을 내보이면 다른 사람들이 자기를 싫어하고 거부할 것이라는 강한 공포를 느끼는 상태이다. 일반적으로 우리는 이러한 공포를 회피하기 위해서 우리의 욕구를 억압하고 내사된 사회 규범에 맞게 또는 부모나 주변 사람들의 기대에 맞게 살기 위해 역할 연기(예: 모범생, 효자, 지도자 등)를 하며 살아가면서도, 그것이 진정한 자신이라고 생각하며 산다. 즉 학생은 자신의 욕구와는 달리 부모와 교사가 원하는 모범 행동을 하려 애쓴다. 따라서 자신의 욕구와 변화의 필요성을 전혀 느끼지 못하는 허위층과 공포층은 게슈탈트 형성이 어려운 단계이다.

교착층(impasse) 교착층을 난국층이라고도 한다. 이 단계는 그동안 해 왔던 역할 연기를 그만두고 자신의 욕구를 표현하려 하지만 변화에 대한 두려움 때문에 무엇을 어떻게 해야 할지 모르는 혼란한 상태이다. 즉 지금까지 환경적 지원 속에서 살아왔기에 환경적 지원 없는 상황을 상상하기 어렵고 감당하기는 더욱 어려울 것이기 때문에 개인은 매우 큰 공포와 무력감을 느끼게 된다. 이 단계는 우리의 욕구를 알아차리고 게슈탈트는 형성되었으나 에너지 동원은 못 하는 상태이다. 즉 뭔가 하고 싶은 것은 생겼는데 그걸 위해 자신이 무엇을 어떻게 해야 하는지를 모르거나, 어떤 감정은 알아차렸지만 그 감정을 깊이 있게 만나는 것은 두려워서 회피하고 싶은 단계이다. 상담자는 이러한 내담자가 피하지 않고 이 상황에 맞닥뜨려 해결함으로써 변화를 통한 성장을 할 수 있도록 격려해야 한다. 이 단계는 개인이 변화의 필요성을 알게 되었으므로 치료적 변화를 위해 매우 중요한 단계이다.

내파층(the implosive layer) 개인이 극도의 공포와 무력감을 경험하게 되면 내파 단계에 이르게 된다. 즉 내면의 욕구와 감정을 알아차리고 진정한 자기를 인식하지만 그런 감정들을 억압하는 상태에 있다. 즉 게슈탈트 해소를 위해 에너지 동원은 되었으나 행동으로 옮기지 못하여 게슈탈트가 완성되지는 못하는 단계이다. 예를 들어, 연예인이 되고 싶은 자신의 욕구를 억압하고 부모가 원하는 의사가 되기 위해 공부에 매진했던 학생이 억압된 자신의 욕구를 인식하고 변화하려 하지만 그런 마음을 표현했을 때 돌아올 부모의 반응 때문에 표현하지 못하고 그 분노를 오히려 자신에게 돌려 질책하는 행위(반전)를 하는 경우이다.

외파층(the explosive layer) 외파층은 폭발층이라고도 한다. 개인이 다른 사람과 거짓 없이 진실한 접촉이 이루어지는 단계이다. 개인은 자신의 감정과 욕구를 알아차려 게슈탈트를 형성하여 전경에 떠올리고 환경과 접촉하여 완성하게 되며 억압했던 미해결 과제들도 게슈탈트를 형성하여 해결할 수 있게 된다. 이때 상담은 종결하게 된다.

9) 접촉경계장애

접촉경계는 개인이 다른 사람 또는 사물과 연결되거나 혹은 분리되는 과정을 말한다. 개체와 환경 간의 경계에 문제가 생기게 되면 환경과의 유기체적인 교류와 접촉이 차단되고 심리적, 신체적 혼란이 생긴다. 게슈탈트 상담자들이 접촉 혼란 또는 현재를 있는 그대로 경험하는 것을 방해하며 접촉을 차단시키는 방어로 저항을 중요하게 다루는 이유이다. 폴스터와 폴스터(Polster & Polster, 1973)는 접촉 경계에 문제가 생기면 어떤 사물이나 사람과의 상호 작용은 다음 5가지 패턴 중 하나를 따른다고 하였다. 5가지 패턴에 대해 자세히 알아보기로 한다.

내사 내사(introjection)는 개체가 타인의 신념이나 기준을 자신에게 알맞게 조율함 없이 꿀꺽 삼켜 버리는 것이며 환경의 요구를 아무 평가나 비판 없이 그냥 그대로 받아들이는 것을 의미한다. 개인은 환경과의 접촉을 통하여 자신의 욕구를 충족시킬 수 있는 것들을 선택하여 받아들여야 하는데, 외부로부터의 요구를 무비판적으로 받아들이게 되면 개인의 사고와 감정, 행동에 부정적 영향을 미칠 수도 있다. 예를 들어, 아동은 대부분 부모의 말을 내사하여 사회적 규범을 내면화하고 세상을 살아가는 규준을 배우고 만들어 가게 되는데 부모가 제시하고 요구하는 것들이 부적절함에도 무조건 수용하게 되면 문제가 된다. 반면 긍정적 내사는 아동에게 긍정적 메시지를 전달함으로써 자신감을 갖게 한다. 그러나 내사가 심한 경우 아동은 자신의 욕구를 알아차리지 못한 채 자신이 아닌 부모가 요구하는 사람이 되어 살아가게 됨으로써 진정한 자신과의 접촉이 방해된다.

투사 투사(projection)는 자신의 욕구나 감정을 타인의 것으로 지각하는 것을 말한다. 즉 마음에 들지 않는 자신의 성격 속성들을 타인이 가진 것으로 인식함으로써 우리 자신의 감정과 책임을 회피하고 접촉을 통한 우리의 변화를 방해한다. 투사는 자신의 욕구를 자각하고 접촉하며 해소하는 과정을 방해하고 다른 사람과의 접촉도 방해한다. 상담자는 내담자에게 자신의 지각과 반대되는 행동을 해 보게 함(반대로 해 보기 기법)으로써 자신의 감정 및 욕구를 자각할 수 있도록 도울 수 있다.

융합 융합(confluence)은 다른 사람과의 경계가 약하여 두 사람이 서로 같은 사고와 감정을 가진 것처럼 생각하고 행동하는 등 각 개인의 개별성과 분리감이 상실되어 경계가 모호한 상태이다. 주로 사랑의 욕구가 강한 내담자들의 특성이며 지나치게 밀착된 부모-자녀 관계에서 자주 나타날 수 있다. 상담자는 내담자에게 자신의 욕구를 알아차리게 하고 자기 선택에 책임지는 것을 가르치며, 부족한 자신감을 극복할 수 있게 돕는 지지상담이 필요하다(Haman, 1989). 상담자는 두 사람 간에 서로의 경계를 설정하여 자신과 상대방을 분리하여 생각할 수 있도록 조력하고 상담 장면에서 어떤 질문을 할 때 상대의 답을 말해 주지 않고, 자기에 대한 답은 각자가 할 수 있게 도와야 한다. 청소년 상담 장면에서 종종 자녀와 융합된 부모가 상담자가 자녀에게 하는 질문에 대해 부모가 먼저 대답하거나 자녀에게 부모가 원하는 대답을 하도록 유도하거나 강요하는 경우를 볼 수 있다.

반전 반전(retroflection)은 개인이 다른 사람이나 환경에 하고 싶은 어떤 것을 반대로 자기 자신에게 하는 것, 또는 다른 사람이 자신에게 해 주기를 바라는 어떤 것을 자신에게 하는 것을 말한다. 예를 들어, 우리가 자신에게 "잘

하고 있어, 파이팅!"이라고 말하는 것은 우리가 듣고 싶은 말을 우리 자신에게 하는 것이다. 우리는 누군가를 비난하거나 공격하고 싶은 욕구를 느껴도 실제로 그럴 수 없기에 그 행동을 우리 자신을 비난하며 공격하는 방식으로 돌리는 경우가 많다. 대개 자신의 감정을 억압하고 잘 표현하지 못하는 사람들이 반전을 많이 사용한다. 이런 내담자들의 경우 반전을 자주 사용함으로써 죄책감, 수치심, 우울감을 느끼며 심한 경우는 자살, 자해 등의 행동으로 이어질 수도 있다.

편향 편향(deflection)은 개인이 환경과의 접촉이 두려울 때 회피하는 방법이다. 상담 초기 단계에서 내담자들이 편향하는 경우가 많다. 즉 주제와 상관없는 말로 전환시키거나, 상담자의 눈을 피하거나, 웃어버리거나, 다른 사람의 문제인 것처럼 자기 얘기를 하거나, 과도하게 친절하거나, 핵심과 벗어난 얘기를 계속하거나, 어떤 것에 대해 장황하게 끊임없이 설명하는 것 등이다.

3. 상담 과정과 기법

게슈탈트상담의 최종 목표는 개체로 하여금 실존적인 삶을 살도록 도와주는 것이다. 게슈탈트상담의 기본적인 가정은 사람들이 자신의 내부와 환경에서 무슨 일이 벌어지고 있는지를 알아차릴 때, 자기 조절과 자기 통제를 할 수 있게 된다는 것이다. 상담자는 지지와 알아차리기 위한 환경과 기회를 제공한다. 상담자는 상담 과정에서 내담자의 현재 경험과 신념에 주의를 기울이는데, 그렇게 함으로써 내담자가 알아차림과 접촉, 통합의 증진으로 나아가는 과정에 도움을 주게 된다(Brown, 2007).

1) 상담 목표

펄스(Perls, 1969b)는 치료의 목표를 내담자들이 성장하도록 돕는 것이라고 하였다. '내담자의 성장'은 내담자가 다른 사람을 의지하는 것에서 벗어나 자기 자신을 의지하는 것, 즉 내담자가 자기 자신에 대한 책임을 지도록 도와야 하는 것이 가장 중요한 목표라는 것이다(Perls, 1969b). 따라서 상담의 목표는 단지 내담자가 가진 증상을 제거하거나 완화시키는 것이 아니라 성장하도록 돕는다는 것이고, 성장이란 내담자가 스스로가 내적인 힘을 동원하여 자신을 되찾게 되고 책임지게 되는 실존적 삶이 되도록 하는 것이다.

펄스(Perls, 1973, p. 26)는 "자신이 속한 사회로부터 삼킴을 당하거나 사회로부터 완전히 철수하지 않은 상태에서 사회에 관심을 가지고 접촉하면서 살아갈 수 있는 사람은 잘 통합된 사람"이라고 하였다. 또한 펄스(Perls, 1974)는 심리치료에서 매우 중요한 목표를 자신에게서 소외되어 있는 부분들을 통합하는 것으로 보았다. 사람들은 대부분 자신이 가진 잠재력 일부만 사용하며 산다고 보았으며, 사람들이 잠재력 사용을 방해하는 요인들을 알게 되면 자신의 잠재력 실현의 방법도 알 수 있게 될 것이라고 보았다. 즉 내담자가 상담을 통해서 자신과 사회에 대해 새로운 인식을 가지게 함으로써 내·외적인 통합을 하도록 도와야 한다는 것이다. 따라서 펄스가 말하는 '성숙' 또는 '성장'이라는 목표에는 '통합의 달성'이라는 목표도 함께 포함되어 있다는 것이다.

게슈탈트상담의 최종 목표는 내담자가 충만한 삶을 살아가도록 돕는 것이다. 또한 성숙, 성장, 통합을 위해 가장 기본적으로 요구되는 것은 '알아차리는 능력의 개발'이다(Yontef & Jacobs, 2011). 펄스(Perls, 1969b, p. 16)의 "알아차림은 그 자체만으로도 치유적일 수 있다."는 말에서도 게슈탈트상담에서 '알아차림'이 얼마나 중요한지를 알 수 있다.

게슈탈트상담의 일반적 목표를 징커(Zinker, 1978)는 다음과 같이 제시하며 상담 후 이러한 결과를 기대하였다.

- 내담자 자신의 신체, 감정, 환경에 대한 '알아차림'이 증진된다.
- 내담자 자신의 생각, 행동, 감정에 대한 책임을 타인에게 돌리지 않음으로써 자신의 경험에 대한 주인이 자기라는 의식을 가진다.
- 내담자는 타인의 권리를 침해하지 않으면서 자신의 욕구를 충족시킬 수 있도록 자신의 욕구와 기술을 개발하고 가치관을 형성한다.
- 내담자는 모든 감각과 더 많이 접촉하며 더 잘 알아차리게 된다.
- 내담자는 자기의 행동 결과를 수용하고 자신이 행동을 책임진다는 것을 학습한다.
- 내담자는 외적 지지에서 스스로 자신을 지지할 수 있는 내적 지지로 바뀐다.
- 내담자는 타인에게 요구하거나 도움을 청할 수 있게 되며, 동시에 타인에게 도움을 줄 수 있게 된다.

2) 상담 과정

게슈탈트상담에서 모든 심리장애는 알아차림과 접촉이 제대로 이루어지지 않는 상태로 본다. 따라서 상담의 과정에서 중요하게 다루어질 것은 자신에 대한 알아차림과 접촉을 증진시키는 것이다. 게슈탈트 상담자들은 상담의 형식적인 과정이나 회기에 대해 정해진 것 없이 대개 그들의 직관에 따라 내담자 문제를 평가하며 그들 각각의 방식으로 내담자의 변화를 돕는다. 이런 이유로 게슈탈트상담의 과정을 명확히 나누어 설명하기는 어렵다. 따라서 상담 과정에서 일어나는 내담자의 변화와 상담자의 중요한 역할을 중심으로 여러 이론가들의 주장을 살펴보기로 한다.

게슈탈트상담 과정을 욘테프(Yontef, 1995)는 크게 2단계로 구분하였다. 첫째 단계에서는 상담자와 내담자가 진솔한 접촉을 바탕으로 관계 형성을 하고 내담자가 현재 진행되는 것들에 대한 자각을 촉진하는 단계다. 둘째 단계는 내담자의 삶을 어렵게 하는 심리적 문제를 실험과 다양한 기법을 활용하여 경험하게 함으로써 통합과 균형을 이룰 수 있게 돕는 단계다.

폴스터(Polster, 1987)는 상담 과정에서 나타나는 내담자의 성장 과정을 3단계의 변화 과정으로 설명하였다. 첫 번째 단계는 '발견'의 단계로 내담자는 예전에는 인식하지 못했던 자신, 문제, 상황 등에 대해 회피하지 않고 이해하게 되며, 자신의 삶과 주요한 다른 사람들에 대해서도 새로운 관점을 발견하게 된다. 이 단계에서는 상담자와의 진실한 관계 형성이 중요하다. 두 번째 단계는 '조절'의 단계로 내담자는 상담자가 제공하는 지지적 환경 안에서 새로운 행동을 연습할 수 있고, 정체감을 바꿈으로써 자신의 선택권에 대해 인식하고 새로운 선택과 새로운 방식의 시도가 가능함을 알게 된다. 이 단계에서 상담자의 치료적 지지는 내담자가 새로운 행동 연습과 실험을 가능하게 하므로 매우 중요하다. 세 번째 단계는 '동화'의 단계로 내담자는 예전과 다른 대안 행동을 선택하여 시도하는 것으로부터 환경을 변화시키는 방법의 학습으로까지 발전한다. 이 단계에서 내담자는 자신의 삶에 대한 자신감과 자신이 원하는 것을 선택하고 다른 사람에게 원하는 것을 얻을 수 있는 방식의 행동을 적절하게 행할 수 있게 된다. 폴스터는 상담자는 내담자가 이미 잘 하고 있는 것들을 칭찬하고 강화함으로써 내담자의 자신감을 회복시키는 것이 중요하므로 내담자에 대한 지지를 강조하였다.

이장호와 이동귀(2014)는 게슈탈트상담 과정이 다음과 같이 3단계로 구성된다고 설명하였다. 첫째 단계는 내담자와 진솔한 관계 형성 단계로 인간중심상담과 비슷하나, 상담자가 내담자와의 '지금-여기'에서의 경험에 대한 자각이 중요하므로 더 적극적이고 개방적으로 상담자의 경험을 표현한다. 둘째 단계는 내담자의 자각을 촉진하는 단계로 '지금-여기'에서의 경험에 집중하여 내담자가 느끼는 것, 회피하려는 것, 기대하는 것 등에 대한 알아차림을 돕는다. 이러한 자각을 통해 자신의 미해결 과제와 자신의 욕구에 대해 다루게 되며 자신의 선택이 일어나게 된다. 마지막 세 번째 단계는 내담자가 자각한 것을 실험해 보는 단계이다. 즉 내담자가 자신과 다른 사람들의 욕구에 대해 알아차리고 미해결 과제를 직면하게 되면, 학습한 대안 행동을 실험적으로 실연하여 자신의 자각을 증진하고 현실 생활에도 적용할 수 있게 하며 방해물에 대처할 수 있게 하는 훈습 단계이다.

3) 상담 기법

게슈탈트 상담자는 내담자와의 신뢰롭고 진실된 관계를 바탕으로 내담자의 심리적, 신체적 알아차림과 접촉을 촉진하기 위하여 내담자의 특성과 환경에 맞게 다양한 창의적 기법을 적용한다. 징커(Zinker, 1978)가 게슈탈트치료 기법에 대해 '창조적이어도 좋다는 허락(permission to be creative)'이라는 표현을 한 것으로도 알 수 있듯이 게슈탈트상담에서는 내담자에게 필요하다고 생각되는 것이라면 정형화되어 있는 기법이 아니더라도 실험적이고 창의적으로 사용할 수 있게끔 허용한다.

이처럼 내담자의 심리적, 신체적 알아차림과 접촉을 효과적으로 돕기 위하여 게슈탈트상담에서 주로 사용하는 기법들에 대해 살펴보기로 한다. 우리가 살펴볼 게슈탈트상담 기법은 '지금-여기'의 경험에 초점 맞추기, 직면시키기, 역할 연기하기, 대화하기(빈 의자 기법), 꿈 작업, 투사 놀이, 실험하기 등이다.

(1) '지금-여기'의 경험에 초점 맞추기

상담자는 지금-여기에서의 다양한 질문을 통해서 알아차림을 촉진하고자 한다. 즉 내담자 자신의 욕구와 감정, 신체 감각, 언어와 행위, 환경 등에 대해 알아차릴 수 있도록 격려하고 질문한다. 내담자는 자신의 욕구나 감정, 그리고 동기를 알아차림으로써 뚜렷한 게슈탈트를 형성하고, 자기 자신과 환경에 접촉하는 과정을 통하여 해소할 수 있게 되기 때문에 게슈탈트상담에서 욕구와 감정을 알아차리는 것은 매우 중요하다. 상담 장면에서 상담자는 지금-여기에서 드러난 내담자의 언어와 비언어적 행위의 뒤에 감춰져 있는 내담자의 욕구와 감정을 알아차리도록 돕기 위해 "지금 어떤 느낌이 드세요?", "잠깐 말을 멈추고 당신이 지금 여기서 느끼는 감정에 집중해 보세요.", "지금 당신이 원하는 것에 집중해 보세요." 등의 질문을 할 수 있다.

비언어적 행동 알아차리기 우리의 정신과 신체는 동시에 작용하는 관계이다. 내담자가 자신의 비언어적 행동을 알아차리게 함으로써 자신의 감정과 욕구를 알아차리게끔 도울 수 있다. 파슨스(Parsons, 1975)는 내담자의 비언어적 행동에 주의를 기울여야 하는 이유를 다음 4가지로 설명하였다.

- 신체로 나타나는 행동은 사람들의 어떤 한순간에서의 표현이다.
- 사람들은 그들의 신체 행동보다는 언어적 행동에 더 많이 초점을 맞추는 경향이 있다.
- 언어적 행동은 사람들이 흔히 미리 생각한 것이라면, 신체 행동은 대부분 지금에서의 즉각적인 반응이다.
- 개인이 통합된 방식으로 기능한다면 한 사람의 신체 행동과 언어적 표현들은 잘 조화된다.

우리의 에너지가 한 곳에 집중되는 것은 억압된 감정(미해결 감정)들과 관계있고, 대개 신체적으로 근육의 문제나 심한 경우 통증으로 나타난다. 내담자는 이러한 신체 현상을 알아차림으로써 자신의 소외된 부분을 접촉하고 통합할 수 있게 된다(김정규, 1995). 내담자의 비언어적 행동 알아차리기를 돕기 위해 상담자는 "지금 당신의 신체 감각을 느껴 보세요.", "지금 당신의 호흡이 빨라지고 있군요.", "지금 당신의 떨리는 손이 무엇을 말하려고 하나요?", "당신의 움직이고 있는 다리에 집중해 보세요." 등의 질문을 할 수 있다.

언어 행동 알아차리기 언어 행동은 내담자의 욕구와 감정을 표현하는 방식이다. 상담자는 내담자가 현재 자신이 주로 사용하고 있는 언어 행동에 대한 알아차림을 촉진함으로써 자신에 대한 책임의식을 높이게 한다. 특히 내담자의 주어가 자신이 아니거나, '~할 수밖에 없었다.', '그러나', '~한 것 같습니다.' 등의 표현을 자주 하는 내담자는 자신의 욕구나 감정에 대한 책임을 회피하는 것이다. 따라서 상담자는 내담자가 자주 사용하는 언어 내용과 패턴에 대해 자각할 수 있게 돕고, 자신의 욕구와 감정에 대한 책임을 내담자 자신이 문장으로 바꾸어 말하게 함으로써 내담자의 책임의식을 높인다.

[표 8-1] 내담자 언어 행동 알아차리기

내담자의 예전 언어 행동	내담자의 새로운 언어 행동	효과
'그 사람', '당신', '그것'	'나'	자신의 언어 행동을 알아차림으로써 책임의식 향상
'~할 수밖에 없었다.'	'나는 ~하지 않겠다.'	
'내가 ~해야 한다.'	'나는 ~하기를 선택한다.'	
'나는 ~가 필요하다.'	'나는 ~를 원한다.'	

환경 알아차리기 내담자는 자신의 미해결 과제에 에너지를 쓰느라 현실과 주변에서 일어나는 것들에 대해서는 미처 알아차리지 못하는 경우가 많다. 따라서 상담자는 내담자가 현실과 주변을 알아차릴 수 있게 다음과 같은 질문 등을 통해 환경과의 접촉을 돕는다. 예를 들어, "잠시 눈을 감고 주변에서 들리는 소리에 귀 기울여 보세요.", "눈을 감고 방금 언급한 그 사람의 모습을 떠올려 보세요.", "지금 당신의 주변을 둘러보면 어떤 것들이 보이세요?" 등이다. 이 과정에서 내담자는 자신의 미해결 과제를 알아차리게 되어 해소할 수 있게 된다.

(2) 직면시키기

우리는 대부분 고통이 싫어서 느끼지 않으려고 회피한다. 그러나 그 고통은 오히려 우리 마음속에 미해결 과제로 누적되어 간다. 직면(confrontation)은 이 같은 회피로부터 벗어나서 있는 그대로의 우리 자신을 보고 듣고 알아차리게 하는 것이다.

상담자는 내담자의 회피 행동을 지적하고 숨어 있는 동기를 알아차리게 하고 접촉을 통해서 미해결 과제를 해소할 수 있게 돕는다. 내담자의 회피 행동은 언어와 행동의 불일치, 언어와 언어의 불일치, 행동과 행동의 불일치, 말의 내용과 표정의 불일치 등 다양하다. 펄스는 강한 직면을 사용했지만, 욘테프(Yontef, 1909)는 현대의 관계적 게슈탈트치료에서는 지지적이고 친절함을 더 많이 요구함을 주장한다. 예를 들어, "당신은 편안하다고 말은 하고 있는데 두 손과 발을 가만히 두지 못하고 있군요.", "당신은 아버지를 존경한다고 하였는데 오늘은 아버지가 실망스럽다고 하는군요.", "당신은 행복하다고 말하면서 눈에는 눈물이 고여 있군요." 등이다.

(3) 역할 연기하기

대개 우리는 생활 속에서 매 순간 많은 것들을 생각하고 걱정하며 마음속으로 어떤 것들에 대해 시연을 하는 경우가 많다. 즉 '내가 선생님 질문에 대한 답을 틀리게 하면 어떡하지?', '내가 이렇게 말하면 사람들이 싫어하지는 않을까?', '어떻게 하면 사람들이 나를 인정해 줄까?' 등을 걱정하며 그러한 역할들을 잘 수행하려고 마음속으로 시연을 반복하면서 많은 에너지를 소모한다.

역할 연기하기 기법은 이러한 마음속 시연들을 지금-여기에 가져와 역할 연기 또는 실연하게 하는 것이다. 즉 그 장면에서의 자신의 역할이나 행동을 실제로 해보게 하는 기법이다. 내담자는 역할 연기와 시연을 하는 과정에서 자신이 다른 사람들로부터 인정이나 사랑을 얼마나 많이 받고 싶어 하는지, 그것을 위해 어떤 것을, 얼마나 또는 어떻게 노력하는지 등 욕구의 종류와 강도, 행동 패턴에 대해 인식할 수 있게 된다. 예를 들어, 어려서부터 어머니로부터 칭찬을 한 번도 들어보지 못한 성인 내담자에게 초등학교 5학년 때 상장을 들고 무심한 어머니에게로 뛰어갔던 상황을 지금-여기로 가져와서 연기해 보게 한다.

이러한 역할 연기를 통해 내담자는 예전에 회피했던 고통스런 자신의 감정이 어떤 것인지를 알아차리게 되면서 자신의 미해결 과제를 해결할 수 있게 된다. 또한 안전한 상담 장면에서 예전과 유사한 상황일 때를 상상하면서 예전과는 다른 대안 행동을 실험함으로써 환경과의 온전한 접촉 방식을 습득할 수 있게 돕는다.

(4) 대화하기: 빈 의자 기법

빈 의자 기법(empty chair)은 게슈탈트상담에서 가장 많이 사용하는 기법의 하나이며, 역할 바꾸기 기법이기도 하다. 원래는 심리극의 창시자인 모레노(Moreno)가 고안한 기법인데 펄스가 게슈탈트상담에 도입해서 사용하고 있다. 이 기법은 다음과 같은 경우에 효과적으로 사용할 수 있다. 첫째는 내담자에게 중요한 어떤 사람에 대해 자신과 그 사람의 느낌을 알아보거나 상호 작용을 할 필요가 있을 때, 둘째는 내담자의 내면적 갈등(양극성의 갈등)을 다루어야 할 때이다. 진행하는 방법은 다음과 같다.

① 두 개의 의자를 마주 보게 배치한다.
② 내담자의 건너편에 자신에게 중요한 사람이 앉아 있다고 가상하거나, 내담자를 갈등하게 하는 내면의 두 인격체(상전과 하인)로 나누어 각각을 빈 의자에 앉게 한다.
③ 내담자가 두 역할을 오가며 대화를 나누게 한다.

이 기법은 내담자에게 중요한 인물이나 내면의 갈등에 대해 말로 설명하는 것보다 훨씬 효과적으로 자신의 감정과 상대방의 입장에 대해 이해할 수 있게 돕는다. 또한 그 사람에 대해 예전에 하지 않았던 새로운 행동 패턴을 시도할 수 있게 한다. 그리고 내면의 두 인격체가 진실한 대화를 통하여 양극의 갈등을 극복하고 통합할 수 있게 도와준다.

이때 주의해야 할 것이 있다. 주요한 타인과 대화를 하거나 내면의 두 인격체와 대화를 할 때 경청하는 것이 중요하다. 펄스(Perls, 1969)는 우리는 이 세상에서 '경청 대 싸움'이라는 특별한 양극성을 가지는데, 경청하는 사람은 싸우지 않지만, 싸우는 사람은 경청하지 않는다고 지적하였다. 즉 서로가 상반된 입장에서 효과적인 대화를 하기 위해서는 상대의 이야기에 귀를 기울이는 경청을 통해서만 가능하다는 것이다. 경청을 통해서 서로 진실한 접촉을 할 수 있고, 이를 통해 갈등을 극복하고 상대방을 이해할 수 있게 된다는 것이다. 이 과정에서 미해결 과제를 해소하고 온전히 자신의 성장을 위해 에너지를 사용할 수 있게 된다.

[글상자 8-1] 상전과 하인(양극성 갈등)

폴스터와 폴스터(Polster & Polster, 1973)는 우리 내면의 갈등을 "결코 끝나지 않는 양극성의 연속"(p. 61)이라고 표현하였다. 양극성이란 우리 내면의 2가지 목소리인 '상전(top dog)'과 '하인(under dog)'이다. 이 둘은 자주 서로의 주장을 내세우며 갈등하고 다툰다. 게슈탈트상담에서는 이 둘의 갈등에 주의를 기울이고 이 둘을 통합하기 위해 다양한 기법을 사용한다.

이 둘은 어떤 목소리를 가지고 있나 살펴보자. 상전의 목소리는 도덕적·권위적·통제적·당위적·파국적이며 타인을 많이 의식하는 것들로 '비판적 부모' 또는 '지배자'이다. 즉 옳고 그름을 따지며 평가하고 비난하며 많은 것을 요구한다. "왜 그것밖에 못하냐! 무엇 하나 제대로 하는 것이 없구나.", "~해야 한다.", "~하지 않으면 끝장난다.", "잘해야만 한다.", "최고여야만 한다." 등의 끊임없는 질책, 비교, 평가, 당위적 요구를 한다. "다른 사람이 보면 어떻게 생각하겠니! 남들이 보면 창피하지도 않니!"라면서 비교하고 하인(아동 또는 피지배자)이 무력감과 죄책감을 느끼게 만든다. 하인의 목소리는 이러한 상전에게 당당하게 자기 목소리를 내지는 못하면서 수동 공격적으로 상전의 목소리에 방어하는 아동과 같다. 즉 미안해하고, 약하고 힘이 없는 체하고, 변명하는 등 희생자의 역할을 연기하면서 책임지지 않으려 하며 하지 않아도 될 이유를 찾으며 끝없이 미루면서 상전에 대항한다.

이러한 양극성의 갈등은 주로 내사(introjection)에서 비롯된다. 즉 개인이 어린 시절 주요 타인(주로 부모)에게서 들어왔던 요구, 기대, 비난들이 제대로 소화되지 않은 상태로 내사되어 성격의 한 부분으로 남아서 죄책감과 책임 회피를 낳게 한다. 이러한 내사를 알아차리지 못하면 개인은 끊임없이 자신의 내면에 있는 상전과 하인의 갈등과 투쟁으로 인해 성격의 통합이 방해받는다. 특히 하인은 치료적 변화를 방해할 수 있으므로 게슈탈트 상담자는 내담자의 내사를 알아차릴 수 있도록 '내면의 대화'를 하도록 한다.

상담자는 빈 의자 기법을 활용하여 내담자가 자신에게 했던 말의 내용과 방식에 주의를 기울이게 함으로써 내담자의 자기 비판을 줄이고 부인·회피하였던 감정과의 접촉을 돕는다. 대화는 신체의 한 부분 대 다른 부분, 내담자와 다른 사람 간, 내담자 자신과 어떤 사물이나 추상 명사, 내담자 내면의 상반된 측면들(착한 소년/나쁜 소년, 성실한/게으른, 능동적/수동적)과 같이 다양한 대상 간에 활용할 수 있다.

(5) 꿈 작업

게슈탈트상담에서 꿈의 의미와 기법은 정신분석의 그것과는 다르다. 즉 꿈을 분석하거나 해석하지 않는다. 게슈탈트상담에서는 꿈을 내담자의 욕구나 감정이 외부로 투사된 것으로 본다. 펄스(Perls, 1969)는 "사람들에게서 또는 세상에 대해서 우리가 본다고 믿는 것이 어떤 것이든 단지 투사에 불과한 것이라는 믿기 어려운 가정에서부터 시작한다."(p. 67)고 하였다. 즉 꿈에 나타나는 인물이나 사물들은 모두 내담자의 부분들로 자신도 몰랐던 소외된 자신의 어떤 부분들이 투사되어 나타난 것이라는 것이다.

정신분석에서 꿈은 무의식과 연관되지만, 펄스(Perls, 1970)는 꿈은 개체의 가장 자발적인 표현이라고 보았다. 정신분석에서는 꿈속에 담긴 무의식을 파악하기 위해 해석하지만, 펄스는 내담자가 현재 시점에서 기억해 낸 꿈의 내용대로 꿈속의 인물이나 사물의 역할을 맡아 연기를 해 보도록 한다. 이 과정에서 내담자는 자신이 알아차리지 못해 소외되어 왔던 자신의 부분들과 대화하게 된다. 상담자는 이 기법을 통해 내담자가 자신의 알지 못했던 자신에 대해 알아차릴 수 있게 돕고 성장과 통합으로 이끈다. 따라서 펄스는 꿈을 "통합으로 가는 왕도"(p. 66)라 하였다.

(6) 투사 놀이

투사(projection) 놀이는 자신이 투사한 것에 대해 알아차리지 못하고 그것을 사실인 양 살아가는 사람들에게 유용한 기법이다. 투사는 개인이 자기 내부의 인정하고 싶지 않은 부분을 다른 사람의 것으로 인식하는 것이다. 이처럼 투사를 일삼는 내담자에게 투사를 불러일으키는 상대방이 되어서 그들이 하는 행동을 그대로 역할 연기로 해 보라고 하는 방법이다. 예를 들어, 청소년 내담자가 상담 장면에서 별로 잘나지도 않았는데 너무나 잘난 척하여 꼴 보기 싫은 반 친구가 있어서 힘들다고 하소연할 경우, 그 청소년 내담자에게 친구의 싫은 행동과 같게 시연해 보라고 한다. 이러한 역할 놀이를 하는 과정에서 내담자는 그것이 자신의 욕구나 감정이었음을 알아차리게 하여 자신의 일부로 받아들이게 하여 통합을 돕는다.

(7) 실험하기

실험(experiments)은 내담자와 상담자의 상호 작용을 기반으로 한다. 대화하는 과정에서 내담자의 문제를 명료하게 하고, 해결 방법을 상담자가 직관적이고 창의적으로 구상하여 문제 해결을 해 나가는 기법을 말한다. 즉 프류(Frew, 2008)는 실험을 "상담의 초점을 주제에 대한 이야기로부터 경험을 통한 내담자의 인식과 이해를 높이는 활동으로 옮기는 하나의 방법"(p. 238)으로 정의하였다. 멜닉과 네비스(Melnick & Nevis, 2005)는 실험과 기법이 혼동되어 있다면서 "실험은 치료 이론에서 바로 나와 '지금-여기'에 존재하는 개개인에게 꼭 맞도록 창조된다"(p. 108)고 하였다. 이처럼 실험은 미리 정해져 정형화되어 있는 기법과는 다르며, 특히 상담자의 특성과 창의적 능력에 따라 똑같은 내담자라 하더라도 다른 실험을 할 수 있다. 실험은 개개인의 특성과 상황에 맞추고 안전을 기반으로 시기적절하고 균형감 있게 모험을 시도하는 것이어야 한다.

게슈탈트상담에서 실험은 내담자의 경험을 통합적으로 탐색 가능하게 하는 개입이며, 적극적인 기법이다(Brownell, 2016; Yontef & Schulz, 2013). 내담자는 자신의 알아차림 과정을 탐구하고 어떻게 자신의 사고, 감정, 감각, 행동이 자신에게 작용하거나 작용하지 않는지를 발견한다(Yontef & Schulz, 2013).

이처럼 실험은 아주 강력하고 효과적인 상담 방법이 될 수 있지만, 충분히 훈련되지 않았거나 인간적 성장에 문제가 있는 상담자인 경우는 내담자에게 피해를 줄 수도 있다. 따라서 게슈탈트상담에서 실험하기를 올바르게 사용하기 위해 상담자는 관련 분야의 교육, 실습 등 전문 훈련은 기본이고 실험의 효과를 경험해 본 후 실험을 시도하는 것이 요구된다.

4. 평가

1) 공헌점

첫째, 펄스의 가장 중요한 공헌 중 하나는 현재의 치료적 실험 장면에서 과거의 미해결된 과제를 가져와 완결할 수 있는 기법들을 개발한 것이다(Clarkson & Mackewn, 1993).

둘째, 카인(Cain, 2002)은 게슈탈트상담의 공헌을 다음과 같이 설명하였다.

- 개인이 자기 자신을 비롯하여 다른 사람, 환경과 접촉하는 것이 중요함을 알게 해 주었다.
- 상담 장면에서 상담자와 내담자의 진실한 관계가 핵심적인 역할을 해야 한다는 점을 강조하였다.
- 현상학적 입장에서 개인의 알아차림과 자기 인식 능력을 중요시하였다.
- '지금-여기'에서의 체험에 초점을 두었으며, 과거도 현재 속으로 가져와 지금-여기에서 체험으로 생동감 있게 다룰 수 있는 많은 기법을 제시하였다.
- 내담자의 치료적 학습이 가능하도록 다양한 실험적 방법을 창의적으로 사용하였다.

셋째, 직면을 중요시하며, 내담자 스스로 자신의 삶에서 변화를 결정할 수 있게 돕는 실험의 방식으로 다양한 기법들을 제공하였다. 감정을 억압하거나 생각이 복잡하고 많은 사람, 우유부단한 사람들, 대인 관계의 문제를 가진 사람들, 신체화 경향이 있는 사람들에게 효과적으로 사용할 수 있다.

넷째, '지금-여기'의 정서 체험과 행동에 대한 자각을 중시하는 집단심리치료에 적당하다. 내담자는 집단 과정에서 발생하는 다양한 정서를 자각, 경험하게 하여 자신의 억압되었던 미해결 감정을 알아차림으로써 해결하도록 돕는다. 또한 집단에서의 자신의 행동을 자각함으로써 자신의 행동 패턴을 알아차려 새로운 행동으로 변화시키는 기회를 가질 수 있다.

다섯째, 단순히 장애나 증상을 치료하는 것을 넘어서 성장적이고 발전적이며 통합적 관점이다.

여섯째, 다양한 치료 기법이 대상에 따라 융통성 있게 활용될 수 있다면, 다양한 문화 속에서 사는 사람들에게 유용할 것이다.

일곱째, 개인 내의 양극성을 통합하도록 돕는 데 아주 유용하다. 개인의 양극성 간의 갈등을 서로 대화하게 함으로써 소외된 자기의 부분들을 통합할 수 있게 한다.

2) 제한점

첫째, 다양한 기법과 창조적인 실험들을 개발하였으나 이론적인 체계성과 정교성은 부족하다. 즉 게슈탈트상담 이론의 근거 이론이 추상적이고 철학적이며, 실증적인 검증이 부족하다.

둘째, 임상진단 체계를 과도하게 무시하는 경향이 있다. 즉 현상학적인 입장을 고수하면서 체계적인 연구와 치료 활동을 소홀히 하는 경향이 있다.

셋째, 기법의 오용에 따른 위험성이다. 게슈탈트상담은 아주 능동적이고 지시적이기 때문에 징커(Zinker, 1978)가 언급한 특성, 즉 민감성, 시간의 적절성, 창조성, 공감성, 내담자에 대한 존중이 없으면 그들의 실험은 오히려 내담자에게 해를 끼치는 경우가 많다.

넷째, 주로 단기간의 개인 치료에 적용하였으며 성격의 인지적 요소들을 너무 경시하는 경향이 있으며, 특히 감정을 가장 중요하게 다루므로 감정을 억제하는 환경 속에서 조건 형성된 내담자는 저항으로 인해 상담의 효과를 보기도 전에 조기 중단될 수도 있다.

다섯째, 강력한 효과만큼이나 상담자의 기술, 경험, 판단 등의 윤리적 문제도 매우 중요하다. 게슈탈트상담이 효과성을 확보하기 위해서는 전문적인 훈련 워크

숍과 전문성을 가진 상담자나 지도 감독자와의 공동 작업을 통한 개인적인 치료 경험이 필요하다(Shepherd, 1970). 또한 상담자는 자신의 욕구를 인식함으로써 내담자에게 피해를 주지 않게 하는 등 인간적 성장 및 통합의 수준이 높은 사람이어야 한다는 점이 가장 중요한 제한점이라 할 수 있다.

[글상자 8-2] 게슈탈트 기도문(Gestalt Therapy Verbatim)

I do my thing and you do your thing.
나는 나의 할 일을 하고, 당신은 당신의 일을 합니다.

I am not in this world to live up to your expectations.
내가 이 세상을 살아가는 것은 당신의 기대에 맞추기 위한 것이 아닙니다.

And you not in this world to live up to mine.
당신이 이 세상을 살아가는 것도 나의 기대에 맞추기 위한 것이 아닙니다.

You are you, and I am I.
나는 나이며, 당신은 당신일 뿐입니다.

And if by chance we find each other, it's beautiful.
어쩌다 우리가 서로를 알게 된다면 참 멋진 일이겠죠.

If not, it can't be helped.
만약 그렇지 않더라도 어쩔 수 없는 일일 것입니다.

출처: Perls(1969a).

9장

현실치료

1. 도입

1) 주요 인물
2) 역사
3) 인간관

2. 주요 개념

1) 선택이론
2) 정신건강의 의미
3) 관계

3. 상담 과정과 기법

1) 상담 목표
2) 상담 과정: 환경의 조성
3) 상담 과정: 상담 절차

4. 평가

1) 공헌점
2) 제한점

사람들은 '아프기' 때문에 무책임하게 행동하는 것이 아니다.
무책임하게 행동하기 때문에 '아픈' 것이다.
- 윌리엄 글라써 -

현실치료(Reality Therapy)는 1960년대 글라써(Glasser)가 창안한 심리치료이다. 우리가 행동을 선택하며 우리의 활동뿐 아니라 사고나 감정에 대해서도 자신에게 책임이 있다는 기본 개념 위에 성립되어 있다. 현실치료의 일반적 목표는 내담자들이 자신의 현재의 행동을 평가하고, 만약 행동이 자신의 욕구를 충족시키지 못하고 있다면 더 효과적인 행동을 획득할 수 있도록 심리적 힘을 개발할 수 있게 조건을 제공하는 것이다. 효과적인 행동을 학습하는 과정은 현실치료의 기본 원리의 적용으로 촉진되는데 여기에는 온정적이고 수용적인 상담 분위기와 다양한 상담 절차가 포함된다.

현실치료의 이론적 배경인 선택이론은 우리가 우리의 욕구를 만족시키는 내적 세계를 창조한다는 가정에 바탕을 두고 있다. 행동은 우리의 내적 세계에 맞도록 외적 세계에 대한 우리의 지각을 통제하려는 시도이다. 글라써는 이 이론을 가지고 현실치료의 기본 명제, 즉 모든 행동은 우리 내부에서 생성되며 사람들은 자신의 행동을 선택한다는 명제를 설명하려고 한다. 본 장에서는 현실치료의 주요 인물과 역사, 선택이론을 포함한 주요 개념과 구조화된 상담 과정에 대해 자세히 살펴보고 공헌점과 제한점을 알아본다.

1. 도입

1965년부터 2000년까지 현실치료 창시자인 글라써의 사상을 추적해 보면, 1965년에 『현실치료(*Reality Therapy*)』를 출간한 이래 글라써가 자신의 아이디어에 관해 주요한 해석과 변화를 이끌어 왔음이 명백해진다. 그는 내부 통제에 근거를 둔 심리학인 선택이론을 발전시켰으며 외부 통제이론이 그토록 많은 인간의 불행의 원인이라는 것을 우리에게 전달해 주고 있다. 보다 엄밀하게 말하자면 불행한 관계가 상담 사례에서 두드러지게 드러나는 주요한 문제라고 그는 지적한다. 그는 현재 통용되고 있는 관점인 '정신질환'이나 '화학적 불균형' 이론을 거부하고 있다. 그는 선택이론을 상담 장면의 내담자들이나, 학교의 학생들이나, 지역사회의 성원들에게 가르쳐야 할 이론으로 보고 있다. 1996년 이래 글라써의 책들은 치료에 관한 새로운 관점이나 심리학을 잘 반영해서 보여 주고 있다(Lennon, 2000).

1) 주요 인물

(1) 글라써

윌리엄 글라써(William Glasser, 1925~2013)는 1925년 미국 오하이오주 클리블랜드(Cleveland) 태생이다. 공업전문학교 졸업 후 19세에 화공 기사로 일하던 중 23세에 심리학에 관심을 갖고 심리학 석사가 되면서 임상심리학자 활동을 하였다. 이후 다시 의과 대학에 진학하여 UCLA에서 정신과 수련을 마치고 1961년에 정신과 전문의가 되었다. 캘리포니아주 로스앤젤레스(Los Angeles)의 재향군인병원에서 정신과 수련의 과정을 이수한 후 비행 소녀들을 위한 교정 기관인 벤추라 학교에서 상담, 심리치료를 하면서 글라써는 정신분석적 배경으로 이들을 상담하는 것에 한계가 있다는 확신을 하게 되었다. 기관에 있는 소녀들의 어려움은 무책임에서 나온다는 것을 인지하고 내담자의 건전한 부분에 대해 강조하기로 했다. 그때 정신과 의사이면서 글라써의 멘토인 해링턴(Harrington)을 만나게 되었고 그는 글라써의 생각에 동의하였고 이에 따라 글라써는 자신의 혁신적인 생각을 실천에 옮기게 되었다. 이때의 경험을 저술한 획기적인 책이 글라써의 『현실치료(*Reality Therapy*)』(1965)이다.

1963년부터 교육학자들은 현실치료의 원리가 유용하다는 것을 발견하고 학교 장면에 현실치료를 적용해 달라고 부탁했으며 이에 많은 학교 관리자, 교사들에게 지대한 영향을 주었고 현실치료 정신에 입각한 교육, 학습 방식이 학교에서 실행되었다. 이러한 경험을 바탕으로 1963년부터의 경험으로 『실패 없는 학교(*Schools without Failure*)』(1969)를 출간하였다. 이후 현재까지 현실치료와 선택이론은 교육 장면에 더 많이 적용되었고, 미국을 비롯한 여러 나라에서 좋은 학교(quality school)운동을 계속해 나가고 있다. 글라써는 2013년 88세로 사망할 때까지 30여권의 저서와 수많은 저술 활동을 하였다.

마우러(Mowrer)는 글라써의 『현실치료(*Reality Therapy*)』(1965)를 "심리치료의 획기적인 사건"이라고 부르고 있다. 그로부터 약 35년 후에 엘리스(Ellis)는 『현실치료의 실제(*Reality Therapy in Action*)』(2000)를 "이제껏 쓰인 심리치료 서적 중 가장 독창적인 책"이라고 묘사하였다. 이 두 책의 출간 사이에 그 책들의 저자인 글라써는 중요한 부분들을 많이 변화시켰고 이에 대해 중점적인 해명을 하였다(Lennon, 2000).

(2) 우볼딩

로버트 우볼딩(Robert Wubbolding, 1936~)은 현실치료를 대표하는 또 한 명의 학자이며 상담전문가이다. 그는 오하이오주 신시내티(Cincinnati)에서 출생하고 신시내티 대학교에서 상담 박사학위를 취득하였다. 신시내티 현실치료센터의 책임자이자 윌리엄 글라써 연구소(William Glasser Institute: WGI)의 수련 책임자이며, 신시내티에 위치한 자비어 대학의 명예교수이다. 우볼딩은 현실치료의 발전은 물론이고 현실치료와 선택이론을 세상에 널리 알리는 데 중요한 역할을 하였다. 전 세계를 다니면서 현실치료 강의를 했으며, 한국 현실치료지부의 감독을 맡고 있다. 14편의 저서와 145편 이상의 논문을 비롯해 많은 저술이 있다. 그중에 미국심리학회(APA)의 상담 이론 시리즈 중에 『현실치료(*Reality Therapy*)』(2011)가 대표적인 저술이다. 그의 연구는 다양한 사례, 실습, 치료 계획을 통해 현실치료의 발전을 촉진하였다.

2) 역사

글라써는 1992년에 현실치료와 선택이론 발전에 공헌한 인물들을 열거하면서, 오늘날의 현실치료가 되기까지 현실치료의 발전을 다음과 같이 3단계로 구분하였다(김인자, 1997).

(1) 태동기

해링턴은 글라써가 캘리포니아주 로스앤젤레스 재향군인병원에서 정신과 수련의로 일할 때 지도교수였다. 해링턴과 글라써는 정신과 환자를 위한 정신분석치료와 약물치료를 사용하는 전통적인 치료 방법에 회의를 느꼈다. 전통적인 심리치료의 비효율성을 통감한 글라써는 그 나름대로의 새로운 이론 및 치료 방법을 개발하려고 애썼고 새로운 치료 방법을 적용해 보기 시작했다. 새로운 치료 방법은 장기 입원 환자들의 조속한 퇴원 및 통원치료 환자 수의 증가 등의 주목할 만한 효과를 가져왔다. 이후 이 같은 방법을 10대 비행 소녀를 위한 '벤추라 학교'에 적용하여 큰 성과를 거두었다.

(2) 이론적 배경 정립기

파워즈(Powers)의 뇌의 통제 체계 이론은 현실치료의 이론적 배경이 된 선택이론을 발전시키는 근거가 되었다(김인자, 1997). 파워즈는 위너(Wiener)의 기념비적 저술인 『인공두뇌학(*Cybermetics*)』(1948)에서 기계가 인간에 대한 새로운 이론을 제시한 것을 보고 인간의 동기에 대한 시사점을 얻었다. 글라써는 현실치료의 치료 효과를 설명해 줄 이론적 틀을 연구하던 차에 파워즈의 뇌의 기능에 관한 책인 『행동: 지각의 통제(*Behaivior: The Control of Perception*)』(1973)를 추천 받아 어려운 뇌의 기능에 대한 설명을 간단명료하고 알아듣기 쉽게 하여 그의 통제이론을 발전시켰다. 여기서 파워즈는 인간의 두뇌를 실내 온도를 통제하는 온도 조절 장치와 같이 하나의 투입 통제 체계로 보고 있다(Wubbolding, 2011). 통제이론과의 만남은 현실치료의 적용을 확인하는 이론적 근거가 되었다.

(3) 발전기

데밍(Deming)은 물리학으로 박사학위를 취득한 후 통계적 품질 관리 방식을 연구하여 오늘의 일본을 부강하게 하는 데 크게 영향을 준 사람이다. 그 당시 미국에서는 그의 이론이 환영받지 못했지만, 일본으로 건너가 혁신적인 품질 관리 방법으로 품질 관리 체계(quality circle)를 일본인 경영자들에게 가르치고 실행시킴으로써 2차 세계 대전 후 일본의 경제를 눈부시게 발전시켰다. 특히 데밍의 관리 방식은 종업원 각자의 자기 평가를 통한 품질 관리를 통해 생산성 향상을 도모하는 경영 방침이었다. 글라써는 데밍의 이러한 경영 방식을 현실치료와 접목시켜서 '좋은 학교'와 '좋은 관리자'가 되는 길을 구체적으로 제시하였다.

글라써는 1968년부터 1976년 사이에 상담자, 간호사, 사회복지사, 목사 등 '도움을 주는 전문직'에 종사하는 사람들의 요구에 부응하여 오늘날의 현실치료 집중 훈련 과정 프로그램을 만들어서 체계적인 훈련을 시작하였다. 한국에서는 1991년에 서강 대학교에 재직하던 김인자 교수가 현실치료를 도입하여 현재까지 많은 현실치료 상담자와 강사, 슈퍼바이저를 배출하였다.

3) 인간관

글라써는 긍정적인 인간관을 가지고 있으며 결정론적 입장을 반대하였다. 인간은 궁극적으로 자기 결정적이며, 자신의 삶에 대한 책임 능력이 있다고 가정하므로, 이 접근은 비결정론적이고 긍정적이다. 인간은 자신의 행동, 사고, 정서, 신체 반응에 대해 자기 스스로 책임이 있고, 무엇을 선택하든 책임은 자기에게 있다고 본다. 현실치료에서는 과거가 현재의 족쇄를 채우는 것을 용납하지 않으며 특별한 경우를 제외하고 과거를 묻지 않는다. 모든 개인은 성장의 힘을 가지고 있다고 믿고 있으며 지금-여기에 모든 문제가 있다고 보았다.

2. 주요 개념

1) 선택이론

1970년대 글라써는 파워즈(Powers, 1973)의 저서에서 통제이론(control theory) 혹은 통제 체계 이론을 발견하였다. 그는 현실치료의 방법만을 가지고 있던 차에 통제이론의 개념을 인간의 행동을 설명하는 모델로 도입하였다. 인간의 행동을 이끄는 과정을 뇌의 중추적 통제 체계로 설명하고, 뇌의 구뇌와 신뇌에서 인간의 기본적 욕구가 자리 잡고 있으면서 원하는 것을 이룰 때 관련 욕구들이 충족되면서 부적 피드백 고리(negative feedback loop)가 작동하는 것으로 보았다. 불행하게도 잘못된 선택을 하게 되면 이 고리는 비효율적 방향으로 계속 돌게 되며, 올바른 선택을 할 때 효율적 방향으로 다시 돌아오게 된다.

글라써는 자각과 평가가 우리의 통제 체계를 수정하고 삶을 개선할 수 있는 열쇠라고 생각하였다. 그러기 위해 첫 번째 단계는 우리의 기본적 욕구가 충족되는 좋은 세계(quality world)를 만족시킬 수 있는 방법이 무엇인지를 자각할 수 있어야 한다. 그래야 자신의 행동에 대한 영향력과 성공 가능성을 평가함으로써 변화가 현실화될 수 있는지 결정할 수 있다. 글라써(Glasser, 1984)도 갑작스러운 좌절감이나 분노는 경험하는 그 순간에 즉시 강렬하고 단기적인 느낌을 가질 수 있지만, 장기적인 느낌은 선택하고 통제할 수 있다고 확신하였다.

글라써는 1996년에 그 당시까지 통제이론으로 불리던 것을 선택이론(choice theory)으로 수정하였다. 통제라는 용어는 행동주의적이고 기계적인 뉘앙스를 가지고 있으며 외부 통제로 많이 사용되어 왔기 때문이다.

선택이론은 인간은 누구나 자신의 삶의 주인이 될 수 있으며, 자신의 삶을 통제할 수 있을 때 행복감을 느낀다고 본다. 이 이론은 모든 행동은 외부 작용이 아니라 내부 작용에 의해서 행해지고 있다는 기본 가정에 근거하고 있다. 우리가 어떻게 느끼고 생각하고 행동하는가 하는 것은 타인이나 외부 상황에 의해서 좌우되는 것이 아니라 우리 스스로가 선택한다는 것이 기본 개요이다.

선택이론에서는 우리가 행동하고 생각하는 모든 것, 좋은 것과 나쁜 것, 효율적인 것과 비효율적인 것, 즐거운 것과 고통스러운 것, 정상적인 것과 비정상적인 것들 모두가 우리 내면의 강한 욕구를 충족시키기 위한 선택이라고 본다. 따라서 적절한 선택을 통하여 자신을 통제하는 방법을 배우게 되면 문제를 비난하는 대신에 문제를 해결하기 위해서 긍정적으로 에너지를 사용하게 될 것이라는 것이 기본적인 주장이다.

(1) 인간의 기본적 욕구

우리의 행동은 인간의 기본적 욕구를 충족시키기 위해 행해진다. 글라써(Glasser, 1984)는 신뇌(new brain)에 위치한 소속과 사랑, 힘과 성취, 자유, 즐거움이라는 심리적 욕구와 구뇌(old brain)에 위치한 생존이라는 생리적 욕구를 합쳐 인간의 5가지 기본적 욕구라 하였다.

생존 욕구 생존 욕구(survival need)는 살고자 하고 생식을 통한 자기 확장을 하고자 하는 속성이다. 자기 보존에 대한 욕구이다. 이 욕구는 척추 바로 위에 위치한 구뇌로부터 생성된 것으로서, 호흡, 소화, 땀, 혈압 조절 등 신체 구조를 움직이고 건강하게 유지하도록 하는 중요한 과업을 수행하고 있다. 구뇌의 기능은 우리가 생존하는 데 없어서는 안 되는 요소이지만, 우리가 일상생활을 영위하는 데 지배적인 힘을 직접 발휘하지는 못한다.

소속과 사랑 욕구 인간은 친밀한 인간관계 혹은 상호 의존에 대한 욕구를 가지고 태어난다. 소속과 사랑의 욕구(belonging & love need)는 사랑하고, 나누고, 협력하고자 하는 인간의 속성을 말한다. 사회집단에 소속하고 싶은 욕구, 일에 소속하고 싶은 욕구, 가족에 소속하고 싶은 욕구로 분류하였다. 소속과 사랑의 욕구는 생존 욕구처럼 절박한 것은 아니지만 인간이 살아가는 데 원동력이 되는 기본 욕구이다. 소속과 사랑의 욕구는 효율적 상담의 기초가 되며 통로가 된다.

힘과 성취 욕구 경쟁하고 성취하고 중요한 존재이고 싶어 하는 속성을 말한다. 힘과 성취의 욕구(power need)는 내적 통제, 성취 욕구, 자기 존중 욕구, 인정 욕구를 모두 포함한다. 주위 사람과 경쟁을 통해서 또는 혼자서 무엇인가를 이루었을 때, 어떤 일을 계획하고 실천에 옮기는 것도 힘에 대한 욕구를 채우는 데 도움이 된다. 인간은 자신이 무엇인가 이룰 수 있고 성취할 수 있는 존재이기를 갈망한다. 자신을 자랑하고 싶고 지위가 있고 중요한 사람이기를 바란다. 대부분의 경우 이러한 내적 욕구를 긍정적이고 효과적이며 정신적으로 건강한 방법으로 충족시킨다. 힘에 대한 욕구를 충족시킨다는 것은 다른 사람을 통제하거나 지배하는 것을 의미하지 않는다.

자유 욕구 이동하고 선택하는 것을 마음대로 하고 싶어 하는 속성이다. 또한 내적으로 자유롭고 싶은 욕구이다. 자유에 대한 욕구(freedom need)는 자유, 독립, 자율에 대한 욕구를 망라한다. 각자가 원하는 곳에서 살고 대인 관계와 종교 활동 등을 포함한 모든 삶의 영역에서 어떠한 방법으로 삶을 영위해 나갈지를 선택하고 자신의 의사를 마음대로 표현하고 싶어 하는 욕구를 말한다. 그러나 자기의 욕구 충족을 하는 데 있어서 다른 사람의 자유를 침범하지 않도록 타협을 통하여 이웃과 함께 살 수 있는 절충안을 찾아야 한다.

즐거움 욕구 즐거움 욕구(fun need)는 많은 새로운 것을 배우고 놀이를 통해 즐기고자 하는 속성이다. 글라써(Glasser, 1998)는 즐거움에 대한 욕구를 학습과 연관시킨다. 그는 우리 인간의 모든 삶이 놀이이고 배움이므로, 우리가 노는 것을 중단하는 날이 바로 학습을 중단하는 날로 보았다. 즐거움의 욕구를 충족시키기 위해 때로는 위험도 감수하면서 자신의 생활 방식을 과감히 바꾸어 나가는 예를 볼 수 있다. 이 욕구가 높은 사람은 굳이 하지 않아도 할 것을 하면서 즐거워한다. 내담자에게 즐거움 욕구에 관해 질문하는 것은 상담 과정에서 아주 유용한 출발점이 될 수 있다.

[글상자 9-1] 인간의 5가지 기본 욕구의 특성

인간의 5가지 기본 욕구에 대한 설명은 선택이론의 핵심으로 볼 수 있는데 그 특성은 다음과 같다(Wubbolding, 2011).

- **일반적이다** 기본 욕구는 구체적이지 않고 일반적이며 특별한 것이 아니다. 이에 비해 바람(want)은 특별하고 독특하다.
- **보편적이다** 모든 인간은 기본 욕구를 가지고 있으며, 이는 문화나 인종의 차이와 무관하다.
- **중립적이다** 동기 체계의 요소들은 적절성의 여부를 따지지 않고 단지 만족을 위해 행동을 만들어 낸다.
- **강도가 다양하다** 욕구는 타고나며 그 강도는 사람들마다 다르다.
- **균형이 필요하다** 정신건강은 어느 정도 욕구 간의 균형이 있어야 한다. 삶을 잘 관리하는 사람은 어떤 하나의 욕구가 특히 강해도 다른 욕구들을 완전히 무시하지 않는다.
- **상호 갈등을 일으킬 수 있다** 한 욕구의 충족이 다른 욕구의 충족을 방해할 수 있다. 예를 들어, 친구들 모임에서 즐거움의 욕구는 충족하지만 자유의 욕구 충족은 방해될 수 있다.
- **대인 관계에서 갈등을 일으킨다** 종종 어떤 한 욕구를 만족시키는 것이 다른 사람의 욕구 충족과 갈등을 일으키기도 한다.
- **순간순간 끊임없이 충족되어야 한다** 인간은 자기 삶을 통제하기 위해 지속적으로 노력하며, 욕구 충족을 위한 습관적인 행동이 생성된다.
- **중복적이다** 한 욕구를 충족시키는 것은 종종 다른 욕구도 동시에 충족시키는 것이 된다. 예를 들어, 좋아하는 사람들과 좋은 시간을 보내는 것은 소속과 사랑의 욕구, 즐거움의 욕구가 모두 충족된다.
- **부인할 수 없다** 욕구는 수그러들지 않는 동기의 궁극적 원천이다. 그리고 욕구는 인간 행동의 밑에 깔려 있는 근본적인 원리이다.
- **현재적이다** 효율적인 삶은 과거의 경험에 의해 부과되는 것이 아니라 지금 현재의 동기로부터 나온다.
- **어느 정도는 위계적이다** 생존 욕구의 충족은 심리적 욕구의 충족보다 선행되는 경우가 많다. 어떤 경우에는 소속에 대한 욕구가 충족되면 다른 욕구들이 저절로 충족되는 경우도 있다.

(2) 좋은 세계

인간들은 5가지의 기본적 욕구에 의해 끊임없이 행동해야만 한다. 인간은 그 순간에 최선이라고 판단되는, 즉 주관적이기는 하나 자기 나름대로 창의적인 방법을 찾아 자신의 욕구를 충족시킨다. 때문에 인간은 자기 욕구 충족을 위한 다양한 방법과 수단을 지각 세계의 부분인 자기 내면 안 혹은 좋은 세계에 심리적인 사진으로 저장했다가 필요할 때마다 꺼내서 사용한다. 글라써는 인간의 바람(want)이 모여 있는 곳을 내면세계 혹은 심리적 사진첩(picture album)이라 지칭했으나 1990년 초부터 좋은 세계(quality world)라고 개칭했다. 개인의 욕구와 바람과의 관계를 보면 개인의 욕구는 유전적인 속성이기 때문에 모든 사람이 공통적으로 가지고 태어나지만 그 욕구를 채우는 방법으로서의 바람은 개인마다 특이하고 차이가 있다.

좋은 세계는 기억 속에 잠겨 있는 우리들의 필수적인 부분이다. 우리 핵심 깊은 곳에 꿈을 저장하는 특별한 장소가 있으며, 그곳에는 이상, 즐거운 시간, 성공, 그리고 우리가 마음을 주는 사람들이 간직되어 있다. 인간이 왜 그런 행동을 선택하고 있는가 하는 것을 이해하기 위해서는 좋은 세계의 내용들을 알아볼 필요가 있다. 자신의 인생이 어떻게 되기를 원하는가 하는 것은 우리의 좋은 세계의 반영이다. 좋은 세계는 우리에게 유전적으로 각인되어 온 기본 욕구 때문에 선택된 것이다. 욕구는 누구에게나 일반적인 것이고, 좋은 세계의 그림들은 각자 개인에게 고유하고 구체적인 것이다. 우리의 동기를 이해하고 세상에서 살아 나가는 효율적인 행동을 선택하기 위해서는 이 그림의 정의를 내리는 것이 중요하다.

(3) 전행동

글라써는 우리가 기능하는 방법과 자동차가 기능하는 방법을 비교하여 우리의 전행동(total behavior)을 설명한다. 우리의 욕구는 자동차의 엔진에 해당되고 원함은 핸들이 되어 전행동이라는 자동차가 되며, 가고 싶은 방향으로 가게 되어 있다. 전행동은 자동차의 앞바퀴에 해당되는 활동하기(doing, acting), 생각하기

(thinking)와 뒷바퀴에 해당되는 느끼기(feeling), 신체 반응하기(physiology) 등의 4가지 요소로 구성되어 있으며, 이 요소들이 모두 모여 하나의 행동으로 나타나기 때문에 모든 행동에는 이 4가지 요소가 반드시 포함되어 있다고 본다.

전행동의 구성 요소 중에서 활동하기 요소에 대해서는 거의 완전한 통제력을 가지고 있고, 생각하기 요소에도 어느 정도의 통제가 가능하나, 느끼기 요소의 통제는 어려우며, 신체 반응하기 요소에 대해서는 더더욱 통제력이 없다. 그러므로 우리가 전행동을 변화시키고자 할 때, 활동하기와 생각하기를 먼저 변화시키면 느끼기나 신체 반응하기도 따라오게 된다. 즉 적극적인 활동에 많이 관여할수록 좋은 생각과 유쾌한 감정, 그리고 더욱 쾌적한 신체적 편안함이 따를 것이다.

인간은 그들이 원하는 것을 얻고 싶어질 때 전행동을 통해 자신이 원하는 것을 얻으려고 노력한다. 또한 화내는 것, 우울해하는 것, 죄책감을 갖는 것과 같은 부정적인 활동들도 실은 우리가 원하는 것을 찾으려고 주어진 그 순간에 자신이 취한 최선의 노력이며 선택이라고 보고 있다. 그러므로 현실치료에서는 개인의 행동 변화는 활동하기에서부터, 그리고 개인의 환경 변화는 그의 환경이나 타인의 행동을 변화시키기보다는 변화를 원하는 자신의 활동하기에서 출발하는 것이 훨씬 현실적이라고 보며, 개인의 행동이 선택임을 상기시키고 느낌 표현이 명사이든 형용사이든 모두 동사 어휘로 표현한다.

(4) 감각 체계와 지각 체계

개인이 인지하는 현실 세계는 감각 체계(sensory system)와 지각 체계(perceptual system)를 통해 인식하게 된다. 지각 체계는 사물을 객관적이고 있는 그대로 바라보는 지식 여과기(knowledge filter)와 우리들 각자가 가지고 있는 가치를 부여하는 가치 여과기(valuing filter)로 구성되어 있는데, 이를 통해 각자가 이상적이라고 믿고 또한 욕구를 즉시 채워 줄 수 있는 수단들을 질적인 세계에 보관하는 작업을 한다. 그런데 이렇게 지각된 세계(perceived world)가 우리가 원하는 좋은 세계와 맞지 않을 때 우리는 그것들을 머릿속 저울(comparing place)에

올려놓고 비교하게 되고, 저울의 기울어진 차이를 줄이려는 욕구 때문에 다시 행동하게 되는 것이다.

(5) 행동 체계

행동 체계(behavior system)의 왼쪽 부분은 조직화된 행동을 포함하고 있고, 오른쪽 부분은 끊임없이 조직 또는 재조직하는 행동들의 행동 단위로 구성되어 있다. 이런 행동 단위들은 독립된 별개의 행동들을 생각해 내는, 즉 조직, 재조직 과정을 통해 유용한 하나의 행동을 조직화하는 것이다. 끊임없이 진행되는 창의적 재조직화는 가끔 잘 조직된 새로운 행동을 유발시키는데, 그러한 행동들이 삶의 통제력을 얻는 데 도움을 준다고 판단되면 개인은 즉시 그 행동을 시도하는 것이다. 재조직 체계가 창조해 내서 제공한 행동들이 지금 현재 가지고 있는 행동들보다 효과적이지 않을 경우에는 자기 파괴적인 행동들을 유발하기도 하며, 또 계속하여 재조직하기도 한다.

2) 정신건강의 의미

(1) 정신건강

현실치료는 정서적으로 건강에 대해 명확한 관점을 가지고 있다. 정서적으로 건강한 사람은 5가지 기본 욕구를 효율적으로 충족시킨 사람이다. 그들은 올바르고, 현실적이며, 책임감 있는 방식(right, realistic, responsible: 3R)으로 행동을 선택하여 기본 욕구를 충족시킨다. 또한 그들은 다른 사람이 스스로의 욕구를 충족시킬 수 있도록 도우면서 자신의 욕구를 충족시킨다. 자신의 삶을 개선하는 것뿐 아니라 다른 사람을 돕고 세상을 더 살기 좋은 곳으로 만들려고 노력한다(Wubbolding, 1991). 이들은 명확하고 긍정적인 자기 개념을 가지고 있고, 실패 정체감이 아닌 성공 정체감을 가지고 있다.

(2) 정신병리

글라써는 정신과 의사이지만 정신질환을 질병으로 보지는 않았다. 증상은 인정했지만 대부분의 정신질환의 증상은 내담자가 선택한 것으로 보았다. 따라서 정신과 약물보다는 선택이론으로 설명하고 현실치료적 방식으로 상담하는 것이 더 효과적인 것으로 보았다. 물론 글라써도 알츠하이머병이나 파킨슨병 같은 기질적 원인이 분명한 장애는 예외로 하여 신경과 의사가 치료해야 한다고 주장했다.

현실치료에서는 5가지 기본 욕구를 3R이 아닌 올바르지 않고 비현실적이며 무책임한 방식으로 충족하였을 때 정신질환이 생긴다고 보았다. 예를 들어, 반사회적 행동을 하는 사람은 일반적으로 힘을 발휘하고 외부 통제를 통해 힘의 욕구를, 자극적이고 모험적인 일을 찾아서 충족시키는 데 초점을 맞추는 반면, 사랑을 주고받고 소속에서 만족을 얻는 욕구 충족에는 관심이 없다(Glasser, 1998a).

3) 관계

현실치료는 인간이 만족스러운 삶을 만드는 데 관계가 중요한 열쇠라는 입장을 견지해 왔다. 글라써(Glasser, 1998)는 친밀한 관계를 맺지 못하는 사람은 항상 외로움을 느끼고 좋지 못한 기분을 느낄 수밖에 없다고 강조했다. 글라써(Glasser, 1998, 2000)는 특히 커플 관계에 많은 관심을 가졌는데, 커플 간 욕구 강도가 비슷한 사람들이 결혼하는 것이 좋다고 보았다. 커플들 간 욕구 강도에 따라 여러 가지 변수가 있음을 다양한 사례를 들어 설명하고 있다.

우리가 필요로 하는 관계를 형성하고 유지하려면 강요하고, 강압하고, 복종시키고, 처벌하고, 보상하고, 조작하고, 지배하고, 동기화시키고, 비난하고, 불평하고 잔소리하고 괴롭히고, 억누르고, 등급을 매기는 것을 그만두어야 한다. 이러한 행동 대신 돌보고, 경청하고, 지지하고, 타협하고, 격려하고, 사랑하고, 친구가 되어 주고, 신뢰하고, 수용하고, 환영하고, 존중하기를 선택하는 것으로 대체해야만 한다. 관계를 해치는 단어들과 관계를 좋게 하는 단어들은 외부 통제 심리학과 선택이론의 차이점을 보여 주는 것으로 생각할 수 있다(Glasser, 1998).

[글상자 9-2] 현실치료와 전통적 치료의 차이

글라써는 현실치료와 전통적 치료를 비교하였을 때 관계 형성에서 주된 차이점이 있는 것으로 보았다. 다음 6가지 관점은 관계 형성의 입장에서 고찰한 것이다(Glasser, 1965).

- 정신질환의 개념을 용납하지 않는다 내담자는 자기의 행동에 대한 책임을 지지 않아도 된다는 정신병 환자의 입장에서 상담자와 관계를 유지할 수는 없다.
- 내담자의 과거에 일어난 일은 우리의 힘으로 변화시킬 수 없다 그의 인생이 과거에 의해 제한을 받지도 않으므로 우리는 과거에 집착하지 않고 현재와 미래를 향해 노력한다.
- 상담자는 내담자의 전이 인물이 아니다 상담자와 내담자는 있는 그대로의 우리 자신으로서 관계를 맺는다.
- 무의식적 갈등이나 무의식적 원인에는 관심을 두지 않는다 내담자가 무의식적 동기를 바탕으로 자신의 행동을 변명하게 되면 상담자와 유대 관계를 맺을 수 없다.
- 행동의 도덕성을 강조한다 전통적 치료자들은 그들이 추구하는 전이 관계의 형성에 해가 된다고 하여 옳고 그름의 구분을 분명히 하지 않는 것과 대조적으로, 우리는 유대 관계의 형성을 공고하게 해 줄 수 있는 옳고 그름의 문제를 직시한다.
- 내담자에게 좀 더 효과적인 방법으로 자신의 욕구를 충족하는 법을 가르쳐 준다 내담자가 보다 만족스러운 행동 방식을 발견하도록 도움을 받으면서 적절한 유대 관계를 지속할 수 있다. 전통적 치료자들은 좋은 행동을 가르치는 것이 치료의 한 부분이라고 간주하지 않았다.

3. 상담 과정과 기법

1) 상담 목표

현실치료의 상담 목표는 개인이 인간의 기본 욕구인 생존, 소속과 사랑, 힘과 성취, 자유, 즐거움을 올바르고, 현실적이며, 책임감 있는 3R 방식으로 충족시키도록 돕는 것이다. 상담자는 내담자와 함께 이러한 욕구들이 얼마나 잘 충족되었고 그것들을 충족시키기 위해서는 어떠한 변화가 일어나야 하는지를 파악해야 한다.

글라써(Glasser, 1965)는 증상이 더 심각할수록 내담자가 자신의 욕구를 3R의 방식으로 충족시키는 것이 더 불가능하다고 보았다. 개인이 자신의 욕구를 충족하도록 도와주는 것에 있어서 중요한 것은 개인이 책임감 있게 행동해야만 하는데 이는 자기 욕구를 충족함으로써 다른 사람의 욕구 충족을 방해하지 않는 것이다(Glasser, 1965, 1984, 2000).

상담자는 내담자의 바람을 확인하고, 원하는 것을 얻기 위해서 무엇을 하고 있는지 내담자의 전행동을 파악하고, 원하는 것이 현실적인지의 자기 평가를 통해, 적절한 방식으로 원하는 것을 얻도록 도와준다. 여기서 내담자의 바람은 5가지 기본 욕구와 연결된 것으로 본다.

2) 상담 과정: 환경의 조성

우볼딩(Wubbolding, 1988)은 현실치료 상담 과정의 두 축인 환경의 조성과 상담 절차에 대해 RWDEP(Relationship–Want–Doing–Evaluation–Plan)로 구조화하였다. 상담 환경의 조성에서 내담자와 친구 되기(relationship)를 위해 해야 할 것(권장 사항)과 하지 말아야 할 것(금지 사항), 그리고 상담 시간 외의 기타 지침을 다음과 같이 설명하고 있다.

(1) 권장 사항

상담자는 내담자와 친구 되기를 하고 내담자가 변화하기 좋은 상담 환경을 조성하기 위해 아래와 같은 것을 하도록 권장한다.

주의 기울이기 주의 기울이는 행동에는 눈 맞춤, 수용적 자세, 언어적 행동, 비언어적 행동, 바꾸어 말하기 등이 포함된다. 현실치료에서 이러한 기술들은 상담자와 내담자 간의 관계를 강화시키는 기본이 된다.

ABs 법칙 실시하기 내담자와 우호 관계를 형성해 나가기 위해서는 ABs ("always be") 법칙을 실행하는 것이 도움이 된다.

- 항상 예의 바를 것: 내담자가 언짢게 대할지라도 상담자는 침착하고 동요되지 않는 모습을 보이면서, 친절하고 예의 있게 대해야 한다. 상담자는 나약함과 경직보다는 강인함과 유연성을 지닌 행동으로 표현하는 것이 우호 관계 형성에 효과적이다.
- 항상 신념을 가질 것: 문제를 가진 내담자들이 보다 효율적이고 도움이 되는 행동 선택을 할 수 있다는 것을 알리기 위해 상담자는 보다 효과적으로 행동함으로써 도달되는 더 나은 삶의 방식이 있다는 신념을 확고하게 갖는 것이다.
- 항상 열성적일 것: 열성적인 현실치료 상담자의 신조는 "쓰러지면 일어난다. 일단 일어나면 끝까지 버틴다."이다. 이것은 바로 행동을 선택한다는 원리를 자기 자신에게 적용하는 것이다. 상담자는 내담자와 상담할 때 열성적인 단계까지 못 미치더라도 적어도 유쾌하고 긍정적인 기분 상태를 유지하도록 노력해야 한다. 그러므로 유능한 현실치료 상담자는 상담을 하지 않을 때에도 욕구와 바람을 충족시키는 행동을 한다.
- 항상 확고할 것: 상담자는 자기가 속한 기관의 규칙이 합리적이라는 것을 전제하고 마치 경찰관이 우호적이고 침착하며 당당한 태도로 교통 위반을

한 사람에게 딱지를 떼듯이, 아무런 변명 없이 실행되어야 한다. 확고함은 내담자나 그들의 아픔에 대한 감정 이입, 친절, 개방성을 부인하라는 뜻이 아니다. 이것은 첫 번째 요소인 '항상 예의 바를 것'과 상통한다.

- 항상 진실할 것: 내담자에게 정직하고 솔직하게 대하는 것은 매우 중요하다. 유능한 현실치료 상담자들은 개인적인 모범을 보인다. 상대를 회피하고 조종하기보다는 개방적이고 솔직한 인간관계를 맺을 수 있을 때, 정신적으로 건강해지고 삶이 보다 향상된다는 사실을 내담자는 배우게 된다.

판단 보류하기 상담자가 전문적 관계를 유지하려면 내담자를 판단하거나 비난하지 않고 일차 수준의 지각을 통해 내담자의 행동을 이해하는 것이 중요하다. 그렇다고 파괴적인 행동을 묵과하라는 뜻이 아니다. 내담자의 행동을 자신의 욕구를 충족시키기 위한 최선의 노력으로 일단 보아야 한다는 것을 의미한다.

예상하지 않은 행동하기 고통스런 좌절을 겪고 찾아 온 내담자에게 예상 밖의 행동을 보임으로써, 상담자는 내담자가 그의 또 다른 내적 바람을 보도록 하여 잠시나마 고통에서 벗어날 수 있도록 도와준다. 예를 들면, 내담자는 상담자가 자기의 과거의 문제점과 같은 실패한 행동을 거론할 것으로 예상한다. 그러나 현실치료 상담자는 성공적이고 긍정적인 행동에 대해 거론한다. "왜 도박을 했지요?"라고 묻는 대신 "도박하지 않고도 즐거운 시간을 보낸 적이 언제였나요?"라고 묻는다. 문제를 다루고 고통을 덜어 주기 위해서는 직접적으로 그것을 다루기보다는 잠시 그 문제를 옆으로 밀어 두는 것이 도움이 된다.

유머 사용하기 상담 중 유머를 사용하는 것은 내담자의 문제가 심각한 경우에 매우 중요하다. 유머는 적대적인 것이 아니라 선량한 것이어야 하며, 우월한 것이 아니라 평등해야 하며, 강요된 것이 아니라 순수한 것이어야 한다. 유머는 적당한 시기에 사용되어야 한다. '웃음이 가장 좋은 약'이라는 것을 내담자에게 가르치는 것이다.

자기답게 상담하기 현실치료 상담자는 조직적이고 엄밀한 현실치료 이론과 실제를 자신의 성격과 스타일에 맞게 조절하여 자기식으로 사용하는 것이 좋다.

자기 자신을 개방하기 현실치료의 상담은 내담자와 '친구 되기'에서 시작한다. 상담자가 다른 사람과 자기 자신을 기꺼이 나누려는 것이 중요하다. 상담자의 자기 개방을 통해 내담자의 좋은 세계에 상담자가 좀 더 수월하게 들어갈 수 있다.

은유적 표현에 귀 기울이기 내담자들은 자신이 처해 있는 상황을 묘사하기 위해 때때로 비유적 표현을 사용한다. 예를 들면, "나는 현관의 발 깔개 같아요."라든지 "남편은 때로는 양 같이 순하고 어떤 때는 사자 같이 행동해요." 등이다. 은유적 표현은 내담자에게서 나올 수도 있지만, 상담자도 효과적으로 사용할 수도 있다. "당신은 등에 큰 짐을 지고 있는 것 같군요, 오늘 집에 돌아갈 때 여기에 그것을 두고 가지 않겠어요?" 등이다.

위트머(Witmer, 1985)는 은유적 표현을 하는 목적을 다음 3가지로 기술하고 있다. 은유적 표현의 목적은 "이미 알려진 것을 더 많이 이해하기 위해, 알려지지 않은 것에 대해 더 많은 통찰력을 제공해 주기 위해, 심미적이고 정서적인 강도를 표현하기 위해서이다."

주제에 귀 기울이기 상담자는 내담자가 말하는 주제를 경청한 후 명료화하고 반영한다. 이는 현실치료에만 적용되는 고유한 방법은 아니지만 상담 환경을 조성하는 기초적인 방법이다.

요약하고 초점 맞추기 유능한 상담자는 내담자가 하는 이야기를 요약하여 진실로 원하는 것에 초점을 맞출 수 있도록 도와준다. 이런 초점 맞추기는 한 가지 또는 그 이상의 요점들, 주제, 평가적 사고 등을 강조하는 것을 의미한다. 이는 상담 과정 전반에 걸쳐 사용된다.

자기 선택에 대한 결과를 책임지게 하기 내담자가 선택한 행동이 특정한 결과를 초래한다는 것을 인식시키고 책임을 지게 하는 기술이다. 예를 들어, 집단 보호소에서 규칙을 지키지 않는다면, 권리도 없어지게 된다. 만약 집행 유예의 한계를 어긴다면, 예상할 수 있는 가혹한 결과가 일어난다. 결과의 부과는 비처벌적으로 행해져야 한다. 즉 화를 내거나 사적인 의도가 없어야 한다. 행동이 결과를 초래한다는 것은 매우 당연한 사실이다.

침묵을 허용하기 효율적인 상담자는 침묵을 깨려는 절박감을 느끼지 않는다. 오히려 내담자가 잠깐 동안 침묵한 뒤 먼저 솔선해서 이야기하도록 허용하는 것이 효과적이다. 침묵은 내담자가 자기의 생각을 모으게 하고, 통찰을 얻게 하고, 심리적 사진첩 속의 사진과 지각을 명백하게 하며 계획을 세우게 한다.

윤리적이기 내담자와의 진실한 관계는 상담자의 높은 수준의 윤리적 행동에 기초한다. 이해관계에 대한 갈등, 이중적인 관계 등을 피해야 한다.

공감하기 상대방의 마음을 내 마음으로 감정 이입한다. 모든 상담의 기본 요소로써 내담자와 관계를 유지하는 데 필수 요소이다. 비소유적으로 공감하여야 한다.

(2) 금지 사항

상담자는 내담자와 친구 되기를 하고 내담자가 변화하기 좋은 상담 환경을 조성하기 위해 아래와 같은 것을 하지 않도록 금지한다.

변명 받아들이기 "왜?"라는 질문에 대답을 하는 것은 예외 없이 변명을 늘어놓는 결과를 낳게 된다. 무책임한 변명만 늘어놓게 만드는 질문은 피하는 게 상책이다. 변명을 받아들이는 것은 내담자가 나약하고 변화 가능성이 없다는 것을 받아들이는 것을 의미한다.

처벌하고, 비판하거나 논쟁하기 처벌은 가하는 자가 감정에 복받쳐 화가 나서 가해지며, 비교육적이고, 분개와 복수를 야기하며, 내담자가 좌절하는 원인이 되기도 한다. 반면 결과는 합리적이고 사실적으로 부과되고 교육적이며, 책임 있는 행동과 재활할 수 있는 계기가 된다. 비판은 처벌의 한 종류일 수 있으므로 가능하면 피해야 한다. 논쟁도 비판의 일종이다. 이것은 "나의 지각이 네 것보다 더 낫다."라는 전제를 기본으로 하고 있다. 당근을 먹는 것의 가치에 대해 어린아이와 논쟁하는 것은 부질없는 일이다. 대신 현실치료의 핵심 철학인 자녀와 우호적이고 확고한 유대 관계를 갖는다면 더 많은 당근을 먹게 될 것이다.

쉽게 포기하기 이 지침을 실행하기는 쉽지 않다. 반항적이고, 수동적이며, 비협조적이고, 화를 잘 내거나 냉담한 내담자를 포기하기는 매우 쉽다. "힘든 시간은 영원히 지속되지 않는다. 강인한 현실치료 상담자들은 해내고 만다." 내담자를 절대로 포기하지 않고 최선을 다하는 자로서의 상담자의 이미지를 내담자의 좋은 세계 안에 간직하게 하여 내담자가 필요할 때마다 간간히 꺼내 쓰기 쉽게 하는 것이 필요하다.

(3) 기타 지침

상담 주기에서 권장 사항과 금지 사항 사이에 놓여 있는 아래 3가지 지침은 상담 기간 이외에 실시된다.

자문 상담자 자신의 일에 대한 피드백을 얻기 위해 현실치료 훈련을 받은 사람의 자문을 받아야 한다. 역할 연습이나 토론을 통해 상담 역량의 발전을 이룰 수 있다.

사후 지도 상담이 종결된 후에도 전화 상담이나 재방문을 통해 내담자와 계속 교류하는 것을 의미한다. 전화 상담과 재방문을 통해 상담이 종료된 후에도 내담자가 시도하고 있는 변화를 강화시켜 주기 위해, 상담자 자신의 일에 대한 피드백을 얻기 위해 내담자에게 연락하는 것은 도움이 된다.

지속적인 교육 상담자가 내담자를 돕는 데 있어 효율성을 높이기 위해 끊임없이 상담자 자신의 성장을 위해서 노력해야 한다는 것이다. 심리학을 비롯한 상담 관련 분야의 학문이나 현실 문제 등에 대한 폭넓은 탐구를 병행해야 함을 의미한다.

3) 상담 과정: 상담 절차

우볼딩(Wubbolding, 1988)이 제시한 현실치료 상담 과정의 두 번째 축인 상담 절차(W-D-E-P)는 다음과 같다.

(1) 바람, 욕구, 지각 탐색하기(want)

내담자의 질적 세계를 탐색하기 위해 내담자가 주변 사람이나 자기 자신에게 원하는 것을 알아보고 자신의 심리적 욕구 중 충족된 것과 충족되지 않은 것을 구분해 준다. 또한 내담자가 주위 사람이나 세상을 어떻게 보는지를 다음과 같은 질문을 통해 알아본다.

"무엇을 원하는가?" 내담자가 자신의 질적인 세계를 탐색하고, 이제까지 희미하게 알았던 자신의 바람을 확실하게 알게 한다. 내담자 마음속의 사진들이 분명하면 할수록 내담자 자신이 원하는 것을 얻을 수 있는 가능성은 더욱 높아지기 때문이다.

"진정으로 원하는 것이 무엇인가?" 내담자의 바람을 가장 원하는 바람과 별로 중요하지 않은 바람까지 수직으로 나열해 보게 한다. 내담자의 '진정한 바람(real want)'이 무엇인지를 알아 낼 때 그들이 충족시키고자 하는 욕구가 드러나게 된다.

"사람들이 당신에게 원하는 것이 무엇이라고 생각하는가?" 이 질문을 통해 내담자에게 영향을 끼치는 세상을 어떻게 보는가에 대해 질문한다. 가족, 친구, 학교, 동료, 상사, 사회 등에 대한 기대에 대한 지각을 알아본다. 내담자와 관계를 맺고 있는 다른 사람들이 기대하는 것(바람)이 무엇인지 인식할 수 있도록 돕기 위해 여러 가지 질문을 던져야 한다.

"당신은 어떤 시각으로 바라보는가?" 내담자의 지각 체계를 탐색, 즉 외부 세계로부터 여과되어진 것을 점검하는 단계이다. 내담자가 낮은 수준의 지각인 지식 여과기를 통해 현실 상황을 보는지 혹은 높은 수준의 지각인 가치 여과기를 통해 보는지를 묘사해 보도록 하는 동시에, 내담자가 자신의 삶의 방향을 바꿀 것인지에 관해 질문을 할 수 있게 된다.

상담자인 당신이 무엇을 제공해야 하는지, 내담자들에게서 무엇을 원하는지, 또한 상담자가 상황을 어떻게 바라보는지에 대해 내담자에게 말하기 상담을 하는 첫 회기에 내담자에게 다음과 같이 말하며, 도움을 받기 위해 상담자를 찾아 온 내담자의 용기를 지지해 주어야 한다. 이러한 노력은 그들이 현재 어느 정도 힘을 지니고 있고 삶을 개선하기를 바라고 있다는 것을 보여 주기 때문이다.

- 꼭 완치된다는 어떠한 보장은 없다.
- 상담 내용은 비밀이다.
- 상세한 금전 문제를 논의한다.
- 전문직 자격을 밝힌다.
- 현실치료에 대한 간략한 설명을 한다.

상담에 대한 확약 얻기 상담 절차 중에서 중요한 부분은 상담에 대한 약속을 받아 내는 것이다. 이런 약속은 상담자가 관계 형성에서 오는 혜택을 설명해 줄 때 자연스럽게 뒤따르게 된다. 그것은 다음과 같은 간단한 질문을 함으로써 더욱 명백해진다. "문제를 해결하기 위해 기꺼이 노력하시겠습니까?", "일을 변화시키는 데 얼마나 많은 노력과 에너지를 쏟을 수 있다고 생각합니까?" 등이다.

(2) 전행동 탐색하기(doing)

전행동 탐색하기는 상담 초기에 내담자가 어디로 가고 있는가를 알 수 있도록 도와주는 절차이다. 현실치료 상담자들은 내담자가 통제할 수 있는 활동을 스스로 탐색할 것을 강조하고 있는데 왜냐하면 내담자는 활동 요소를 바꿈으로써 그가 지녔던 우울, 격분, 외로움 등의 느낌 요소와 생리 기능까지 변화시킬 수 있기 때문이다.

"당신은 지금 무엇을 하고 있습니까?(What are you doing?)"의 질문을 통해 내담자의 친구가 되어 그들의 내면세계로 들어가며, 일상생활에서 어떠한 행동을 선택하는지, 또 시간은 어떻게 보내는지와 같은 질문을 할 수 있다. 이 질문의 단어 각각은 중요한 의미를 가지고 있으며 아래와 같이 설명하고 있다(Wubbolding, 1988, 2011).

'무엇' '무엇(what)'은 구체성, 정확성 그리고 엄밀함을 암시한다. 상담자는 내담자의 활동에 중점을 두고 구체적인 행동을 녹화하는 텔레비전 카메라의 기능을 한다. 전형적인 날을 묘사하도록 하기보다는 "어제 구체적으로 무엇을 하였는가?"라는 질문이 도움이 된다. 치료자는 내담자가 명확한 시간 범위 내에서 무엇을 했는지 말로 표현하도록 도와준다. 가족 간의 갈등이 있을 때 "가장 최근에 가족이 함께 즐거운 시간을 보낸 때는 언제인가?"라는 질문은 각자의 행동을 점검하는 데 많은 도움이 된다. 인간은 자신의 느낌과 생각보다는 활동에 대해 더 직접적 통제력을 갖는다는 현실치료와 선택이론의 이론적 근거는 명확하다.

'있습니까' '있습니까(are)'는 현재 혹은 최근의 행동들, 현재와 관련된 과거의 행동들 그리고 과거에 통제력이 있었을 때 성공적이었던 선택들을 강조하는 것을 의미한다. 글라써의 자서전을 집필한 로이(Roy, 2006)는 현재에 대해 강조하는 것은 글라써 사고의 기반이 되는 것으로 전통적인 정신의학과의 실제적 결별을 나타내는 최초의 시도일 수 있다고 보았다. 또한 로트와 골드링(Roth & Goldring, 2008)은 "아픈 과거를 다시 방문하는 것은 우리가 지금 해야 하는 것에 거의 아무런 기여를 할 수 없다. 우리가 지금 해야 하는 것은 현재의 중요한 관계를 향상시키는 것이다."(p. 14)라고 말했다.

'당신' '당신(you)'은 통제 불가능한 다른 사람들의 행동보다 통제 가능한 내담자 자신의 행동을 강조하는 것을 의미한다. 주변 상황에 의해, 역사적으로 또는 다른 사람들 때문에 희생된 내담자들은 종종 통제 불가능한 행동에 대해 논의하기를 원한다. 숙련된 현실치료 상담자는 내담자가 선택, 가능성, 희망, 그리고 목표에 대해 말할 수 있도록 부드럽게 이끌어 준다.

'하고' '하고(doing)'는 전행동의 모든 요소들에 대해 논의하는 것을 의미한다. 활동하기, 생각하기, 느끼기, 신체 반응하기 중에서도 가장 통제가 가능한 '활동하기'를 강조하면서 내담자에게 질문을 한다. 현실치료는 '우리는 모든 행동을 선택한다.'는 원리에 기초하고 있다. 따라서 내담자가 그들이 선택한 행동에 대해 기꺼이 인정하기 때문에 다른 이론보다 더 많은 도움을 준다. 전행동의 '활동하기' 요소를 변화시키려고 할 때, 즉 보다 나은 선택을 하려 할 때 감정 요소 역시 변화된다.

행위 요소는 더 명백하고 더 잘 파악할 수 있으며 계획하기가 더 쉽다. 전행동 중 '활동하기' 요소를 강조하는 이유 중 하나는 효율적인 계획을 훨씬 쉽게 세울 수 있기 때문이다. 따라서 현실치료에서 이 요소가 다른 요소에 비해 상담 과정에서 더 많이 강조된다.

(3) 내담자의 자기-평가 요청하기(evaluation)

보통의 가치 평가는 도덕적이고 윤리적인 기준에 맞추어 평가하는 것이지만, 여기의 평가는 개인의 행동과 욕구와의 관계를 점검해 보는 것이다. 상담자는 내담자의 바람, 지각, 전체 행동에 대해 질문함으로써 가치 판단을 내릴 수 있도록 내담자를 격려할 수 있다.

내담자가 자신의 행동 결과를 직면하도록 하고 활동을 판단하도록 하는 것이 상담자의 과제이다. 이러한 자기 평가 없이는 내담자는 변화하지 않을 것이다. 이러한 과정은 내담자의 책임 능력 내에서 이루어져야 하며 상담자는 내담자에게 대답에 대한 책임을 묻지 않도록 조심해야 한다. 상담자는 다음과 같은 7가지 질문으로 내담자가 자기의 행동을 평가하도록 도울 수 있다.

"당신의 행동이 당신에게 도움이 됩니까? 해가 됩니까?" 평가의 가장 기본적 형태는 내담자에게 자신의 행동이 최고의 이익을 줄 수 있다고 믿는가에 대해 물어보는 것이다. 즉 자신의 행동이 현재는 물론이고 미래에까지도 그들을 가장 바람직한 방향으로 이끌고 가는가 하는 질문이다.

"당신이 지금 하고 있는 것은 당신이 진정으로 원하는 것을 얻는 데 도움이 됩니까?" 내담자 자신의 최근 행위 행동(acting behavior)이 바람과 욕구를 충족시키는 데 효과가 있는지를 알아보기 위해 구체적인 행동을 살펴본다. 이 질문을 통해 내담자가 한 최근 행동이 그가 원하는 것을 얻는 데 효과적인지에 대해 판단하도록 요구한다. 내담자는 최근 행동을 상세하게 묘사하면서 충족되지 않은 바람과 욕구를 확인할 수 있다.

"당신이 행동하는 것이 규칙에 어긋납니까? 그것은 수용할 만한 행동입니까?" 내담자가 규칙을 어겼거나 어떤 방식으로든 훈육 문제가 있다면 상담자는 '도움이 되느냐?'라거나 '현실적인가?'라고 묻지 않는다. 규칙을 위배하는 행동일 경우 내담자는 새로운 정보를 배우는 것보다 거울을 통해서 보듯이 자신의 행동을 관찰하는 것이 보다 중요하다. 사람들은 자신의 행동 체계 중 활동하기 요소를 가장 적게 의식하기 때문에 거울에 비춰지는 모습을 보는 것이 아주 중요하다.

"당신이 원하는 것은 현실적이거나 실현 가능한 것입니까?" 가치 판단에 관한 네 번째 질문은 '내담자가 원하는 것이 실현 가능한가?'라는 점이다. 내담자에게 그들이 원하는 것이 현실적인가를 평가하도록 요구한다. 이 상황에서는 내담자의 바람이 성취될 수 있는가에 초점을 둔다.

"그런 식으로 보는 것이 당신에게 도움이 됩니까?" 다섯 번째 가치 판단은 상담자가 내담자의 세상을 보는 방식을 스스로 평가하도록 한다. 반항적인 10대의 소년은 부모를 높은 지각 수준으로 보면서 부모에 대해 부정적 판단을 한다. 그럴 경우 "부모를 적으로 보는 것이 너에게 도움이 되니?"라고 질문함으로써 부모를 단지 자기와 함께 사는 사람으로 보고 적으로 보지 않도록 돕는다.

"당신을 변화시키는 데 얼마나 노력하겠습니까?" 여섯 번째 가치 판단 방법은 내담자가 문제의 해결과 보다 나은 자기 통제를 위해 성실한 노력을 하도록 도우려는 시도이다. 상담자는 다양한 수준의 약속을 주의 깊게 들으면서 더 높은 약속 수준을 이끌어 내도록 노력해야 한다. "결과가 어떻게 되든 하겠다."라는 최고 수준의 약속으로써 실패와 변명의 여지를 거의 남겨 두지 않는다.

"도움이 되는 계획입니까?" 이 평가 질문은 상담 절차 중 계획하기 이후에 이루어진다. 내담자가 계획을 세우고 난 후에 효과적인 계획의 기준을 만족시키는가에 대해 결정하게 된다.

(4) 계획 실행하기(plan)

대부분의 내담자들은 예전에 계획하기에서 실패한 경험이 있기 때문에 새로운 계획을 세우고 실행하는 데 커다란 두려움을 느끼고 있다. 상담자는 내담자의 가능성을 신뢰하면서 "긴 터널의 끝에는 빛이 있다."라고 용기를 북돋워 주어야 한다. 계획을 수립하고 실천하는 과정을 통해서 사람들은 자신의 생활을 통제할 수 있다.

계획의 목적은 성공 경험을 하도록 하는 것이다. 이러한 계획 단계를 통해 내담자에게 그들 자신의 선택이나 활동에 대해 책임 능력이 있다는 사실을 인정하도록 상담자가 도와준다. 계획하기는 $SAMI^2C^3/P$로 요약할 수 있는데 이 같은 특성을 지닌 계획을 세움으로써 내담자의 삶을 보다 더 효율적으로 통제할 수 있도록 도울 수 있다.

단순한 계획 이해하기 쉽고 단순한 계획(S=simple)이 최고이다. 여기서의 단순함이란 각 개인에게 적합하게 단순해야 한다는 것이다. 심한 우울 상태에 있는 내담자에게 "강변이 아름답구나!"라고 집으로 오는 도중 차를 몰고 있는 딸에게 말하는 것이 좋은 계획이 될 수 있다. 이런 계획이 아주 단순하지만 오랫동안 자신을 우울하게 하는 말과 행동만을 선택했던 내담자에게는 우울증에서 벗어날 수 있는 중요한 첫 걸음이다. 심한 우울증, 반발심, 노여움, 격분 등 부정적인 감정에 빠져 있는 사람들에게는 단순한 계획이 특히 중요하다.

현실적이고 실현 가능한 계획 내담자가 가진 힘에 따라 실현 가능성이 달라지므로 효과적인 현실치료 상담자는 내담자의 힘에 따라 현실적이고 실현 가능한(A=attainable) 계획을 세워야 한다. 알코올 중독자에게 "단지 오늘만은(just for today)"이라는 철학을 받아들이게 함으로써 행복하게 살아갈 수 있도록 도울 수 있다. 아무리 사소한 계획이라도 내담자에게 희망이 있다고 깨닫도록 돕는 계획이라면 이 계획은 매우 중요한 의미를 갖는다. '천리 길도 한 걸음부터'라는 속담이 여기에 적용된다고 볼 수 있다.

측정 가능한 계획 어떠한 행위를 통해 눈에 보이는 측정 가능한 계획(M=measurable)을 세워야 한다. 또한 계획은 자세하고 명확하고 구체적으로 세운다. "언제, 어디서, 누구와, 무엇을, 얼마나 할 것인가?"를 묻는다.

즉각적인 계획 오늘 당장 실행되어질 수 있는 즉각적인 계획(I=immediate), 즉 빠른 시간 내에 실천할 수 있는 계획을 세운다. "당신의 삶을 변화시키기 위해 오늘 밤 무엇을 하시겠습니까?"라고 묻는 것은 '당신의 삶을 변화시키기 위해 오늘 당장 무엇인가를 할 수 있다.'는 강한 메시지가 담겨 있다.

관여된 계획 상담자는 내담자를 혼자 내버려 두지 않고 적절할 때 수시로 계획에 관여(I=involved)시킨다. 즉 상담자가 주도하는 계획이 아니라 내담자가 스스로 계획을 세울 수 있도록 돕는다.

행위자가 통제할 수 있는 계획 내담자가 다른 사람들이 하는 것과 무관하게 할 수 있는, 통제할 수 있는 계획(C=controlled by the planner)이다. 상담자는 내담자의 통제력을 넘어서는 외부 세계에 초점을 맞추기보다는 내담자에게 초점을 맞추어야 한다. "만약에 엄마가 도와준다면 ~하겠다." 식의 계획은 내담자에게 전혀 도움이 안 된다.

확실하게 약속하는 계획 계획은 확실하게(C=committed to) 할 필요가 있고 적어 두는 것이 좋다. 무엇인가를 성취하고자 하는 계획이라면 당신을 지지해 줄 사람에게 말할 것을 제안한다. 상담 장면에서는 계획에 대한 약속을 받아내는 과정으로 내담자는 계획한 것을 적고, 계획에 대해 말하거나 계약서에 사인을 하는 것, 악수하기를 통해 계획에 대한 약속을 공고히 한다.

일관성 있는 계획 매일은 아니라도 반복해서 할 수 있는 일관성 있는 계획(C=consistent)이 필요하다. 목표를 달성하기 위해서는 반복적으로 일관성 있게 계획을 실천할 필요가 있다. 그러므로 배우자나 자녀와 보다 좋은 관계를 갖기 원할 때 1년에 1번 휴가를 같이 가는 계획을 세우는 것보다는 1일에 1가지씩 칭찬하기 같은 계획이 더 좋다. 가장 효과적인 계획은 습관이 될 때까지 자주 반복하는 것이다.

집요한 계획 이는 앞서 언급한 일관성 있는 계획과 유사하며 포기하지 않고 지속적으로 행해지는 계획(P=persistent)이다. 처칠(Churchill)이 연로했을 때 어느 고등학교 졸업식에서 연설을 해 달라고 요청을 받은 적이 있었다. 그는 당시 다리가 불편했는데, 불편한 다리를 이끌고서 마이크에 다가가더니, "절대로, 절대로 포기하지 마시오."라는 짧은 한 마디만 하고 연단을 내려왔다는 것이다.

SAMI^{2}C^3/P 계획 이외에도 다음과 같은 몇 가지 요소가 있다.

행위를 중지시키기보다는 행위를 하도록 하는 계획 우리가 행할 수 있는 모든 것은 행동이다. 즉 우리는 행동하지 않을 수는 없다. 좋은 세계는 부정적인 명령보다는 긍정적이고 구체적인 제시를 더 잘 받아들인다. 따라서 활동에 대한 긍정적인 계획(do plan)을 세울 필요가 있다.

진행(과정) 중심적인 계획 진행 중심적인 계획(process-centered)은 최종 결과와는 무관하게 현실적으로 실현 가능한 내담자의 활동에 중점을 둔다. 진행 중심적인 계획과 결과나 목표 중심적인 계획을 구분하기 위해 [표 9-1]에 사례를 제시하였다. 진행 중심적인 계획은 현실적이고 실현 가능하며, 계획을 세우는 당사자들에게 달려 있다.

[표 9-1] 진행 중심적인 계획과 목표 중심적인 계획의 비교

진행(과정) 중심적인 계획	목표(결과) 중심적인 계획
배우자에게 3가지 칭찬을 한다.	배우자와 더 잘 지낸다.
20분 정도 활발한 산책을 한다.	우울증을 극복한다.
매일 새로운 사람을 한 사람씩 만난다.	새로운 친구 관계를 맺는다.
매주 3번의 볼링을 한다.	볼링 점수를 10점 높인다.
아침 식사에 도넛 대신에 곡류(콘프레이크, 밀가루, 오트밀 등)를 먹는다.	체중을 10kg 정도 줄인다.
1주에 1번씩 모임에 참석하고 자원봉사를 한다.	어떤 집단의 구성원으로 받아들여진다.
전화를 건다.	전화로 친구와 이야기한다.
휴가를 갖는다.	휴가를 받고 쉰다.

출처: Wubbolding(1988).

욕구가 충족되는 계획 상담 과정에서 계획은 욕구 충족(need-fulfilling plan)과 결합되어야 한다. 카드 놀이나 축구하는 계획을 세웠는데, 내담자가 재미있어 하지 않으면 그 계획은 무의미하고 규칙적으로 실행될 수 없다. 또한 내담자가 동의하지 않는 계획을 수립하는 것은 내담자의 소속 욕구를 해치기 때문에 종종 지켜지지 않는다. 즉 내담자가 계획을 성공적으로 실행함으로써 얻어지는 단기적이거나 장기적으로 충족되는 욕구는 무엇인가에 중점을 두어야 한다.

계획에 대한 평가 계획이 실행되기 전에 내담자와 함께 계획을 검토해야 한다. 이 계획은 효과적인 계획의 기준을 만족시키는가? 이 계획은 반복될 수 있으며 현실적이고 실현 가능한가? 모든 계획은 내담자의 욕구와 바람에 대한 것이어야 한다. 예를 들면, "그 계획이 어떤 욕구와 바람을 충족시킵니까?"라는 질문을 통해 내담자는 자신의 계획이 자신의 욕구나 바람과 연관된다는 것을 인식하게 되면서 도움을 받을 수 있다.

계획이 실행되고 난 후 그 계획에 대해 다시 평가가 이루어져야 한다. 다음 회기 상담에서 내담자와 상담자가 함께 계획의 실행에 대해 다시 검토해 보아야 한다. 즉 "성공적인 때가 언제였습니까?", "계획대로 이루어졌나요?", "계획은 변경될 필요가 있나요?" 등의 질문을 한다.

[글상자 9-3] 상담 과정에서 질문하기

현실치료 상담자들이 사용하는 가장 직접적 경로는 WDEP 시스템을 기반으로 하는 숙련된 질문들이며, 이것들은 인간의 5가지 기본 욕구, 좋은 세계, 전행동 그리고 지각과 관련되어 있다. 관련된 질문들을 통해 내담자는 통찰력을 얻고, 관계를 확인하고, 계획과 해결책을 얻게 된다. 질문하기는 다음 4가지 목적으로 이루어진다(Wubbolding, 2011).

- **내담자의 세계에 들어가기 위하여** 상담자는 내담자가 자신의 가족, 친구, 직장, 동료, 자기 자신으로부터 무엇을 원하는지 함께 탐구하고, 상담자의 관심을 전달하며, 상담자가 내담자의 좋은 세계의 한 부분이 되도록 돕는다. 시기적절한 질문은 치료의 진전을 위해 필수적이다. 상담자의 적절한 질문으로 공감과 긍정적 관심은 강화되고 나약한 느낌에 대한 끊임없는 성찰의 함정은 피하게 된다. "나는 우울하다."라고 말하는 내담자에게 "당신은 기분이 좀 나아지기를 원하나요?"라고 질문하는 것은 "당신은 오늘 무력감을 느끼는군요."라는 고전적 진술을 대체하는 것이다.

- **정보를 수집하기 위하여** 내담자와의 관계가 발전함에 따라 현실치료 상담자는 접수 면접과는 다른 수준에서 질문을 한다. 자기 평가에 초점을 맞춘 질문에 앞서 상담자는 내담자가 시간을 어떻게 보내는지에 대한 정보를 수집한다. 다른 사람들이 내담자에게 무엇을 원하는지, 다른 사람들이 내담자의 행동을 어떻게 보는지 또는 다른 사람들이 내담자에게 어떻게 한계를 부과하는지에 대한 질문을 통해 내담자는 통찰력을 얻을 수 있다. 현실치료 상담자는 흔히 우울한 사람에게 "당신은 어제 어떻게 시간을 보냈습니까?", "6시간 이상 TV를 시청한 것이 당신의 우울한 느낌을 사라지게 해 주었나요?"라고 질문한다.

- **정보를 주기 위하여** 내담자는 상담자의 질문을 통해 미처 예견하지 못했던 가치 있는 정보를 얻는다. "당신은 소속의 욕구를 충족하기 위해 어제 무엇을 했나요?", "당신은 외로움에서 벗어나기 위해 무엇을 했나요?"라고 묻는 것은 내담자에게 다음과 같은 메시지를 보내서 가르침을 얻을 수 있도록 하는 것이다: '당신에게는 도움이 되는 효과적인 선택들이 있다. 당신의 삶은 향상될 수 있다. 당신의 혼란 상태는 영원히 지속되지 않을 것이다. 당신은 스스로 생각하는 것보다 더 많은 통제력을 가지고 있다.' 내담자가 원하는 것은 그들의 전행동과 관련되어 있고, 그들은 이전에 생각했던 것보다 더 많은 선택할 대안을 가지고 있으며, 결국 이것이 미래에 대한 희망의 느낌을 갖게 해 준다는 것을 배운다.

- **내담자가 보다 효과적인 통제와 현명한 선택을 하도록 돕기 위하여** 현실치료 상담자는 면밀한 질문을 함으로써 내담자가 자신의 심리적 욕구를 확인하는 것을 돕는다. 내담자는 상담의 진행을 느리게 하거나 방해할 수 있는 감정보다는 활동을 인지하는 데 집중하기를 배운다. 이 단계에서 상담자는 질문을 통해 내담자 바람의 달성 가능성과 활동의 효과성 그리고 자기-언어의 유용성을 평가하게 되는데, 이것들은 모두 활동 중심 계획하기의 전제 조건이다.

4. 평가

1) 공헌점

현실치료를 공부하고 추종하는 정신건강 실무자들이 많다. 그들을 위해 글라써에 이어 우볼딩을 비롯한 현실치료 강사와 연구자들이 강연과 저술 활동을 계속하고 있다. 현실치료는 학교나 물질 남용 치료 프로그램에서 널리 사용되며 다양한 장면에서 활용되고 있다.

현실치료의 공헌점을 구체적으로 살펴보면 다음과 같다.

첫째, 현실치료는 누구나 이해하기 쉬울 만큼 명료하고 간단하다. 또한 인본주의적 관점으로 인간의 존엄성을 강조하고 긍정적이며 선택의 가능성을 열어 준다. 그리고 동기, 욕구 충족, 내부 통제 능력 등과 같이 인간에게 기본이 되는 것을 다룬다. 현실치료자는 내담자와 적극적으로 치료 관계를 형성한다. 인간관계와 인생에 대한 책임의 중요성을 강조하는 것은 폭력이나 가정 붕괴와 같이 널리 퍼져 있는 문제들에서 아주 중요하다. 현실치료는 예방적 차원이 강하고, 학교 등과 같은 기관의 긍정적 변화를 위한 매우 유용한 정보를 제공한다.

둘째, 현실치료는 학교와 정신건강센터에서 효과적이라는 것이 연구로 증명되었다(Wubbolding, 2007). 또한 다양한 내담자들에게 현실치료가 효과적이었다는 것을 보여 주는 사례 연구들이 많이 출간되었다(Wubbolding, 2000).

셋째, 현실치료는 상담이나 심리치료의 중요한 부분에 기여하였다. 학교와 재활 프로그램에서 광범위하게 사용할 수 있도록 명료하게 구조화된 치료적 접근 방식을 제공하였다. 상담자는 인간관계와 책임감을 강조한다(Burdenski & Wubbolding, 2011). 또한 현실치료는 내담자가 솔직하게 자기 평가를 하고 책임 있는 선택을 하고 계획을 세울 수 있도록 돕는 데 집중한다.

넷째, 현실치료에 다른 접근 방식을 결합하여 그 효과를 증대시키는 연구가 2000년 이후에 증가하고 있다. 만성적 질환을 앓고 있는 내담자를 위해 선택이론과 동기 강화 면접을 접목하여 사용하는 연구(Schoo, 2008), 의사교류분석과 정신분석을 현실치료와 조합하여 가족이 역기능적 양상을 인식하고 그것을 수정하도록 돕는 시도를 하였으며(Fulkerson, 2003), 이완이나 명상과 같은 불교의 철학과 수행을 현실치료에 결합하여 마음 챙김 현실치료를 개발하였고(Pierce, 2003), 미국 원주민의 설화와 관점에 근거한 다문화적 시각을 선택치료에 결합시키려는 시도를 하였다(Mottern, 2003). 국내에서 현실치료를 다룬 학위 논문이 2020년 현재까지 수백 편에 이른다.

2) 제한점

현실치료의 제한점은 다음과 같다.

첫째, 현실치료에서는 내담자의 환경을 이해하는 것에는 크게 관심을 두지 않으며, 내담자가 어떻게 성장하고 어떤 어려움을 겪었는지 등과 같은 과거의 일은 중요하게 생각하지 않는다.

둘째, 현실치료자들은 진단의 중요성을 무시하는 경향이 있다. 정신장애를 책임감을 가지고 자신의 욕구를 충족시키지 못하는 것과 동일시하는 것이 과연 옳은 것인지 의문을 가질 수 있다. 그러한 경향이 부적절한 치료로 이끌 수 있으며 중요한 부분을 놓치게 할 수도 있다.

셋째, 현실치료는 정신과 약물의 가치를 최소화한다(Glasser, 1998, 2003). 글라써는 "좋은 심리치료는 뇌에 영향을 미치는 약을 필요하지 않게 한다."(p. 88)라고 하였다. 글라써는 약물이 사람의 건강을 위협하고 자조 능력을 저하시킨다고 믿었다(Lennon, 2003).

넷째, 현실치료의 효과를 입증하기 위해서는 더 많은 연구가 필요하다. 주의력 결핍 과잉행동장애, 품행장애, 자해 행동과 같은 정신장애로 정신 병원에 입원한 경력이 있는 청소년들과 분노가 많은 학생들로 이루어진 고등학생들에게 현실치료 기반의 학습 프로그램을 실시하였다(Bratter, 2010). 숙박하면서 실시된 프로그램에서 정신과 약물의 사용을 금지하였고, 오직 교육 프로그램만을 사용하였다. 연구자들은 "성격장애, 해로운 자기애나 부정직함, 반사회적 태도를 낫게 할 약물은 없다. 학교에서 정신과 약물 없는 중재를 실행 가능한 치료 목표로 본다"(Bratter et al., 2008, p. 22)고 하였다. 이 연구에서 28%의 학생이 졸업하였고, 그 학생들 모두 상급 학교에 진학하였다. 정신장애와 약물 중독으로 진단되었거나 자해 행동을 보이는 청소년에 대한 이런 현실치료의 효과성을 입증하기 위해서는 더 많은 연구들이 필요하다.

10장

인지행동치료

1. 도입

1) 주요 인물
2) 인간관

2. 주요 개념

1) 엘리스의 합리·정서·행동치료(REBT)
2) 벡의 인지치료(CT)
3) 마이켄바움의 인지행동수정(CBM)

3. 상담 과정과 기법

1) 엘리스의 합리·정서·행동치료(REBT)
2) 벡의 인지치료(CT)
3) 마이켄바움의 인지행동수정(CBM)

4. 평가

1) 공헌점
2) 제한점

수용은 사랑이 아니다.

상대방이 어떤 사랑스러운 특성을 갖고 있기 때문이 아니라

단지 살아있기 때문에 인간이기 때문에 수용하는 것이다.

- 알버트 엘리스 -

인지행동치료(Cognitive Behavior Therapy: CBT)는 행동치료와 인지치료가 발전하면서 시작된 기법으로 1960년대 초에 등장하였다가 1980년대 상담 및 심리치료 영역에서 주요 상담 기법으로 자리 잡았다. 행동치료가 초기에 중점을 두었던 부분은 인간의 외현적 행동이었으나 이후에는 내적 특성인 불안이나 동기와 같은 요인도 관심을 두고 변화시키려는 기법이 적용되었다. 또한 행동 변화의 요소로 심상 기법, 이완 훈련 그리고 기대 효능감과 같은 인지적 요인들을 고려하였다.

인지행동치료는 현재 행동주의 상담의 주된 흐름을 대표하고 있으며, 상담자들은 사고 과정의 변화가 행동 변화의 통합된 부분이라고 믿고 있다. 본 장에서 인지행동치료의 대표적 이론으로 합리·정서·행동치료(REBT), 인지치료(CT), 인지행동수정(CBM)을 살펴보고자 한다.

1. 도입

엘리스(Ellis)는 1950년대에 합리·정서·행동치료(Rational Emotional Behavior Therapy: REBT)를 개발하였다. 합리·정서·행동치료는 정신분석상담이나 인간중심상담과는 접근 방법이 전혀 다르며 인간의 '사고'를 중시하였다. 그는 정신분석적 접근이 내담자에 별 효과가 없으며 인간이 경험하는 어려움의 시작은 인지가 우선적으로 작용한다고 가정하였다. 엘리스는 내담자가 두려워하고 불편해하는 것을 설득하고 주장하면서 더 능동적이고 지시적인 상담자가 되었고 합리·정서·행동치료는 내담자의 사고와 행동 양식을 재구성하는 일반적인 상담 기법이 되었다.

합리·정서·행동치료는 인지, 정서, 행동이 서로 영향을 주고, 상호 인과 관계를 가진다고 보았다. 합리·정서·행동치료의 기본 가정은 사람들이 사상이나 상황을 해석하는 방식이 특정 증상뿐만 아니라 그들 자신의 심리적 문제를 만든다는 것이다. 엘리스는 정서적 반응과 생활 양식이 기본 신념과 관련되어 있어 인지적으로 형성될 수 있다는 아들러의 주장을 합리·정서·행동치료의 기본적 개념이라고 보았다.

합리·정서·행동치료의 기본 가설은 우리의 정서가 주로 사고, 평가, 혹은 일상생활에 대한 반응에서 유발되므로 상담 과정을 통해 내담자가 자신에게 주입시키고 있는 비합리적 사고들을 논박할 필요가 있다. 즉 내담자들은 비효과적이고 비합리적인 사고방식을 효과적이고 합리적인 신념으로 대치함으로써 자신이 처한 상황에 대한 정서적 반응을 변화시키게 된다. 이처럼 내담자들은 현재 당면하고 있는 구체적인 문제뿐 아니라 일상생활이나 미래에 접할 수 있는 다른 문제들까지 변화시키는 데 합리·정서·행동치료 원리를 적용할 수 있다.

엘리스의 합리·정서·행동치료(REBT)가 나오기까지 과정을 살펴보면, 처음에는 인본주의와 행동주의를 결합한 합리치료(Raional Therapy: RT)를 고안하였다. 1961년에는 합리·정서치료(Rational Emotional Therapy: RET)로 용어를 수정하였다가 현재는 인지행동 기법을 적용하여 합리·정서·행동치료(REBT) 기법이라는 용어를 지금까지 사용하고 있다.

벡(Beck)은 정신분석 상담자로 활동하면서 점차 내담자들의 정서적 반응을 유발하는 특정 자극에 의해 촉발된 개인적 관념, 즉 자동적 사고에 흥미를 느끼게 되었다. 벡은 정신분석학적 입장에서 자기 내부로 향한 분노를 가진 우울한 내담자들의 꿈 내용을 살펴보면서, 우울 증상의 이면에는 사고와 해석의 편향도 있음을 깨달았다. 또한 우울 증상을 가진 내담자들의 부정적인 '자동적 사고'를 관찰하면서 우울에 관한 종합적인 이론을 개발하였다. 즉 정서장애를 가지고 있는 사람들이 객관적인 현실을 자기 비하의 방향으로 왜곡하는 특징적인 '논리적 오류'를 범하는 경향이 있음을 확인하였다.

이후에 벡은 인지치료(Cognitive Therapy: CT)를 발전시켰는데, 인지치료의 특징은 증상을 제거하고 내담자의 문제를 해결하도록 도와주며 내담자에게 재발하지 않는 방식을 가르치는 단기상담이다. 뿐만 아니라 인지치료는 내담자가 과거 상황에 대해 말하거나 과거가 호소 문제의 원인이 될지라도 현재 문제에 초점을 둔다.

인지치료는 사람들이 느끼고 행동하는 방식은 자신의 경험을 지각하고 구조화시키는 방식에 의해 결정된다는 이론에 근거를 두고 있다. 내담자의 신념은 주관적이고 정신분석처럼 내담자의 문제를 해석하거나 가르쳐 주지 않아도 내담자 스스로 발견할 수 있다고 보았다. 이처럼 인지치료는 능동적이고 보다 지시적이며 구조적 접근을 갖고 있다.

인지치료의 기본 이론은 정서적 문제나 혼란의 본성을 이해하기 위해 주변 상황이나 사고의 흐름에 대한 개인의 인지적 내용에 초점을 두어야 한다. 인지치료의 목표는 내담자의 자동적 사고를 통해 자신의 생각하는 방식과 도식을 재구성할 수 있도록 변화시키는 것이다. 내담자들은 자신의 신념을 지지해 주는 증거를 모으고 그것을 중시하도록 격려함으로써 목표에 도달한다. 임상적 연구에 의하면 인지치료는 공포, 심리·신체적 장애, 섭식장애, 공황장애, 물질 남용, 만성적 통증, 위기 중재 등의 상담 및 치료에 성공적으로 적용되었다고 한다.

마이켄바움(Meichenbaum)의 인지행동수정(Cognitive Behavior Modification: CBM)은 인지행동치료에서 합리·정서·행동치료에 대한 다른 대안이다. 인지행동수정은 내담자의 자기-언어를 변화시키는 것을 중점으로 다룬다. 마이켄바움에 따르면 자기-진술은 다른 사람의 진술과 같은 방식으로 그 사람의 행동에 영향을 미친다고 하였다. 그러므로 인지행동수정의 기본 전제는 행동 변화가 일어나기 위해서는 내담자들이 그들의 생각이나 느낌, 혹은 행동과 그들이 사람들에게 미치는 영향을 알아야 한다.

행동의 변화가 일어나려면 특정한 행동 특성을 중단시켜 다양한 상황에서 그들의 행동을 다시 평가해야 한다. 이와 같은 인지 재구조화는 마이켄바움의 접근에서 중심 역할을 한다. 그는 인지 구조를 사고의 조직화 측면으로 기술했으며 이것이 사고의 선택을 관리하고 방향을 결정하는 것으로 보았다. 인지행동수정은 합리·정서·행동치료나 인지치료와 마찬가지로 고통스런 정서가 대개 부적응적 사고의 결과라고 가정한다.

[글상자 10-1] 행동주의 상담

행동주의는 인간 행동을 연구하는 심리학의 한 영역으로서 20세기 초에 시작되어 20세기에 막강한 힘을 발휘하였다. 행동주의자들은 인간의 관찰될 수 있는 행동에 초점을 두고 과학적 방법으로 인간 행동을 설명하였다.

행동주의 상담의 기본 전제는 인간 행동의 대부분은 적응적이거나, 혹은 부적응적으로 학습되었다는 관점에서 시작된다. 즉 인간 행동의 원리나 법칙을 설명하는 학습 이론에 근거하여 인간의 모든 행동은 주어진 환경에 의해 결정된다고 본다. 인간의 특정한 행동이 어떻게 형성되었는가를 구체적으로 보여 주고 문제 행동을 변화시키기 위한 상담의 이론적 체계를 구축하였다. 행동주의 상담 이론은 파블로프(Pavlov)의 고전적 조건형성(classical conditioning), 스키너(Skinner)의 조작적 조건형성(operant conditioning), 반두라(Bandura)의 사회인지학습(social cognitive learning)을 적용한 기법이다.

행동주의 상담에서 언급한 인간의 심리적 문제의 원인을 살펴보면 고전적 조건형성 이론에서는 부적응적인 행동이 조건형성에 의해 발생한다고 본다. 예를 들어, 수업 시간에 수학 성적이 떨어졌다는 선생님의 꾸중을 들은 학생은 의기소침하여 수학은 물론 다른 과목까지 공부하는 게 싫어질 수도 있다. 수학에 대한 부정적 감정이 다른 과목에도 영향을 미칠 수 있으므로 꾸중보다는 격려와 지지를 해 줄 필요가 있다. 낮은 수학 점수에 초점을 두기보다 수학 공부를 열심히 하고 있음을 강조함으로써 학습에 대한 긍정적인 피드백을 제공할 필요가 있다.

조작적 조건형성 이론은 환경으로부터 부적응적인 행동이 강화를 받을 때 문제 행동이 발생할 수 있다고 하였다. 특정한 행동을 한 이후 그 후속 결과로 그 행동에 대한 칭찬이나 강화를 받게 되면 그 행동은 증가하고, 반대로 처벌을 경험하면 행동은 감소하게 된다는 것이다. 예를 들어, 수업 시간에 발표한 학생에게 칭찬을 해 주면 그 다음 시간에도 발표할 가능성은 증가할 수 있다.

사회인지학습 이론은 고전적 조건형성과 조작적 조건형성을 관찰학습에 결합시켜 행동주의에서 관심을 두지 않는 인지(사고)를 행동치료의 영역으로 만들었다. 인간의 행동은 외부 자극 사상, 외적 강화 그리고 인지 중재적 과정에 의해 영향을 받는다. 그래서 사회인지학습 이론은 개인의 행동과 환경 간의 상호 작용에 중요성을 둔다. 1970년대 이후로 행동주의는 사고의 역할을 중시하고 인지적 요소가 행동적 문제에 중추적 역할을 하는 것으로 보았다. 현재 행동주의 상담의 주된 흐름은 인지행동치료이다(백사인 외, 2013).

1) 주요 인물

(1) 엘리스

알버트 엘리스(Albert Ellis, 1913~2007)는 미국 펜실베니아주 피츠버그(Pittsburgh)에서 태어났다. 그는 가난한 유대인 부모 사이에서 태어나 어렸을 때부터 몸이 아파 병원치료를 많이 받았다. 그러나 이후에 건강을 잘 챙겨 생을 마감할 때까지 활력 있게 살았다. 그는 아동기 때 부모의 부적절한 양육, 건강 상태의 문제점, 내향적인 성격 및 부모의 이혼 등으로 시련을 겪었다. 그러나 그의 아동기 시절의 어려움은 오히려 독서를 통해 자신의 지적 능력을 향상시킬 수 있는 시간이 되었다고 한다. 또한 이혼한 어머니를 대신하여 동생들을 돌보며 독립심과 자율성을 키웠다. 엘리스가 개발한 이론은 자신이 어린 시절에 겪었던 문제를 치유하기 위한 토대라 볼 수 있다.

엘리스는 상업고교를 졸업하고 뉴욕 시립대학교에서 경영학을 전공한 이후 작가가 되려고 잡지사에 근무한 적도 있다. 1943년에 컬럼비아 대학교에서 임상심리학으로 석사학위, 1947년에는 철학 박사학위를 받았다. 그는 자신이 사람들을 능숙하게 상담할 수 있고 이런 일을 즐기고 있다는 것을 깨닫고 심리학자가 되기로 하였다.

엘리스는 고전적 정신분석과 분석심리학 그리고 행동주의 학습 이론에도 관심을 기울였으며 정신분석이 상담의 기본적 형태라 믿고 이후 정신분석치료 훈련을 받았다. 그러나 정신분석은 피상적이고 비과학적인 방법이라 생각하였으며 내담자의 발전에 별 진전이 없다는 걸 알고 실망하였다. 오히려 내담자가 자신과 문제에 대해 생각하는 방식을 바꾸는 게 더 빨리 변화된다는 걸 발견하였다.

이후 청년기에 자기 문제를 해결하면서 자신만의 접근 방법을 개발하게 되었다. 그가 가진 문제는 사람들 앞에서 말하는 것에 대해 강한 공포를 느끼거나 여성이 주변에 있기만 해도 부끄러워한다는 것이었다. 이를 극복하기 위해 19세 때 100명의 여성들에게 억지로 말을 걸어 여성의 거부에 대한 공포를 둔감하게 만들었다고 한다. 그는 자신이 지닌 어려움을 극복하고 이후 내담자들을 대상으로 치료 및 강연과 워크숍을 진행하였다.

(2) 벡

정신과 의사인 아론 벡(Aron Beck, 1921~)은 미국 로드아일랜드주의 프로비던스(Providence)에서 러시아계 유대인 이민자인 아버지와 어머니의 사이에서 셋째 아들이자 막내로 태어났다. 그의 아동기는 불행했고 생명이 위험할 정도의 투병 생활로 인해 학교를 중단하였다. 그러나 그 문제를 극복하고 또래보다 1년 앞서 지내게 되었다고 한다. 그는 평생 피 흘리는 상처의 두려움, 질식의 두려움, 터널 공포, 건강에 대한 불안, 대중 앞에서 말하는 불안 등 많은 공포에 맞서 왔지만 이런 문제들은 오히려 타인을 이해하고 자신의 이론을 발전시키는 토대가 되었다.

벡은 의과대학 졸업 후 초기에 신경학에 관심을 두었지만 이내 전문의 실습 기간 동안 정신의학으로 진로를 바꾸었다. 벡은 프로이트의 우울 이론을 타당화시키기 위해 노력하였지만 오히려 우울은 자기 자신에게로 향한 분노라는 프로이트의 해석과 동기 모형을 부정하는 결과를 가져오게 되었다. 이로 인해 벡은 수년 동안 많은 정신병 치료 단체로부터 거부당하고 고립되었으나 연구를 통해 우울에 대한 인지 이론을 개발하였다. 우울한 사람들은 인지적 왜곡이라 불리는 논리적 오류에 의해 그런 경향성이 있음을 발견하였다.

벡의 연구는 우울증에 대한 인지치료의 효율성을 확립하였고 인지치료를 우울증에 성공적으로 적용시켰으며 불안과 공포장애, 알코올 중독과 약물 남용, 섭식장애, 부부 문제와 대인 관계 문제, 성격장애를 일반화시켰다. 또한 우울증, 자살 위험, 불안, 자기 개념, 성격에 대한 평가 척도를 발전시켰다.

(3) 마이켄바움

도널드 마이켄바움(Donald Meichenbaum, 1940~)은 1940년 6월 10일 미국 뉴욕(New York)에서 태어났다. 뉴욕 시립대학교에서 심리학을 공부하고 일리노

이 주립대학교에서 임상심리학으로 박사학위를 취득했다. 이후 캐나다 온타리오(Ontario)주의 워털루 대학교에서 교수 생활을 시작한 이후 은퇴할 때까지 이 대학에 머물렀다.

현재 그는 폭력 예방과 폭력 피해자들을 치료하는 멜리사 연구소의 연구 책임자로 근무하고 있다. 마이켄바움은 미국 심리학자들이 보고한 북미 임상의 중 당대 가장 영향력 있는 심리치료사 10인에 선정되었다. 그는 외상 후 스트레스장애 치료 전문가이며, 임상가, 연구자로서 폭력, 학대, 사고, 질환 등으로 고통받는 트라우마를 가진 모든 연령대의 환자집단을 만나 왔다.

마이켄바움의 자기-지시적 치료(self-instructional therapy)는 근본적으로 인지적 재구성의 형태로 내담자의 자기-언어화(self-verbalization)의 변화에 초점을 둔다. 내담자가 자기 대화를 자각하도록 하는 데 초점을 두고, 개인이 자신에게 하는 말이 그의 행동에 직접적인 영향을 끼친다는 가정에 근거한다. 일차적으로 내적 대화의 역할을 중시하면서 충동적이고 공격적인 행동, 과제를 처리하는 데 대한 두려움, 타인 앞에서 말하는 데 대한 두려움 같은 문제 상황에 대처하는 기술에 강조점을 둔다.

2) 인간관

엘리스의 합리·정서·행동치료(REBT)는 인간이 합리적인 삶을 살기 위한 기본적 원리는 수행 결과에 따라 자신을 평가하기보다 자신의 실존적 존재를 있는 그대로 수용하는 인본주의 입장이다. 엘리스는 인간이 환경적 조건에 의해 전적으로 결정된다는 행동주의적 입장과 본능에 의해 움직인다는 생물학적 존재라는 정신분석적 입장에 반대한다. 엘리스의 합리·정서·행동치료는 인간의 감정, 행동, 사고 중에서 사고에 따라 감정이나 행동도 영향을 받는다고 주장하는 인지행동치료 접근이다.

엘리스의 인간관은 고대 로마의 스토아 학파 사상에 뿌리를 두고 있다. 대표적 철학자인 에픽테토스(Epiktētos)는 개인이 고통을 받는 것은 타인의 비방이나 모욕이 아닌 그것을 모욕으로 여기는 자신의 생각 때문이라고 주장하였다. 이러한 사상에 영향을 받은 엘리스의 인간 특성을 살펴보면 다음과 같다.

첫째, 인간은 선천적으로 이중적 존재이다. 인간은 합리적이면서 동시에 비합리적이라는 뜻이다. 엘리스는 인간이 합리적이고 올바른 사고를 할 수도 있지만 그렇지 않을 수도 있다고 주장한다. 인간은 사고 여부에 따라 구체적인 증상은 물론 자신의 심리적 문제를 만들 수 있다고 본다.

둘째, 인간은 비합리적 사고의 결과로 정서적 문제를 만들어 내는 존재이다. 즉 인간은 자신이 원하는 것을 당위적 사고로 여겨 정서, 행동상의 어려움을 겪는다. 인간은 이성적이고 합리적 신념에 의해 자신을 성숙하게 하거나 실현시킬 수 있고 동시에 비합리적 신념에 의해 미성숙하거나 자신을 파괴할 수 있다고 본다.

셋째, 인간은 자신의 인지, 정서, 행동을 변화시킬 수 있는 존재다. 즉 인간은 특정 상황에 대한 신념을 바꿈으로써 자기 패배적인 행동과 부적절한 감정을 변화시킬 수 있는 역량을 지니고 있다.

넷째, 인간은 왜곡되게 생각하려는 생리적, 문화적 경향성이 있으며 자신이 스스로를 방해하는 존재다. 인간은 본래 타인과의 관계를 통해 자신을 성장시킬 수 있는 존재로 보기도 하지만, 때로는 자기 파괴적이고 비난적인 성향도 있다고 본다.

엘리스에 의하면 인간은 생물학적, 문화적 영향을 받고 부모의 양육 태도와 같은 가족문화에 따라 왜곡된 사고를 학습하지만 성인이 된 이후에는 그대로 따르지 않는 경우도 많다. 따라서 성인이 된 이후에는 지속되는 비합리적 신념에서 벗어나려는 개인의 노력이 중요하며 자신의 생각이나 태도, 행동을 합리적인 것으로 바꾸면 성숙한 사람으로 변화될 수 있다. 엘리스의 합리·정서·행동치료는 인간이 실수를 할 수 있다는 것을 인정하고 계속 실수를 하면서도 자신을 수용하도록 돕는다.

벡의 인지치료(CT)도 엘리스의 합리·정서·행동치료와 같이 인간의 특성 중에서 사고가 감정과 행동을 결정한다고 보았다. 인지치료는 내담자가 효과적으로 기능하도록 사고의 편견이나 인지적 왜곡을 없애는 것이다. 벡의 인지치료는 다른 상담 및 심리치료 이론, 인지심리학, 인지과학에 영향을 받았으며 정신분석에서 인지치료의 기본 개념을 만들었다. 정신분석상담과 인지치료는 인간의 행동이 자신이 알아차리지 못하는 신념에 의해 영향을 받는다고 주장하였다. 벡이 강조하는 신념은 아들러의 개인심리학에서 보는 개인의 인지적 본질이나 신념의 중요성과 유사하다. 아들러와 벡은 지각의 변화를 위한 많은 전략을 개발하였으며 내담자를 변화시키는 데 구체적이고 직접적 대화를 사용하는 적극적 접근 방식을 공유하였다.

벡의 인지치료에 의하면 개인의 성격은 자신이 학습하여 얻은 가치와 지각에 의해 형성되었다고 보며 개인의 가치와 지각은 자신, 타인, 세계에 대한 입장을 구성한다. 이러한 가치와 지각은 개인의 유전적 취약성에 의해 영향을 받기도 하지만 잘못된 전제와 가정에 근거하여 나타날 수도 있다. 자신의 잘못된 가정으로 인해 역기능적 도식을 발달시키며 이런 부정적 도식은 자신이 경험하는 지각에 있어 부정적 영향을 미친다.

인지치료의 주창자인 그의 이론은 상담(심리치료)에 영향력 있고 경험적으로 타당한 접근 중의 하나이다. 인지치료의 핵심은 왜곡된 신념을 이해하고 부적절한 사고를 변화시키는 것이다. 따라서 상담자는 내담자가 겪는 정서적 고통이나 부적절한 행동에 영향을 미치는 그가 인식하지 못하는 부정적 자동적 사고를 찾아서 변화시키는 데 초점을 둔다.

마이켄바움의 인지행동수정(CBM)은 엘리스와 벡의 관점과 똑같이 인간의 특성인 감정, 행동, 사고 중에서 사고가 가장 중요하다고 보았다. 동일한 상황에서 각 개인이 대처하는 방식에 따라 자신의 감정과 행동은 달라질 수 있다고 주장하였다. 또한 이 접근에서는 사람들에게 자신의 인지, 정서, 행동 과정을 변화시킬 수 있는 능력이 있다고 믿었다. 즉 사람들은 스스로의 선택에 의하여 그동안의 행동 패턴과는 다르게 반응하고 비합리적인 신념에 동요되지 않으며 이런 자기 훈련을 지속함으로써 자신의 어려움이나 혼란을 최소한으로 줄일 수 있다. 그뿐 아니라 사람들은 자기와 대화(self-talking)할 수 있고 자기를 평가(self-evaluating)할 수 있으며 자기를 유지(self-sustaining)할 수 있는 존재이다.

2. 주요 개념

1) 엘리스의 합리·정서·행동치료(REBT)

(1) REBT

인간의 특성을 이루는 합리(rational), 정서(emotive), 행동(behavioral) 요소가 상호 작용하는 과정에서 인지(사고)가 핵심이 되어 정서와 행동에 영향을 미친다고 강조한다. 엘리스는 1955년 초기에 인본주의와 행동주의를 결합한 합리치료(RT)를 고안하여 상담에 적용하였다. 1961년에는 이성을 포함하여 정서도 중요하다는 관점에서 합리·정서치료(RET)를 개발하였다. 이후 인지행동 기법을 적용하여 합리·정서·행동치료(REBT)라는 기법으로 용어를 수정하였다.

인지(cognition)의 개념은 라틴어의 'gnos'에서 파생된 것으로 '영적 세계 또는 미지의 세계를 알다 또는 경험하다'라는 의미를 지닌 'cognosco'에서 발생하였다. 지금은 비교적 넓은 의미로 사용되어 인지를 명확하게 정의하기 어려우며 인지라는 용어는 태도, 기대, 귀인 등의 포괄적인 인지적 활동과 지각 체계를 모두 포함하고 있다.

정서(emotion)는 사고의 결과물로서 올바른 사고는 적절한 정서와 연결되고 올바르지 못한 사고는 부적절한 정서와 연결된다. '~을 하고 싶다.'는 선호적 사고는 적절한 정서를 나타내고 '~을 해야만 한다.'는 당위적 사고는 부적절한 정서를 나타낸다. 인간의 정서는 이처럼 사고에 의해 결정된다는 것이다.

행동(behavior)은 정서의 결과로서 적절한 정서는 적응적 행동과 연결되고 부적절한 정서는 부적응적 행동과 관련된다고 본다. 결국 사고로 인해 정서와 행동에 영향을 받을 수 있으므로 사고를 바꾸는 게 합리·정서·행동치료의 핵심이라 볼 수 있다.

(2) 성격의 요소

엘리스는 성격의 형성을 생리적, 사회적, 심리학적 측면에서 설명하고 있다. 성격의 생리적 측면은 생물학적 측면을 강조한다. 인간은 자신의 사회적 운명과 개인적 운명을 변화시킬 수 있는 능력이 있으며, 동시에 비합리적으로 생각하고 스스로에게 해를 끼치는 강력한 선천적 경향성도 가지고 있다고 본다. 이러한 인간 성향은 자신의 인생에서 최상의 것을 원하고 주장하는 경향성을 가지고 태어났다는 것이며 자신이 원하는 것을 얻지 못할 때 자신, 타인 및 세상을 두루 비난하는 경향을 가지고 있다는 것이다. 인간은 생득적이며 후천적인 자기 파괴 방식으로 자기 자신을 파괴한다.

성격의 사회적 측면을 살펴보면, 인간은 사회집단 내에서 양육되고 인생의 대부분을 타인의 기대에 맞춰 살고 타인의 수행을 능가하려고 노력하는 데 바친다. 즉 타인이 자신을 인정하고 승인할 때 자신을 가치 있는 사람으로 본다. 이에 타인의 승인을 받고자 욕구가 커지고 타인에 대한 인정과 승인의 욕구가 절대적으로 되면서 불안과 우울을 경험하게 된다.

성격의 심리학적 측면에서 인간의 정서적 혼란은 비합리적인 신념에서 유발된다고 본다. 비합리적 신념은 일반적으로 '내가 어떤 것을 원하기 때문에 그것이 존재하는 것은 바람직하고 절대적으로 존재해야만 하며 만약 그것이 존재하지 않는다면 끔찍한 일이다.'라고 본다. 이런 생각을 하다 보면 불안하거나 우울하게 되며 그렇게 느끼는 자신이 바람직하지 않다는 것을 깨닫게 된다. 즉 자신의 비합리적 사고를 통해 불안과 우울을 경험하게 되고 자신이 스스로 불안하고 우울한 것에 대해 더 불안해하고 우울해할 것이다. 그러면서 이런 감정은 계속 악순환이 된다. 따라서 바람직하지 못한 감정을 보다 논리적 관점으로 직면시켜서 개인의 불안을 생성하는 신념 체계를 변화시킬 필요가 있다.

(3) ABC 이론

엘리스는 사고 체계를 합리적인 것과 비합리적인 것으로 구분하였다. 합리적 사고 체계를 가진 사람은 일어난 사건에 대해 합리적 해석을 하여 대처하기 때문에 바람직한 정서적, 행동적 결과를 초래한다. 그러나 비합리적 사고 체계를 가진 사람은 선행 사건에 대해 비합리적으로 해석하여 바람직하지 않은 정서적, 행동적 결과를 경험한다. 그러므로 건강한 사람은 합리적 사고에 따라, 건강하지 않은 사람은 비합리적 사고의 지배를 받는다. 이처럼 인간의 정서적, 행동적 결과에 영향을 미치는 원인은 사건보다 사고의 중요성을 강조하기 때문에 합리·정서·행동치료를 ABC 이론이라고도 한다.

A는 활성화된 사건(activating events), B는 신념 체계(belief system), C는 정서적, 행동적 결과(consequence)를 의미한다. 엘리스는 내담자의 심리적 고통이나 문제는 비합리적 신념에서 비롯된 것이기 때문에 내담자가 가진 비합리적 신념을 합리적 신념으로 바꿈으로써 문제 해결을 할 수 있다고 본다. 이때 상담자는 내담자의 사고가 비합리적이라는 것을 논박할 필요가 있다.

(4) 비합리적 신념

합리·정서·행동치료에서는 사고의 결과로 정서가 나타난다고 보고 있다. 우리가 어떤 것을 나쁘다고 생각하면 우리는 그것에 대해 나쁘다고 느낀다. 이런 정서적 장애는 개인이 믿는 비합리적이며 비논리적인 문장으로 인하여 발생된 것이며 그 결과 자기 패배적인 감정이나 행동을 나타낸다고 주장한다.

합리·정서·행동치료에서 정서는 적절한 정서와 부적절한 정서로 구분된다. 적절한 정서는 '~하기를 좋아한다, ~하기를 바란다.'라는 생각들과 관련되는 정서이며 긍정적인 정서와 부정적인 정서로 나눌 수 있다. 긍정적인 정서는 자기가 좋아하거나 원하는 것이 이루어졌을 때 생기는 행복, 호기심, 사랑 등과 같은 정서이다. 부정적인 정서는 자기가 좋아하거나 원하는 것을 이루지 못했을 때 생기는 불쾌감, 걱정, 초조 등과 같은 정서이다.

반면, 부적절한 정서는 '반드시 ~을 해야 한다, 반드시 ~이어야 한다.'와 같은 생각과 관련된 정서이며 이와 같은 사고를 비합리적 신념이라 부른다. 인간이 가진 비합리적 신념에는 다음과 같은 내용이 있다.

- 우리는 주위의 모든 사람들로부터 항상 사랑과 인정을 받아야만 한다.
- 우리는 모든 면에서 반드시 유능하고 성취적이어야 한다.
- 어떤 사람은 악하고, 나쁘며, 야비하다. 그러므로 그와 같은 행위에 대하여 반드시 준엄한 저주와 처벌을 받아야만 한다.
- 일이 내가 바라는 대로 되지 않는 것은 끔찍스러운 파멸이다.
- 인간의 불행은 외부 환경 때문이며, 인간의 힘으로는 그것을 통제할 수 없다.
- 위험하거나 두려운 일이 일어날 가능성이 언제든지 존재하므로 이것은 커다란 걱정의 원천이 된다.
- 인생에 있어서 어떤 난관이나 책임을 직면하는 것보다는 회피하는 것이 더 쉬운 일이다.
- 우리는 타인에게 의존해야만 하고 자신이 의존할 만한 더 강한 누군가가 있어야 한다.
- 우리의 현재 행동과 운명은 과거의 경험이나 사건에 의하여 결정되며, 우리는 과거의 영향에서 벗어날 수 없다.

- 우리는 우리 주변 인물에게 환란이 닥쳤을 경우에 우리 자신도 당황할 수밖에 없다.
- 모든 문제에는 가장 적절하고도 완벽한 해결책이 반드시 있기 마련이며 그것을 찾지 못한다면 그 결과는 파멸이다.

2) 벡의 인지치료(CT)

인지치료(CT)는 심리적 문제점들이 부적절한 사고, 잘못된 정보에 근거한 잘못된 추론이나 환상과 현실을 구분하지 못하는 것과 같은 일반적 과정에서 발생하는 것으로 본다. 이처럼 틀린 가정이나 잘못된 개념을 이끄는 체계적 오류들과 인지적 왜곡을 살펴보면 다음과 같다.

(1) 자동적 사고

자동적 사고(automatic thought)는 개인으로 하여금 특별한 자극에 의해 유발된 생각이며 자신의 노력 혹은 선택 없이 자발적으로 발생한다. 자동적 사고는 자신의 경험으로부터 생성한 신념과 가정을 반영한다. 예를 들면, '나는 가치 없는 사람이다.'와 같은 자신에 대한 비관적인 생각, '나의 미래는 절망뿐이다.'와 같은 앞날에 대한 염세적 생각, '세상은 나를 받아주지 않는다.'와 같은 세상에 대한 부정적 생각 등이 있다.

(2) 역기능적 인지 도식

인지 도식은 사람들이 세상과 자신 그리고 타인과의 관계 등에 관한 지식을 자신의 일상생활 속에서 체계화된 구조를 갖게 된 것을 말한다. 사람들은 각양각생의 삶 속에서 경험한 내용이 다르기 때문에 인지 도식도 다르다. 그러나 문제는 자신의 생활에서 갖게 된 부정적인 내용들로 구성된 역기능적 인지 도식(dysfunctional cognitive schema)으로 인해 심리적 문제가 발생하기 쉽다는 것이다. 역기능적 인지 도식의 예를 들면, '인간으로서 내 가치는 타인의 평가에 달려 있다.', '타인의 사랑 없이는 내가 행복해질 수 없다.', '다른 사람에게 도움을 요청하는 것은 나약함의 표시이다.' 등이 있다.

(3) 인지 왜곡

인지 왜곡은 체계적 오류로서 자신의 현실을 잘못 받아들이거나 잘못된 개념화로 이끄는 생각이다. 인지 왜곡은 정보 처리가 부정확하거나 비효과적일 때 나타나며 비현실적인 세계관을 나타내거나 비논리적인 추론과 관련된다. 인지 왜곡은 별 노력 없이 나타나기 때문에 자발적이고 자동적으로 발생하는 것처럼 보인다. 그래서 인지 왜곡을 부정적 자동적 사고라 한다.

자의적 추론 자의적(임의적, 근거 없는) 추론은 지지할 만한 적절한 증거가 없는데도 결론에 도달하는 사고이다. 이러한 왜곡은 상황에 대한 비극적 결말이나 최악의 시나리오를 생각하는 것이다. 자의적 추론의 다른 형태로 독심술과 부정적 예측을 들 수 있다. 독심술이란 타인들이 자기 자신의 마음을 읽을 수 있고 또 자기 자신이 무엇을 좋아하는지를 알아야 한다는 것이다. 부정적 예측은 점술이라 부르기도 하며 어떤 사람에게 나쁜 일이 일어날 것이라고 상상하고 또 실제로 예측하며 만약 이 예측이 현실적이지 못할지라도 사실로서 간주한다.

선택적 추상 선택적 추상(추론, 정신적 여과)은 사건의 일부 세부 사항만을 근거로 결론을 내리고 전체 맥락 중의 중요한 부분을 간과하는 것이다. 관심을 두는 부분이 실패와 부족한 점에 초점을 두고 있다. 그래서 자신의 다른 부분이나 좋은 부분은 무시한 채 우울한 생각을 정당화하거나 지지하는 단일의 근거만을 선택적으로 채택한다.

과잉 일반화 과잉 일반화는 단일 사건에 기초하여 극단적인 신념을 가지고 유사하지 않은 사건들이나 장면에 부적절하게 적용하는 과정이다. 예를 들어, 상담실습 과정에서 어려움을 겪었다면, 자신은 상담에는 소질이 없을 것이라고 결론 내릴 수 있다. 더 나아가 자신은 앞으로 상담교사나 상담자가 될 수 없을 것이라고 결론 내릴 수도 있다.

극대화 혹은 극소화 극대화(확대) 혹은 극소화(축소)와 같은 인지적 왜곡은 개인이 처한 상황이나 경우를 실제보다 더 크게 또는 더 작게 지각하는 것이다. 사람들은 대개 자신의 실수나 결점은 실제보다 좀 더 크게 보는 경향이 있지만 자신의 장점이나 타인들의 문제를 대할 때는 축소하여 보는 경향이 있다. 이처럼 상황에 있어 부정적인 면을 극대화하고 좋은 점들을 극소화하기 때문에 결국 자신이 부적절하고 타인들보다 열등하다고 생각하여 우울감을 느끼게 된다.

개인화 개인화는 관련지을 만한 일이 아님에도 외적 사건들과 자기 자신을 관련지어 생각하는 경향을 말한다. 만약 내담자가 두 번째 상담 장면에 오지 않는 경우, 상담자는 자신이 내담자를 실망시켜서 오지 않는 것이라고 확신할 수도 있다. 이런 점에서 개인화를 잘못된 귀인이라고 부르기도 한다.

이분법적 사고 이분법적 사고는 완전한 실패 또는 완전한 성공과 같이 극단적으로 흑과 백으로 구분하려는 경향을 말한다. 즉 흑백 논리로 사고하고 해석하거나 경험을 극단적으로 범주화하는 것이다. 이처럼 이분법적 사고를 하면 일은 좋거나 나쁜 것이 되어 둘 사이의 중간은 필요 없다고 보는 것이다. 이분법적 사고 역시 자동적인 부정적 신념으로 이끌도록 함으로써 낮은 자존감을 불러일으킨다.

긍정 격하 긍정 격하는 개인이 자신의 긍정적인 경험을 낮춰 평가하는 것이다. 따라서 내담자는 긍정적인 경험을 감소시키거나 그것을 부정적인 경험으로 전환함으로써 모순되는 증거에도 불구하고 왜곡된 신념을 유지할 수 있도록 한다. 선택적 추론에서 개인은 상황의 부정적인 측면에 초점을 맞추고 긍정적인 측면을 무시한다. 반면에 긍정 격하는 개인의 긍정적인 측면들을 능동적으로 무력화시킨다. 이것은 개인이 자신의 패배를 자초하는 인지적 왜곡이라 볼 수 있다.

파국화 개인의 걱정스런 사건에 대해 지나치게 과장하여 두려워하는 것을 말한다. 자신을 파국화시키는 사람은 일상생활에서 안 좋은 것만을 바라보거나 창조해 낸다. 이처럼 재난에 대한 과정은 세상에 곧 종말이 올 것이라는 두려움 속에서 살아가도록 하는 원인이 된다.

명명과 잘못된 명명 명명(라벨 붙이기)과 잘못된 명명(잘못된 라벨 붙이기)은 개인이 자신의 오류나 불완전함에 근거해서 하나의 부정적 정체성을 창조하여 그것이 마치 진실한 자기 것처럼 단정 짓는 일이다. 즉 자신에 대한 부정적 견해는 어떤 잘못이나 과거의 실수에 근거한 자기 명명에 의해 발생하며, 잘못된 명명은 과일반화의 극단적 형태로 내담자가 종종 드문 사건에 기초하여 부정적으로 상상하는 것을 말한다.

3) 마이켄바움의 인지행동수정(CBM)

(1) 자기 교수

자기 교수는 인지적 자기 안내, 혼잣말, 언어적 자기 중재, 언어적으로 중재된 자기 조절이라고도 한다. 자기 교수 훈련은 자신의 학업적, 사회적 행동을 안내하고 조절하기 위해서 혼잣말을 사용하도록 가르치는 것이다. 이러한 훈련 과정은 먼저 학생이 자신의 행동을 누군가가 말해 주는 것에 일치시키는 것을 배우고, 이후 스스로 말을 하면서 그의 행동을 일치시키는 것을 배우는 것으로 구성된다.

(2) 스트레스 면역 훈련

스트레스 면역 훈련은 스트레스에 대한 내성을 기르는 훈련으로, 마이켄바움이 체계화한 방법이다. 이미 스트레스 상황이 발생한 상태에서는 스트레스 감소를 위한 전략을 사용하지만 스트레스 면역 훈련은 스트레스 상황이 발생하기 전에 전략을 습득하는 것으로서 스트레스가 가득한 상황에 직면하더라도 이를 극복할 수 있는 힘을 기르는 과정이라 할 수 있다. 이는 상처를 반복해서 받게 되는 스트레스 상황 속에서 그 상황을 극복할 수 있는 방법이다.

3. 상담 과정과 기법

1) 엘리스의 합리·정서·행동치료(REBT)

(1) 상담 목표

합리·정서·행동치료(REBT)의 목표는 내담자가 지닌 자기 패배적인 견해를 축소하고 일상생활에 있어 더 실제적이고 관대한 가치관을 습득하는 것이다. 합리·정서·행동치료의 상담 목표는 내담자의 주요 증상을 제거하기보다 자신의 기본적 가치관 중에서 일부를 검토하고 평가하며 변화시키는 것이다. 즉 내담자의 비합리적 신념을 합리적 신념으로 바꾸어 정서적으로나 신념 체계에 있어서나 합리적 결과를 갖게 하는 것이다. 만약 내담자가 정서적 혼란을 겪고 있거나 부적절한 행동으로 고통을 받고 있다면 대부분 자신의 비합리적 사고로 인해 생길 수 있다. 이런 비합리적 신념은 개인의 성숙을 방해할 수 있고 정서를 혼란시킬 수 있다. 그러므로 상담자는 내담자가 지닌 비합리적 신념을 논박하여 정서적 장애를 최소화하고 자기 파괴 행동을 감소시키며 보다 행복한 삶을 영위하도록 조력한다. 결과적으로 내담자의 부적절한 정서와 부적응적 행동을 적절한 정서와 적응적 행동으로 변화시키는 것을 목표로 한다.

합리·정서·행동치료에서 상담 목표를 세울 때 내담자와 합의하여 설정할 필요가 있다. 상담 목표는 상담 진행 과정의 방향 지표이기 때문에 목표가 구체적이고 명확할수록 바람직한 행동의 변화를 이룰 수 있다. 목표를 설정함에 있어 상담자는 내담자가 지닌 문제 중에서 급하거나 빨리 해결해야 하는 문제를 우선순위에 두고 내담자 입장에서 실현 가능하며 구체적인 목표를 설정할 필요가 있다.

(2) 상담 과정

합리·정서·행동치료의 상담 과정에서 첫 번째 단계는 상담자가 내담자와의 관계를 형성하고 내담자의 주 호소 문제가 무엇인지 탐색하는 것이다. 이 과정에서 내담자가 겪은 사건에 대해 정서적 고통을 지니게 된 결정적 원인을 찾아본다.

두 번째 단계에서 상담자는 내담자가 경험한 사건(A)이 정서적 및 행동적 결과(C)를 가져온다는 호소 문제에 대해 오히려 내담자가 지니고 있는 신념(B)이 연결되어 있는지 확인한다. 이는 내담자가 겪은 상황(혹은 사건)보다 자신이 그 상황을 어떻게 생각하느냐에 따라 자신의 감정과 행동이 영향을 받고 있음을 살펴본다.

세 번째 단계는 내담자의 부정적 정서와 행동에 영향을 주는 것이 비합리적 사고 때문이라면 합리적 사고로 바꿔 줄 필요가 있다. 그러나 내담자는 오랫동안 자신의 비합리적 사고를 당연하게 여겨 왔기 때문에 내담자의 비합리적 사고를 바꾸는 것은 쉽지 않다. 상담자는 내담자의 비합리적 사고로 인해 나타난 결과에 대해 논박함으로써 합리적 신념을 갖도록 유도해야 하며 때로는 내담자 스스로 자신의 비합리적 신념을 직면시킴으로써 자신의 비합리적 신념을 버리도록 해야 한다.

마지막 네 번째 단계는 내담자가 합리적 신념을 선택하거나 상담자가 내담자에게 비합리적인 신념을 합리적인 신념과 태도로 대치하는 방법을 가르쳐 주는 것이다. 상담자가 내담자에게 합리적 신념을 발전시키도록 격려함으로써 내담자의 정서적, 행동적 결과 역시 바람직하게 나타날 수 있다.

(3) 상담 기법

비합리적인 신념으로 인해 부적응적인 정서와 행동에 고착되는 것을 설명해 주는 이론이 바로 합리·정서·행동치료의 핵심이 되는 ABCDE 기법이다.

A는 선행 사건(Activating Event)으로 개인에게 정서적 혼란을 야기하는 어떤 사건을 말한다. 가령 시험에 떨어졌다든지, 실직하게 되었다든지, 여러 사람 앞에서 상사로부터 꾸지람을 듣는 것처럼 인간의 정서를 유발하는 사건이나 행위를 의미한다.

B는 신념 체계(Belief System)로 어떤 사건이나 행위 등과 같은 환경적 자극에 대해서 개인이 갖게 되는 태도 또는 사고방식을 가리킨다. 신념 체계는 합리적 신념(Rational Beliefs: rB)과 비합리적 신념(Irrational Beliefs: iB)이 있다.

C는 결과(Consequences)로 선행 사건 A 때문에 생겨났다고 내담자가 보고하는 정서적, 행동적 결과이다. 비합리적인 사고방식을 지닌 사람들은 대체로 지나친 불안, 원망, 비판, 죄책감 등과 같은 감정을 느끼게 되고, 정신·신체적 질환을 앓게 되기 쉬우며, 주로 방어적 태세를 취하는 경향이 있다.

D는 논박(Dispute)으로 자신이 가지고 있는 비합리적 신념이나 사고에 대해서 도전해 보고 과연 그 사상이 사리에 맞는 것인지를 다시 한 번 검토해 보도록 상담자가 촉구하는 것을 말한다.

E는 효과(Effect)로 내담자가 가진 비합리적인 신념을 철저하게 논박함으로써 합리적인 신념으로 대치한 다음에 느끼게 되는 자기 수용적인 태도와 긍정적인 감정의 결과를 지칭한다. 즉 인간에게 있어 불안이나 공포와 같은 정서적 결과는 어떤 사태의 발생 그 자체에 의해서라기보다도 그 사태에 대해 개인이 가지는 신념 체계, 특히 비합리적 신념 체계에 의해서이다. 그러므로 이런 자신의 불행과 정서적 혼란에서 벗어나려면 이러한 비합리적 신념 체계를 합리적인 신념 체계로 바꾸어야 한다. 합리적인 신념 체계로 바꾸기 위해 엘리스는 비합리적인 신념 체계에 대한 논박(Disputing)을 강조하고 있다. 내담자가 자신의 비합리적인 신념을 적극적으로 논박하고 합리적인 신념이 타당하다는 것을 실증하게 되면, 논박의

결과로 효과가 나타나서 혼란스러운 결과는 사라지고 결국에는 다시 재발하지 않게 되는 것이다.

2) 벡의 인지치료(CT)

(1) 상담 목표

인지치료(CT)의 상담 목표는 내담자가 사고의 편견이나 인지적 왜곡을 제거함으로써 일상생활에서의 순기능적 역할을 하도록 하는 것이다. 상담자는 내담자의 부적응 행동이나 감정을 유지시키는 내담자의 사고방식에 관심을 둔다. 상담자는 내담자의 인지적 왜곡이나 오류를 확인하여 수정하도록 한다. 상담자는 내담자의 인지 왜곡을 탐색하고 검증하고 논의해서 보다 긍정적인 사고, 감정, 행동을 갖도록 조력한다.

그러기 위해 상담자는 내담자와의 협력을 통해 구체적인 목표를 설정한다. 목표가 명료하고 구체적일수록 상담자가 내담자를 조력하여 사고를 변화시키는 게 훨씬 용이하다. 상담 목표를 달성하기 위해 상담자는 내담자의 자동적 사고 및 핵심 사고와 그것과 관련된 정서와 행동을 확인하고 이러한 사고의 타당성을 평가하고 필요에 따라 부적절한 사고를 수정할 수 있도록 조력한다.

(2) 상담 과정

인지치료는 역기능적 사고 패턴을 찾아 변화시키는 것이다. 내담자에게 비현실적인 부정적 사고가 그들에게 어떤 영향을 미치는지를 통찰한 후에 내담자들은 자신의 인지를 지지하거나 반대하는 증거를 검토하고 평가함으로써 현실에 대해 자동적 사고를 한다.

이 과정에서 벡은 상담자와 내담자의 협동적 관계를 통해 자동적 사고를 행동적 실험을 통해 검증할 수 있고 논리적으로 철저하게 조사할 수 있는 가설로서 다룬다. 상담자는 내담자와 협동적 대화를 하는 소크라테스적 질문 기법을 사용한다. 내담자들은 자신의 행동에 대한 가설을 세우고 구체적인 문제 해결이나 대처 기술에 대해 배운다. 이러한 대화에서 상담자가 물은 일련의 질문은 자신, 경험, 미래에 대한 내담자의 주장을 도전하게 한다. 소크라테스적 대화는 유도된 발견이라고도 한다.

상담자는 내담자가 신념에 도전하도록 가지고 있는 정보를 사용하는 일련의 질문을 함으로써 새로운 사고와 행동 방식을 발견하도록 그를 유도한다. 따라서 인지치료를 받는 내담자는 직접적으로 철학적 체계가 주입되지 않고 그가 스스로 진리를 찾도록 이끌어 간다.

(3) 상담 기법

다양한 인지치료 기법이 내담자가 목표를 달성하도록 조력하는 데 사용된다. 어떤 기법은 자동적 사고를 끌어내고 도전하는 데 사용되며 다른 기법들은 부적응적 가정이나 비효과적 인지 도식을 발견하여 변화시키는 데 사용된다. 인지치료의 일반적 접근은 자동적 사고나 비합리적 신념을 해석하는 것이 아니라 실험이나 논리적 분석을 통해 그러한 것을 조사하는 것이다. 인지치료자는 또한 내담자의 감정과 행동을 돕는 기법도 사용한다.

벡은 우울증이 내부로 향한 분노라는 정신분석학의 입장에 반대하고 우울증 환자의 부정적 사고의 내용과 사상의 편향된 해석에 초점을 두었다. 벡은 우울한 내담자의 꿈 내용에서 인지적 오류를 발견하였다. 벡은 우울증의 인지적 3요소에 대해 설명하였는데, 첫째는 내담자의 자신에 대한 부정적 관념이라고 본다. 내담자들은 그들 자신의 상황을 고려하지 않고 개인적으로 불완전한 자신의 단점을 비난한다. 그들은 자신이 행복하기 위한 필수적인 자질이 부족하다고 본다. 둘째는 부정적인 방식 내에서 자신의 경험을 해석하는 경향이 있다는 것이다. 자신의 경험에 대한 부정적인 해석이다. 우울한 사람들은 대부분 그들의 부정적인 결론에 따르는 어떤 사실을 선택하는 경향(선택적 추론)이 있다. 셋째는 우울한 사람은 미래에 대한 부정적인 관념을 갖는다는 것이다. 그들은 현재의 어려움이 계속될 것이라고 예상하고 미래에 대해 실패만을 예측한다.

3) 마이켄바움의 인지행동수정(CBM)

(1) 상담 목표

인지행동수정(CBM)의 목표는 상담자가 내담자와의 관계에서 내담자가 지닌 부적절한 사고나 인지 왜곡을 제거하여 적절한 사고로 대체하도록 하고 내담자의 문제 행동에 바람직한 대안을 찾도록 돕는 것이다. 또한 내담자의 부적절한 정서와 부적응적 행동을 적절한 정서와 적응적 행동으로 변화시키는 것이다.

상담자는 내담자의 인지적 왜곡을 탐색하여 오류를 수정하여 보다 긍정적인 감정이나 행동, 사고를 하도록 조력한다. 인지행동수정의 일차적 목표는 증상을 완화시키는 것이고 궁극적 목표는 인지적인 오류를 제거하는 것이다.

(2) 상담 과정

인지행동수정의 상담 과정은 내담자가 지니고 있는 문제에 따라 다양하게 나타난다. 상담 과정의 핵심은 내담자가 지닌 사고에 주의를 기울이고 인식하게 하여 자신의 정서와 행동에 어떤 영향을 미치는지 알게 하는 것이다. 그 이후 내담자의 자동적 사고를 합리적이고 융통성 있는 사고로 변화시키도록 격려한다.

자기 결정이나 자기 관리의 기술을 향상시키는 과정을 살펴보면, 첫째는 목표 설정으로, 행동 변화를 위한 목표를 설정하는 것이다. 둘째는 자기 교수 또는 자기 대화로, 자신의 행동을 시작하거나 안내하거나 조절하기 위해 자기 자신에게 말을 하도록 배운다. 셋째는 자기 점검으로, 자신의 행동을 변화시키기 위해 구체적인 목표 행동을 꾸준히 기록하게 한다. 넷째는 자기 평가로, 자신이 목표 행동을 실행한 정도나 특정 행동을 얼마나 잘 수행했는지를 평가하도록 한다. 다섯째는 자기 강화로, 목표 행동 후에 스스로 강화하는 것을 배운다.

(3) 상담 기법

마이켄바움의 인지행동수정에서 사용하는 상담 기법은 자기 언어화를 변화시키는 것이다. 그에 의하면 사람들이 타인의 진술을 따르는 것처럼 자기 진술도 자신의 행동에 영향을 미친다고 본다.

인지행동수정의 기본 전제는 행동 변화가 일어나기 위해서는 내담자의 생각, 느낌, 행동과 자신이 타인에게 미치는 영향을 알아야 한다는 것이다. 내담자의 행동에 변화가 일어나려면 상담자가 내담자의 행동 특성을 중단시키고 다양한 상황에서 내담자의 행동을 평가해야 한다.

인지행동수정의 상담 과정은 내담자가 자신의 문제 상황에 효과적으로 대처할 수 있도록 내담자의 자기 지시를 수정하는 훈련으로 이어진다. 상담자는 내담자로 하여금 충동적이거나 공격적인 행동, 시험에 대한 불안, 대중 앞에서의 연설에 대한 두려움 등과 같은 문제 상황에 대한 실제적인 대처 기술을 획득하도록 조력한다.

4. 평가

인지행동치료에서는 인간의 감정과 행동은 사고(인지)에서 발생한다고 보았다. 인간이 부적응적인 사고를 하기 때문에 부적응적인 감정이나 행동이 나오게 된다는 것이다. 그러므로 부적응적 문제를 가진 사람들을 변화시킬 수 있는 가장 효과적인 방법은 바로 그 사람의 잘못된 생각을 변화시키는 것이다. 즉 인간의 사고에 초점을 두고 사고 변화를 통해 다른 모든 것을 변화시킬 수 있다고 믿는다.

인지행동치료는 정신분석상담 및 인간중심상담과는 다른 점이 있는데, 내용을 살펴보면 다음과 같다.

첫째, 인지행동치료는 다른 상담 이론에 비해 비교적 짧은 시간 동안 상담 목표에 도달할 수 있으나 정신분석치료는 장기상담으로 진행된다.

둘째, 인지행동치료는 내담자가 호소하는 심리적 문제의 해결이 우선이나 인간중심상담은 내담자의 문제보다 내담자의 내면적 특성에 초점을 두고 인간적 성장과 발전에 관심을 둔다.

셋째, 인지행동치료는 인지, 정서, 행동이 서로 영향을 주고 상호 인과 관계를 가진다는 가정을 기초로 하지만 인간중심상담은 문제보다 내담자와의 관계에 초점을 둔다.

이상의 내용을 정리하면, 인지행동치료는 내담자의 사고로 인해 정서와 행동에 문제가 발생함으로, 사고를 변화시킬 것을 강조하고 사고 변화를 위해 해야 할 과제들이 있다. 상담자는 내담자와 협력적 관계를 이루어 구체적이고 구조화된 목표를 맞게 교육적인 상담이나 치료를 실시한다.

1) 공헌점

엘리스의 합리·정서·행동치료(REBT)는 인간이 합리적 사고와 비합리적 사고의 특성을 지니고 있다고 가정하며 정서적 혼란은 비합리적 신념에서 비롯되었다고 본다. 합리·정서·행동치료의 공헌점은 다음과 같다.

첫째, 일상적인 의사소통에 영향을 미치는 자기 파괴적인 생각이나 태도에 대한 책임이 자신에게 있다고 본다. 그러므로 상담 과정에서 내담자가 겪은 사건 자체를 탐색하기보다 내담자들이 그 사건에 대해 어떻게 해석하고 반응하는가를 강조한다.

둘째, 내담자에게 상담자의 직접적인 개입이 없어도 내담자 스스로 상담을 이행할 수 있는 방법을 가르친다는 것이다.

셋째, 불안, 우울, 분노, 부부 갈등, 대인 관계의 기술 부족 등과 같은 일반적인 임상 문제 영역들을 상담하는 데 적용되고 있으며 단기상담 형태가 가장 적절하지만, 개인상담, 집단상담, 부부상담, 가족상담 등에도 적용된다.

벡의 인지치료(CT)의 공헌점은 다음과 같다.

첫째, 불안, 공포, 우울의 상담에 선구자적 역할을 했다. 우울한 내담자의 가정이나 신념에 도전하고 낙천적 태도나 변화된 행동을 유도하는 새로운 인지적 관점을 제공하는 데 구체적인 인지 절차들을 개발했다.

둘째, 내담자의 내적 세계를 중시하는 구조적이고 능동적인 접근이며 현재 중심적이고 문제 지향적인 상담 과정으로 비교적 단시간에 우울과 불안을 다루는 데 효과적이다.

셋째, 사례 개념화를 발달시켜서 내담자가 자신의 세계를 바라볼 수 있도록 만든 것이다. 이에 인지치료는 아들러적, 실존주의적, 인간중심적, 형태주의적 접근과 같이 현상학적 관점을 공유하며 개인적 경험을 논리적인 과학적 연구의 영역으로 이끌었다.

마이켄바움의 인지행동수정(CBM)의 공헌점은 다음과 같다.

첫째, 자기-지시치료와 스트레스-예방 훈련을 통해 다양한 내담자 집단과 구체적인 문제들에 잘 적용시켰다.

둘째, 내적 대화를 통해 스트레스가 어떻게 유발되는가를 이해하고 자기 대화의 중요성을 통해 이론적 기초를 넓혔다. 또한 마이켄바움의 인지, 행동적 접근은 상담자와 내담자의 치료 동맹을 강조하는 교육적 모델에 근거한다. 모델들은 자기도움을 격려하고 상담이 잘 진행되는지에 대한 내담자의 지속적인 피드백을 제공하며 결과에 대한 평가를 가능하게 해 준다.

2) 제한점

엘리스의 합리·정서·행동치료(REBT)의 제한점은 다음과 같다.

첫째, 상담자가 내담자와의 관계에서 내담자의 삶을 무시하거나 내담자가 겪었던 상황이나 사건에 대해 이야기하도록 내버려 두지 않는다. 내담자의 무의식이나 욕구, 감정, 전이 관계 등에 대해 관심이 없다는 것이다.

둘째, 내담자에 대한 호감이나 개인적 관심, 혹은 배려 등이 상담에 필요한 요소는 아니라고 주장하였다. 그러나 상담자와 내담자의 관계는 내담자의 변화를 촉진하는 주요 요인이기 때문에 내담자에 대한 관심이나 배려 등이 필요하다.

셋째, 합리·정서·행동치료는 인지적, 정서적, 행동적 기법들을 내담자에게 적용하지만 정서적 기법보다는 인지적 기법과 행동적 기법을 강조한다. 상담자가 내담자와의 관계가 형성되기도 전에 성급하게 직면하다가는 오히려 내담자와의 관계가 틀어질 수도 있다. 또한 내담자는 상담자가 자신의 말을 경청하지 않거나 진정한 관심을 보이지 않는다고 느끼면 상담이 종결될 수도 있기 때문에 논리적인 분석이나 철학적인 재구성에 의해 도움을 받는 것은 아니다.

넷째, 내담자의 과거에 대한 탐색보다 잘못된 사고와 행동을 변화시키는 데 관심을 두고 있다. 그러나 상담 과정에서 내담자의 감정을 표현하고 탐색하도록 격려할 필요가 있다. 내담자의 발달에 영향을 주는 요인에 대한 인식 없이는 내담자가 어떻게 올바르게 선택하거나 변화하는지 알 수 없다. 그러므로 과거의 미해결 감정과 아동기 초기 경험을 탐색하여 현재의 상황과 연결하는 게 필요하다고 볼 수 있다.

벡의 인지치료(CT)의 제한점은 다음과 같다.

첫째, 긍정적 사고를 강조하고 너무 피상적이며 단순하다.

둘째, 현재 시점도 중요하지만 과거의 중요성을 무시하고 기법에 지나치게 의존하며 치료적 관계를 놓치고 있다.

셋째, 내담자의 감정이나 무의식적 욕구, 문제의 근원을 밝히기보다 증상 제거에만 관심을 두고 있다고 비판을 받아 왔다. 인지치료 상담자들은 상담 과정에서 복잡한 해결책보다 간결한 방법을 선호하지만 인지치료의 실제 과정이 그리 단순하고 쉬운 것은 아니다. 인지치료 상담자들은 무의식이나 근본 갈등을 탐색하는 것이 아니라 조직적인 변화를 위해 현재에서 내담자들을 상담한다. 하지만 내담자가 경험하는 문제가 삶의 초기에 초래된 것이라면 이런 측면에서는 감정을 다룰 필요가 있다. 즉 내담자를 변화시키기 위해 인지적, 행동적 방법과 함께 정서적 기법도 사용해야 하지만 정서적 표현을 하도록 조력하지 않다는 점에서 아쉬움이 남는다.

마이켄바움의 인지행동수정(CBM)에 있어 쟁점은 내담자의 내적 대화를 변화시킬 수 있는 방법을 찾는 것이다. 이러한 인지행동수정의 제한점은 다음과 같다.

첫째, 상담자가 내담자를 직접적으로 가르치는 게 효과적인 접근인지? 내담자가 합리적으로 혹은 논리적으로 사고하지 못하는 이유가 추론이나 문제 해결에 대한 이해의 부족인지? 자기 발견으로 배우는 것이 상담자가 가르치는 것보다 더 효과적인지? 등에 대한 답을 찾을 수 없으며, 가르침에 의해서만 학습이 일어난다고 볼 수 없다.

둘째, 상담 과정에서 내담자의 문제 원인이 내담자의 인지 과정이라고 결론 내리는 것은 위험할 수 있다. 내담자가 경험하는 정서도 사고 못지않게 중요한 요소임을 인지할 필요가 있다.

[글상자 10-2] 인지행동치료 내 제3의 흐름

인지행동치료(Cognitive Behavioral Therapy: CBT)는 크게 행동치료와 인지치료로 구분할 수 있다. 행동치료는 고전적 조건화와 조작적 조건화의 원리 및 기법을 적용한 원리이다. 인지치료는 1970년 초 이후에 인지를 매개로 구성 개념에 기초한 원리이다. 그러나 최근 인지행동치료 내에서 제3의 흐름이 발생하였다. 대표적 예로 변증법적 행동치료(Dialectical Behavior Therapy: DBT), 수용전념치료(Acceptance and Commitment Therapy: ACT), 마음 챙김에 기초한 인지치료(Mindfulness-Based Cognitive Therapy: MBCT)를 들 수 있다. 이 치료법들은 정서나 인지의 직접적인 변화보다는 사적 경험(private experience)을 수용하고자 하는 입장이다.

DBT(변증법적 행동치료)는 리네한(Linehan)이 자살이나 자해를 하는 경계선 성격장애(borderline personality disorder: BPD)를 치료하기 위해 1994년 개발한 다면적 치료 프로그램이다. 처음에는 경계선 성격장애 내담자를 돕기 위해 만들었으나 이후 동기 강화, 대처 기술 증진, 강점 강화 등의 목적으로 적용되고 있다. 이 프로그램은 대립되는 사상들이 균형을 이루고 통합 및 종합하는 것을 강조하는 변증법적 세계관이 핵심이다. 즉 변증법적 세계관을 사고, 정서, 행동의 변화를 촉진하는 여러 가지 인지 행동적 전략과 마음 챙김(mindfulness) 명상 활동을 절충하여 구성하였다. 고통을 견디게 하는 기술은, 고통스러운 현실을 인식하고 변화시킬 수 없는 것을 변화시키려는 쓸데없는 노력을 그만 두는 것이다. 그리고 현실을 있는 그대로 수용하는 것이다.

ACT(수용전념치료)는 헤이즈(Hayes)가 발전시킨 이론으로 그는 생각, 느낌, 감각 등을 있는 그대로 수용하고자 한다. 생각, 느낌, 감각 등은 인지 구조 틀 속에서의 생각이나 감정일 뿐이므로 부정적인 정서나 행동을 피하고 변화시키지 말고 그 자체를 경험하고 수용할 것을 강조한다. ACT는 심리적 수용을 방해하는 관념에서 벗어나 내적 경험을 기꺼이 수용하면서 현재에 접촉하고, 개념화된 자기에서 벗어나 자신의 가치를 위해 전념할 수 있도록 돕는 것을 중시한다. 이전의 심리치료 이론들이 고통을 일으키는 심리적 문제를 직접적으로 다루면서 그것을 이겨 내는 것을 목표로 했다면, ACT는 고통이 일어나는 과정을 알아차리고 수용한 다음 가치 있는 삶에 전념하면서 그 싸움을 멈추도록 하는 것이 목표다. ACT는 수용과 마음 챙김 과정, 전념(적극적 참여)과 행동의 변화 과정을 통해 심리적 수용과 유연성을 증진시키는 인지행동적인 치료 중재이다.

마음 챙김(mindfulness)은 불교 수행 전통에서 기원한 심리학적 구성 개념으로 현재 순간을 있는 그대로 수용적인 태도로 자각하는 것이다. 마음 챙김은 기본적으로 의식의 질과 관련되는 속성이며 대부분의 연구자들은 마음 챙김을 현재 순간과 자각, 수용의 3가지 요소로 설명한다. 마음 챙김은 현재 순간을 있는 그대로 수용적인 태도로 자각하는 것이다. 근래에 들어서는 마음 챙김을 훈련을 통해 개발 가능한 보편적인 심리적 양식으로 보는 견해가 늘고 있다. 즉 마음 챙김이란 사람들의 일상적 삶에서 자연스럽게 경험되고 나타날 수 있는 특성으로서, 명상뿐 아니라 여러 형태의 심리치료에서도 촉진될 수 있다고 보는 것이다. 국내에서도 마음 챙김은 최근 심리치료 영역에서 주목할 만한 관심의 초점이 되고 있으며 정서적 고통과 부적응적 행동에 기여하는 주의 과정을 조절하는 유망한 기법으로 채택되고 있다.

출처: 김춘경 외(2016).

참고 문헌

강진령 (2016). 상담연습: 치료적 의사소통 기술. 서울: 학지사.

구본용 (2002). 청소년 상담 모형의 정립과 발전과제. 한국청소년 상담원 제9회 청소년상담학세미나. 한국에서의 청소년 상담-미래와 전망.

권석만 (2014). 이상심리학의 기초: 이상행동과 정신장애의 이해. 서울: 학지사.

권석만 (2012). 현대 심리치료와 상담 이론: 마음의 치유와 성장으로 가는 길. 서울: 학지사.

권석만 (2017). 현대 심리치료와 상담이론. 서울: 학지사.

김경준, 김희진 (2014). 한국아동청소년 인권실태 연구 4. 한국청소년정책연구원 연구보고서.

김계현 (2002). 카운슬링의 실제. 서울: 학지사.

김동일, 김은하, 김은향, 김형수, 박승민, 박중규, 신을진, 이명경, 이영선, 이원이, 이은아, 이제경, 정여주, 최수미, 최은영 (2014). 청소년 상담학 개론. 서울: 학지사.

김민주 (2018). 청소년의 오프라인 및 온라인 괴롭힘 피해경험과 우울이 자살생각에 미치는 영향. 청소년문화포럼, 29-52.

김봉환, 강은희, 강혜영, 공윤정, 김영빈, 김희수, 선혜연, 손은령, 송재홍, 유현실, 이제경, 임은미, 황매향 (2013). 진로상담. 서울: 학지사.

김봉환, 김병석, 정철영 (2006). 학교진로상담. 서울: 학지사.

김승경 (2016). 가족폭력피해청소년 조사현황 및 실태. 한국인간발달학회학술대회지, 13, 17-34.

김은실 (2017). 애착이론에 기반한 중독예방상담의 실제. 상담과 지도, 52, 285-293.

김은정, 김인경, 정태연 (2001). 집단 괴롭힘을 당하는 집단의 심리적 취약성. *Korean Journal of Clinical Psychology, 20*(2), 245-257.

김인규 (2004). 상담구조화 내용 및 방법에 대한 고찰. 아시아교육연구, 122-125.

김인자 (1997). 현실요법과 선택이론. 서울: 한국심리상담연구소.

김재엽, 성신명, 김준범 (2015). 학교폭력 가해-피해 중복경험 청소년의 우울, 공격성, 자기제력과 가정폭력 경험에 관한 연구: 가해, 피해 집단과의 비교를 중심으로. 학교사회복지, 31, 83-109.

김정규 (1995). 게슈탈트 심리치료. 서울: 학지사.

김정규, 강차연, 김한규, 이상희 (2010). 게슈탈트상담의 이론과 실제. 서울: 학지사.

김청송 (2019). 현대 청소년심리 및 상담. 수원: 싸이앤북스.

김춘경, 이수연, 이윤주, 정종진, 최웅용 (2010). 상담의 이론과 실제. 서울: 학지사.

김춘경, 이수연, 이윤주, 정종진, 최웅용 (2016). 상담학 사전. 서울: 학지사.

김희진 (2017). 청소년의 폭력피해경험이 차별행위에 미치는 영향과 우울의 매개효과. 청소년

복지연구, 19(3), 187-209.
노안영 (2005). 상담심리학의 이론과 실제. 서울: 학지사.
노안영, 강영신 (2003). 성격심리학. 서울: 학지사.
노안영, 송현종 (2009). 상담실습자를 위한 상담의 원리와 기술. 서울: 학지사.
문현미 (2005). 인지행동치료의 제 3 동향. 한국심리학회지: 상담 및 심리치료. 17(1), 15-33.
박경애 (2011). 상담과 심리치료의 주요 이론과 실제. 고양: 공동체.
박경애, 김혜원, 주영아 (2010). 청소년 심리 및 상담. 고양: 공동체.
박민석, 이미연 편저 (2011). 청소년상담사 3급. 서울: 시대고시기획.
박옥임, 백사인, 박준섭, 박병훈, 이수진, 김정일 (2013). 청소년 심리 및 상담. 서울: 창지사.
박재황, 남상인, 김창대, 김택호 (1993). 청소년상담교육과정개발연구. 서울: 청소년대화의 광장.
박진규 (2015). 청소년 문화(제3판). 서울: 학지사.
박태수, 고기홍 (2003). 개인상담의 실제. 서울: 학지사.
백사인, 윤경희, 하수경, 김홍숙, 이임숙, 박병훈 (2013). 상담심리학 입문. 고양: 공동체.
반재천, 김수구, 전상국. (2010). 초·중등학교 주요 공시정보 분석보고서. 서울: 한국교육학술정보원.
변창진, 송명자 편저 (1999). 교육심리 인지발달론적 접근. 교육과학사.
서미정 (2008). 방관자의 집단 특성에 따른 또래 괴롭힘 참여 역할행동. 아동학회지, 29(5), 79-96.
성은현 (2005). 자아존중감, 일반적 자기효능감과 창의적 인성의 관계. 아동학회지, 26(1), 217-228.
성현란, 성은현, 장유경, 정명숙, 박혜원, 이현진, 정윤경, 김혜리, 송현주, 유경, 유연옥 (2019). 발달심리학. 서울: 학지사.
송재홍, 김광수, 박성희, 안이환 (2016). 학교폭력 예방과 상담. 서울: 학지사.
신동업 (2017). 학교 내 청소년문제행동의 유형과 교육적 지도방안에 관한 연구. 상담복지교육연구, 6(2). 157-185.
신명희, 서은희, 송수지, 김은경, 원영실, 노원경, 김정민 (2019). 발달심리학(2판). 서울: 학지사.
오세현, 강현아 (2018). 지역아동센터 이용아동의 차별 피해 경험이 차별 가해 행동에 미치는 영향. 아동과 권리, 22, 611-637.
오윤선, 김미숙 (2019). 청소년 심리 및 상담. 파주: 양서원.
유성경 (2002). 학생상담 기본과정 연수교재. 카운피아 원격교육연수원. 145-156.
이미리, 김춘경, 여종일 (2019). 청소년 심리 및 상담. 서울: 학지사.
이성진 (1996). 청소년상담 발전의 방향과 과제. 제3회 청소년상담학세미나 자료집.
이영희 (1994). 칼 로저스의 인간중심 상담이론의 철학적 함의. 한국심리학회지: 상담과 심리치료, 6(1), 1-20.
이장호 (1982). 상담심리학 입문. 서울: 박영사.

이장호 (1989). 상담심리학 입문(2판). 서울: 박영사.

이장호 (2010). 상담심리학의 기초. 서울: 학문사.

이장호, 금명자 (2008). 상담연습교본. 서울: 법문사.

이장호, 이동귀 (2014). 상담심리학. 서울: 박영사.

이장호, 정남운, 조성호 (2005). 상담심리학의 기초. 서울: 학지사.

이형득 (1992). 상담이론. 서울: 교육과학사.

장은영, 손은정 (2019). 청소년기 또래 괴롭힘 경험. 청소년 시설 환경, 17(1), 49-58.

정규형 (2016). 청소년의 차별피해경험이 차별가해경험에 미치는 영향: 인권교육의 조절효과를 중심으로. 한국아동복지학, 55, 31-55.

정옥분, 김경은, 박연정 (2006). 청소년의 창의성과 자아존중감 및 자기효능감과의 관계. 인간발달연구, 13, 35-60.

조옥귀 (2018). 스마트한 임상심리학. 서울: 시그마프레스.

조옥귀, 문지혜 (2016). 스마트한 심리검사와 평가. 서울: 창지사.

천성문, 차명정, 이형미, 류은영, 정은미, 이세경, 이영순 (2015). 상담입문자를 위한 상담기법 연습. 서울: 학지사.

천성문, 함경애, 박명숙, 김미옥 (2017). 집단상담: 이론과 실제. 서울: 학지사.

최정윤, 박경, 서혜희 (2006). 이상심리학. 서울: 학지사.

최진아 (2018). 심리학과 상담심리학. 서울: 지식과 미래.

하수경 (2016). 교육심리학. 고양: 공동체.

한규석 (1998). 사회심리학. 서울: 학지사.

한상철, 이수연, 임순선, 류수현, 김우철 (2012). 청소년 심리 및 상담. 파주: 정민사.

허혜경, 김혜수 (2015). 청년심리와 교육. 서울: 학지사.

홍경자 (2001). 상담의 과정. 서울: 학지사.

황아리영 (2020). 청소년의 차별피해경험이 차별가해경험에 미치는 영향. 이화여자대학교 대학원 석사학위논문.

황윤미, 장성화 (2012). Rogers의 인간중심상담과 이야기치료 이론 비교. 한국상담심리치료학회지, 3(1), 13-29.

Adler, A. (1956). *The individual psychology of Alfred Adler*. H .L. Ansbache & R. R. Ansbacner(Eds.). New York: Harper and Row.

Adler, A. (1964). *Social interest: A challenge to mankind*. New York: Capricorn.

Adler, A. (1979). *Superiority and social interest: A collection of later writing*(3rd Rev. ed.). (H. L. Ansbacher & R. R. Ansbacher, Eds.). New York: Norton.

Agnew, R. (1992). Foundation for a general strain theory of crime and delinquency. *Criminology, 30*(1), 47-88.

American Psychiatry Association (2013). *Diagnosis and Statistical Manual of Mental Disorders-5*. Washington DC.: American Psychiatry Association Publishing.

Ansbacher, H. L. (1974). Adler and Virchow: New Light on the Name "Individual Psychology". *Journal of Individual Psychology, 30*(1), 43.

Arlow, J. A. (1979). The genesis of interpretation. *Journal of the American Psychoanalytic Association, 27*(Suppl), 193–206.

Arlow, J. A., & Brenner, C. (1990). The psychoanalytic process. *The Psychoanalytic Quarterly, 59*(4), 678–692.

Beisser, A. (1970). The paradoxical theory of change. *Gestalt Therapy Now, 1*(1), 77–80.

Biederman, J., Rosenbaum, J. F., Hirshfeld, D. R., et al. (1990). Psychiatric correlates of behavioral inhibition in young children of parents with and without psychiatric disorders. *Archives of General Psychiatry, 47*(1), 21–26.

Boekaerts, M., Zeidner, M., & Pintrich, P. R. (Eds.). (1999). *Handbook of self-regulation*. Elsevier.

Braams, B. R., van Duijvenvoorde, A. C., Peper, J. S., & Crone, E. A. (2015). Longitudinal changes in adolescent risk-taking: A comprehensive study of neural responses to rewards, pubertal development, and risk-taking behavior. *Journal of Neuroscience, 35*(18), 7226–7238.

Bratter, T. E. (2010). Rejection of psychotropic medicine and DSM-IV nomenclature produce positive outcomes for gifted, alienated, and dually diagnosed John Dewey Academy students who were self-destructive: Part I. *Journal of Ethical Human Psychology and Psychiatry, 11*, 16–28.

Bratter, T., Esparat., Kaufman, A., & Sinsheimer, L. (2008). Confrontational psychotherapy: A compassionate and potent psychotherapeutic orientation for gifted adolescents who are self-destructive and engage in dangerous behavior. *International Journal of Reality Therapy, 27*(2), 13–25.

Breuer, J. T. (1998). The brain and child development: Time for some critical thinking. *Public Health Reports, 113*, 389–397.

Brown, D. (2007). *Gaming DNA: On Narrative and Gameplay Gestalts*. In Situated Play, Proceedings of DiGRA Conference.

Brownell, P. (2016). *Contemporary gestalt therapy : An early case of theoretical integration come of age*. Figal, G.(2010) Objectivity: The hermeneutical and philosophy (T. George, Trans.). Albany, NY: State University of New York Press.

Burdenski, T., & Wubbolding, R. (2011). Extending Reality Therapy with Focusing: A Humanistic Road for the Choice Theory Total Behavior Car. *International Journal of Choice*

Theory and Reality Therapy, 31(1), 14–30.

Bushnell G. A., Gaynes B. N., Compton, S. N., Dusetzina, S. B., Brookhart, M. A., & Sturmer, T. (2019). Incidence of mental health hospitalizations, treated self–harm, and emergency room visits following new anxiety disorder diagnoses in privately insured US children. *Depress Anxiety. 36*, 179–189.

Cain, D. J. (2002). *Humanistic psychotherapies: Handbook of research and practice*. American Psychological Association.

Carkhuff, R. R. (1987). *The Art of Helping*. Amherst, Mass.: Human Resource Development Press.

Carlson, J., Watts, R. E., & Maniacci, M. (2005). Adlerian theory and practice. Washington, DC: *American Psychological Association*. Counseling Through Images, 327.

Carlson, J., Watts, R. E., & Maniacci, M. (2006). *Adlerian therapy: Theory and practice.* Washington, DC: American psychological Association.

Casey, B. J., & Caudle, K. (2013). The teenage brain: Self control. *Current directions in psychological science, 22*(2), 82–87.

Casey, B. J., Cannonier, T., Conley, M., Cohen, A. O., Barch, D. M., Heitzeg, M. M., et al. (2018). The adolescent brain cognitive development(ABCD) study: Imaging acquisition across 21 sites. *Developmental Cognitive Neuroscience, 32*, 43–54.

Caspi, A., Henry, B., McGee, R. O., Moffitt, T. E., & Silva, P. A. (1995). Temperamental origins of child and adolescent behavior problems: From age three to age fifteen. *Child development, 66*(1), 55–68.

Chess, S., & Thomas, A. (1990). Continuities and discontinuities in temperament. In L. Robins & M. Rutter (Eds.), *Straight and devious pathways form childhood to adulthood* (pp. 205–202). New York: Cambridge University Press.

Clarkson, P. (2004). *Gestalt counselling in action. London*. Thousand Oaks, Calif.: Sage Publications.

Clarkson, P., & Mackewn, J. (1993). *Fritz perls. Sage Publications.*

Coopersmith, S. (1967). *The antecedent of self-esteem*. San Francisco, CA: W. H. Freeman.

Corey, G. (1990). *Theory and practice of counseling and psychotheraphy* (4th ed.). Brooks/Cole Pub Company. (조현춘, 조현재 역. 〈심리상담과 치료의 이론과 실제〉. 서울: 시그마프레스, 1996).

Corey, G. (1995). *Theory and practice of group counseling* (4th ed.). Pacific Grove, CA: Brooks/Cole.

Corey, G. (1996). *Theory and practice of counseling and psychotherapy* (5th ed.). Thomson Brooks/Cole Publishing Company.

Corey, G(2003). *Theory and practice of counseling and psychotherapy*. Pacific Grove: Thomson

Learning (6th ed.). (조현춘 외 공역, 〈심리상담과 치료의 이론과 실제〉. 서울: 시그마프레스, 2003).

Corey, G. (2013). *Case approach to counseling and psychotherapy* (8th ed.). Cengage learning.

Corey, G. (2017). *Theory and Practice of Counseling and Psychotherapy* (10th ed.). Cengage learning. (천성문, 권선중, 김인규 외 공역. 〈심리상담과 치료의 이론과 실제〉. 서울: 센게이지 러닝 코리아, 2019).

Coyne, R. (2015). Gestalt group therapy. *The Sage encyclopedia of.*

Cramer, P. (1987). The development of defense mechanisms. *Journal of personality, 55*(4), 597–614.

Cramer, P., & Gaul, R. (1988). The effects of success and failure on children's use of defense mechanisms. *Journal of Personality, 56*(4), 729–742.

Cropley, A. J. (2001). *Creativity in education & learning: A guide for teachers and educators*. Psychology Press.

Curtis, R. C., & Hirsch, I. (2011). Relational psychoanalytic psychotherapy. In A. S. Gruman & S. B. Messer (Eds.). Essential psychotherapies: theory and practice (3rd ed., pp. 72–104). New York, NY: Guilford Press.

Day, R. W., & Sparacio, R. T. (1980). Structuring the counseling process. *The Personnel and Guidance Journal, 59*, 246–249.

Dempster, F. N. (1981). Memory span: Sources of individual and developmental differences. *Psychological Bulletin, 89*(1), 63.

Dempsy, D. C. (1970). The social structure of urban adolescent peer groups. *Sociometry, 26*, 230–240.

Dinkmeyer, D., Jr., & Sperry, L. (2000). *Counseling and psychotherapy: An integrated, Individual Psychology approach* (3rd ed.). Upper Saddle River, NJ: Merrill/Prentice Hall.

Dreikurs, R. (1969). Group psychotherapy from the point of view of Adlerian psychology. In H. M. Ruitenbeck (Ed.) *Group therapy today: Styles, methods, and techniques* (pp. 37–48). New York: Aldine–Atherton. (Original work published 1957).

Egan, G. (1998). *Exercises in helping skills: A manual to accompany the skilled helper*. Brooks Cole.

Egan, G. (2013). The skilled helper: *A problem-management and opportunity-development approach to helping*. Cengage Learning.

Elkind, D. (1967). Egocentrism in adolescence. *Child development*, 1025–1034.

Elkind, D. (1978). Understanding the young adolescent. *Adolescence, 13*(49), 127–134.

Elkind, D., & Bowen, R. (1979). Imaginary audience behavior in children and adolescents. *Developmental psychology, 15*(1), 38–44.

Ellenberger, H. F. (1970). Pierre Janet and Psychological Analysis. In H. F. Ellenberger (Ed.),

Discovery of the Unconscious: The History and Evolution of Dynamic Psychiatry (pp. 331–417). New York: Basic Books.

Epstein, S. (1973). The self–concept revisited: Or a theory of a theory. *American Psychologist, 28*(5), 404–416.

Erford, B. T., Hays, D. G., Crockett, S. A., & Miller, E. M. (2011). *Mastering the National Counsellor Examination and the Counsellor Preparation Comprehensive Examinations*. Boston: Pearson.

Erikson, E. H. (1968). Identity, psychosocial. *International encyclopedia of the social sciences, 7*, 61–65.

Evans, C. B., Smokowski, P. R., Rose, R. A., Mercado, M. C., & Marshall, K. J. (2019). Cumulative bullying experiences, adolescent behavioral and mental health, and academic achievement: An integrative model of perpetration, victimization, and bystander behavior. *Journal of Child and Family Studies, 28*(9), 2415–2428.

Evans, D. R., Hearn, M. T., Uhlemann, M. R., & Jvey, A. E. (1998). *Essential interviewing: A programmed approach to effective communication*. Pacific Grove, CA : Brooks/Cole. (성순진 역. 〈상담의 필수 기술: 효과적 의사소통을 위한 사례중심 접근법〉. 서울: 나남출판, 2000).

Favazza, A. R. (2006). Self–injurious behavior in college students. *Pediatrics, 117*(6), 2283–2284.

Feder, B., & Frew, J. (Eds.). (2008). *Beyond the hot seat revisited: Gestalt approaches to group*. New orleans, LA: Gestalt Institute Press.

Fisher, B. W., Gardella, J. H., & Teurbe–Tolon, A. R. (2016). Peer cybervictimization among adolescents and the associated internalizing and externalizing problems: A meta–analysis. *Journal of Youth and Adolescence, 45*(9), 1727–1743.

Forisha, B. (1981). *Power and love: Tales of transition*. Englewood Cliffe, NJ: Prentice–Hall.

Forisha–Kovach, B. (1983). *The experience of adolescence: Development in context*. Scott, Freshman and Company.

Francesetti, G,, Gecele, M., & Roubal, J. (2013). Gestalt therapy approach to psycholapthology. In G. Francesetti, M. Gecele, & J. Roubal (Eds.), *Gestalt therapy in clinical practice from psychotherapy to the aesthetics of contact* (pp. 59–76). Milano: FrancoAngeli.

Frew, J. E. (1997). A Gestalt therapy theory application to the practice of group leadership. *Gestalt Review*, 131–149.

Frew, J. E. (2008). Gestalt therapy. In J. Frew & M. D. Spiegler (Eds.). *Contemporary psychotherapies for a diverse world* (pp. 228–274). Boston: Lahaska Press.

Frew, J., & Spiegler, M. D. (2012). *Contemporary psychotherapies for a diverse world*. Routledge.

Fulkerson, M. (2003). Integrating The Karpman Drama Triangle With Choice Theory and

Reality Therapy. *International Journal of Reality Therapy, 23*(1), 12-14.

Gay, P. (1988). *Freud: A life for our time*. New York: Norton.

Geier, C. F., Terwilliger, R., Teslovich, T., Velanova, K., & Luna, B. (2010). Immaturities in reward processing and its influences on inhibitory control in adolescence. *Cerebral Cortex 20*, 1613-1629.

Gini, G., Card, N. A., & Pozzoli, T. (2018). A meta analysis of the differential relations of traditional and cyber victimization with internalizing problems. *Aggressive Behavior, 44*(2), 185-198.

Glasser, W. (1965). *Reality therapy: a new approach to psychiatry*. New York : Harper & Row.

Glasser, W. (1968). *Schools without failure*. New York, NY: Harper & Row.

Glasser, W. (1984). *Control therapy*. New York, NY: Haper Collins. (김인자 옮김. 〈당신의 삶은 누가 통제하는가?〉. 서울: 한국심리상담연구소, 1992).

Glasser, W. (1998). *Choice theory: A new psychology of personal freedom*. New York: Harper Collins. (김인자, 우애령 옮김. 〈선택이론〉. 서울: 한국심리상담연구소, 2017).

Glasser, W. (2000). *Reality therapy in action*. Harper Collins Publishers.

Glasser, W. (2003). *Warning: Psychiatry can be hazardous to your mental health*. HarperCollins Publishers. (박재황 옮김. 〈경고: 정신과 치료가 당신의 정신건강에 피해를 줄 수 있다〉. 서울: 한국심리상담연구소, 2004).

Goddings, A-L., Beltz, A., Peper, J. S., Crone, E. A., & Braams, B. R., (2019). Understanding the role of puberty in structural and functional development of the adolescent brain. *Journal of Research and Adolescence, 29*(1), 32-53.

Goldstein, A. P., Krasner, L., & Garfield, S. L. (1989). *Gestalt therapy*. New York: Pergmaon Press.

Goldstein, K. (1939). *The organism: A holistic approach to biology derived from pathological data in man*. Salt Lake City, UT, US.

Goodwin, S. T. (2005). *Counseling theories: Essential concepts and applications*. Upper Saddle River, NJ: Prentice-HALL.

Goossens, L., Beyers, W., Emmen, M., & Van Aken, M. A. (2002). The imaginary audience and personal fable: Factor analyses and concurrent validity of the "new look" measures. *Journal of Research on Adolescence, 12*(2), 193-215.

Grunbaum, A. (1984). *The foundations of psychoanalysis: A philosophical critique* (No. 2). University of California Press.

Guilford, J. P. (1959). *Personality*. New York: McGraw-Hill.

Guy, J. D. (1987). *The personal life of the psychotherapist*. New York: Wiley.

Harman, R. L. (1989). *Gestalt Therapy with groups, couples, sexually dysfunctional men, and dreams*.

Charles C Thomas Pub Ltd.

Havighurst, R. J. (1972). *Developmental tasks and education*. NY: David Mckay.

Havighurst, R. J. (1972). Social class and human development. *In Determinants of behavioral development* (pp. 217–238). Academic Press.

Higgins, E. T. (1987). Self-discrepancy: A theory related self and affect. *Psychological Review, 94*(3), 319–340.

Hill, C. E. (2009). *Helping skills: Facilitating, exploration, insight, and action* (3rd ed.). American Psychological Association. (주은선 역. 〈상담의 기술: 탐색–통찰–실행의 과정〉. 서울: 학지사, 2012).

Inhelder, B., & Piaget, J. (1958). *The growth of logical thinking from childhood to adolescence: An essay on the construction of formal operational structures* (Vol. 22). Psychology Press.

James, R. K., & Gilliland, B. E. (2003). *Theories and strategies in counseling and psychotherapy* (5th ed.). Boston, MA: Allyn & Bacon.

Kalat, J. W. (2018). *Biological Psychology* (13th ed.). Boston, MA, USA: Cengage. (김문수, 박순권 옮김. 〈생물심리학〉. 서울: 박학사, 2019).

Keniston, K. (1960). Alienation and the decline of utopia. *The American Scholar, 29*(2), 161–200.

Koestler, A. (1964). *The act of creation*. New York: Dell.

Kohlberg, L. (1963). The development of children's orientations toward a moral order: I. Squence in the development of moral thought. *Vita Humana, 6*, 11–33.

Köhler, W. (1970). *Gestalt psychology: An introduction to new concepts in modern psychology*. WW Norton & Company.

Kopp, R. & Erickstein, D. (2004). Using early memory metaphors and client generated metaphors in Adlerian therapy. *Journal of Individual Psychology, 60*(2), 163–174.

Kuhn, D. (1978). Mechanisms of cognitive and social development: One psychology or two?. *Human Development, 21*, 92–118.

Kurtzberg, T. R., & Amabile, T. M. (2001). From Guilford to creative synergy: Opening the black box of team-level creativity. *Creativity Research Journal, 13*(3–4), 285–294.

Landsbaum, J. B., & Willis, R. H. (1971). Conformity in early and late adolescence. *Developmental Psychology, 4*(3), 334.

Lazarsfeld, S. (1991). The courage for imperfection. *Individual Psychology: Journal of Adlerian Theory, 47*(1), p. 93–96.

Leahy, R. L. (1976). Developmental trends in qualified inferences and description of self and others. *Developmental Psychology, 12*, 546–547.

Lennon, B. (2000). From reality therapy to reality therapy in action. *International Journal of*

Reality Therapy, 20(1), 41–46.

Lennon, B. (2003). "Warning: Psychiatry Can Be Hazardous To Your Mental Health". *International Journal of Reality Therapy, 23*(1).

Liebert, R. M., & Liebert, L. L. (1998). *Liebert & Spiegler's personality: Strategies and issues.* Thomson Brooks/Cole Publishing Company.

Looft, W. R. (1971). Egocentrism and social interaction in adolescence. *Adolescence, 6*(24), 487.

Mantell, D. M. (1974). Doves vs. hawks: Guess who had authoritarian parents?. *Psychological Today, 8*, 56–63.

Marcia, J. E. (1980). Identity in adolescence. In J. Adelson (Ed.), *Handbook of adolescent psychology*. New York: Wiley.

Markus, H. (1977). Self–schemata and processing information about the self. *Journal of Personality and Social Psychology, 35*(2), 63.

McAdams, D. (2006). *The person: A new introduction to personality psychology* (4th ed). New York: Wiley and Sons.

McCallum, M., & Piper, W. E. (1988). Psychoanalytically oriented short–term groups for outpatients: Unsettled issues. *Groups, 12*, 21–32.

Melnick, J., & Nevis, S. M. (2005). The willing suspension of disbelief: Optimism. *Gestalt Review, 9*(1), 10–26.

Messer, S. B., & Gurman, A. S. (Eds.). (2011). *Essential psychotherapies: Theory and practice.* Guilford Press.

Mischel, R. (1988). The future of psychoanalysis. *Psychoanalytic Quarterly, 57*(2), 167–185.

Mischel, W. (1983). Delay of gratification as process and as person variable in development. *Human development: An interactional perspective*, 149–165.

Mischel, W., Shoda, Y., & Rodriguez, M. I. (1989). Delay of gratification in children. *Science, 244*(4907), 933–938.

Mitchell, S. (1988). *Relational concepts in psychanalysis.* Cambridge, MA: Harvard University Press.

Mohr, D. M. (1978). Development of attributes of personal identity. *Developmental Psychology, 14*(4), 427–428.

Montemayor, R., & Eisen, M. (1977). The development of self–conceptions from childhood to adolescence. *Developmental Psychology, 13*(4), 314.

Moore, S. E., Norman, R. E., Suetani, S., Thomas, H. J., Sly, P. D., & Scott, J. G. (2017). Consequences of bullying victimization in childhood and adolescence: A systematic review and meta–analysis. *World Journal of psychiatry, 7*(1), 60.

Mosak, H. H. (1989). *Adlerian psychotherapy*. In R. J. Corsini & D. Wedding. (Eds.), Current psychotherapies (pp. 65–116). F E Peacock Publishers.

Mosak, H. H. (2002). Dance as metaphor of the psychotherapeutic encounter. *The Journal of Individual Psychology, 58*(2), 7813–7819.

Mosak, H. H., & Maniacci, M. (1998). *Tactics in counseling and psychotherapy*. Itasca, IL: Peacock.

Mosak H. H., & Maniacci, M. (2011). *Adlerian therapy*. In R. J. Carsini & D. Wedding(Eds.), Current psychotherapies (9th ed. pp. 67–112). Belmont, CA: Brooks/Cole.

Mottern, R. (2003). Using the Rule of Six and Traditional American Indian Learning Stories to Teach Choice Theory. *International Journal of Reality Therapy, 23*(1).

Oberst, U. E., & Stewart, A. E. (2003). *Adlerian psychotherapy: An advanced approach to individual psychology*. Psychology Press.

Okun, M. A., & Sasfy, J. H. (1977). Adolescence, the self–concept, and formal operations. *Adolescence, 12*(47), 373–379.

Olweus, D. (1993). Bully/victim problems among schoolchildren: Long–term consequences and an effective intervention program. In S. Hodgins (Ed.), *Mental disorder and crime* (pp. 317–349). Sage.

Olweus, D. (1994). Bullying at school: Basic facts and effects of a school based intervention program. *Journal of Child Psychology and Psychiatry, 35*(7), 1171–1190.

Olweus, D. (2010). Foundations for understanding bullying. *The handbook of bullying in schools: An International Perspective* (pp. 9–33).

Parloff, M., Datta, L. E., Kleman, M., & Handlon, J. (1968). Personality characteristics which differentiate creative male adolescents and adults. *Journal of Personality, 36*, 313–340.

Patterson, C. H. (1974). *Relationship counseling and psychotherapy*. NY: HarperCollins Publishers.

Perls, F. S. (1947). *Ego, Hunger and Aggression*. Gestalt Journal Press.

Perls, F. S. (1969a). *Gestalt therapy verbatim*. Lafayette: Real People Press.

Perls, F. S. (1969b). *In and out the garbage pail*. New York: Bantam Books.

Perls, F. S. (1969c). *Ego, hunger and aggression: The beginning of Gestalt therapy*.

Perls, F. S. (1970). Four lectures. In J. Fagan & I. I. Shepherd(Eds.), *Gestalt therapy now*. NY: Haper Colophon Books.

Perls, F. S. (1973). *The gestalt approach and eye witness to therapy*. Science and Behavior Books.

Perls, F. S., Goodman, P., & Hafferline, R. F. (1951). Gestalt Therapy: Excitement and the Human Personality. Bantam Books.

Peterson, J., Freedenthal, S., Sheldon, C., & Andersen, R. (2008). Nonsuicidal self injury in adolescents. *Psychiatry (Edgmont), 5*(11), 20–26.

Piaget, J. (1957). The child and modern physics. *Scientific American, 196*(3), 46–51.

Piaget, J. (1968). *Six psychological studies*. New York: Vintage.

Pierce, J. (2003). Mindfulness Based Reality Therapy (MBRT). *International Journal of Reality*

Therapy, 23(1).

Polster, E., & Polster, M. (1973). *Gestalt therapy integrated*. New York: Brunner.

Polster, M. (1987). Gestalt therapy: Evolution and application. *In The evolution of Psychotherapy: The 1st conference* (pp. 312–325).

Powers, W. (1973). *Behavior: The control of perception*. New York, NY: Aldine.

Rangell, L. (1988). The future of psychoanalysis: The scientific crossroads. *Psychoanalytic Quarterly, 57*(3), 313–340.

Rasmussen, P. R., & Dover, G. J. (2006). The purposefulness of anxiety and depression: Adlerian and evolutionary views. *The Journal of Individual Psychology, 62*(4), 366–396.

Robert E. S. (2011). *Educational psychology: Theory and practice*, 10th edition. Person New International Edition. (강갑원 외 공역, 〈교육심리학 이론과 실제〉. 서울: 시그마프레스, 2013).

Robins, R. W., Trzesniewski, K. H., Tracy, J. L., Gosling, S. D., & Potter, J. (2002). Global self-esteem across the life span. *Psychology and Aging, 17*(3), 423.

Rogers, C. (1965). *On becoming a person*. Boston: Houghton Mifflin.

Rogers, C. R. (1957). The necessary and sufficient conditions of therapeutic personality change. *Journal of Consulting Psychology, 21*, 95–103.

Rogers, C. R. (1961). On becoming a person. Boston: Houghton Mifflin.

Roth, B., & Goldring, C. (2008). *Relationship counseling with choice theory strategies*. Beverly Hills, CA: Association of ideas Publishing.

Rothbart, M. K., & Bates, J. E. (1998). *Temperament*. Hoboken.

Roy, J. (2006). *The development of the ideas of William Glasser: A biographical study*. Unpublished doctoral dissertation. La Sierra Universty, Riverside, CA.

Rycek, R. F., Stuhr, S. L., McDermott, J., Benker, J., & Swartz, M. D. (1998). Adolescent egocentrism and cognitive functioning during late adolescence. *Adolescence, 33*(132), 745.

Salmivalli, C., Lagerspetz, K. Börkqvist, K., Österman, K., & Kaukianen, A. (1996). Participant roles and their relations to social status within the group. *Aggressive Behavior, 22*, 1–15.

Sampson, E. E., & Korn, H. A. (1970). *Student activism and dissent: Alternatives for social change*. San Francisco: Jossey-Bass.

Schact, R. (1971). *Alienation*. Garden City, New York: Doubleday.

Schlegel, A., & Barry Iii, H. (1991). *Adolescence: An anthropological inquiry*. Free Press (New York).

Schoo, A. (2008). Leaders and their teams: learning to improve performance with emotional intelligence and using choice theory. *International Journal of Reality Therapy, 27*(2).

Seligman, L., & Reichenberg, L. W. (2013). *Theories of counseling and psychotherapy: Systems, Strategies, and skills* (4th ed.). Upper Saddle River, NJ: Prentice Hall.

Selman, R. L.(1980). *Growth of interpersonal understanding*. Academic Press.

Sharf, R. S. (2006). *Applying carrier developmental theory to counseling* (4th ed.).

Shepherd, I. L. (1970). Limitations and cautions in the gestalt approach. *Gestalt therapy now*, 234–238.

Sherman, R., & Dinkmeyer, D. (1987). *Systems of family therapy: An Adlerina interpretation*. New York: Brunner/Mazel.

Shirtcliff, E. A., Dahl, R. E., & Pollak, S. D. (2009). Pubertal development: correspondence between hormonal and physical development. *Child Development, 80*(2), 327–337.

Shulman, B. H., & Mosak, H. H. (1988). *Handbook of the life style*. Muncie, IN: Accelerated Development.

Shulman, D. G. (1990). The investigation of psychoanalytic theory by means of the experimental method. *International Journal of Psychoanalysis, 71*, 487–498.

Shulman, E. P., & Cauffman, E. (2014). Deciding in the dark: Age differences in intuitive risk judgment. *Developmental Psychology, 50*(1), 167–177.

Slater, A., & Bremner, G. (2007). *introduction to developmental psychology*. (2nd ed.). Oxford University Press. (송길연 등 공역, 〈발달심리학 2판〉. 서울: 시그마프레스, 2014).

Sperry, L. (1997). Adlerian psychotherapy and cognitive therapy: An Adlerian perspective. *Journal of Cognitive Psychotherapy, 11*(3), 157–164.

Steinberg, L., Albert, D., Cauffman, E., Banich, M., Graham, S., & Woolard, J. (2008). Age differences in sensation seeking and impulsivity as indexed by behavior and self-report: Evidence for a dual systems model. *Developmental Psychology, 44*(6), 1764–1778.

Stern, D. N. (2004). *The present moment in psychotherapy and everyday life*. New York: Norton.

Symonds, P. (1960). what education has to learn from psychology. 9. origins of personality. *Teachers College Record, 61*(6), 301–317.

Takizawa, R., Maughan, B., & Arseneault, L. (2014). Adult health outcomes of childhood bullying victimization: evidence from a five-decade longitudinal British birth cohort. *American Journal of Psychiatry, 171*(7), 777–784.

Torrance, E. P. (1959). Current research on the nature of creative talent. *Journal of Counseling Psychology, 6*(4), 309–316.

Torrance, E. P. (1963). Adventuring in creativity. *Childhood Education, 40*(2), 79–87.

Torrance, E. P., & Dauw, D. C. (1966). Attitude patterns of creatively gifted high school seniors. *Gifted Child Quarterly, 10*(2), 53–57.

Ttofi, M. M., Farrington, D. P., Losel, F., & Loeber, R. (2011). Do the victims of school bullies tend to become depressed later in life? A systematic review and meta analysis of longitudinal studies. *Journal of Aggression*, Conflict and Peace Research.

Tymula, A., Belmaker, L. A. R., Roy, A. K., Ruderman, L., Manson, K., Glimcher, P. W., & Levy, I. (2012). Adolescents' risk-taking behavior is driven by tolerance to ambiguity. *Proceedings of the National Academy of Sciences, 109*(42), 17135–17140.

Vailliant, G. E. (1994). Ego mechanisms of defense and personality psychopathology. *Journal of Abnormal Psychology, 103*(1), 44–50.

Wallach, M. A., & Kogan, N. A. (1971). *A new look at the creativity-intelligence distinction*. In J. P. Hill and J. Shelton(Eds.), Reading in adolescent development and behavior. Englewood Cliffs, NJ: Prentice-Hall.

Watts, R. E. (1999). *The vision of Adler: An introduction. Interventions and strategies in counseling and psychotherapy*, 1–13.

Watts, R. E. (2013). *Adlerian counseling. The handbook of educational theories*, pp. 459–472.

Watts, R. E., & Eckstein, D. (2009). Individual Psychology. In American Counseling Association (Ed.), *The ACA encyclopedia of counseling* (pp. 281–283). Alexandria VA: American Counseling Association.

Watts, R. E., & Pietrzak, D. (2000). Adlerian "encouragement" and the therapeutic process of solution focused brief therapy. *Journal of Counseling & Development, 78*(4), 442–447.

Watts, R. E., & Shulman, B. H. (2003). Integrating Adlerian and constructive therapies: An Adlerian perspective. *Adlerian, cognitive, and constructivist psychotherapies: An integrative dialogue*, 9–37.

Watts, R. E., Lewis, T. F., & Peluso, P. (2009). Individual psychology counseling techniques. In American Counseling Association(Ed.), *The ACA encyclopedia of counseling*(pp.282–285). Alexandria, VA: American Counseling Association.

Witmer, J. (1985). *Pathways to Personal Growth*. Muncie: Accelerated Development.

Wubbolding, R. (1988). *Using reality therapy*. New York, NY: Harper & Row. (김인자 옮김. 〈현실치료 상담의 적용. 1〉. 서울: 한국심리상담연구소, 2011).

Wubbolding, R. (1991). *Understanding reality therapy*. New York, NY: HarperCollins.

Wubbolding, R. E. (2000). *Reality therapy for the 21st century*. Muncie, IN: Accelerated Development. Reproduction Release.

Wubbolding, R. E.(2007). Glasser quality school. *Group Dynamics: Theory, Research, and Practice, 11*(4), 253.

Wubbolding, R. E. (2010). Reality therapy. *The Corsini Encyclopedia of Psychology*, 1–3.

Wubbolding, R. E. (2011). Reality therapy/Choice theory. *Counseling and psychotherapy: Theories and interventions, 1*, 263–285.

Yontef, G. M. (1993). *Awareness, dialogue & process: Essays on Gestalt therapy*. The Gestalt Journal Press.

Yontef, G. M. (1995). *Proceso y dialogo en psicoterapia Gestalt*. Ed. Cuatro Vientos, 518.

Yontef, G., & Jacobs, L. (2010). 10 gestalt therapy. *Current Psychotherapies*, 342.

Yontef, G., & Jacoba, L. (2011). *Gestalt therapy*. doi: www.gestalttherapy.org/_publications/intro_to_gestalt_therapy_2_2011.pdf. Accessed: 15.9.13.

Yontef, G., & Schulz, F. (2013). *Dialogic relationship and creative techniques: Are they on the same team*. Pacific Gestalt Institute.

Yurgelun-Todd, D. A., & Killgore, W. D. S. (2006). Fear-related activity in the perfrontal cortex increased with age during adolescence: A preliminary fMRI study. *Neuroscience. Lett, 406*(3), 194-199.

Zinker, J. (1978). *Creative process in Gestalt therapy*. New York: Random House.

교육통계서비스 (2019. 08. 28.). [2019. 8. 이슈통계] 청소년의 인터넷·스마트폰 이용 현황(박근영 작성). http://blog.naver.com/PostView.nhn?blogId=kedi_cesi&logNo=221630833323.

뉴시스 (2017. 04. 05.). 청소년 조현병, 소문날까 쉬쉬… 보호자 인식 개선 필요(이인준 작성). https://newsis.com/view/?id=NISX20170405_0014811235&cID=10201&pID=10200.

마인드포스트 (2019. 10. 03.). 심리상담 17만 명, 늘어나는 자살률…청소년 정신질환 급증(박종언 작성). https://blog.naver.com/mindpost01/221666685682.

마인드포스트 (2019. 10. 15.). 우울·불안장애 겪는 청소년들 급증… 정신건강 '빨간 불(김근영 작성)'. https://blog.naver.com/mindpost01/221706568868.

조선일보 (2019. 05. 29.). 자해 상담 청소년 1년 새 3배 늘었다…10명 중 2명은 "자해 경험 있다"(심영주 작성). http://news.chosun.com/site/data/html_dir/2019/05/29/2019052901367.html?utm_source=daum&utm_medium=original&utm_campaign=news.

중앙자살예방센터 (2019). 2019 자살예방백서. http://www.spckorea-stat.or.kr/boardpublishlist.do.

찾기쉬운 생활법령정보 (2019). 학교폭력의 개념과 실태. http://www.easylaw.go.kr/CSP/CnpClsMain.laf?popMenu=ov&csmSeq=635&ccfNo=1&cciNo=1&cnpClsNo=1.

통계청 (2019). 청소년 건강행태 온라인조사.

한국정보문화센터 (2002). 인터넷 중독 상담전략.

한국청소년상담복지개발원 (2018).

http://en.wikipedia.org/wiki/Defense_mechanism.

http://www.etymonline.com/word/adolescent.

http://www.stopbullying.gov/bullying/warning-signs(2020. 02. 22.).

저/ 자/ 소/ 개/

■■ 조옥귀 (chopsy@kyungnam.ac.kr)

- 중앙대학교 대학원 심리학과 박사(임상 및 상담심리학 전공)
- 현) 경남대학교 문과대학 심리학과 교수
  경남대학교 대학생활문화원 원장
  정신보건 임상심리사 1급(보건복지부)
  임상심리전문가, 건강심리전문가, 범죄심리전문가(한국심리학회)
  현실치료 국제상급강사(미국 WGI)
- 저서·역서
  임상심리학(공저, 2012). 박영사.
  성격심리학(공역, 2013). 시그마프레스.
  스마트한 심리검사와 평가(공저, 2016). 창지사.
  스마트한 임상심리학(2018). 시그마프레스.

■■ 문지혜 (thewayua09@kyungnam.ac.kr)

- 부산대학교 대학원 심리학과 석사(동기 및 정서 전공)
- 경북대학교 대학원 심리학과 박사(상담심리학 전공)
- 현) 경남대학교 교육대학원 상담심리전공 교수
  경남대학교 대학생활문화원 상담센터 상담지원 교수
- 저서·역서
  심리상담과 치료의 이론과 실제(공역, 2010). 센게이지러닝.
  스마트한 심리검사와 평가(공저, 2016). 창지사.

■■ 하수경 (h81s91k@kyungnam.ac.kr)

- 경남대학교 대학원 교육학과 박사(교육심리 및 상담 전공)
- 현) 경남대학교 사범대학 교육학과 교수
  경남대학교 대학생활문화원 상담센터 상담지원 교수
  상담심리사 1급(한국심리학회)
  1급 전문상담사(한국상담학회)
- 저서
  상담심리학 입문(공저, 2013). 공동체.
  교육심리학(2016). 공동체.

■■ 이임숙 (lis2185@kyungnam.ac.kr)

- 경남대학교 대학원 교육학과 박사(교육심리 및 상담 전공)
- 현) 경남대학교 교육대학원 상담심리전공 교수
  경남대학교 대학생활문화원 상담센터장
  상담심리사 1급, 부부 및 가족상담전문가, 중독심리전문가(한국심리학회)
  1급 전문상담사(한국상담학회)
- 저서
  상담심리학 입문(공저, 2013). 공동체.

스마트한 청소년심리와 상담

초판 1쇄 발행 2020년 6월 16일
초판 3쇄 발행 2024년 8월 23일

지 은 이 | 조옥귀 · 문지혜 · 하수경 · 이임숙
펴 낸 이 | 김기섭
편 집 인 | 이윤희
펴 낸 곳 | 창지사 www.changjisa.com
08589 서울시 금천구 가산디지털 1로 83 파트너스타워 1차 9층
전화 (02)719-2211~3
팩스 (02)701-9386
등 록 | 1977년 4월 28일 · 제1-421호

ISBN 978-89-426-1335-9 (93330)

값 21,000원